KB043479

비판적 시민성을 위한 민주주의 교육

IT'S NOT EDUCATION THAT SCARES ME, IT'S THE EDUCATORS...:
IS THERE STILL HOPE FOR DEMOCRACY IN EDUCATION,
AND EDUCATION FOR DEMOCRACY?
by PAUL R. CARR AND GINA THÉSÉE

비판적
시민성을
위한
민주주의
교육

폴 R. 카, 지나 테세 지음
이승원 옮김

위기의 시대,
변혁을 이끌어 내는 힘

다봄교육

일러두기
- 외국 작품명, 인명, 지명의 우리말 표기는 대체로 국립국어원 외래어 표기법을 따랐다.
- 도서명은 《 》, 논문은 " ", 잡지는 〈 〉로 구분해 표기했다.
- 굵은 서체는 원서에서 강조한 부분이다.
- 외국 도서와 논문 제목은 최대한 원어의 느낌을 살려 번역하고, 참고 문헌에 실리지 않은 원서 제목은 병기했다.
- 국제기구 명칭은 처음에만 우리말 명칭과 원어를 함께 표기하고, 그 뒤로는 우리말 명칭과 약자를 혼용하여 병기했다.
- 각주는 원서 표기와 옮긴이 주를 함께 수록했다.
- 제시된 웹사이트는 발행일 기준으로 확인 완료하였으나, 추후 데이터 삭제 및 업데이트 등으로 접속이 원활하지 않을 수도 있다.

모든 것이 변한다고 하지만 모든 것이 정말 변하고 있는 것일까?: 교육과 민주주의의 음양 효과, 그리고 해방을 향한 영원한 탐구

우리는 팬데믹 직전에 이 책을 집필하여 민주주의를 위한 교육과 교육 안에서의 민주주의에 대한 지난 20여 년간의 생각, 토론, 성찰, 주장, 연구를 기록해 왔습니다. 다른 많은 동료들과 마찬가지로, 우리는 두 개념을 정의하는 것이 긴장되고 난기류가 일어날 수 있더라도, 서로 연결되어 삶을 발전시키고 유지한다는 중국 철학(음양)을 반영하여 이 두 개념이 자연스럽게 공생하고 깊이 맞물려 있기를 기대해 왔습니다.

이 책은 탱고를 추는 파트너와 같은 민주주의와 교육에 대해 충분히 논의되고 발전되지 않은 문제가 가진 미묘한 뉘앙스를 보여 주고자 합니다. 우리는 종종 우리가 (규범적) 민주주의에 살고 있으며, 따라서 우리의 교육 시스템도 당연히 민주적이라고 여깁니다. 책 전반에 걸쳐 언급했듯이, 우리 사회에서 일어나는 모든 사회적 불평등과 상처는 교육에서도 똑같이 발생하지만, 문제는 민주적 채널을 통한 해결 방안이 제대로 준비되어 있지 않다는 것입니다. 따라서 비판적이며 관여적이고 농밀한 민주주의를 통해 인간의 고통, 전쟁, 갈등, 소외를 감소시켜야 합니다. 우리는 파울루 프레이리와 비판 교육학 학파에서 영감을 얻어 다양한 사례를 보여 주고, 철학적이고 이론적인 방향과 변화를 제안했습니다. 이러한 제안이 긍정적인 논쟁에 기여하기를 바라면서도, 유일한 답이 아니라는 것도 잘 알고 있습니다.

교육은 대화를 지원하고, 육성하고, 시작하며, 사회 변화를 비판하고 촉진하는 방법을 배우는 자연스럽고 논리적인 장이 되어야 합니다. 교육의 목적은 무엇인가요? 직업을 갖기 위해, 사회적 규범에 맞추기 위해, 훌륭한 시민이 되기 위한 것인가요? 우리는 교육이 권력 브로커, 경제 엘리트, 다양한 수준에서 불균형적인 권력과 영향력을 가진 사람들만이 아닌, 모든 사람을 위한 사회를 구축하는 데 목적을 두어야 한다고 믿습니다. 교육은 시험과 평가, 서열을 위한 것이어서는 안 되며, 이러한 방식은 수많은 젊은이들을 탈락시키고 낙인찍고 소외시킬 수 있기에 비뚤어지고 비생산적이며 사악한 것입니다.

그러나 우리는 이 상황을 절망적으로 느끼지 않습니다! 이러한 상황은 남성/여성/사람이 만든 것이기에 남성/여성/사람이 더 정의로워지고 주체성을 키우고 연대를 한다면 충분히 해결할 수 있습니다. 태어날 때부터 인종차별주의자나 성차별주의자가 정해지는 것이 아닐 뿐만 아니라, 조엘 웨스트헤이머의 말처럼 태어날 때부터 민주적인 인격을 갖추는 것도 아닙니다. 사람들은 민주주의자가 되는 법을 배우며, 전 세계 곳곳에서 비형식적이고 무형식적이며, 은밀하게 이루어지는 수많은 민주주의 실천이 존재합니다. 주기적인 선거 일정만으로 인간의 문화적, 예술적, 조직적, 교육적 생산과 상상력, 창의성, 인간성, 조화로움을 다 파악할 수는 없을 것입니다.

우리는 교육을 뒷받침하는 교육자들이 민주주의 발전에 중심적인 역할을 한다고 믿습니다. 교육자들의 집단적이거나 개별적인 행동, 성향, 제스처 그리고 학생(그리고 사회)과 소통하고 이해하고 연대하려는 의지야말로 교육 프로젝트의 핵심입니다.

잔은 반쯤 차 있습니다. 연대를 구축할 수 있는 길은 많고, 아직 공교육을 포기할 상태가 아닙니다. 포기하기에는 공교육은 너무 중요하고 광범위하며 영향력이 큽니다. 학생들의 참여도 과소평가될 수 없습니다. 여기에 비형식적이고 무형식적인 삶과 교육의 영역, 시민사회 단체, 지역사회, 이슈 및 운동을 고려하고 고양하여 공교육과 연결시켜야 합니다. 이 모든 것이 형식(규범)적 민주주의를 바꾸기 위해 다시 상상되어야 합니다.

민주주의를 위한 변혁 교육을 개발하기에는 아직 늦지 않았지만 환경악화, 끊임없는 전쟁, 불평등한 권력관계, 탐욕스러운 경제, 전 세계 인구의 대규모 이동은 심각하고 중대한 우려 사항입니다. 이러한 문제들이 교육 시스템의 영역을 벗어난 불필요한 것으로 간주되어서는 안 됩니다.

한국의 교육자, 시민사회단체, 정책 결정자, 그리고 이 책에 제시된 논쟁에 관심이 있는 모든 이들에게 연대와 경의, 지지의 메시지를 전합니다. 한국 사회가 예술과 문화의 폭발적인 발전과 이에 수반되는 정치-경제적 관계를 통해 세계적으로 점점 더 잘 잘 알려지는 과정에서, 민주주의가 무엇인지, 교육을 통해 어떻게 발전해야 하는지, 한국 사회가 어떻게 더 사회적으로 정의로워질 수 있는지에 대한 충분한 고려가 이루어지기를 바랍니다. 물론 이는 캐나다를 비롯한 다른 나라 사람들에게도 해당되는 말이며, 우리는 각 문화권마다 고유한 형태의 민주주의를 발전시키는 방식이 있다는 것을 잘 알고 있습니다. 민주주의는 획일적인 패러다임이 아니라 사회정의, 포용, 참여, 품위, 인간성을 지향하는 끝없는 과정입니다.

개인적으로 지난 몇 년간 서울의 유네스코 산하 기관인 유네스코 아시아태평양 국제이해교육원APCEIU의 친구 및 동료들과 함께 세계시민성을 주제로 공동 작업을 해 왔기에, 이 책이 한국어로 번역되어 정말 기쁩니다. 번역자 이승원 선생님과 다봄출판사, 그리고 이 번역이 결실을 맺을 수 있도록 도와주신 모든 분들께 감사드립니다. 한국에서의 경험은 놀랍도록 매력적이고, 고무적이었습니다. 2023년 10월 경희대학교와 공동으로 '평화, 문화, 사회정의'를 주제로 개최한 유네스코 민주주의, 세계시민성, 변혁 교육 의장DCMÉT 국제 심포지엄은 문화적, 언어적, 경제적, 정치적, 학문적, 기타 국경을 넘어선 참여와 연대, 민주주의에 대한 탐구의 잠재력을 증명한 행사였습니다.

규범 민주주의에 담긴 고상한 헌법 내용과 정치적 수사가 담을 수 없는 역동적이며 복잡한 사회는 모든 사람, 특히 이주민의 현실을 잘 담아야 하며, 우리가 살고자 하는 유토피아를 건설하는 데 따르는 역설과 긴장의 음양과 조화를 이뤄야 합니다. 세상을 괴롭히는 절망과 고통을 특징짓는 질병, 결핍, 파괴적 권력 등을 해결하기 위해서는 사람들을 비판적으로 정의하고 고양시키는 사회적 과정, 운동, 참여, 교육을 통한 해방의 과정이 필요합니다.

　그러나 음양 효과는 우리가 어떻게 우리 자신의 주체성을 발전시키고 스스로를 해방시킬 수 있고, 그래야 하는지를 강조합니다. 이 책이 한국에서 민주주의를 위한 교육, 교육에 담긴 민주주의와 관련된 더 많은 토론과 대화, 행동에 도움이 되기를 바랍니다. 우리는 한국의 교육자, 학교, 그리고 모든 분이 해방을 위한 조건을 개발하는 데 최선을 다하기를 바랍니다. 또한 우리는 여러분으로부터 계속 배우고 여러분과 함께 교육과 민주주의를 계속 구축해 나가고자 합니다.

　평화와 연대를 위하여!

　　　　폴 R. 카(우타와 퀘벡 대학교), 그리고 지나 테세(몬트리올 퀘벡 대학교)
　　　　유네스코 민주주의, 세계시민성, 변혁 교육 의장

차례

약어

DCMÉT
UNESCO Chair in Democracy, Global Citizenship and Transformative Education / Chaire UNESCO en démocratie, citoyenneté mondiale et éducation transformatoire (유네스코 민주주의, 세계시민성, 변혁 교육 의장 프로그램)

DPLTE
Democracy, Political Literacy and Transformative Education research project (민주주의, 정치적 문해력 및 변혁 교육 연구 프로젝트)

EfD
Education for Democracy (민주주의를 위한 교육)

GCE
Global Citizenship Education (세계시민성 교육)

GDDRP
Global Doing Democracy Research Project (지구적으로 실천하는 민주주의 연구 프로젝트)

ITTF
International Teacher Task Force for Education for All(모두를 위한 교육 국제 교사 태스크포스)

LE
Lived experience (산 경험)

SSHRC
Social Science and Humanities Research Council (Canada) (캐나다 인문사회과학 연구위원회)

UNESCO
United Nations Educational, Scientific and Cultural Organization (국제연합 교육과학문화기구)

민주주의 교육을 찾아서

─ 안토니아 다더

> 민주주의를 찬양하면서 대중에게 침묵을 강요한다면, 그것은 어리석은 짓
> 이다. 휴머니즘에 대해 말하면서 사람들을 무시한다면, 그것은 거짓말이다.
>
> ─ 프레이리(Freire, 1970, p. 80)

지금 우리는 최근 미국 역사에서 민주주의와 가장 거리가 먼 정치적
순간 중 하나로 확실히 기억될 사건을 보고 있다. 트럼프 행정부의 비윤
리적 책략이 세계 정치판을 덮치면서, 시민사회와 민주적 삶은 더 이상
언급되지 못하게 된 듯하다. 반면 트럼프 정부는 고삐 풀린 탐욕과 자본
주의의 계략이 담긴 결정들을 인민의 이름을 앞세워 뻔뻔스럽게 제시하
고 있다. 불행히도 세계 곳곳의 정치 현실은 긴축 정책과 자기 계발에 기
초한 개인의 책임이라는 강력한 신자유주의 정책을 내세운 악의적인 권
위주의적 정치 정세로 급격히 바뀌어 가고 있다. 결과적으로 신자유주의
정책은 교육 지형에서조차 민주적 삶에 형식적으로나마 남아 있던 자유
주의 관념을 철저히 제거하고 지배해 버렸다.

이런 현상은 정치적으로 별거 아닌 것처럼 보일 수 있다. 하지만 우리

는 이러한 신자유주의적인 현상의 확산이 자유롭고 인간주의적인 사회가 주는 교훈을 부정해 온 헤게모니적 민주주의가 가진 음모에 깊이 뿌리를 두고 있다는 것을 알아야 한다. 자유 민주주의 개념은 한때 자본주의에서 살아가는 삶이 사회적이고 물질적으로 빈곤해질 수밖에 없는 자본주의적 삶을 교정해 나가는 역할을 해 왔었다. 하지만 이제는 이 자유 민주주의 개념이 강력히 부정되는 일이 발생하고 있는 것이다. 즉 (파울루 프레이리와 존 듀이 같은 교육철학자들이 주장한) 인간주의적 이상이 신자유주의에 의해 부정되고 보수화되면서 인간적인 삶과 지구의 안녕조차 부정되어 버리고 말았다. 반민주적 경제정책은 구조적 불평등과 사회적 배제의 관행을 모든 곳에서 발생시켰다. 불평등과 배제의 관행은 폭력, 억압, 감시가 심해지는 문화를 통해 사회적 억압을 영구화하는 비정상적인 시장 논리에 기반을 두고 있다. 따라서 민주주의와 교육을 솔직하게 비판적으로 검토하고, 그 헤게모니적 신화를 깨뜨리고, 사회 변혁에 대한 중요한 질문을 던지려는 이 책이 우리 시대의 필독서라는 것에 대해 이견은 없다.

잘못된 교육이라는 정치

당신이 한 사람의 사고 행위를 통제하고 있다면, 당신은 그 사람의 행동을 걱정할 필요가 없다. 그 사람은 자신에게 맞는 적당한 장소를 알아서 찾아서 거기에 머물 것이다. 당신이 군이 그 사람을 한뎃자리로 보낼 필요는 없다. 그 사람은 누가 시키지 않아도 알아서 갈 것이다. 만일 한뎃자리가 없다면, 그는 자기가 사용할 한뎃자리가 만들어질 때까지 항의할 것이다. 그 사람이 받은 교육은 그것을 요구한다.

— 우드슨(Woodson, 1990, p. 4.)

교육에 담긴 민주주의 원칙이 삭제되어 가면서 학생들은 수동적 시민
으로 매우 효과적으로 사회화될 수 있었다. 여기서 수동적 시민이란 적
극적이고 민주적으로 시민사회에 참여할 준비가 되어 있지 않을 뿐만 아
니라, 선진 자본주의가 가진 파괴적이고 억압적인 문화를 완벽하게 정상
적인 것으로 받아들일 준비가 되어 있는 사람이다. 이런 걸 다 떠나서 수
동적 시민은 자신의 불행에 대해 (대체로 자기 자신인) 억압받는 자들을 비
난하는 시민을 의미한다. 우드슨이 지적하듯이 비민주적 교육은 정말로
잘못된 교육 형태이다. 억압받는 사람들이 교육을 통해 결함 있는 시각
을 받아들인 채 사회화되도록 하기 때문이다. 따라서 잘못된 교육은 주
입식 교육이라는 비인간적인 형태이며(Freire, 1970), 이는 사회통제와 사
회적 계급 적대를 재생산하는 효과적인 수단으로서 체계적으로 배치되
어 왔다. 이 모든 것은 인종화, 성별화 및 여러 지속적인 불평등을 통해서
전파되었다.

예를 들어 학생들(특히 유색인종 노동자 계급의 학생들)이 받는 잘못된 교
육은 ― 또는 비민주적인 틀에 맞추기식 교육은 ― 민주주의 실천에 대
한 학생들의 친밀성을 심각하게 저해하는 교실에서 교사와 학생의 위계
적이고 권위주의적인 기만적 관계를 통해서 전개되어 왔다. 여기서 학생
들은 교사가 채워야 할 그릇으로 인식된다. 교사의 주요 업무는 지식을
얻고 의미를 만들어 가는 헤게모니적 방식, 자신들이 이미 규정한 학문
형성에 합법적이고 필요한 것으로 여겨지는 방식에 학생들의 사고방식

을 맞추는 것이다. 궁극적으로는 교사와 학생 모두 문화적으로 교실 생활을 형성하는 헤게모니 세력의 이익 안에서 대상화된다.

이에 대한 대응으로 이 책에서 카와 테세는 민주주의에 대한 헤게모니적인 개념을 능숙하게 문제화하고 있다. 또한 이들은 민주주의에 관한 검증되지 않은 주요 신화들이 — 학교와 사회의 민주화를 심각하게 방해하는 관행인 — 권위주의적인 관행을 위한 토대로 작동해 온 여러 방식을 탈구축하는 글들을 제시한다. 이를 위해 저자들은 주류 교육학적이고 정치적인 여러 질문들을 신중하게 체계적으로 해석하고 정성적으로 표현한다. 이를 통해 두 저자는 — 집단 저항과 행동의 변혁적 원칙으로서 — 민주주의가 우리의 교육적 실천과 그 이상의 차원에서 효과적으로 동원되기 위해 진지하게 다뤄지고, 문제시되고, 다시 고안되어야 할 매력적인 논쟁들을 대담하면서도 심혈을 기울여 비판적으로 성찰한다.

민주주의의 정치적 중심성

현재라는 역사적 계기에, 세계 민주주의에 대한 비판적 교육과 전망은 엄청난 위기에 직면해 있다. 이것은 교육이 반드시 정치에서 분리되어야 하고, 정치는 반드시 민주주의의 명령법에서 제거되어야 한다는, 이제는 상식이 되어 버린 믿음에 근거한 위기이다.

— 헨리 지루(Henry Giroux, 2005, p. 494)

놀랄 것도 없이, 이 책 전반에 담긴 근본적인 주장은 민주주의의 정치적 중심성 그리고 글로벌 경제 세력이 전 세계적으로 민주적 삶을 위협에 빠뜨린 방식에 관한 것이다. 지루가 주장하듯이, 헤게모니적 민주주의가 만든 신화 속에서 민주주의 개념은 정치와 분리되어 왔다. 이것은 신자유주의와 소위 자유 시장의 이익에 맞춰서 민주주의를 개념적으로 도구화하고, 이것을 계속해서 굳혀 나갔다. 따라서 민주주의는 저주받은 근본적인 불평등과 함께 매매가 가능한 자유와 동의어가 되었다. 반대로 카와 테세는 자유화를 위한 변혁적 투쟁을 정치적으로 이끌어 가야 하는 민주주의를 위해, 이러한 신자유주의적 입장과 투쟁하기 위해 이를 강력히 비판하고 있다. 이 투쟁은 교실 안과 교실 밖 우리가 사는 세계에서 이뤄지고 있다.

카와 테세의 비판적 투쟁의 밑바탕에는 민주주의 개념이 처음부터 대중의 정치적 참여를 보장하려는 치열한 투쟁 과정과 엮여 있다는 인식이 깔려 있다. 이와 함께 이들의 비판적 투쟁은 이 투쟁 과정에서 가장 억압받는 자들을 위한 정의justice의 문제와 확고히 엮여 있다. 이러한 의미에서 볼 때 학교나 사회가 가장 취약한 사람들의 요구에 주목하지 않는다면, 학교와 사회가 무엇을 하더라도 그것은 약자들의 정치적 자기 결정을 방해하는 것과 똑같을 뿐이다. 또한 이런 식의 민주주의는 ─ 부자와 권력자가 자신들의 이익을 높이기 위해 수행해 온 ─ 사람들의 문화적이고 경제적인 종속을 공고화하기 위한 조작적인 힘으로 기능하게 된다. 궁극적으로 민주주의가 폭정을 위한 강력한 정치적 전달 수단이 될 수 있었던 것은 바로 역사적으로 대다수 사람들을 의사결정 과정에서 포괄적으로 배제했기 때문이다.

카와 테세는 학교와 사회 안에 있는 억압적인 정치와 관행을 타파할 유일한 참된 해결책은 비판적 민주주의 교육을 지속적으로 실천하는 것 (보다 간결하게는 이들이 민주주의를 위한 교육 education for democracy이라고 표현하는 것을 실천하는 것)이라고 일관되게 서술하고 있다. 이 지속적인 실천이란 학생들이 스스로 더욱더 목소리를 내고, 참여하고, 연대할 수 있도록 지원하는 교실 환경들을 누리게 하는 교육학적이고 정치적인 토대를 발전시키는 것이어야 한다. 이러한 관점에는 본질적으로 민주적 교육이란 언제나 정치적인 행동이며, 따라서 헤게모니적 학교교육을 만들어 내는 중립성 신화에 굴하지 않는다는 인식이 담겨 있다. 뿐만 아니라 해방적인 교실 환경은 학생들을 민주적으로 육성하는 교육 문화가 형성되는 조건이며, 이러한 교실 환경에서 학생들은 권한을 부여받은 역사의 주체로서, 그리고 자신들의 교실과 공동체 안에서 풍부한 정보를 가진 적극적인 시민으로서 개별적이면서도 집단적인 존재라고 스스로 인식하게 된다.

민주적 감수성의 함양

교실에 있다는 것만으로도 자신이 인정받고 가치를 가진다는 것을 인식하게 될 때 비로소 모든 학생들은 자유롭게 말할 수 있다. 따라서 모두의 목소리가 들릴 수 있는 교실 공간을 만들기 위해서는 복잡하게 얽혀 있는 학생 각각의 고유한 목소리와 의욕이 더욱더 인정되어야 한다. 이것은 학생들의 목소리가 똑같은 시간과 가치 속에서 고려될 때 민주적으로 발전한다는 잘못된 주장을 제기하는 얄팍한 강조와는 구별되어야 한다.

— 훅스(Hooks, 1994, p. 186)

훅스가 여기서 드러내고자 하는 것은 교사가 교실 안에서 비판적이고 민주적인 참여를 통해 민주적 감수성을 함양할 수 있는 조건을 만드는 과정에서 발생하는 복잡성이다. 또한 카와 테세는 자신들의 연구에서 직접 민주적 교육에 참여하면서 다음과 같은 것을 이해하게 되었다고 한다. 복잡성은 학생들이 목소리를 내고 권력을 비판적으로 독해할 수 있는 능력을 배우는 과정과 교실에서 민주적 참여를 실천하는 과정에서 나타난다. 이러한 근본적인 정치적 목적에는 자신들의 세계를 명명하고, 다른 이들과 수평적으로 참여하며, 자신들의 세계에 영향을 미치는 권력관계에 개입하는 학생들의 지적이고 정치적인 능력의 개발이 담겨 있다. 이 목적은 또한 권력의 미시적 관계와 거시적 관계 사이에 존재하는 불가분의 연결을 학생들이 인식해 갈 수 있는 공간과 장소가 필요하다. 교실 안에서 이러한 감수성을 사용함으로써, 교사와 학생은 모두 자신들의 특정한 사회적 계급 위치와 문화적 맥락으로부터 세상을 읽으려 할 때, 비판적이고 민주적인 참여의 복잡성을 넘나들며 함께 움직이는 법을 배우게 된다.

물론 프레이리가 언급하듯이 "독서는 쓰인 단어나 언어를 해독하는 것으로만 이뤄지지 않는다. 오히려 이것은 독서 이전에 얻은 세계에 대한 특정한 지식을 전제로 하고, 이 지식과 얽혀 있다"(Freire & Macedo, 1987, p. 29). 프레이리는 학생들의 삶에 개입하는 민주적 교육과정의 중요성을 말하고 있다. 이 교육과정은 학생들이 지역사회 공동체에서 저항하고, 질문하고, 도전하고, 새로운 의미를 구성하는 데 절대적으로 필요한 출발점이다. 더욱 중요하게는 취약한 지역사회 공동체 출신 학생들의 삶에 대한 신자유주의의 삐뚤어진 영향력에도 불구하고, 카와 테세의 연구가 확인해 주고 있듯이, 진정한 대화의 기회가 제공될 때 "많은 학생은 더 비판적인 정치적 관점을 획득하기 위해 민주주의, 개입, 참여, 사회정의, 정치적 문해력과 관련된 근본적인 문제를 더욱 파고들고자 하는 욕망을 가지게 된다." 따라서 수동성이란 헤게모니적 학교교육에 근본적으로 존재하는 반(反)대화적인 교육학의 조건부 결과로 인식되어야 한다.

여기에서 프레이리는 "세계와 사람들에 대한 깊은 사랑이 없다면" 민주적 대화는 존재할 수 없다고 주장한다(1970, pp. 88-89). 카와 테세의 책 전체에서 감지되는 이 사랑은 또한 학생들이 — 학생과 교사가 상호 존중하는 감각이나 교실에서 개방적이고 솔직하게 참여할 수 있는 자유를 경험하지 못하도록 방해해 온 — 제도적 장벽과 사회적 조롱의 영향에 공개적으로 개입할 수 있는 길을 열어 주면서 억압에 대한 분노와 저항에 기름을 끼얹는 힘이기도 하다. 이를 염두에 두면서 카와 테세는 민주주의의 실천이란 평등을 지지하는 비판적 대화와 구조적 관계 실천에 근본적으로 뿌리를 내려야 한다고 주장한다. 이것은 민주적 참여와 구조적 조건 — 교실과 지역사회 공동체에서 민주적 감수성을 방해하거나 높일 수 있는 조건 — 사이에 언제나 존재하는 중요한 변증법적 긴장을 조명한다.

이러한 대화의 기회가 없다면, 학생들은 비판적 의식과 사회적 힘을 결코 키울 수 없는 권위주의적이고 초개인주의적인 책임성과 능력주의 담론의 늪에 쉽게 빠져 버리게 된다. 이것은 놀랄 만한 것도 아니다. 반대로 카와 테세가 잘 보여 주듯이, 학생들에게는 이데올로기가 어떻게 내재화되고, 권력관계가 자신들의 삶의 친밀한 영역과 공적인 영역 모두에서 어떻게 구성되는지를 비판적으로 의식하도록 지원하는 대화방식을 통해서 개입할 필요가 있다. 이러한 방식으로 학생들은 특수한 가치, 태도, 정책 및 실천이 계급, 젠더, 문화, 피부색, 섹슈얼리티, 능력 및 여타의 배제 형태와 관련된 억압적 결과를 지속하는 방법을 비판적으로 인식할 수 있게 된다. 또는, 프레이리가 말한 것처럼, 우리를 **더욱 인간적으로 충**

만하게 만드는 방식을 민주적으로 만드는 과정에서, 학생들은 교육학과 정치학 분야를 이용할 수 있을 것이다.

민주주의에 대한 공격에 대항하기

우리가 사는 사회를 포함해서 세계의 현실은 갈수록 독재와 절대주의 구조를 향해 나아가고 있다. 공적 영역의 범위는 점점 좁아지고, 그 안에서의 대중 참여를 위한 기회는 감소하고 있다. 요컨대 현실은 민주주의가 공격받고 있다는 것이다.

— 촘스키(Chomsky, 2003, p. 236)

촘스키의 주장대로 민주주의가 지금 더 강력하게 공격받고 있는 방식에 비춰 보면, 이 책은 민주적 교육을 위한 논쟁적인 투쟁을 하기에 적절한 지점에서 비판적 토론을 시작한다. 정치적으로나 교육학적으로 카와 테세는 다양한 논쟁을 통해서 교육과 민주주의에 대한 현대 논의에서 감춰져 있거나 간과된 복잡성에 개입한다. 이를 통해 카와 테세는 민주주의에 대한 현재의 공격에 직접 대응한다. 이들의 방식은 교육과 사회에 담긴 신자유주의 정책이 퍼뜨린 사회적이고 물질적인 불평등에 대해 전세계 사람들이 항의하거나 저항하게 되는 시점에서 특히 중요하다.

비판적 시민성을 위한 민주적 교육이 이 책의 핵심이다. 민주적 교육은 지배받는 자들과 지배하는 자들이 분리될 수 없는 것으로 이해되는 세상을 구성하려고 학생들을 준비시키기 위해 교사와 학생, 학교와 지역 사회 공동체 그리고 이론과 실천 사이에 만들어진 이데올로기적 모순과 이분법을 깨뜨리는 구체적인 책무를 담고 있다. 또한 민주주의에 대한 더욱 복잡한 독해를 필요로 한다. 독해를 통해 우리는 민주주의를 지역적으로 그리고 전 지구적으로 우리의 지속적이고 일관된 시민 참여를 요구하는 해방적 정치과정으로 파악할 수 있다.

이 뛰어난 책에서 카와 테세가 제시한 훌륭한 주장은 의심의 여지 없이 민주주의에 관한 철저한 참여적 이해를 강화한다. 두 저자의 주장은 사람들이 스스로 통치하는 것에 대한 근본적인 신념과 사회를 창조하는 것은 인간이라는 확고한 믿음에 기반을 두고 있다. 이처럼 우리는 오로지 지속적인 비판적 인간 행동을 통해서 사회적이고 물질적인 배제의 비열한 조건을 변혁하기 위한 정치권력을 생성할 수 있다. 가장 중요한 것은, 우리는 바로 집단적 인간 행동을 통해서 학교와 사회에서 민주주의에 대한 기만적인 공격에 효과적으로 대항할 수 있고, 이렇게 함으로써 더 정의롭고 사랑스러운 — 해방과 억압에 대한 저항 문화를 인간화하는 것이 진정으로 모든 사람의 권한을 키워 가는 — 세계를 이루기 위해 연대할 수 있다는 것이다.

1장

서문: 누가 교실을
두려운 곳으로 만드는가?

들어가며

먼저 주어진 말을 하나하나 해체해 보자. 1장은 물론 이 책의 제목에서 '두려운'('나를 두렵게 하는')이라는 단어를 사용하는 이유는 무엇일까?(이 책의 원제는 《나를 두렵게 하는 것은 교육이 아니라 교육자입니다》이다.-옮긴이 주) 이 말이 의미하는 것은 무엇인가? 구글을 검색해 보면 다음과 같은 내용이 뜬다.

> scared /skerd/
>
> 형용사
>
> 걱정하는; 무서워하는
>
> 유의어 frightened, afraid, fearful, startled, nervous, panicky, alarmed,
> intimidated; terrified, petrified, terrorized, horrified, unnerved,
> panic-stricken/-struck, terror-stricken/-struck, horror-stricken/-
> struck, with one's heart in one's mouth, scared stiff, scared/

frightened out of one's wits, scared witless, scared/frightened to death, chilled to the bone/marrow, in a cold sweat;

구어   spooked, scarified;

비속어   scared shitless

"I've never been so scared in all my life. (나는 내 평생 그렇게 두려웠던 적이 없었다.)"

따라서 '두렵다'는 것은 규범적으로 말하자면 매우 바람직하지 않은 상태를 특정한 방식으로 표현하고 각색하고 특징짓는 감정, 공포, 전율, 불안 등을 포함한다. 누군가를 무섭게 하는 것은 교도소에서 생을 보낼 수도 있을 젊은이들에게 그들이 진짜로 교도소 생활을 하게 되면 겪을 수 있는 힘든 현실과 경험의 일부를 일상에서 경험하게 해서 올바른 길로 인도할 목적으로 만들어진 미국의 프로그램과 리얼리티 쇼처럼, 잠재적 범죄자들이 미리 '겁을 먹고 조심하도록' 하기 위해 행해지는 경우를 제외하고는 대체로 유해한 것이라 말할 수 있다. 물론 누가 범죄자인지를 결정하는 자가 누구인가 또한 매우 중요한 문제이다. 하지만 이것을 이 책에서 논하지는 않겠다.

'두렵다는' 것은 교육과 무슨 관계가 있을까? 이야기는 약 15년 전으로 거슬러 올라간다. 그때 우리(카와 테세)는 함께 일하기 시작했고, 지금까지 이어져 오고 있다. 다양한 언어로, 여러 나라, 여러 맥락에서 해 온 수많은 발표, 논문, 콘퍼런스, 토론, 우연한 만남, 경험 등 매 순간이 지난 이후, 우리는 2013년 봄, 몬트리올에 있는 아이티 지역사회 공동체 회원들과 함께 민주주의와 교육에 관한 표적 집단focus group을 조직했다. 약 30명의 지역사회 공동체 회원들이 **아이티 지역사회 공동체 사무국**(Bureau de la communauté haitienne: BCHM)에서 열린 한 표적 집단에 참여했다. 이들은 이 지역 아이티인들의 모든 세대, 직업, 이주 생활, 사회적 경험을 대표했고, 언어, 문화, 사회 계급의 복합성을 나타내고 있었다. 이 집단은 1960년대에 시작한 아이티인들의 대규모 몬트리올 이주 때부터 지금까지 존재해 온 열성 집단이다. 이 표적 집단들은 참여자들이 어떻게 민주주의에 관한 교육뿐만 아니라, 민주주의를 인지하고, 경험하고, 연관되는지를 연구하는 우리의 **민주주의, 정치적 문해력 및 변혁 교육**(Democracy, Political Literacy and Transformative Education: DPLTE)[1] 연구 프로젝트의 틀 안에서 더 잘 이해하려고 했다. 우리는 특정한 구조와 맥락이 담겨 있는 질문을 몇 가지 했다. 하지만 우리는 이 토론을 제한하거나 참여자의 사고방식과 내용에 대한 어떠한 것도 제안하지 않았다.

이 과정과 토론에서 우리는 대단한 흥미를 느꼈고 많은 것을 깨달을 수 있었다. 네 번째와 마지막 표적 집단과 함께하는 동안 70세 정도 되어 보이고 적어도 40년 이상을 몬트리올에서 살아온 한 참여자는 심사숙고 끝에 다음과 같이 말했다. **"나를 두렵게 하는 것은 교육이 아니라 교육자입니다."** 이 말의 주인공인 벤은 우리가 자신의 단어와 자신에 대한 정보를 사용할 수 있도록 허락해 주었다. 그는 조심스러워했고, 신중했고, 언변이 뛰어났으며, 사교성이 좋았다. 그는 그때까지 우리가 느끼고만 있을 뿐 말로 표현하지 못했던 어떤 것을 꼭 짚어 낸 것이다. 단순하면서도 시적 표현처럼 느껴지기도 한 벤의 이 말은 즉시 우리에게 어떤 울림을 전

---

1 DPLTE 프로젝트에 대한 보다 자세한 설명이 필요하면, 다음 링크에서 동 프로젝트의 최종 보고서를 보라. http://docs.wixstatic.com/ugd/bcff79_464b193b867b46fda761bb134659b114.pdf DPLTE 프로젝트와 유네스코의 민주주의, 세계시민성, 변혁 교육DCMÉT에 대한 정보는 아래 웹사이트를 방문하면 자세히 얻을 수 있다. http://uqo.ca/dcmet/

해 주었다. 그의 말은 10년 이상 우리가 함께 발전시켜 온 철조망 같은 앙상한 구조에 형상을 집어넣었다.

우리는 벤이 한 말에 담긴 단어들이 가진 어떤 감각, 언어적 의미 그리고 기호학적으로 맥락화된 뜻을 문법적이고 정신분석학적으로 분석하고 탈구축해 볼 수 있었다. 우리는 상이한 관점과 유리한 위치들로부터 다른 해석, 의미 그리고/혹은 의미 생산방식을 제시할 수도 있었다. 그러나 그때나 지금이나 우리는 그가 한 말에 누구를 놀라게 하거나 선동하거나 불편하게 하려는 느낌이 없었다고 생각했으며, 그의 말에 담긴 소박하면서도 강한 힘에 여전히 이끌리고 있다. 아주 넓은 의미에서 교육이란 사회를 더욱 격조 있게 만들고, 사회정의, 문제 해결, 함께 살아가는 방법을 찾는 것을 목표로 하며, 예술이 조화된 삶을 꿈꾸고, 실제로 그렇게 살아갈 수 있도록 하고, 다양한 가치, 정체성, 존재 방식이 서로 연결된 채 내면을 치유하면서 가장 본능적인 감정과 대화하도록 한다. 이런 의미에서 교육은 너무도 훌륭하고, 필수적이며, 타협 불가능한 프로젝트이자, 이상이자, 실재이다. 데일과 히슬롭-마지슨(Dale and Hyslop-Margison, 2010) 그리고 다더(Darder, 2002)는 우리에게 엄청난 영향을 끼친 파울루 프레이리Paulo Freire의 업적에 기초한 잠재적 변혁 교육의 상을 만들었다.

이 책에서 우리는 우리가 의미하는 교육이 무엇인지, 우리가 노력하고 있는 교육은 어떤 것인지를 논한다. 교육은 지역사회 공동체, 사회, 국가, 세계에 무한한 가치가 될 수 있다. 또한 교육은 우리가 육성하고 발전시키려는 세계로 나가는 것을 막는 결손, 불평등, 장벽과 같은 문제를 발생시키면서 끝없이 골칫거리가 될 수 있다. 그래서 우리는 형식적이면서도 비형식적이고, 명시적이고 암시적이면서 변증법적이고, 헤게모니에 저항하고, 비선형적인 수많은 다양성과 형식에 적절한 교육이 저마다 필요하다고 믿는다. 어떤 교육이 — 어떤 민주주의가 — 오랜 시간 동안 우리와 여타의 많은 사람을 사로잡아 왔는가와 같이 머리를 흔드는 질문이 필요하다(Carr & Thésée, 2017).

우리는 이 구불구불한 길을 풀어 나가다 보면 이 길을 따라 다양한 입장, 계층, 기관, 쟁점, 요소, 난제 등이 매우 혼탁한 풍경을 만든다는 것을 알게 된다. 그리고 이 혼탁한 풍경은 교실 어딘가에서 절정에 다다르곤 한다. 누가 교육하고, 가르치고, 운영하고, 복도를 순찰하고, 여러 우여곡절, 흥망성쇠와 승패를 넘나들고, 아동/학생과 이들의 가족, 공동체, 사회를 주시하고 (가로막고) 있는가? 그들은 어디에서 왔고, 그들의 정체성, 경험, 관점은 무엇이고, 그들이 하고 있는 것과 하려고 하는 것은 무엇인가? 답은 간단하다. 그들은 '우리'이고, 그들은 사회이고, 그들은 '교육을 시키는 것'에 대한 권한을 부여받아 온 사람들이다.

그러나 그들의 권한은 무엇이고, 성향, 기질, 신념, 이데올로기는 무엇이며, 하나의 집단으로서 그들이 성취하고, 기여하고, 고취하고자 하는 것은 무엇인가? 벤이 쟁점을 분명히 하고자 그 쟁점에 정확한 명칭 educator을 부여한 것처럼, 우리도 '그들'에 대해 말할 수 있을까? 우리는 이 문제가 사회, 맥락, 권력관계, 사회적 불평등 그리고 (규범적이고, 헤게모니적인 주류) 교육이 이룬 것과 이루지 말아야 하는 것에 따라 달라진다고 생각한다. 듀이J. Dewey의 연구(1916/1997, 1938, 1958, 2012)를 통해서, 이 사회적 전경화(foregrounding, 시적 은유화의 방법 중 상투적 의미를 시적으로 이탈시켜 새로운 지적 작용을 가능하게 하는 표현 방법. 여기서는 특정한 의미가 특정한 맥락이나 실천에 따라 달라지는 것을 의미-옮긴이 주)는 연구의 긴급한 본질이 되었으며, 우리는 내용이란 언제나 맥락에 따라 달라진다는 것을 이해하게 되고 이를 통해 자극받게 된다(Apple 2013, 2015a, 2015b). 교육자에 대해 말하는 것은 사회 또는 이보다 더 개선되어야 하고 그럴 필요가 있는 어떤 것에 대한 성찰인가? 이 성찰은 변혁적일 수 있을까? 그리고 이것이 단지 사람들을 훈련시키는 것이라면, 궁극적으로는 사회적 관계를 재생산하는 것으로 이어질 수는 없을까(Apple, 2011, 2012)?

분명히 하자면, 교육자에 대해 말하는 것은 개별적이고 고립된 문제가 아니다. 확실히 세상사를 가르치는 선하고 훌륭한 영혼들이 존재한다 (Abdi & Shultz, 2008; Sensory & DiAngelo, 2017; 우리는 또한 과거 수십 년에 걸쳐 사회정의 교육에 관한 수많은 훌륭한 학자들의 업적과 투쟁을 알고 있다). 교육자들은 처음 교사의 삶을 시작할 때에는 큰 이상을 품고서 점진적으로 세상을 변화시킬 준비가 되어 있다가도, 시간이 지나면서 더 보수적인 직업정신과 제도적으로 비타협적인 삶에 동화되어 갈 뿐인가? 아니면, 그들은 학교에 재직해 있는 동안 의미 있는 실천과 경험을 구체화하고 점차 시행해 나가고 있는가? 학교는 개별 학생이나 지역사회 공동체를 키울 수도 망칠 수도 있다. 우리는 많은 사람이 인격을 형성하는 교육 기간에 자비롭고 인간적인 경험으로부터 배우는 것이 많다는 것을 알면서도 이렇게 말한다. 그러나 우리는 벤이 딱 꼬집어서 말한 그 느낌, 뭔가 세심한 관심을 갖게 하는 어떤 것을 — 교육에 대한 두려움이 아니라, 교육자에 대한 두려움을 인생에서 겪어 보았고, 이 두려움은 개인 또는 집단에 대한 복수가 아니라 지키지 않는 약속과 미사여구의 폐단이 만든 상처라는 느낌을 — 계속 지니고 있다.

이렇게 우리는 돌고 돌아서 교육의 의미로 다시 오게 되고, 여기에서 변혁 교육의 비전을 제시하려고 노력하고 있다. 우리는 우리가 가장 중요한 논지와 주제, 또는 변혁 교육이 무엇인지를 측정하기 위해 주목하는 영역으로서 민주주의를 살피고 있다. 이와 동시에 우리는 민주주의의 차원, 요소, 토대를 밝혀내고 풀어내어 잘 정리하기도 했지만, 그 반면 인종, 인종화, 인종차별에 끊임없이 가까워지고, 회유되고, 넘어가게 되곤 한다(Bush & Feagin, 2011; Dei, 2009; Delpit, 1995; Ladson-Billings, 1998; Lund & Carr, 2015; Race & Lander, 2014; Taylor, Gillborn, & Ladson-Billings, 2015; Thésée & Carr, 2012, 2016a, 2016b; West, 1994).[2] 민주주의를 연구하고 상세히 분석할 때, 인종차별(그리고 편견, 불이익, 차별 및 사회적 불공정과 같은 것들)과 민주주의 사이에 확실한 연관성을 밝힌다는 것은 우리에게 복잡하고 모호한 문제이다. 사회정의 없는 민주주의의 핵심은 무엇일까?(Abdi & Carr, 2013; Westheimer, 2015; White & Cooper, 2015)? 그리고 교육 없는 민주주의를 상상할 수 있을까? 따라서 우리는 시민사회, 학계, 그리고 삶 속에서 우리의 글쓰기, 생각하기, 참여하고 관여하기가 우리가 오랫동안 일구려고 해 왔던 것, 즉 **민주주의를 위한 교육** Education for Democracy과 연결되어 왔다고 믿고 있다. 우리는 교육자를 '겁내지' 않지만 많은 사람이 그렇게 느끼고 있다는 것 그리고 어떤 사람들의 경우 '교육'이 불균형적으로 자신들은 물론 자신들과 가까운 이들에게 부정적인 영향을 끼치고 있다고 믿는 이유 또한 잘 알고 있다. 재산, 기술 역량, 혁신, 경제 발전을 갖추었음에도 불구하고, 왜 우리는 여전히 주변화, 사회적 불공정, 갈등, 감금, 가난의 대물림 속에 살아가고 있을까? 우리에게 사회정의는 물론 민주주의와의 연결, 민주주의를 위한 교육, 인종차별 철폐는 분명하며,

---

2 참고 문헌들 중 일부는 최근 것이 아니지만, 매우 중요하기 때문에 포함시켰다. 여기서 우리는 비판적 인종 이론, 백인성, 사회정의 및 인종차별 반대 학자의 광범위하고 포용적이며 비판적인 영향을 인정하며, 또한 우리는 인종, 인종차별, 인종화와 관련해서 생산된 연구와 연관된 표면만을 건드렸을 뿐이다.

우리는 기꺼이 이 책에서 이 주제들을 잘 담아낼 것이다. 우리는 이 책에서 은유적으로 표현한 비탄에 빠진 두려움과 극심한 공포가 중화되고 무감각해져서 더 좋은 사회를 만들기 위한 법칙의 일부인 변혁 교육에 관한 비판 교육학과 잘 연결될 수 있기를 바란다.

우리의 연구 과제에 대하여

| 민주주의와 교육에 관한
| 시론적 연구

나(폴 카)는 온타리오 주 정부의 교육부 선임정책자문관으로 17년 동안 활동한 후, 2005년 오하이오에 있는 영스타운 주립 대학교Youngstown State University로 옮겨 민주주의와 교육에 관한 교생과 여타 사람들의 인식, 경험, 관점에 대한 연구 과제를 개발하기 시작했다. 주변 동료들의 도움을 받으면서 나는 교생 129명을 조사 대상으로 하는 연구를 시작했으며, 뒤를 이어 15명의 학과 교수들을 연구했다. 나는 교차 분석을 목적으로 하는 인구통계 관련 질문과 민주주의와 교육에 관한 질문으로 나눠진 약 40개 설문 조사를 준비했다. 연구는 속도가 붙었고, 나는 바로 지나 테세와 함께 그녀가 근무하는 몬트리올의 퀘벡 대학교 소속 프랑스어를 사용하는 250여 명 참여자 표본을 모았다.

이후 우리는 2008년 토론토 대학교 온타리오 교육연구소(Ontario Institute for Studies in Education: OISE)에서 다니엘 슈구렌스키Daniel Schugurensky가 조직한 참여 민주주의 관련 콘퍼런스에서 우리의 연구 결과를 발표했다. 이 콘퍼런스는 여러 가지로 대단히 운이 좋아서, 여기에서 우리가 처음 만났던 몇몇 동료들은 이후 우리의 협력자가 되었다. 아르헨티나에서 온 마리타 트레버소Marita Traverso와 안드리아나 무리엘요Adriana Muriello는 이 동료들 중 일부였다. 우리 발표 세션에서 좌장은 두드러진 역할을 맡지 않았기 때문에, 오스트레일리아 모나쉬 대학교의 데이비드 진기어David Zyngier는 자신만의 독특한 방식으로 좌장 역할을 하면서 우리 세션을 잘 이끌어 나갔다.

지구적으로 실천하는 민주주의 연구 프로젝트GDDRP와 민주주의, 정치적 문해력 및 변혁 교육DPLTE 연구 프로젝트

우리 발표 세션이 끝난 직후, 데이비드는 우리에게 일부러 다가와서 우리가 서로 다른 2개의 맥락에서 만들어 온 연구를 반복하는 것에 대해 물어보았다. 우리는 몇 주에 걸쳐 대체로 스카이프와 이메일로 소통을 계속했고, **지구적으로 실천하는 민주주의 연구 프로젝트**(Global Doing Democracy Research Project: GDDRP)에 대한 기본 구상을 발전시키고 협력하기로 결정했다. 카와 진기어가 공동 책임자를 맡고 테세가 핵심 연구자를 맡기로 했다. 이 프로젝트의 목적은 교육자, 교생, 행정가 그리고 여러 다른 이해관계자들이 민주주의를 어떻게 경험하고 **실천하는지**를 교육과 특별히 연결시키면서 비판적 연구를 수행하는 것이었고, 지금도 그렇다. 2011년 즈음에 GDDRP는 15개 정도의 유사한 연구를 12개 국가에서 진행했다. 여기에서 우리는 서로 다른 문화, 시스템, 경험이 어떻게 민주주의와 연결되는지에 대해 문헌 조사를 하고 기록을 남겼다. 이 프로젝트는 학교와 교육 시스템이 어떻게 **농밀한(濃密, thick: 구체적인 맥락과 연결된 특수한 의미가 보다 뚜렷이 나타나는 - 옮긴이 주) 민주**

주의와 관계를 맺고 맞물릴 수 있었는지에 대한 연구물, 보고서, 기록물, 제안서 등을 작성하기 위해 서로 다른 사회의 정책과 함께 제도적, 인식론적, 교육학적, 학습적 현실들을 계속해서 연구하고 있다.[3] 2016년에는 교사 교육, 교육자, 행정가, 교수, 시민사회 범주에 속한 5,600여 명이 참여한 약 50개 연구가 진행되고 있었다(도표 1과 2).[4]

우리가 GDDRP에서 발전시킨 연구는 지역/전국 단위 동료/협력자들이 그들의 공식/지방 언어와 문화를 사용한 자신들의 연구를 수행할수 있도록 돕는다. 이를 위해 이 연구는 그들이 우리의 연구 모델, 방법론, 플랫폼 그리고 연구 틀을 사용하며 참여하는 현장 참여적이고 비판적인 협력을 담고 있었다. 그에 따라 지역연구가 진행될 수 있었고, 더욱 확장된 과제는 집합적이고 비교 가능한 다양한 데이터 세트의 도움을 얻을 수 있었다. 2006년 카가 발전시킨 중요한 설문 조사는 그때그때 개선되어야 하긴 했으나, 여전히 설문 문항과 답변 그리고 후속 분석을 지구적 차원에서 다른 나라들에도 적용할 수 있도록 개선하는 데 도움을 주고 있었다.

---

3 우리는 비판적이고 확고하게 참여하면서, 대항 헤게모니적이고 사회정의에 기초한 민주주의에 대한 비전과 연결된 바버(Barber, 1984, 2000, 2004), 애플(Apple, 2011), 가딘과 애플(Gardin and Apple Gardin & Apple로 표기 통일. 이하 동일, 2002, 2012), 포텔리와 솔로몬(Portelli and Solomon, 2001), 그리고 웨스트헤이머(Westheimer, 2015)를 비롯한 여러 사람의 연구와 같은 의미로 농밀한 민주주의의 의미를 사용한다.

4 우리는 GDDRP에서 연구 표본 조사, 참여 및 협력으로 이어진 수많은 관계를 형성한 우리의 동료 데이비드 진기어의 엄청난 에너지, 열정 그리고 뛰어난 통찰력뿐만 아니라 DPLTE에서의 참여에 대해 다시 한번 감사의 마음을 전한다. GDDRP가 만들어 낸 출판물에 대한 하나의 사례로서 Zyngier, Traverso, & Murriello (2015)를 보라.

| 도표 1. GDDRP(2008~2015)와 DPLTE(2012~2015)의 일부 연구 |

연도	과제	국가(A)	참여자 수	기간(B)	표본(C)
2006	2	미국	129+15	1(1)	1+5
2007	1	미국	48	1(1)	2
2008	2	캐나다	261+158	1(2)	1+1
2009	5	캐나다, 미국, 사이프러스, 오스트레일리아	44+20+37+27+29	2(5)	1+1+1+1+2
2010	11	오스트레일리아, 미국, 아르헨티나, 말레이시아, 브라질	40+100+100+68+24+150+137+114+150+45+129	2(11)	3+2+2+1+1+1+1+1+2+3+1
2011	4	오스트레일리아, 미국	133+45+72+32+31	1(1); 2(1)	1+5+1+2
2012	1	러시아	222	2(1)	1
2013	15	캐나다, 미국, 오스트레일리아, 브라질, 러시아, 그리스	90+14+95+35+118+93+25+102+33+81+169+432+89+30+140	2(10); 3(5)	
2014	8	미국, 오스트레일리아, 브라질, 남아공, 국제적 차원	42+29+117+32+35+92+203+57	2(4); 3(3); 2/3(1)	1+1+5+5+2+1+2+5
2015	8	남아공, 그리스, 노르웨이, 캐나다, 국제적 차원, 오스트레일리아, 파키스탄	25+139+147+53+21+57+500+100	2(2)/ 3(5); 2/3(1)	1+2+2+2+5+2+2+1
계	57	12+	N=5655		

(A) 각 시기별 튀르키예, 멕시코, 베트남, 태국, 오스트레일리아 등 7~8개 국가에서 진행된 다른 프로젝트들도 진행되고 있다.
(B) 설명: 1은 도입기(2006~2008), 2는 DPLETE 기간(2012~2015), 3은 GDDRP 기간(2008~2015). 괄호 안 숫자는 프로젝트 수를 의미한다.
(C) 설명: 1은 교생, 2는 교사, 3은 교장과 리더, 4는 지역사회, 5는 학자 등을 가리킨다.

| 도표 2. GDDRP(2008~2015)와 DPLTE(2012~2015) 수행 과제 (#) |

연도	국가	도시	언어	연구자	수행기관	표본	수
2006-2007	미국	영스타운(오하이오)	영어	폴 R. 카	영스타운 주립대학 교육학과	1	129

연도	국가	도시	언어	연구자	수행기관	표본	수
2006-2007	미국	영스타운 (오하이오)	영어	폴 R. 카	영스타운 주립대학 교육학과	6	15
2007	미국	영스타운 (오하이오)	영어	폴 R. 카	영스타운 교육위원회	2	48
2008-2009	캐나다	몬트리올(퀘벡)	프랑스어	폴 R. 카, 지나 테세	UQAM 교육학과	1	261
2008-2009	캐나다	몬트리올(퀘벡)	프랑스어	폴 R. 카, 지나 테세	UQAM 교육학과	1	158
2009	캐나다	빅토리아(브리티시 콜럼비아)	영어	제이슨 프라이스	빅토리아 대학교 교육학과	1	44
2009	미국	일리노이	영어	톰 루시	일리노이 주립대학 교육학과	1	20
2009	사이프러스		그리스어	미칼리노스 젬빌라스	사이프러스 개방대학 교육학과	1	37
2009	오스트레일리아		영어	데이비드 진기어	모나쉬 대학교 교육학과	1	27
2009	오스트레일리아		영어	데이비드 진기어	빅토리아 대학교 교육학과	2	29
2009-2010	오스트레일리아	빅토리아(멜버른)	영어	데이비드 진기어	빅토리아 대학교 교육학과	3	40
2009-2010	오스트레일리아	빅토리아(멜버른)	영어	데이비드 진기어	빅토리아 교육국	2	100
2009-2010	오스트레일리아	빅토리아(멜버른)	영어	데이비드 진기어	모나쉬 대학교	6	100
2009-2010	미국	일리노이	영어	캐롤린 실즈	학교	2	68
2009-2010	미국	일리노이	영어	캐롤린 실즈	학교	2 (후속)	24
2009-2010	미국	세인트루이스(미주리)	영어	브래드 포필리오	세인트루이스 대학 교육학과	1	150
2009-2010	아르헨티나	모론 (부에노스 아이레스)	스페인어	마리아 델리아 트레버소	모론 대학교 교육학과	1	137

연도	국가	도시	언어	연구자	수행기관	표본	수
2009-2010	아르헨티나	모론 (부에노스 아이레스)	스페인어	안드리아나 무리엘로	학교	1	114
2009-2010	말레이시아	지트라	말레이어	사잘리 유소프	교육부	2	150
2010	말레이시아	지트라	말레이어	사잘리 유소프	교육부	3	45
2010-2011	브라질	비소자	포르투갈어	마르셀로 루레스 도스 산토스	교육부	1	129
2011	오스트레일리아	빅토리아 (멜버른)	영어	데이비드 진기어	모나쉬 대학	1	133
2011	오스트레일리아	빅토리아 (멜버른)	영어	데이비드 진기어	빅토리아 교육국	6	45
2011	미국	로스엔젤레스 (캘리포니아)	영어	신시아 멕더모트	로스엔젤레스 안티오치 대학	1	72
2011	오스트레일리아		영어	데이비드 진기어	빅토리아 교육국	2	32
2013	그리스		그리스어	안젤리키 라자리도우	대학 교육국	1	31
2012	러시아	모스크바	러시아어	옥사나 코제프니코바	대학 교육국	1	222
2013	러시아	모스크바	러시아어	옥사나 코제프니코바	대학 교육국	1	90
2013	오스트레일리아		영어	데이비드 진기어	모나쉬 대학	6	14
2013	그리스		그리스어	안젤리키 라자리도우	대학 교육국	1	95
2013-2015	브라질	포르투 알레그레	포르투갈어	그레지엘라 소자 도스 산토스, 루이스 아르멘도 간딘	히오 그란지 두술 대학 담당국	2	35
2013	캐나다	선더베이 (온타리오)	영어	폴 R. 카	대학 교육국	1	118
2013	캐나다	선더베이 (온타리오)	영어	폴 R. 카	대학 교육국	1 (후속)	93

연도	국가	도시	언어	연구자	수행기관	표본	수
2013	오스트레일리아	멜버른, 빅토리아	영어	데이비드 진기어		1 (후속)	25
2013	오스트레일리아	멜버른, 빅토리아	영어	데이비드 진기어	교육위원회	1 (후속)	102
2013	미국	로미오빌(일리노이)	영어	브래드 포필리오	루이스 대학	1	33
2013	미국	벨링햄, 워싱턴	영어	엔 블란차드	웨스턴 워싱턴 대학	1	81
2013	캐나다	오릴리아(온타리오)	영어	폴 R. 카	대학 교육국	1	169
2013	오스트레일리아	멜버른(빅토리아)	영어	데이비드 진기어	교육위원회	1	432
2013	캐나다	몬트리올(퀘벡)	프랑스어	폴 R. 카, 지나 테세	UQAM 교육학과	1	189
2013	캐나다	몬트리올(퀘벡)	프랑스어	폴 R. 카, 지나 테세	아이티 커뮤니티 사무소	4	30
2013	오스트레일리아		영어	데이비드 진기어	학교	2	140
2013-2014	미국	워싱턴주	영어	앤 블란차드	교육학과, 휴먼 서비스 학과	1	42
2013-2014	미국	시카고	영어	브래드 포필리오	대학 교육국	1	29
2013-2014	국제적 차원		영어	폴 R. 카, 지나 테세		5	117
2014	오스트레일리아		영어	데이비드 진기어		6	32
2014	브라질	포르투 알레그레	포르투갈어	그레지엘야 소자 오스 산토스		2	35
2014-2015	스코틀랜드		영어	달렌 스완손	스털링 대학	1	92
2014-2015	스코틀랜드		영어	달렌 스완손	스털링 대학	1	203
2014-2015	오스트레일리아		영어	데이비드 진기어	모나쉬 대학	6	57

연도	국가	도시	언어	연구자	수행기관	표본	수
2015	남아공	더반	영어	달렌 스완손	넬슨 만델라 대학	1	25
2015	그리스		그리스어	안젤리키	학교	2	139
2015	파키스탄		영어	아티크 우르 레만	아가 칸 재단/ 모나쉬 대학	2	147
2015	캐나다	퀘벡주	프랑스어	폴 R. 카, 지나 테세	학교	2	53
2015	국제적 차원		스페인어	폴 R. 카, 지나 테세		5	21
2015	오스트레일리아		영어	데이비드 진기어		2(후속)	57
2015	노르웨이		노르웨이어	헤이디 비세트 야나 메드센	부스캐루드 패스트폴드 대학 교육국	2	500
2015	노르웨이		노르웨이어	헤이디 비세트 야나 메드센	버스커루드 앤 베스트폴드 대학 컬리지 교육국	1	100
							5655

(#) 일부 프로젝트는 겹치기도 하고, 현재진행 중이기도 하며, 이 표에 포함되지 않은 새로운 과제들은 이후 시작되었다.
(*) 표본: 1은 교생, 2는 교사, 3은 교장과 리더, 4는 지역사회, 5는 학자, 활동가, 시민사회, 6은 대학교수

도표 3은 교생을 대상으로 한 기본 설문 문항이며, 영어로 작성되었다.

| 도표 3. 교생용 기본 설문 문항 |

개인 정보

1.1. 나는 이 설문과 관련한 설명문을 꼼꼼히 읽었고, 연구 참여에 동의한다.
1.2. 성별
1.3. 나이
1.4. 학위
1.5. 교육 프로그램 연구 기간

1.6. 주요 연구 과정

1.7. 당신의 교육 분야를 가장 잘 표현하는 분야를 선택하시오.

1.8. 어느 인종인가? (하나 이상을 선택하시오.)

1.9 출생 국가 또는 지역

1.10. 당신은 원주민 또는 선주민First Nations인가?[5]

1.11. 아동 시절 가정에서 사용한 제1 언어는?

1.12. 아버지의 최종 학력 (하나만 고르시오.)

1.13. 아버지의 주업종 (하나만 고르시오.)

1.14. 아버지의 출생국 또는 지역

1.15. 어머니의 최종 학력 (하나만 고르시오.)

1.16. 어머니의 주업종 (하나만 고르시오.)

1.17. 어머니의 출생국 또는 지역

1.18. 당신이 속한 종교 공동체

1.19. 종교적 생활을 하는지 안 하는지

1.20. 청소년기 부모님의 정치 참여 수준

민주주의 분야

2.1. 당신이 정의하는 민주주의란 무엇인가?

2.2. 캐나다가 민주국가라고 생각하는가?

2.3. 미국이 민주국가라고 생각하는가?

2.4. 다음 국가들이 민주국가라고 생각하는가? (브라질, 중국, 쿠바, 프랑스, 인도, 이라크, 일본, 러시아, 사우디아라비아, 남아프리카 공화국)

2.5. 당신이 생각하기에 선거가 민주주의에 얼마나 중요한가?

2.6. 투표권을 행사할 수 있는 나이 이후 선거 때마다 투표를 하는가?

2.7. 정당의 당원인가(당원이었던 적이 있었는가)?

2.8. 당신이 민주주의에 적극적으로 참여한다고 생각하는가?

2.9. 캐나다 민주주의의 향상을 위해 무엇을 해야 하는가 또는 무엇을 할 수 있는가?

2.10. 캐나다 원주민들이 캐나다 민주주의의 중요한 구성원이라고 생각하는가?

민주주의와 교육

3.1. 당신이 생각하기에 당신이 교육받았던 교육 시스템은 민주적인가?

3.2. 당신의 학교 경험이 민주주의에 대한 당신의 사고에 영향을 끼쳤는가?

3.3. 학생 시기에 당신의 선생님은 민주주의와 관련된 문제를 다루었는가?

3.4. 선생님들은 민주주의에 대한 학생들의 감성을 촉진시켜야 한다고 생각하는가?

5 옮긴이 주-캐나다 헌법(1982년 개정안)에서 일반적인 캐나다 원주민을 뜻하는 aboriginal peoples 와 indigenous peoples에는 크게 세 집단이 포함된다고 함. 한 집단은 '선주민first nations'이며, 이 이름은 지금은 사용하지 않는 이름인 '인디언'을 지칭함. 다른 한 집단은 마찬가지로 지금은 사용하지 않는 이름인 에스키모라 불리었던 '이누이트Inuit'이며, 또 다른 한 집단은 캐나다 원주민과 유럽인 사이에 태어난 사람들인 '메이티Métis'가 있음. 맥락에 따라, 본문에서는 이 용어들이 혼재되어 사용되지만, 모두 캐나다 원주민이라는 큰 범주에서 이해될 수 있음.

3.5. 선생님들은 논쟁적인 문제들을 가르쳐야 한다고 생각하는가?

3.6. 사회정의가 무엇이라고 생각하는가?

3.7. 사회정의 문제가 민주주의와 관련해서 얼마나 중요하다고 생각하는가?

3.8. 다음 의제들이 민주주의를 위한 교육에 중요하다고 확신하는가? (환경 교육, 미디어 문해력, 다문화 교육, 평화교육, 정치 문해력, 봉사 학습활동, 기술 문해력)

3.9. 당신이 생각하기에 당신이 받은 대학 교육이 민주주의에 대한 이해를 향상시켰는가?

3.10. 당신이 앞으로 학교 환경에서 가르칠 계획이 있다면, 당신은 민주주의를 위한 교육을 어떻게 향상시킬 것인가?

| 도표 4. 후속 설문 문항 |

1. 이 설문에서 무엇을 배웠는가?

2. 인상 깊은 질문이 있었는가? 그 이유는 무엇인가?

3. 식상하거나 불편한 질문이 있었는가? 그 이유는 무엇인가?

4. 교육에서 다루는 민주주의에 대하여 이와 같은 방식으로 연구하는 것에 대해 어떻게 생각하는가?

설문 문항에 대한 답변을 완성한 다음 참여자들은 보통 4~6주 정도 지난 후 후속 설문 문항을 받았다(도표 4). 이 후속 설문 조사를 통해 우리는 메타 데이터를 발전시킬 수 있었으며, 이 조사 과정이 참여자들에게 어떤 영향을 끼쳤는지를 더욱 잘 이해할 수 있게 되었다.

동시에 프로젝트 자체는 수많은 만남, 회의, 토론, 분석을 통해 민주주의를 위한 교육에 대해 우리가 가진 관점과 영역의 좋은 점을 확장해 나갔다. 도표 2에서 보듯, 우리는 다양한 맥락과 언어, 정치 환경을 가진 연구자들과 협력하였다. 우리가 협력자들을 만난 방식은 전혀 다른 이야기이지만, 간략히 말하면, 우리는 종종 우리의 프로젝트에 대해 읽거나 들은 동료들을 만났다. 때로는 우리가 동료들을 참여의 공간으로 초대하기도 했다. 콘퍼런스도 중요한 만남의 지점이었다. 데이비드 진기어도 홍보에 크게 기여했다. 우리는 인터넷을 통해서도 만남을 지속할 수 있었다. 놀랍게도 이런 인터넷 소통은 GDDRP와 DPLTE 웹사이트를 통해서 매우 효과적이었고, 지금도 유네스코의 민주주의, 세계시민성, 변혁 교육 의장 프로그램 웹사이트, 스카이프, 이메일 그리고 또 다른 데이터 공유 앱이 같은 효과를 만들고 있다. 서베이 몽키(전 세계적으로 사용되는 무료 설문 조사 앱-옮긴이 주)를 통해 구축된 주요 데이터베이스는 개별 협력자에게 특정한 프로젝트에 대한 접근권을 제공하면서 우리가 모든 데이터 세트를 통제할 수 있게 해 주었다.

따라서 GDDRP는 실질적이고 지속력 있는 교류 네트워크를 발전시키기 위해 노력하면서, 학술 공동체의 국제 협력에 대한 촉진을 목적으로 해 왔다. 조사 결과는 콘퍼런스, 동료 리뷰에 기초한 전문 학술 저널, 도서 그리고 상대적으로 약하지만 미디어를 통해 확산해 갔다. 우리는 학계뿐만 아니라 교사, 부모, 교육공무원 그리고 정부 정책 입안자들이 함께 참여하여 조사하는 방식을 추구한다. 이 프로젝트로부터 한 가지 분명한 결과물은 같은 연구 방법을 사용하여 국제적으로 수행한 수많은 비교 연구를 기록한 도서이다(Carr, Zyngier & Pruyn, 2012를 보라). 궁극적으로는, 국제적으로 수행된 이 프로젝트는 개혁을 위한 수단, 방법, 제안을 국제적이고 글로벌한 수준에서의 필요성과 고려 지점을 제시하고 공식화하는 데 맞춰져 있다.

우리(카와 테세)가 여러 연구를 함께하고, 계속해서 민주주의를 위한 교육에 초점을 맞춰 나가는 동안, 진기어와 카는 다양한 언어로 된 질적이고 양적인 데이터를 개발하면서 참여한 연구자 네트워크를 신속하게 확장해 나갔다. 우리는 아르헨티나, 캐나다, 미국 등 여러 지역에 직접 방문해서 그리고 비디오 콘퍼런스를 통해서 함께 발표했다. 우리(카와 테세)는 2013년에 모나쉬 대학교에 방문학자로 초빙되어 GDDRP를 함께 수행하고 보완했으며, 우리가 만들어 온 수많은 연구로부터 파생된 여러 연구 모델을 발전시켰다.

작동하는 연구 틀은 민주주의를 위한 교육 분야를 설정하고 이 분야에 기여하면서 비판적 참여, 언어·문화·정치·지리적 경계의 교차, 활발한 협력 그리고 창의력에 대한 강조를 담고 있었다. GDDRP는 **민주주의, 정치적 문해력 및 변혁 교육**DPLTE 연구 프로젝트와 유기적으로 연결되어 이 연구에 기여하고 있다. DPLTE는 캐나다 인문사회과학 연구위원회 SSHRC가 2011/2012년도부터 2017/2018년도까지 5년 동안 재정을 지원해 왔다.[6] DPLTE 연구 프로젝트는 선임 연구자인 카와 공동 연구자인 테세, 협력 연구자인 진기어와 미국의 브래드 포필리오가 함께 이끌어 갔다. 4명의 연구팀은 동일한 (맥락화된) 연구 방법을 사용하여 연구 프로젝트를 수행해 나갔다. 세계 여러 나라에서 관심을 보냈던 조사 결과들을 여러 수준에서 분석, 집필, 출판, 발표하면서 함께 작업을 해 왔다.[7]

DPLTE 연구 프로젝트는 확실히 연구 주제의 방법론, 분석, 비교 연구, 확산 분야에서 진전을 이뤄 냈으며, 여러 이론적이고 개념적인 모델들을 발전시키고 강화했다. 이들 중 많은 모델이 이 책에서 제시되고 있다. 이 모델들은 꾸준히 비판적으로 연구되고 평가받고 있다. 민주주의를 이해하고 발전시키는 방법을 파악하는 새로운 시너지synergies, 관점 그리고 방법을 개발하는 국제 협력 과정은 대단히 역동적이고 유익한 것으로 밝혀졌다. 또한 우리는 우리의 온라인과 가상의 원격 협업 능력을 발

---

6 5년간의 재정 지원을 통해 프로젝트는 출판 작업으로 이어졌고, 추가로 몇 년 더 진행하게 되었다. 작년에 완성된 프로젝트의 최종 보고서는 조사 결과의 심층적 개괄과 권고 사항을 담고 있다. 이 책의 9장에서 이 부분을 구체적으로 다룬다.

7 캐나다 인문사회과학 문화원이 재정 지원을 한 DPLTE 프로젝트의 최종 보고서는 민주주의를 위한 교육에 관한 출판, 발표, 협력, 관련 업무 등 모든 내용과 일체의 권고 사항을 담고 있다. 카와 테세(Carr & Thésée, 2018) 참조.

전시켰으며, 이 과정에서 시민 참여 형식을 양성했다. 중요하게도 우리는 의미 있고 비판적인 민주주의 관념과 얽힌 변혁 교육을 발전시키는 것에 대해 계속 강조하면서 환경과 환경교육, 평화와 평화교육, 미디어와 미디어 교육/문해력, 인종/인종차별과 사회정의 교육, 시민사회 관여/참여와 같이 몇 가지 상호 관련된 분야를 포함하기 위해 초기 영역을 확장하기도 했다.

유네스코 민주주의, 세계시민성, 변혁 교육DCMÉT 의장 프로그램

계속해서 GDDRP와 DPLTE 프로젝트의 뒤를 이어, 우리(카와 테세)는 유네스코와 함께한 우리의 조사 결과와 작업, 특히 여러 해 동안 테세가 **모두를 위한 교육을 위한 국제 교사 태스크 포스**(International Teacher Task Force for Education for All; ITTF)와 함께 진행한 생생하고 심화된 연구를 발표하기 위해 국제적으로 초청받기 시작했다. 테세는 여러 국제회의에서 맡은 조사위원 역할을 포함해서 다양한 방식으로 발표하고 지원하고 협력해 왔다. 이러한 협력은 나미비아의 수도 빈트후크, 자이르 공화국의 수도 킨샤사, 캄보디아의 도시 시엠립, 멕시코의 수도 멕시코 시티, 모로코의 수도 라바트, 카메룬의 도시 부에아, 태국의 수도 방콕, 토고의 수도 로메와 같은 지역에서 일어났다. 일부 안식년 기간에, 카와 테세는 파리에 각각 3개월과 6개월을 머물면서 유네스코 본부와 함께 태스크 포스 일을 했다. 우리는 계약직 교사에 관한 보고서의 초안 작성을 포함해서 몇 가지 프로젝트를 착수했고, 카는 이 기간에 라바트에서 열린 유네스코 회의에서 일반 조사위원의 역할을 수행하기도 했다.

GDDRP 및 DPLTE 프로젝트와 유네스코를 통해 국제 협력 업무가 점차 강화되면서, 마침내 2016년 가을 퀘벡 대학교에 **유네스코 민주주의, 세계시민성, 변혁 교육 의장 프로그램(프랑스어 DCMÉT)**을 신청했고, 채택되었다. 카가 이 의장 프로그램의 의장을, 테세가 공동 의장을 맡게 되었다. 일반적으로 유네스코 의장은 유네스코의 가치를 지지하고, 남반구(특히 지속 가능한 개발 목표와 관련하여)와 협력하기 위해 노력하고, 활기찬 연구 프로그램을 개발하는 것은 물론, 시민사회에 참여한다. 유네스코 DCMÉT 의장은 — 캐나다에 약 20명, 전 세계에 약 700명 더 있음 — 학교, 교육 시스템, 정부, 국제기구, 비정부기구, 시민사회에서 하는 학술 업무, 정책 업무, 응용 업무를 지원하는 수단으로 민주주의, 세계시민성, 변혁 교육의 교차를 강조한다. DCMÉT 프로그램의 의장은 현대사회가 직면한 사회교육적 도전과 관련해서 교육의 형식, 비형식, 무형식적인 맥락과 시민사회 맥락의 다양한 사회적 기관들 사이에 대화를 촉진한다. 이렇게 하면서 DCMÉT 프로그램은 교육적 참여를 통해 평화 사회, 사회정의, 개방, 포용 및 지속 가능한 발전의 사회를 구축하려는 집합적 노력에 기여하고자 한다(우리는 종종 암시되는 경제 기반 의미가 아니라, 사회정의를 기반으로 하는 시도를 지칭하기 위해 교육적 참여라는 용어를 사용한다). 유네스코 DCMÉT 의장 프로그램 의장은 또한 DCMÉT(민주주의, 세계시민성, 변혁 교육)의 선상에서 이를 위한 지역, 국가, 국제 단위 기관들의 네트워크 강화를 목표로 한다. 이와 같은 목적을 가지고서, 유네스코 DCMÉT 의장 프로그램 의장은 연구, 훈련, 시민사회 참여, 지식 확산과 관련된 파트너십과 협력 프로젝트를 만들어 내기도 한다. 유네스코 DCMÉT 의장 프로그램은 프랑스어, 영어, 스페인어를 사용하여, 매우 다양한 파트너들을 포용하고 적극적인 참여를 촉진하고자 이들에게 프로그램을 개방하면서, 헤게모니적이고, 단일 학문적이며, 고정된 개념화의 범위를 초월하기 위해 노력한다. 아래 일련의 도표들은 이 유네스코 DCMÉT 의장 프로그램의 목표(도표 5), 지침(도표 6), 그리고 비전, 가치, 접근법(도표 7)을 요약정리해서 보여 주고 있다.

| 도표 5. 유네스코 DCMÉT 의장 프로그램의 목표 |

- 남반구와 북반구 국가들을 연결하는 국제적 수준의 연구 및 교육 파트너십 그리고 협력을 발전시킨다.
- 여러 사회적 기관들 사이에 공유되는 사회적 대화와 지식을 활발하게 하는 활동 프로그램을 촉진한다.
- 의장 프로그램 의장과 관련된 3가지 중심 주제의 연구 틀 안에서 초학문적 연구 프로그램을 상술한다.
- 국제적 단위의 대학원 프로그램을 개발한다.
- 여러 양식과 소통 플랫폼을 통해 연구와 교육에 관한 이론적이고 실천적인 지식을 확산시킨다.

| 도표 6. DCMÉT 의장 프로그램의 지침 |

- 마무리와 결과만 아니라 과정 또한 집중하라
- 사회정치적 맥락의 특징을 찾아라
- 개방적이고 신중한 대화의 필요성을 인지하라
- 구체적인 경험의 의미를 숙지하라
- 포용, 다양성, 평등과 공평을 중심에 두어라
- 복합적이고 상호 교류적인 학제성과 초학제성 모두를 수용하라
- 다양한 파트너십과 협력을 길러 내라
- 거시적, 미시적, 탁상공론식 정치 책략에 적극적으로 맞서라
- 언어학적이고 문화적인 다원주의에 주목하라
- 권력과 지식 관계를 다루기 위한 맥락적 필요성을 잊지 마라
- 사회정의와 비판적 참여를 강조하라

| 도표 7. DCMÉT 의장 프로그램의 비전, 가치, 접근법 |

- 교육이란 "모든 인간을 위한 기초적인 권리이고, 평생 계속되는 과정이며, 사회적 현실과 사람들의 발전을 변혁하기 위한 가장 강력한 도구라고 정의하는 유네스코의 비전을 촉진한다.
- 평화, 사회정의, 인간 존엄성, 다원주의, 연대, 포용(다양성, 평등, 공평), 사회적 참여, 비판적 양심을 촉진하는 비판적 인문주의의 관점을 고취한다.
- 민주주의, 세계시민성, 변혁 교육이라는 3가지 상호 연관된 주제를 통해 다음 3가지 이상을 추구해 나간다: 민주적 틀 안에서 공생공락하는(bien vivre–ensemble) 이상, 개방적이고 다원주의적인 세계 속 시민성이라는 이상, 해방 교육이라는 이상
- 초학제적이고, 세대를 넘어서고, 문화 교차적이면서, 국가와 인종을 넘어서 다언어적인 관점에 기초한 개념적이고 응용 가능한 모델을 개발하고 활용한다.

이어지는 도표 8에서, 우리는 이 의장 프로그램에서 상호 연결된 3가지 주제를 개념화했다.

| 도표 8. DCMÉT 의장 프로그램의 상호 연결된 3가지 주제 |

민주주의

민주주의는 공생공락을 목적으로 하는 집합적 수준을 나타낸다. 민주주의는 모든 사회 영역을 포함하는 포용적이고, 역동적이며, 비판적이고, 지속적으로 진화하는 과정을 통해 민주적 가치를 추구하는 것과 연관되어 있다. 전통적이고 일차원적이며, 정파적인 접근법(선거 중심 접근법)과 달리, 폭 넓은 (농밀하거나 밀도가 높은) 민주주의의 관념은 도시의 일을 되찾고, 정치적 문해력을 높이기 위한 합의와 공동 의사결정은 물론 관여와 학습활동, 경계, 적극적 참여, 사회적 대화와 신중함에 호소한다. '농밀하거나' 또는 '밀도가 높은' 민주주의는 여러 가지 중에서도 사회적 대화와 시민 참여를 발전시킬 수 있는 공간을 가능하게 하는 동시대에서 사용하는 소통 매체에 의존하게 된다.

세계시민성

세계시민성은 성차별, 인종차별, 식민주의, 악화된 민족주의, 극단주의 또는 구조적 폭력과 같은 것들로부터 나쁜 영향을 받는 대중과 시민들의 저항-회복력을 지지하는 개별 수준을 나타낸다. 세계시민성은 물리적이고 형질적인 측면에서 기인한 신체적 상처, 감성적이고 관계적인 측면에서 기인한 마음의 상처, 지적인 측면에서 기인하는 영혼의 상처를 입은 다양한 시민성에 대해 사회석으로 시시받는 지료법이나. 신자유주의적 지구화(그리고 균일성, 단일성, 반다양성에 대한 신자유주의적 옹호)를 통해 제시되는 시민성에 관한 명백하게 인지적이고 인식론적인 파열 안에서 그리고 한정되고 자족적인 시민성 안에서 세계시민성은 근본적으로 정체성에 기반한 토양에 뿌리를 내리고 있다. 이 토양은 다양성의 가치를 중요하게 여기는 사회적 맥락 안에서뿐만 아니라, 다양한 관계들 안에 가득 채워져 있다. 세계시민성은 또한 오직 자신과 타자에 대한 관계와 연결되어 있는 세계성의 형태로 그 가지를 펼친다. 세계시민성은 개인적이면서 동시에 맥락적인 추구와 함께 자기 자신, 타자 그리고 세계의 현존에 대한 탐구를 끊임없이 갱신하는 태도로 이해될 수 있다.

변혁 교육

변혁 교육은 형식, 비형식 또는 무형식적 맥락 속 집합적 수준(민주주의)과 개별 수준(세계시민성)의 필연적 교차성에 관한 것이다. 변혁 교육은 물리적, 인지적, 메타 인지적, 정동적, 사회적, 감정적, 그리고 영적 차원을 고려하는 전체론적 관점으로부터 모든 진정한 교육의 해방적 본성에 공감하는 것이다. 자기 자신으로부터 존재를 억압하고, 주변화하고, 빼앗아 가는 교육은 잘못된 교육을 구성한다. 형식적 맥락에서, 변혁 교육은 그 또한 변혁적이라 할 수 있는 교육학, 인식론, 교수법을 전제로 한다. 변혁 교육은 4가지 차원에서 민주주의와 세계시민성에 연결되어 있다.

1. 민주주의에 관한 그리고 세계시민성에 관한(존재론적 차원) 변혁 교육
2. 민주주의를 통한 그리고 세계시민성을 통한(인간행동학적 차원) 변혁 교육
3. 민주주의와 관련된 그리고 세계시민성과 관련된(인식론적 차원) 변혁 교육
4. 민주주의를 위한 그리고 세계시민성을 위한(가치론적 차원) 변혁 교육

요약하면, 우리가 확신하는 것은 청년들이 갈등, 차별, 시민 참여, 환경과 같은 문제에 참여할 수 있도록 다양한 아이디어, 관점, 지식 및 사람들에 노출될 뿐만 아니라, 이들이 형식적인 맥락을 뛰어넘어 다양한 사회적 관심과 문제에 참여할 수 있는 활동을 통해 이익을 얻을 수도 있다는 것이다. 민주주의, 세계시민성, 변혁 교육의 조화로운 결합을 통해, 이 프로젝트는 사회적 관계의 인간적 차원과 함의를 반드시 고려해야 하는 민주주의를 위한 교육뿐만 아니라, 교육 속 민주주의의 의미까지 다룰 수 있게 된다. 따라서 이 프로젝트는 연결자, 협력자, 이해 당사자들 사이의 활기차고 강력한 네트워크를 토대로, 교육적 사고, 정책, 훈련, 참여 및 국가, 시민사회 집단, 대학, 연구자, 북반구와 남반구 조직들의 협력 능력을 구축하는 것을 목표로 한다.

우리의 공동 작업

이 책은 카와 테세가 15년 이상 함께 작업한 협력의 결과이다. 우리가 처음 회의한 곳은 몬트리올에서 열린 반인종차별을 주제로 한 일일 심포지엄이었다. 우리는 둘 다 인종, 인종차별, 인종화와 같은 주제에 흥미가 있었고, 지금도 마찬가지다. 또한 우리는 모두 비판 교육학 학자들의 영향 속에서 이 주제들에 대해 각자 그리고 함께 많은 글을 써 왔다. 우리의 초기 만남에서부터 이어지는 작업은 프랑스 언어권의 맥락, 문화, 언어 안에 고정되어 있었다. 이 만남은 확실히 우리 자신과 문학은 물론, 다양한 사회적 환경에서 인종이 살아가고 있는 현실에 대한 성찰을 증진시켜 왔다. 우리는 우리가 가진 정체성을 셀 수 있는가? 혹은 몇 개인지 파악해야 하는가? 우리는 이 질문에 대해 다른 여러 곳에서 광범위하게 글을 써 왔고, 다음과 같이 대화/토론/문제/논쟁을 요약할 것이다(Carr & Thésée, 2016). 우리가 확신하는 것은 다음과 같다.

- 우리가 누구인가를 형성한다는 것은 서로 다른 맥락과 방식으로 살아가는 정체성의 상호 교차를 필요로 한다는 것
- 정체성이란 사회적으로 구성된 관념이라는 것
- 소위 "인종차별이란 없다color-blind"는 사회에 존재하는 불공평한 권력관계와 인종의 심각한 현안을 충분히 인지한다는 것
- 표면적으로 나타나는 우리의 신체적 정체성이 (카는 토론토에서 태어난 유럽 혈통의 영어권 백인 남성이고, 테세는 열 살 이후로 줄곧 몬트리올에서 살아왔지만, 아이티 출신의 프랑스어권 흑인 여성이다) 우리의 경험을 형성하는 데 역할을 하고 있다는 것
- 마지막으로 우리는 둘 다 다른 사람들과 마찬가지로 다양한 이해관계, 경험 그리고 우리가 누구이고, 우리가 무엇을 사고하며, 우리가 어떻게 행동하고 소통하는지 그리고 우리가 여기에서 어디로 나아가야 하는지를 규정하는 데 기여하는 정체성의 주요 표식들을 가지고 있다는 것

우리는 각자 프랑스어권, 영어권 그리고 어떤 학위의 경우 스페인어권 대학 등 여러 대학에서 일하는 동안 계속해서 협력해 왔다. 여러 언어로 작업한다는 것은 커다란 도전이지만, 이 도전을 통해 우리는 어느 정도 언어문화적 장벽을 넘어설 수 있었다. 딱 한 가지 사례를 들어보자. 인종이라는 주제에 관하여 영어와 프랑스어로 된 문헌, 대화 그리고 틀을 규정하는 것은 너무나도 큰 차이가 있다. 영어는 중요한 자원, 출판물, 콘퍼

런스 그리고 공적 토론에서 사용되고, 프랑스어는 거의 사용되지 않는다 (Thésée & Carr, 2016a, 2016b). 따라서 두 언어 사이에 존재하는 간격을 좁히는 것은 어렵지만 반드시 필요한 과정이다. 인종차별은 프랑스 언어권 맥락에서는 존재하지 않는가? 영어 토론 실력을 높이기 위해 프랑스 언어권 맥락에서 배울 수 있는 것은 무엇일까? 그리고 이것은 캐나다 맥락에서는 여전히 진행 중인 문제 중 하나이다. (캐나다라는 독특한 상황에서-옮긴이 주) 영어권과 프랑스어권이 각각 고립되어 있는 두 (언어적) 외딴섬이 존재하는가? 아니면 비판적 시너지 효과는 이 중요한 질문들에 대한 비교적이고, 협력적이며, 변증법적인 상호 성찰/내적 성찰을 통해 발전할 수 있을까? 각각 서로 다른 프랑스어권 대학에 재직하고 있는 퀘벡에서, 우리는 문화 상호주의와 다문화주의, 적절한 편의 시설, 이주, 난민, 망명을 원하는 아이티인, 교육 지출, 포퓰리즘의 발흥 등 여러 가지를 다루는 토론을 아우르고 있다. 우리는 우리가 분명 사회정의에 관한 언어적 위계성에 대단히 집착하고 있지만, 다양한 현실과 개념화 작업에 참여하고자 한다는 것을 강조하고자 한다(Carr & Thésée, 2016).

우리가 누구인지, 우리의 출발점은 어디인지, 우리가 지적으로 어떻게 발전해 왔는지, 그리고 우리가 어떻게 협력하는가를 이해하기 위해 우리 자신의 학제적 지향을 밝힐 필요가 있다. 카는 토론토 대학교 온타리오 교육학 연구소에서 박사 학위를 받은 사회학적 배경을 가지고 있다. 또한 그는 온타리오주 정부 교육부의 선임 정책자문관으로서 공평 정책, 프로그램, 계획에 관한 일을 한 경력을 가지고 있다. 테세는 과학교육과 교사 교육 경험이 있으며, 몬트리올 퀘벡 대학교에서 박사 학위를 취득했다. 그 전에 테세는 몬트리올에 있는 다인종적이고 다문화적인 고등학교에서 중등교사로 근무했다. 우리 둘은 모두 교육 환경 내 구성물로서의 인종차별에 대한 박사 논문을 썼다.

우리는 지금까지 수년간 서로 알고 모르는 것들에 관하여 상대를 (서로를) 비평하고, 지리적, 언어적, 문화적, 정치적, 이념적 환경의 (규범적인) 인식론적 관점을 분석하면서, 일반적인 문제들과 일반적이지 않은 문제들에 대해 논의해 왔다. 각자 아는 것 그리고 상대에게 상처받기도 하면서 반박되리라 생각하는 것을 발표하면서, 이 유기적이고, 일부 구조화되었으며, 변증법적인, 마치 섞어찌개 냄비와도 같은 세계, 학계, 학술적이고 공적인 토론 그리고 서로 다른 이론적 모델을 바라보고 경험하는 방식은 대단히 고무적이고, 통찰력이 있으며, 중요한 것이었다. 그리고 우리는 여러 나라를 함께 다니면서 계속해서 우리의 작업을 함께 발표하고, 함께 ― 우리가 쓸 수 있는 한 ― 글을 쓰는 과정에서 혼란스럽고 섞이고 상처받는 경험을 쌓아 가면서 우리의 개별적이고 집합적인 사고방식을 확장해 나갔으며, 지금도 함께 연구해 나가고 있다.

앞서 우리가 언급했던 것처럼, 우리가 강조하고자 하는 것은 우리 둘다 파울루 프레이리의 작업을 적용해 왔고, 그의 작업을 통해 향상되었고, 여전히 관련되어 있으며, 프레이리의 작업과 연결된 운동의 일부이자, 이것과 통합되는 것이 중요하다는 생각이다. 우리가 그동안 만나 온 (프레이리) 학문 공동체/사람들 중 많은 이들은 우리에게 큰 영향과 영감을 주었고, 우리를 지지해 왔다. 프레이리라는 핵심 요소는 이들을 포함하고 있으며, 이를 통해 우리는 비판적 민주주의 교육학을 발전시키면서 여러 연결된 영역 안에서 협력을 계속할 수 있었다(Carr, 2011 참조).[8] 결과적으

---

8 모두 다 거론하긴 힘들지만, 프레이리, 비판 교육학, 변혁 교육에 관한 우리의 학문에 가장 많이 지지하고 기반이 되어 온 몇몇 사람들을 소개하고자 한다. 우리가 미국교육학회 연합AERA 내 파울루 프레이리 특별 이익 단체SIG에 참여한 것은 이 여정의 중요한 부분이었으며, 우리는 이 조직의

로 우리는 개념화, 급진적 사랑, 겸손, 변혁, 프레이리 그리고 그와 관련된 사람들이 오랫동안 밝혀 온 모든 것들에 커다란 관심을 가지고 있다. 인종과 민주주의를 위한 교육 이외에도, 우리는 우리의 연구에 담긴 교육 안에서 그리고 교육을 통해 환경과 환경 교육, 미디어와 미디어 문해력/교육, 교사 교육과 교육 계획, 세계시민성 그리고 사회정의를 탐구해 왔다. 또한 우리는 뉴스에 대한 주류 미디어, 대안 미디어, 사회적 미디어 구성물들에 대한 풍부한 독해 및 참여를 통해 마르크스, 페미니즘 이론, 비판 인종 이론, 문화연구, 미디어 이론, 인식론과의 관련성을 지속시켜 나갔다. 결국 상대가 알지도 인정하지도 이해하지도 못했을지 모를 아이디어, 개념, 관념, 이론 그리고 대화를 표면으로 드러내면서, 우리는 모두 서로의 도움을 통해서 근본적으로 그리고 상당히 향상되었다.

유네스코 DCMÉT 의장 프로그램과 함께 우리가 협력해 온 연구 보조금/프로젝트는 우리의 파트너십을 단단히 결속시켰으며, 민주주의와 민주주의를 위한 교육에 관한 우리의 작업을 확실히 지속할 수 있는 길을 닦아 주었다. 이 책은 그 결과물이다.

이 책의 방향성

위에서 제시한 맥락을 토대로, 이 책은 우리가 10여 년간 수행해 온 연구, 특히 GDDRP, DPLTE 프로젝트와 유네스코 DCMÉT 의장 프로그

여러 동료들에게 특별히 감사의 마음을 전한다. 커다란 지원을 아끼지 않은 분들 중에서 우리는 조 킨첼로, 셜리 스테인버그, 피터 맥라렌, 안토니아 다더에게 고마운 마음을 전한다.

램의 일부로서 수행해 온 연구, 더 넓은 의미에서 민주주의를 위한 교육에 관한 연구를 탐색한다.

언어적이고 문화적인 요소들과 다른 맥락적 요소들에 맞춰지기는 하지만, 몇몇 장은 같은 방법론을 사용하는 연구 프로젝트와 밀접하게 얽혀 있다. 이런 이유로, 이 책을 더욱 일관되면서도 유동적으로 구성하기 위해 방법론, 표본 추출, 설문 조사 방식 그리고 연구 맥락에 대한 설명은 이 책의 여러 지점, 특히 3장에서 제공된다. 구체적이고 풍부한 설명은 관련된 다른 장에 담겨 있다.

이 책은 지난 7~8년 동안 발전해 온 프로젝트 전반에 걸친 모든 영역에서 긴밀히 쓰여지면서, 우리 둘(카와 테세)의 협력을 잘 보여 주고 있다. 이전에 출간된 글들에 (사전 양해를 구해) 의지하면서, 이 책을 통해 우리는 우리가 신중하게 모아 낸 경험적 데이터, 조사 결과, 개념적이고 이론적인 모델을 제시한다. 우리는 이전에 출간된 논문과 책들을 현재에 맞게 상호연결하고 통합하기 위해 각색, 편집 그리고 재구상했다는 것을 밝히고자 한다. 즉 이 책에 담긴 모든 것은 독립되고 연관성 없는, 그저 나열한 것들이 아니라, 하나의 통일체를 지향하고 있다는 것을 의미한다. 중요하게도, 우리는 민주주의의 의미 그리고 이와 관련된 신화들에 대해 맥락적 연구를 잘 수행한 글을 담았다(2장). 일련의 작업을 이론적으로 뒷받침하는 내용, 특히 연구를 기반으로 수행될 연구제안서의 체계를 발전시켰다. 마지막으로 우리는 이 책에 담긴 내용과 민주주의, 민주주의를 위한 교육, 세계시민성 그리고 변혁 교육에 관해 우리가 품은 우리 시대의 질문으로부터 흘러 나가고 들어오는 다양한 맥락, 사상 그리고 반성에 대한 깊은 성찰을 담아서 책의 결론을 내릴 수 있었다. 그리고 우리는 안토니아 다더의 〈들어가며〉와 피터 맥라렌의 〈나오며〉 또한 이 책에 담긴 핵심 요소와 메시지에 활기를 불어넣고 좋은 체계를 제시하고, 이 책을 더욱 발전시킬 것이라 기대한다.

결국 우리는 이 연구가 지난 세월 동안 우리가 개발해 온 '민주주의를 위한 교육'에 대한 개념화 작업에 담긴 일관된 비전을 잘 보여 주고, 교육 안에서 그리고 교육을 통해 민주주의를 어떻게 사고할 것인가에 대한 대화와 토론에 영감을 불어넣어 주기를 바란다. 유네스코 DCMÉT 의장 프로그램을 통해서 잘 드러나듯이, 이 작업을 계속하면서 변혁 교육의 영역에 담긴 사회정의, 정치/미디어 문해력 그리고 비판적 참여를 담은 참여에 관한 향상된 비전과 판본을 제시할 새롭고 대안적인 길을 다듬어 가면서 이 분야를 더욱 구체화해 나가기 위해 우리와 함께하고자 하는 사람들을 불러 모으기를 바란다. 또한 우리는 이 책의 제목(원제:《나를 두렵게 하는 것은 교육이 아니라 교육자입니다》)에 담긴 질문에 대한 답을 찾기 위해, 계속 커 가는 민주주의를 위한 교육에 대한 대화이자 교육에 기여하기를 바란다.

책의 구성과 개요

| 2장: 민주주의에서 무엇이 그토록 훌륭한가?
| 그리고 어느 지점이 교육과 연결되어 있는가?

민주주의에 대해 이야기할 때 중요한 고려 지점 중 하나는 어떤 민주주의인가, 엄밀히 말해서 누구에 의한 어떤 민주주의인가이다. 민주주의(라고 추정되는 것들은)는 수많은 형태, 유형, 그리고 형식이 있으며, 이들 중 많은 것이

각각의 한계와 기준을 분명히 제시하고 있다. 정치학 문헌은 이에 관한 토론으로 가득 차 있다. 누군가는 외형적으로 끊임없이 공식을 만들어 나가는 의회 민주주의를 쉽게 거론할 것이다. 의회 민주주의는 법에 대한 토론과 입안에 대한 권한을 정하는 형식적 구조뿐만 아니라 선거, 대표자, 대의제의 외형에 전적으로 매달려 있다. 이러한 시스템 유형에는 다양한 변형과 파생물들이 있으며, 그중에는 입헌 민주주의, 군주제 기반 민주주의 그리고/또는 공화제 민주주의와 같은 용어들을 떠올리게 된다. 궁극적으로 이 모든 명명법에는 직접, 간접, 참여, 국민투표 기반 그리고 숙의 민주주의 등 추가적인 문구가 따라붙는다. 뿐만 아니라 사회적 민주주의, 사회민주적 민주주의, 사회주의적 민주주의, 사회지향적 민주주의와 같은 것들도 많이 있다. 우리가 주장하는 바이지만, 무엇이 민주주의인가에 대한 토론은 끝없이 이어진다. 무엇이 참되고, 제대로 작동하면서, 의미 있고, 효과적인 민주주의인가를 누가 결정하는가?

이것이 우리가 교육을 문제를 구성하는 근본적인 조각이라고 믿는 지점이다. 교육 없는 민주주의가 가능할까? 조엘 웨스트헤이머Joel Westheimer와 여러 학자가 주장해 온 것처럼 민주주의가 교육을 포함한다면, 어떤 유형의 교육이고, 어떤 유형의 민주주의인가? 민주주의가 참여에 기반한다면, 어떤 참여이고, 얼마나 많은 이가 참여해야 하고, 누구에 의해 어떻게 참여하는 것을 말하는가? 참여는 교육과 어떻게 연결되는가? 우리가 민주주의를 이해하고 정의한다는 것은 민주주의라는 과정에 의미 있게 참여할 수 있는 사람들의 — 시민들의 — 역량에 달려 있다. 따라서 민주주의는 결과가 아니라 과정이다.

민주주의를 다루는 가장 간단한 방법은, 비록 그 주제가 결코 손쉽게 또는 매우 단순화된 방식으로 잡힐 수는 없지만, 결과로서의 민주주의를 얻기 위해서는 반드시 민주주의를 실제로 직접 **실천해야** 한다는 것이다.

3장: 우리의 민주주의 연구를 뒷받침하는 이론적 목소리

3장에서 우리는 사회가 어떻게 작동하고, 권력이 어떻게 행사되며, 우리의 산 경험(Lived Experience, LE)을 구성하는 과정에서 참여가 어떻게 이뤄지는가를 이해하는 데 크게 기여해 온 몇몇 중요한 이론가들을 소개한다. 우리의 목적을 위해 우리는 비록 민주주의가 이 이론가들의 연구에서 외적으로 드러나 있지 않더라도, 이들이 각 시대 속에서 각각 권력, 투쟁, 해방 그리고 시민 참여에 대해 정의 내린 다양한 방법들에 접근한다. 이들의 이론이 제시하는 개념들은 상호작용하면서 복잡한 그림을 표현하는 직조물(태피스트리)로 엮어질 수 있다. 이러한 개념들의 상호작용은 서로 다른 수준에서 왜 사회적 불평등이 존재하고, 왜 사람들이 이 불평등을 받아들이고, 왜 법이나 명령에 대한 준수가 우선적인 선택지인 것처럼 되며, 종종 (여러) 사회의 넓은 목줄을 단단히 조이곤 했던 고르디우스의 매듭과도 같은 이 난제를 우리가 어떻게 풀어 나갈 것인가와 같은 질문들을 설명하려는 목적을 가진다. 3장에서 제시되는 개념들은 모두 '민주주의'에 대한 아주 자신만만한 선언들에도 불구하고, 사회적 불평등이 어떻게 전개되는지, 나아가 용납될 수 없는 것들이 겉으로 보기에는 왜 용납되는지를 이해하는 데 도움을 주고 있다. 사회 계급, 인종 집단, 소수인종 거주지, 고정된 젠더 정체성, 빈곤 그리고 고통에 우리가 어떻게 겉보기에 갇히게 되었는지를 이해하려는 시도는 쉬운 것이 아니다. 그러나 3장에서 제시되는 개념들은 — **허위의식, 헤게모니, 상징 폭력, 인지부조화, 엔터테인먼트와 스펙터클로서의 뉴스, 조**

작된 동의, 백인 우월주의와 특권, 유럽중심적 지배, 가부장적 종속 그리고 의식화 운동conscientization — 모두 강력한 동기를 부여하고 있고, 뭔가 더 나은 것 그리고 더 좋은 사회를 찾기 위한 과정 속에서 고려할 가치가 있는 것들이다. 교육은 — 어떤 민주주의인가, 누구를 위하고 누구에 의한 것인가, 누구의 이익을 위하는가, 어떤 수준에서 작동하는가 등의 질문에 답을 찾는 — 핵심 요소이자 의미 있고 잘 작동하는 민주주의의 영역을 마련하고, 이 영역 안에서 시민들이 잘 참여하도록 하기 위한 기본적인 요소라고 확신한다.

4장: 민주주의에 대한 신화와 탈출을 위한 여정

4장은 규범적이고 대의제적인 민주주의가 본질적으로는 전체적으로 취약하고, 언제나 논쟁을 초래하며, 비도덕적이고, 헤게모니적이라는 것을 분명히 밝히려 한다. 이 규범적-대의제적 민주주의는 많은 사람에게 커다란 고통, 소외감 그리고 절망감을 주는데도 불구하고, 이것이 왜 그리고 어떻게 여전히 존재하고, 그토록 널리 전파되고, 수용되는지가 우리의 중요 관심사이다. 물론 누군가는 이것 외에는 다른 대안이 없다는 것을 전제로 반대 논리를 펼치기도 한다. 4장에서 제시되고 다뤄진 민주주의와 관련한 8가지 신화는 점차 신뢰하지 못하게 되어 버린 선거제도를 통해 만들어진 이해하기 힘든 망상에 관한 것이다. 이 망상 속에서 정해진 결정들은 많은 사람들에게 영향을 주고 힘들게 하며, 민주주의는 이와 관련된 가장 핵심적인 문제들을 자비로운 척하거나 추상적인 방식으로 무시하는 사람들, 엘리트 집단, 제도적 합의, 구조 등을 위해 작동하게 된다. 4장은 이 망상과 관련된 8가지 신화를 다

루면서 이러한 민주주의를 검토·재평가·재해석할 필요가 있음을 보여
준다.

  본질적이고 실질적인 토론이 종종 걸러지고, 뒤틀리고, 훼손되는 혼란
스러운 지형에서 우리는 민주주의를 위한 교육의 연관성과 의미에 주목
하고자 한다. 우리는 교육이 진퇴양난의 궁지에 몇 가지 판단력을 확실
히 제공하는 중요한 역할을 해야 한다고 믿고 있다. 이 책에서 우리는 민
주주의를 위한 교육의 현실을 펼쳐 내고 문제화하고 재해석하면서 많은
토론을 이어 나갈 것이다.

5장: 교육에 담긴 그리고 교육을 둘러싼 민주주의 표식의 흔적에 대하여: 연구와 개념적 사고의 종합

5장은 교사와 학생이
교육과 민주주의, 특히 민주주의를 위한 교육(Education for Democracy,
EfD)을 어떻게 연결하는가를 이해하는 과정에서 산 경험이 가진 역할을
탐색한다. 또한 5장은 우리 연구 프로젝트의 이론적이고 개념적인 차원
에 기초한 민주적 참여를 위한 잠재력을 자세히 설명한다. 우리 프로젝
트는 여러 나라 기관들을 만나면서 민주주의와 교육에 관해서 교육자와
여타의 사람들은 물론, 교생들(미래 교사들)의 인식, 경험 그리고 관점을
분석한다. 우리의 연구 결과는 불평등한 권력관계와 사회정의에 주목하
는 변혁 교육의 기회를 만들기 위해 형식 교육이 숙의 민주주의와 참여
민주주의에 더 비판적으로 연결되어야 할 필요성을 강조한다. 특히 5장
은 교생 중 일부가 가진 정치적 참여와 정치적 문해력의 문제를 (다시) 제
시하기 위해, 민주주의를 위한 교육을 위한 비판적 참여의 스펙트럼뿐만
아니라, 농밀(濃密)한 쪽에서부터 **평포한(平鋪, thin: 구체적인 맥락과 점점 멀어**

지면서 그 의미가 흐릿하고 모호해지는 - 옮긴이 주) 쪽으로까지 퍼져 있는(Thick-Thin) 민주주의를 위한 교육의 스펙트럼을 제시한다. 요약하면, 우리는 산 경험을 연결하면서 교육에 담긴 그리고 교육을 위한 민주주의의 의미를 (재)개념화하려고 한다. 교육자, 정책 입안자, 학자들이 민주주의가 형식 교육과 연결되고, 구축되고 그리고 이것을 가능하게 하는 방법을 재고하도록 돕기 위해, 5장은 많은 데이터에 기초하면서 새로워진 개념화를 공식화한다. 또한 5장은 이 책에서 우리가 민주주의를 위한 교육을 개념화한 내용을 더욱 구체적으로 설명할 수 있는 기반을 마련한다.

6장: 교육 민주화의 가능성을 교육자 경험과 연결하기: 결과는 무엇인가?

규범적 민주주의 관념은 매우 논쟁적이면서도 동시에 긍정적으로 받아들여진다. 6장은 — 민주주의를 더욱 평포한 의미로 규정하려는 정치 정당, 모금, 투표, 여론 조작 등 여러 요소가 가득 찬 — 선거가 곧 민주주의라고 주창하는 헤게모니적 열정을 넘어서 폭넓고, 더 참여적이고, 더 비판적이고, 더 연관된 교육 경험이 의미 있는 사회 변혁 과정을 촉진하는 데 핵심이라는 것을 주장한다(**농밀한** 민주주의). 6장에서는 민주주의와 연결된 세 가지 질문을 탐색한다. 첫째, 교육자는 민주주의를 어떻게 이해하는가? 둘째, 교육자는 민주주의와 교육을 어떻게 연결하는가? 셋째, 교육 안에서, 그리고 교육을 통해서 민주주의를 향상시키기 위해 교육자가 고민하고 제안하는 것은 무엇인가? 이 세 가지 질문들에 대한 답은 미국 중서부 지역에 고루 퍼져 있는 도시 지역 교육위원회에 재직 중인 교사 54명과 함께한 연구에서 수집한 경험적 데이터 맥락 안에서 제시한다. 연구 참여자들이 제기한 특정한 문제,

의제 그리고 주제를 고려하면서 6장은 민주주의에 대한 우리의 개별적이고 집합적인 인식이 변혁될 수 있는 잠재력을 기술하고 설명하기 위해 비판 교육적 틀을 사용한다.

7장: 사회정의 없는 교육 리더십의 변혁은 가능한가?: 비판 교육학과 민주주의

이 책이 다루는 토론에서 변혁적 리더십은 어떻게 잘 맞물릴 수 있을까? 누군가는 이런 토론이 교육 영역, 경험 그리고 제도의 정체를 숨기는 현실 세계의 난제들을 고려하지 않는 이론적, 개념적, 학술적 논의로 남게 될 것이라 주장한다. 실제로 우리는 어떻게 변화를 촉진하는가? 물론 변화 담론도 중요하지만, 실제 변화 과정도 이에 못지않게 중요하다. 이 변화가 변혁적이기 위해서는 다양한 인식론, 가치, 전략, 변수를 고려하는 것이 중요하고, 특히 권력이 어떻게 작동하는지를 이해하는 것이 매우 중요하다(Shields, 2010). 권력은 중립적이지 않고, 민주주의도 아니며, 변혁적인 변화는 오로지 중대하고 비판적으로 참여할 때만 발생할 수 있다. 따라서 7장의 주목적을 위해 행정 계급은 확실히 권력 동학 차원에서 이해되어야 한다. 행정가들은 단지 우리에 대한 지시를 전달하기 위해 고용되는 것이 아니다. 그들은 전쟁터의 군인이 아니다. 누군가는 그들이 변화를 고려하는 방법에 대한 통찰력, 지식, 지성, 연민을 제시하기를 바란다. 여성들이 — 개별적으로든 집단적으로든 — 리더로서 진지하게 받아들여지지 않았던 시절처럼 행정가들이 대안적 전망을 고려하려 하지 않는다면, 교육 안에서 그리고 교육을 통한 의미 있는 변혁적 변화는 대체로 불가능할 것이다. 변혁적 리더는 여러 집단과 사람들에게 해를 입히는 제도적 결함을 용기 있게 지적해야 하며, 자신들이 잘 모르는 것에 대해 열려 있어야 한다. 변혁적 리더들이 어떻게 배우고, 훈련받고, 발전하고, 촉진되어 갈 수 있는가가 방정식의 중요한 내용들이다. 우리는 행정가들이 처음에는 비판 교육학에 부정적인 반응을 보이겠지만, 비판 교육학으로부터 큰 도움을 받을 수 있을 것이라 주장한다. 간단히 말해서 행정가는 형식 교육에서 변화를 촉진하는 퍼즐을 맞추는 중요한 조각 중 하나인 것이다. 변화가 변혁적인가 아닌가는 우리가 권력을 어떻게, 어떤 관점에서 평가하고, 누가 이 평가를 수행하는가에 달려 있다. 이 장은 변혁적 리더십을 촉발하고, 지지하며, 발전시킬 수 있는 50가지 제안을 제시한다.

8장: 폭정에 맞선 저항과 회복력의 실천으로서 민주주의의 비판적 관여

8장은 민주주의 교육을 위해 지나 테세가 제안하는 것과 관련해서, 개인적인 경로를 통해 구성된 2가지 기본적인 부문을 담고 있다. 하나는 폭정에 맞서 저항하는 도구로서의 민주주의에 대해 독자적으로 파고든 연구이고, 다른 하나는 민주주의-저항을 특징으로 하는 교육을 정의하려는 구체적인 행동에 대한 개관이다. 민주적-저항은 개인 차원과 집단 차원 모두를 포함한다. 그러나 두 차원 모두 비평뿐만 아니라 비판적 관점의 근거가 되는 기본 사회 요소의 토대가 필요하다. 이와 같은 맥락 속에서 테세는 자신이 앞서 발전시킨 인식론적 저항 모델로 돌아간다. 이 모델은 민주적-저항 관념과 관련해서 특히 적절한 관계가 있는 것으로 보인다. 이 모델에서 테세는 (1) 거절하기refuse, (2) 질문하고 요청하기requestion, (3) 재정의하기redefine, 그리고 (4) 재확인하기reaffirm 라는 4가지 인식론적 저항 전략을 발전시켰다. 요약하면, 첫 번째 전략인 거절이란 시스템적으로 틀린 것으로 입증된 지식, 소외되고 억압받는 집단들에게 회복할 수 없는 해를 끼치는 지식에 쉽게 '아니오!' 라고 말하는 것을 의미한다. 정당화된 지식(들)의 근원, 창시자 그리고 관련된 동기부여 과정에 비판적으로 의문을 제기하는 방식으로, 우리는 헤게모니화된 민주적 사고의 빈약함을 들춰낼 수 있다. 인식론적 저항은 우리가 탈구축해 온 것을 다시 문제화하고, 재정의할 때 단계적으로 명백히 나아갈 수 있다. 마침내 우리는 (침묵을 깨는) 목소리를 제공하고, (생략된 것을 정정하기 위한) 기억을 되살리는 과정을 시작하고, (유순함과 순종의 틀을 깨뜨리기 위해) 적극적 참여를 위한 한계를 새롭게 설정하고, (무기력함이라는 감정에 대응하기 위해) 해방을 위한 잠재력을 발전시키려 하는 해방 교육학을 통해 정체성을 재확인하는 과정에서 '그래!'라고 감히 말할 수 있게 된다(Solar, 1998). 이 저항 전략들은 카의 **농밀한 민주주의** thick democracy 모델을 발전시키기 위해(Carr, 2011), 적절히 조정될 수 있다.

9장: 변혁 교육의 제안과 권고 사항

　　　　　우리의 연구 프로젝트는 결론적으로 지역, 국가, 세계 등 어느 사회 수준에서든 민주주의의 결함이 있다는 것을 말하고자 한다. 이 결함은 규범적 민주주의의 **평포한** 렌즈나 해석을 통해서는 분명하지 않다. 하지만 **농밀한**, 참여 민주주의의 체계는 의미 있고, 비판적으로 참여하고, 변혁적인 민주주의가 교육과정에서 그리고 교육을 통해, 또한 사회 안에서 키워질 수 있을 수많은 방법을 명확하게 한다. 9장은 광범위한 교육 영역이 가진 이러한 민주주의의 결함을 언급하기 위해 교육 분야, 민주주의를 위한 교육, 그리고 다른 연관된 영역에 DPLTE 프로젝트가 기여해 온 바를 대략적으로 설명한다. 이를 위해 9장은 제안, 아이디어, 생각, 의견, 권고 사항 등의 목록을 제시한다. 이 제안들은 우선은 우리의 연구 프로젝트와 관련되어 있다(즉, 프로젝트의 출판과 요약에서 나오는 우리 연구의 종합적 결과). 또한 이 제안들은 이 프로젝트를 통해 나오는 주제들에 대한 우리의 광범위한 분석과 관련되는 지역과 국가 영역 그리고 지구적 영역에 의존한다. 여기에서 주목할 것은 교육을 통한 더 깊고 더 농밀한 민주주의 그리고 민주주의를 위한 교육을 위해 존재하는 기회들과 관련된 교제, 대화, 관여를 촉진하고, 이에 참여하는 것이다. 여기서 우리는 특히 우리 연구를 끌고 가는 4가지 주요 질문들을 이어간다. (1) 이러한 인식과 행동이 교육에 관해서 함의하는 바는 무엇인가? (2) 교육자는 (그리고 다른 사람들도) 교육 안에서 그리고 교육을 통해 활발하고, 비판적이며 농밀한 교육 경험을 더욱 발전시키는 것에 어떻게 기여할(수 있을)까? (3) 교육자는 (그리고 다른 사람들도) 정책, 제도문화, 커리큘럼, 교육학, 인식론, 리더십, 산 경험과 관련된 교육 시스템을 개혁하고 변혁하는 방법에 어떻게 영향을 미칠(수 있을)까? (4) 비교적이고 국제적인 시각을 가진 교육자(그리고 다른 사람들도)의 다양한 민주주의 경험과 실천으로부터 어떤 교훈을 얻을 수 있을 것인가? 교육학, 커리큘럼, 교육정책, 제도문화, 인식론, 리더십, 산 경험과 같은 주제들은 이 연구를 뒷받침하는 개념적 틀을 구성하는 상호 연결된 요소들에 따라 분류했다.

10장: 민주주의와 변혁 교육에 관한 몇 가지 생각

마지막 10장에서 우리는 이 책에서 충분치 않게 묻고 답변된 질문의 거친 부분을 다듬고, 공백을 채우려고 한다. 물론 우리가 10장에서 몇 가지 제안을 덧붙인 질문들은 선입견이 있을 수 있고, 불완전하다. 하지만 우리는 몇 가지 의제를 제시하고, 향상시키고, 재조정하면서, 우리가 이 책 전체에서 언급하는 중요 요지와 주제들을 이 질문들이 뒷받침하기를 바란다. 우리가 이 책 전체에서 제안하는 것처럼 숙의적인 방식으로 진행되는 대화, 논쟁, 토론에 비판적으로 개입하는 것은 민주주의의 기초를 다지고, 육성하고, 발전시키는 과정에서 기본이 된다. 물론 우리가 이 비판과 분석이 민주주의를 위한 교육 분야에 (그리고 다른 분야에서도) 긍정적으로 기여하기를 바라지만, 우리는 이 과정에 대한 우리의 참여가 앞으로 계속해서 발생할 수많은 대화, 행동, 참여 중 하나일 뿐이라는 것을 겸허히 인정한다. 비판적 의식화는 경청, 평온함, 주의 깊은 내면의 반성과 성찰, 독서, 포용적인 사고·개념 이론, 우리의 한계에 대한 겸허한 인정, 정신과 마음에서 나오는 관용을 목표로 하는 실천의 동원 등이 결합하면서 발생한다. 우리는 독자들이 우리가 이 책에 불어넣으려 한, 이와 같은 정신을 얻을 수 있기를 바라며, 우리와 함께 또는 자신들의 공동체, 네트워크, 주변 환경에서 지속적으로 행동해 나가는 것에 관심 있는 사람들을 초대하고자 한다.

2장

민주주의에서 무엇이 그토록 훌륭한가?
그리고 어느 지점이 교육과 연결되어 있는가?

들어가며

민주주의는 모든 것을 의미하면서도 동시에 아무것도 의미하지 않아 보인다. 민주주의에 담긴 규범적이고 헤게모니적인 전망이나 판본에 대해 주류 집단에서는 그다지 이견이 있지는 않다(Sorensen, 2016). 명백하게도 이 주류 전망이나 판본도 민주주의란 당연히 '자유', '언론의 자유', '다수에 의한 통치', '인민을 위한 인민에 의한 인민의 정부'와 연결되어 있다. 하지만 이 주류 판본은 선거제도·과정·구조만이 우리가 상상할 수 있는 참된 선택이라는 사고에 기반해서 널리 인용하고 받아들이는 민주주의를 생각하고 있다. 이런 민주주의가 좋은 것이고 그 반대는 좋지 않은 것이라는 생각이 상식이자 지식이 된다. 이에 대해 반대하거나 대안적인 판본 또는 서사는 불가능하지는 않더라도, 뚜렷이 정의되고 제시되기는 어렵게 된다. 현재 상황 속에 헤게모니적으로 자리 잡은 민주주의에 대한 개념이 그렇게 하도록 내버려 두지 않기 때문이다. 이 반대 또는 대안 판본이나 서사는 일반적으로 사회주의에 대한 비틀리고 왜곡된 개념을 만드는 과정 주변을 맴돌며, 분명 이런 선택지를 비웃으려는 사람들뿐만 아니라, 이런 선택지를 피하려는 사람들에게서도 터무니없는 것으로 여겨지고 있다. 이런 식으로 풍자와 공포가 가득 찬 묘사는 그저 풍자와 공포 조성 그 자체만을 목적으로 할 뿐이다.

따라서 여전히 논쟁적이지만(4장에서 이 부분을 폭넓게 파헤칠 것이다), 대중적인/대중화된 사고방식에서 민주주의는 분명 자본주의나 신자유주의에 속박되어 있으며, 아마도 이와 같은 민주주의는 실제로 해체될 여지나 해체해서 얻을 이익이 없다는 이유로 비난을 피해 가고 있다 (Hahnel & Olin Wright, 2016). 사람들은 자신이 좋아하는 시리얼을 골라서 사기도 하고, 여러 리얼리티 쇼를 시청하기도 하며, 정기적으로 한정된 후보자 명단을 보면서 투표하기도 하며, 이런저런 일들에 대해 이러쿵저러쿵 말도 많고 애처로워하기도 한다. 하지만, 이런 현재 상태는 깊이 뿌리박힌 사회적 불평등에 대해 비판하고 개선하려는 참여, 동원, 광범위한 사회 변화를 거의 보장하지 않거나 제한적으로 보장할 뿐이다.

지난 10년 동안 우리는 민주주의, 특히 교육과 관련된 민주주의에 대해 생각하고 글을 써 왔다. 또한 우리는 민주주의란 무엇이고, 무엇이 될 수 있는지, 그리고 민주주의와 교육 사이와 내부 그리고 이 둘의 연결 지점에서 무슨 일이 생기는지에 대한 수많은 관점, 제안, 공식, 개념화, 이론화 등을 접합시켜 왔다. 이 책은 정치/미디어 독해력, 사회정의, 시민 참여, 교육 변혁을 결합해 나가면서 오늘날 민주주의의 결정체를 더 좋게 하고, 정제하고, 해부해서 분석하려고 한다. 우리는 민주주의의 규범적 대의제를 헤게모니 영향력 속에서 강하게 인식하고 공감하고 있다(어쩌면 우리는 이러한 대의제를 CNN 방식으로 너무도 많이 소비해 왔다. CNN식 소비 방식이란 현실이 어떻든 상관없이 현실을 보는 다양하고, 비판적이며, 변증법적인 관점을 대체로 거부하는 과정에 미국식 진실이 어떻게 그토록 깊이 절여 들어졌는지를 이해하려는 방식이다) (Chomsky, 1989, 2000, 2003, 2007, 2008 참조). 점차 미디어는 민주주의를 이해하고, 민주주의에 참여하고, 영향을 끼치는 과정에서 중요한 역할을 하고 있다. 특히 새롭고 대안적인 미디어와 소셜 미디어가 그렇다(Buckingham, 2013; Coombs, Falkheimer, Hheider & Young, 2015; Dahlgren, 2013; Funk, Kellner, & Share, 2016; Hall, J.A., 2016; Hall, S., 1974). 잘 알려진 대로 프레이리는 '말과 세계를 읽을' 수 있는 능력을 강조해 왔다(Freire & Macedo, 2013).

민주주의에 관해 이야기할 때 중요한 고려 지점 중 하나는 민주주의란 무엇이고, 어떤 민주주의인가, 엄밀한 의미인가 아니면 일반적인 의미인가 그리고 누구를 따르는 것인가와 같은 질문이다. 민주주의는(혹은 민주주의라고 추정되는 것들은) 수많은 형태, 유형 그리고 형식이 있으며, 이들 중 많은 것들은 매개변수와 기준을 분명하게 그린다(Buzescu, 2012; Dahlgren, 2013; Hahnel & Olin Wright, 2016; No, Brennan, & Schugurensky, 2017; Sorensen, 2016). 정치학 문헌은 이에 관한 토론으로 가득 차 있다. 누군가는 외형적으로 끊임없이 공식을 만들어 나가는 의회 민주주의를 쉽게 언급할 수 있다. 의회 민주주의는 법에 관한 토론과 입안에 대한 권한을 정하는 형식적 구조뿐만 아니라 선거, 대표자, 대의제라는 외적 형식에 전적으로 매달려 있다. 이러한 시스템 유형에는 다양한 변형과 파생물들이 있으며, 그중에는 입헌 민주주의, 군주제 기반 민주주의 그리고/또는 공화제 민주주의와 같은 용어들을 떠올릴 수 있다. 궁극적으로 이 모든 명명법은 직접, 간접, 참여, 국민투표 기반 그리고 숙의 민주주의를 포함하여, 추가적인 문구가 따라붙는다. 뿐만 아니라 사회적 민주주의, 사회민주적 민주주의, 사회주의적 민주주의, 사회지향적 민주주의와 같은 것들도 많이 있다. 우리가 주장하는 바이지만, 무엇이 민주주의인가에 대한 토론은 끝없이 이어진다. 무엇이 참되고, 제대로 작동하면서, 의미 있고, 효과적인 민주주의인가를 누가 결정하는가?

(농밀한) 민주주의를 구성하는 요소들

민주주의를 구성하는 요소들을 다루는 것은 우리가 교육이란 공평함을 이루는 기본 조각이라고 믿는 지점이다. 교육이 없다면 민주주의를 유지할 수 있을까? 만일 민주주의에서 교육이 필수적이라면, 웨스트헤이머(2015)와 여러 학자들이 주장해 온 것처럼(Abdi & Carr, 2013; Allen & Reich, 2013; Banks et al., 2005; Byczkiewick, 2014; Garrison, Neubert, & Reich, 2016; Goodson & Schostak, 2016), 어떤 유형의 교육, 마찬가지로 어떤 유형의 민주주의이어야 하는가? 민주주의에서 참여가 중요하다면, 어떤 식의 참여이고, 얼마나 많이, 어떤 방식으로, 그리고 누가 참여하는 것인가? 참여와 교육은 어떻게 연결되는가? 민주주의에 대한 우리 자신의 이해와 정의는 사람들의 비판적 관여 능력에 달렸으며, 이를 통해 민주주의 과정에서 의미 있는 방식으로 참여할 수 있게 된다. 따라서 **민주주의는 결과가 아니라 과정이다**(Hyslop-Margison & Thayer, 2009; Kumashiro, Ayers, Meiners, Quinn, & Stovall, 2010; Mizuyama, Davies, Jho, Kodama, Parker, & Tudball, 2014). 아주 간단히 말하자면, 이 주제는 우리가 민주주의를 얻기 위해서는 반드시 민주주의를 **실천하는 데** 관여해야 한다는 것이다(Lund & Carr, 2008). 이 책은 사회가 잘 작동하고, 사회문제에 잘 반응하고, 정의로울 수 있게 사회 곳곳에서 교육이 어떻게 잘 엮어져야 하는지는 물론, 민주주의를 **실천한다는 것**이 무엇이고, 무엇과 유사한지와 같은 복잡한 의제에 대해 말하고자 한다.

시민 참여는 물론 우리는 의미 있고 비판적인 관여와 필수적인 변증법적 교육 경험뿐만 아니라 사회정의와 연계하여 민주주의를 더욱 복합적으로 정의하게 된다. 민주주의가 가난, 인종차별, 성차별, 인권, 전쟁과 평화, 사회 불평등과 같은 것들을 고려하지 않는다면, 민주주의의 핵심은 무엇일까(Apple, 2011; Banks, 2004; Carr, Pluim, & Thésée, 2016; Henry & Tator, 2005; Sensoy & DiAngelo, 2017)? 현대 민주주의에 대해 주류 사고가 받아 들여온 것처럼 여론조사, 후보 마케팅, 의제 통제 그리고 궁극적으로는 선거 승리에 대한 강박적인 집중은 사회학자들이 말하는 것처럼 진짜 필요에 대응하고, **더 좋은 사회**more decent society라 부르는 것을 세워 나가기 위한 실제 작업에 엄청난 산만함, 혼란, 일탈을 우리 마음속에 불러일으킨다. 왜냐하면 이런 강박적인 집중은 반드시 폭력, 증오, 빈곤화, 차별, 사기, 부패, 악의, 고문, 불평등, 권리 박탈 등 이 모든 것을 감소시키고 어떤 모습이든 사회 전체를 특징짓기 위한 여러 자격 조건들로 구성되는 **더 좋은 사회**가 추구하는 것과는 다르기 때문이다.

따라서 우리가 흥미로워하고 고민하고 열심히 만들어 보려는 민주주의 유형은 다음과 같은 몇 가지 근본적인 특징을 담고 있다. 첫째, 민주주의란 구조, 제도 또는 사건 그 이상의 과정에 관한 것이라는 인식, 둘째, 실제로 의미가 있는 참여, 셋째, 비판적 관여, 넷째, 적절한 교육, 마지막으로 핵심 조직 원리로서의 사회정의이다. 정치란 우리가 실행하는 것이고, 우리가 결정하는 것이고, 우리가 우선순위를 정하는 것이고, 우리가 자원을 배분하는 것이고, 우리가 법안을 수립하는 것이고, 사회문화적이고 정치경제적 발전에 관해 사회 차원에서 우리가 행동하는 것이다. 따라서 정치는 또한 교육이다.[1] 누군가는 다음과 같은 의문을 제기할 수 있다. 교육에서 어떤 결정이 정치적이지 않은가? 우리는 교육에서 정치적 차원을 빼 버리거나, 무시하거나, 축소할 수 없다. 테스트, 평가, 기준점, 교육과정, 교육학 정책, 프로그램 그리고 수많은 측면이 모두 정치적 과정을 통해 결정되고, 디자인되고, 점검받기 때문이다. 그러므로 우리가 정의하는 민주주의도 역시 직접적이면서도 간접적이고, 외적이면서도 내적이고, 크고 작은 정치의 다층적 의미를 담고 있다. 정치란 고유한 쟁점, 과정, 프로그램이나 논쟁이 아니다. 정치를 이런 식으로 바라보는 것은 우리가 특징짓는 **농밀한** 민주주의의 심장에 말뚝을 박는 것이다. **평포한** 민주주의는 헤게모니, 정체성, 차이, 차별, 사회 불평등, 불공평한 권력 관계에 아무런 의구심도 갖지 않도록 만든다.

이러한 의미가 담긴 민주주의에 우리가 추가하려는 또 다른 중요한 특징은 정치적 문해력과 관련이 있다. 프레이리(1970), 지루(2009) 그리고 여러 학자들(Carr, 2009)이 언급했듯이, 읽고 쓰는 능력을 중시하는 기능주의적 접근을 넘어서 더 중요한 기술은 비판적 분석, 평가, 관여하는 성향, 행간을 읽을 수 있는 능력, 권력의 표식과 의미, 헤게모니, 사회적 관계를 면밀히 분석하는 능력, 사회적 관계, 차이, 사회적 현실을 이해하고 대응하는 능력이다(Apple, 2012; Buckingham, 2013; Butler, 2010; Culver & Jacobson, 2012; Jenkins, 2009; Jenkins, Shresthova, Gamber-Thompson, Kligler-

---

1 우리는 여기에서 여러 자료들을 제공할 수 있으며, 이를 통해 독자들은 이 책 전반에 걸쳐 인용된 헨리 지루(2011, 2012, 2014, 그리고 그의 풍부한 연구물에 대해서는 다음 사이트를 참고하라. https://truthout.org/authors/henry-a-giroux.com/) 그리고 헨리 지루의 웹사이트 https://www.henryagiroux.com/), 피터 맥라렌, 조 킨첼로, 마이클 애플 및 비판 교육학과 교육 기반 분야의 여러 연구자의 연구물을 참고할 수 있다. 책 전체에 걸쳐서 담겨 있듯이, 우리는 또한 파울루 프레이리의 영감을 자극하는 업적을 강조하고 있다 (Freire, 1970, 1973, 1985, 1998, 2004).

Vilenchik, & Zimmerman, 2016). 체제적 빈곤화, 불화, 권리 박탈의 굴레를 깨뜨린다는 것은 단순히 "스스로 채찍질하며 노력하시오", "더 열심히 일하시오" 아니면 "변화를 위해 투표하시오"를 외치는 신자유주의 철학 그 이상을 요구한다. 사회가 어떻게 작동하는지, 사람들이 어떻게 성공하는지 그리고 민주주의가 어느 정도 적절한지와 같은 것에 대한 많은 설명이 존재하며, 더 높은 수준의 정치적 문해력을 통해 우리는 우리가 민주주의를 **실천하기** 위해 필요로 하는 변증법적이고, 어려운 논쟁과 행동을 해나갈 수 있게 된다(Ercan & Dryzekm, 2015; Hanson & Howe, 2011; Hess, 2009; Hess & McAvoy, 2014; Parker, 2002, 2003, 2006).[2] (다음 장에서 이와 관련한 이론적 차원을 좀 더 살펴보도록 하겠다.)

이코노크라시econocracy로 변질되는 민주주의

우리의 주장은 민주주의에 대한 규범적이고 헤게모니적인 해석이 본질적으로 더 해롭고 위험하며 우리를 방심하게 하는 뭔가로 변질되어 왔다는 것이다. 카는 (경제적 이익이 통치의 중심이 되는-옮긴이 주) **이코노크라시**로 변질되어 가는 민주주의에 대해 여러 글을 써 왔다(Carr, 2011). 이코노크라시는 선진적이고, 정교한 모습을 갖춘 오늘날 헤게모니 형태와 세력

---

2 숙의 민주주의를 연구하는 집단과 연구자들은 다양한 관점에 따라 존재한다. 스탠포드 대학교 숙의 민주주의 센터는 스탠포드 대학교 커뮤니케이션과에 속하며(http://cdd.stanford.edu/), 숙의적 투표를 통해 획득되는 민주주의와 공적 의견에 대한 연구에 주목하며, 숙의 민주주의가 어떻게 지속되는지를 보여 주는 한 사례이다. 우리의 주된 관심사는 대항 헤게모니적이고 변혁적인 기회 그리고 심각한 우려를 해결하기 위한 다양한 이익집단과 정당에 비판적으로 개입하는 방식을 육성하는 것에 있다.

(비판적) 참여 + (비판적) 관여 + (비판적) 사회정의 + (비판적) 정치
+ (비판적) 정치/미디어 문해력 + (변혁) 교육
= (농밀한) 민주주의 + 더 좋은 사회

들이 힘을 모아 도표 9에 담긴 내용과 연결된 광범위하고, 사회적으로 정의로운 참여 민주주의에 관한 착각을 굳혀 왔다.

우리는 이와 같은 민주주의에 대한 정의를 좀 더 설명하고자 한다. 그 목적은 사람들이 실제 살아가는 것보다 더 자유롭고 민주적이며, 또한 실제 하는 것보다 자신들의 운명을 더 잘 통제하고 있다고 믿도록, 소셜 미디어를 포함한 기술을 평범하고 상식적으로 사용해야 한다는 것을 주장하기 위해서이다. 이것은 사람들이 양처럼 순하거나 바보라는 것을 의미하는 것이 아니다. 사회는 훨씬 더 복잡해서 이런 식으로 사람들을 단순하게 환원할 수는 없다. 그러나 이것은 분명 전 세계뿐만 아니라 우리 사회에서 나타나는 기술과 통신의 광범위한 영향에 대해 말하고 있다. 50세 이하의 어느 누구라도 그리고 그 이상이라 할지라도, 특히 그들이 소위 경제가 성장하고, 산업화되고, 서구화된 나라에서 살아 봤다면, 그 사람들은 대부분 사용할 수 있는 기술의 폭이 넓고, 다양한 소통 방식에 접근할 수 있다. 오늘날, 아이폰, 아이패드, 아이팟, 태블릿, 노트북, 무한한 애플리케이션, 소프트웨어, 게임, 소셜 미디어 그리고 수많은 다른 기술 도구와 수단들은 습관처럼 떼어 낼 수 없는 것이 되었다(Jenkins et al, 2016; Langran & Birk, 2016; Thompson, 2013).

학교교육은 넓은 의미에서 기술을 염두에 둘 것이고, 그렇게 해야만 할 것이며, 이메일, 소셜 네트워킹, 블로그, 뉴스그룹 등과 같은 모든 종류의 소통은 아마도 규범이 될 것이다. 문자 전송, 메시지와 목소리 인식

프로그램은 수기 편지, 전화 통화, 복사 기록을 대체해 왔다. 우리가 고려하는 점은 이 모든 기술, 인터넷 접근, 고급 소통 방식이 시민 참여와 민주주의의 형세에 어떻게 영향을 끼치고, 그려내고, 참여할 것인가 뿐만 아니라, 앞으로 어떻게 그렇게 할 것인가이다. 동료 심사 학술지, 정부 문서, 국제조직 그리고 상상할 수 있는 모든 자료 제공처에 대해 제약 없이 접근한다면, 우리의 정치적 문해력, 개입력 그리고 민주주의는 더 나아질 수 있을까? 기술은 민주주의를 향상시킬까, 아니면 유명 팝가수 저스틴 비버(캐나다는 물론 세계적인 탑 아이돌 가수로서 여러 뉴스거리를 몰고 다닌다-옮긴이 주)나 미국 대통령의 최신 트위터에 좀 더 쉽게 접근하게 하는 정도일까? 이 사이에 절충점이 있을까? 기술이 전쟁, 가난, 인종차별, 성차별 그리고 여러 사회적 불평등에 대응할 수 있는 더 좋은 결정, 구조, 정책을 끌어낼까? 여기에서 우리는 우리가 의미하는 내용에 정치적 문해력과 함께 미디어 문해력을 더하려고 한다. 적절한 참여, 관여, 정치/미디어 문해력이라는 주제가 이 책에서 다뤄지고 있는데, 이 주제는 대항 헤게모니적인 목적을 위한 기술의 사용에 맞서기 위해 기술을 사용하는 기능주의적 음모를 병치하려는 입장으로부터 추궁받고 있다.

이코노크라시가 중심이 되는 대단히 헤게모니적인 '민주주의'란 민주주의에 대한 상상이 민족적이면서 민족주의적인 관념에 강요되고 묶여진 민주주의라 말할 수 있다. 이러한 민주주의의 특징 중 몇 가지는 다음과 같다.

- 다른 선택은 만들어질 가능성이 없으며, 정치적 논쟁이란 오직 양당 체제 사이에서만 집중되고 적합한 것으로 고려되는 사회에서 헤게모니적이고 지배적인 구조를 위해 다수 대중이 정치적 문맹을 받아들이도록 유혹하는

어르고 반복되는 주문. 캐나다에서는 보수당과 자유당, 미국에서는 민주당과 공화당, 영국에서는 노동당과 보수당 사이의 정권 이동을 의미한다. 허만과 촘스키(Herman & Chomsky, 2002)가 지적하듯이, 우리는 모든 것을 양대 정당, 자본주의, 엘리트 지배 구조의 유지, 규범적이고 대의제적인 선거 등을 중심으로 상대적으로 협소하게 용인된 상태에서만 말할 수 있다.

- 일반적으로 우리의 현행 정치문화 체제는 삶에 대단히 큰 영향을 줄 수 있는 실제 거시적 수준의 결정 과정에서 그 삶의 사람들을 배제한다. 대의제 선거 경쟁이 심해지면서도 다행히 우리가 투표할 기회가 있다는 말이 사회 곳곳에서 들리고 있다. 하지만 이것은 젊은 층을 중심으로 투표 참여가 감소하는 흐름 속에서 발생하고 있다.

- 신자유주의와 주식 시장이 주도하는 지구화의 이해관계를 정치적으로 선전하는 공동 기반을 위한 엘리트 집단끼리, 그리고 국가 및 국제적 제도의 정치적 지원은 인구 다수, 특히 소득분위 하위 70%에 있는 사람들에게 나쁜 영향을 확산해 왔다(Hill, 2012).[3]

- 사회는 전쟁/갈등, 군사화, 증가하는 불평등, 가난, 차별, 인종차별, 외국인 혐오(의 현실과 그 잠재성) 등으로 여기저기 깊게 골이 파여 있다.[4]

- 미디어와 명사 중심주의celebrityism는 수많은 기술 소통 장치와 플랫폼 전반에 걸쳐 존재하는 주류 사회정치적 대화와 토론에 대한 주목과 집중을 하

---

3 미국 헤게모니와 신자유주의 헤게모니에 대한 대표적인 작가/사상가 중 한 명이 헨리 지루이다. 그의 저작, 대담 등 많은 연구물에 대해서는 다음 사이트를 참고하라. https://www.henryagiroux.com/
4 우리는 여기에서 두 자료를 참조하고 있으며, 두 자료 모두 비판적인 관점을 담은 연구물, 문서, 영상 링크 등을 포함하고 있다. 또한 두 자료 모두 제국, 군사화된 갈등, 비밀 외교 그리고 정치/경제적 헤게모니의 유지에 대한 관념과 관련된 많은 문서를 꾸준히 생산해 왔다. 또한 다음을 참조하라. *Monthly Review* https://monthlyreview.org/ 그리고 https://mronline.org/ 지구화 연구센터 https://www.globalresearch.ca/

찮은 것으로 몰아간다.

- 저스틴 비버 Justin Bieber와 여러 다른 '스타들'에 대한 사례처럼 비판적인 토론들이 지속되고 있지만, 더 큰 사회적, 경제적, 환경적, 정치적 도전에 관한 주류 사회의 형식적인 구조 속에서 비판적인 관여과 분석은 제한적이다. 예를 들어, 캐나다 사회는 아이티, 베네수엘라, 시리아, 우크라이나 그리고 다른 많은 나라에서 벌어지고 있는 일에 지금 바로 어떻게 연관되어 있는 가? 우리는 우리가 아는 것과 변화를 목적으로 다양한 사회 공간에서 활발한 토론이 발생하는 방식으로 양분된 관계를 더 자세히 파악하기 위해 캐나다를 다른 어떤 나라와도 대체할 수 있다.

- 신자유주의적으로 변질된 경제학이 중요하며, 이렇게 **평포하면서도 이코노크라시적인** 민주주의를 위한 규범은 곳곳에서 끊임없이 찍혀 나오는 주가 시세표를 의미한다. (실제 경제 현장의 현실에 대한 반영 없이 오로지 가격만을 보여 주는-옮긴이 주) 주가 시세표와 같은 규범이란 불완전 고용, 비취업, 음성적 노동, 저임금 고용 등에 대한 아무 문제의식이 드러나지 않은 실업률은 물론 부의 분배, 사회적 불평등, 부의 집중, 그리고 인종, 민족, 젠더, 사회 계급 분석 등에 대한 실질적 논의가 없는 국민총생산 GNP과 성장의 필요성만을 참조하는 것을 말한다. 다시 말하면, 경제는 군사화에 사용된 수십억 달러가 유익한 것인지 필요 이상으로 과한 것인지에 대한 아무런 의심 없이 전 국민이 받아들여야 하는 추상적인 용어인 것이다.[5] 하넬과 올린 라이트(Hahnel & Olin Wright, 2016)는 자본주의와 자본주의가 파생한 나쁜 술

---

5 우리는 여기서 우리의 동료 피터 맥라렌의 기라성 같은 연구를 알리고자 한다. 그는 비판 교육학, 마르크스주의 이론 그리고 혁명적 교육 분야에서 핵심 인물이다. 지난 40여 년간 그가 써 온 수많은 글들은 비판 이론과 교육의 정치경제학과 관련된 생각을 제시한다. 맥라렌에 대한 더 많은 정보를 위해서는 다음 사이트를 참조하라. https://www.chapman.edu/our-faculty/peter-mclaren

수들에 맞설 것을 요구하는 '참여 경제학'과 '경제 민주주의'를 주장하면서, 시장의 본질이 가진 문제에 대한 구체적인 논의를 제시한다.

3장에서 우리는 몇 가지 이론적 틀을 제시한다. 이 틀은 민주주의와 교육에 대한 우리의 사고를 더 복잡하게 엮을 것이며, **이코노크라시**에 대한 초기 문제의식을 더 확장할 것이다. 그다음으로 우리는 지난 10여 년 동안 개발해 온 우리의 몇 가지 이론적/개념적 모델의 윤곽을 보여 줄 것이다. 이것은 우리의 출발 지점과 우리가 향하는 방향에 대해 독자들이 더 잘 이해할 수 있도록 할 것이다.

우리의 성찰을 안내할 개념적/이론적 모델

민주주의, 정치적 문해력 및 변혁 교육DPLTE 연구의 동학, 차원, 깊이와 관점을 확장하고, 5장에서 구체적으로 제시되는 **민주주의를 위한 교육의 농밀함-평포함 스펙트럼**(도표 14)과 **민주주의를 위한 교육을 위한 비판적 관여 스펙트럼**(도표 15)을 조화시키면서, 우리는 우리가 민주주의를 위한 교육을 설명하고, 지원하고, 함양하도록 개발해 온 3가지 모델들이 독자들에게 잘 이해되기를 바란다.

- 민주주의에 관한 교육의 통합적이고 위계적인 4단계 유형 모델(도표 10)
- 민주주의에 관한 교육의 위계적 유형 모델 종합(도표 11)
- 이론적 차원에서 복합적으로 정렬된 민주주의를 위한 교육 모델(도표 12)

| 도표 10. 민주주의에 관한 교육의 통합적이고 위계적인 4단계 유형 모델 |

민주주의 형식	민주주의에 관한 교육	민주주의를 통한 교육	민주주의와 관련된 교육	민주주의를 위한 교육
차원	존재론적 차원(...이란 무엇인가?)	인간행동학적 차원(... 하는 방법)	인식론적 차원(...은 누구인가? 누가 속하고, 누가 속하지 않는가? 누구의 지식인가?)	가치론적 차원(무엇을 위한 것인가? 이해관계는? 이점은? 영향은?)
설명	민주주의에 담긴 의미, 속성, 범주, 정책, 제도, 역사적 단계, 주요 인물, 담론에 대한 학습활동과 지식 체득	민주적으로 살아가는 데 필요한 모델, 방법, 수단을 통한 참여와 행동	(형식, 비형식, 무형식 교육 환경 안에서) 민주적 지식, 의식, 태도, 행동을 탈구축하고 재구축/공동구축 하기	민주적 가치와 궁극적 목적에 대한 주장과 추구; 인권, 사회적/환경적 정의, 평화, 모두를 위한 교육 등을 위해 투쟁하기 위한 민주적 의식, 태도, 참여의 개발
영역	정치(지리 정치, 당파적 정치, 갈등)	사회적인 분야(경제, 문화, 기술, 의무론)	비판 이론, 비판적 관점	윤리학, 공생공락
핵심어	정치적 문해력, 제도, 법, 현장, 정책, 규칙	사회의식, 참여, 경험, 사회적 행동주의, 실천(행동 속에서/행동에 대해 사고하기)	교육은 지식에 대한 모든 것, 의식화, 권력/지식에 대한 복합적 관계, 지식의 공동 구축, 내부에 있는 '타자들'에 대한 지식	(집합적) 변혁, (개인의) 해방
가치	애국주의/국가주의	사회정의, 사회적 관여, 시민성, 상호의존, 포용, 공평, 연대	비판 의식, 사회적 변혁, 해방, 맥락적 지식, 미디어 문해력	민주주의, 본질적 권리, 다양성, 정체성, 다원주의, 환경적/사회적 정의, 생태 시민성, 세계성(세계에서 존재하기)
행위	정보에 접근하기/투표	말하기, 소통하기, 고발하기, 대화하기, 토론하기, 신중히 생각하기	새로운 권력/지식 균형을 되찾기, 지식의 탈구축/재구축/공동구축	(복수/상호 패러다임을 넘어선) '초-정체성 형성', 초-문화성, 초-국가성, 초-학제성, 초-젠더
장소	국제, 국가	현지(시민, 지역사회, 비정부조직, 자원봉사 등)	지역, 국가, 국제(미디어, 문화, 문학, 연구, 제도, 사회 미디어와 네트워크)	현지, 지역, 국가, 국제, 전 지구(생태적 발전 체제)
교육	형식적 (학교, 교과목, 프로그램, 과정, 특정 교직)	대부분 비형식적(다양한 사회적 활동)	형식, 비형식, 무형식 교육(연구 기반 지식, 공동체 기반 지식, 피억압자 기반 지식)	무형식/비형식/형식 교육 (삶의 모든 영역: 가족, 공동체, 제도, 사회, 사회 네트워크 등)

이 모델은 우리가 민주주의를 위한 교육을 이해하는 방식에 몇 가지 미묘한 복잡성을 제시한다. 교육에 담긴 그리고 교육을 통해 알게 된 민주주의 개념을 더욱 의미 있고, 지각할 수 있고, 비판적으로 만드는 과정에서 이 모델들은 동료들과 함께 우리가 오랫동안 참여해 온 수많은 토론은 물론 GDDRP와 DPLTE 연구 과제를 통해 우리가 모아 온 경험적 데이터에 의해 알 수 있다. 무엇보다 우리는 UNESCO DCMÉT 프로그램을 통해 우리의 작업을 진전시켜 나갈 수 있었다. 개념적이고 이론적이면서 응용할 수 있는 요소들을 이 모델들에 결합하는 방식은 이 모델을 더욱 풍부하고, 역동적이며, 적절하게 만들면서도, 이 모델을 민주주의에 관여하는 시민들의 성장을 이끄는 거대한 교육 프로젝트와 연결한다. 교육에 담긴 민주주의란 무엇인가? 여러분은 그것을 어떻게 활용하며, 어떻게 달성하는가? 가장 중요한 측면은 무엇인가? 우리는 이 모델들을 통해 위 질문들을 분석하고 답을 찾는 과정을 시작하고, 5장과 또 이 책의 곳곳에서 이 모델을 위한 토대를 잘 마련하려고 한다. 이어지는 장은 더 농밀하고, 더 비판적인 민주주의를 교육체계 안으로 조화롭게 수용하는 과정에서 이 모델들이 전개되고 마무리되는 방식이 갖는 의미를 이해하는 여러 진입 지점을 제시한다.

민주주의에 관한 교육의 통합적이고 위계적인 4단계 유형 모델[6]

---

6 우리는 몬트리올 퀘벡 대학교의 우리의 동료 루시 소브에게서 강한 영감과 연대감을 받았다. 소브는 환경 교육 분야에서 중요한 글을 썼으며, 이 글들은 우리가 이 모델을 발전시키는 데 큰 도움을 주었다. 환경 교육과 관련한 소브의 모델은 민주주의를 위한 교육을 다시 사고하기 위해 기본적으

민주주의에 관한 교육의 통합적이고 위계적인 4단계 유형 모델(도표 10)은 민주주의에 관한 교육의 문제 틀을 일정하게 제시한다. 이 모델은 교육적 맥락에서 민주주의가 어떻게 관찰되고, 이해되고, 실행되고, 탐구되는지에 대한 다양한 연구, 경험, 결과, 현실을 압축적으로 요약하는 여러 — 존재론적, 인간행동학적, 인식론적, 가치론적 — 차원들을 설명하는 데 기여한다. 이러한 각 차원에 관한 농밀한 그리고 평포한 윤곽들이 존재하며, 우리는 연구를 통해서 흔히 민주주의에 대한 교육에 관한 형식 교육적 맥락에 담긴 단지 특수한 하나의 사례가 속한 차원에만 주목하게 되면, 의식화, 비판적 관여, 정치적 문해력 그리고 변혁 교육을 강화하지 못할 것이라는 것을 알게 되었다. 종합하면, 동시에 4가지 요소 모두에 주의 깊고, 관여와 포용적이며, 비판적인 태도로 주목하고, 각각의 과정, 효과, 결과, 중요성을 지속적으로 평가하고 재평가하는 것이 중요하다. 이것은 역동적이고 변증법적인 과정이어야 한다.

이 모델에서 민주주의에 관한 각각의 4가지 교육 유형은 종별적 요소들을 담고 있으며, 분명히 우리는 이 요소들이 통합되어 있다고 보고 있다. 이것은 **민주주의에 관한 교육의 위계적 유형 모델 종합**(도표 11)에 더욱 명쾌하게 설명되어 있다. 우리는 이 책에서 전체적으로 이 모델에 힘을 실어 주기 위해 경험적 근거를 제시하지만, 또한 우리는 끊임없이 이 모델을 꼼꼼히 분류하고, 문제화하고, 비판하면서 질문할 필요가 있음을 잘 알고 있다. 이 모델은 최종 결과물이 아니라 앞서 언급한 것처럼 우리가 더 반성하고, 계획하고, 참여하는 데 도움을 주는 수단이라고 할 수 있다.

로 고려하고 있는, 우리가 앞에서 언급한 연구자들과 유사한 내용을 담고 있다.

(3) 민주주의와 관련된 교육	(4) 민주주의를 위한 교육
· 인식론적 차원 지식의 탈/재/공동구축 · 인식: 사회적 재현, 고정관념, 개념, 이론, 담론, 질문, 서사, 범주화, 정의, 모델, 신념, 권력/지식의 균형, 권력/지식 관계 · 인식론적 저항을 복잡하게 하기	· 가치론적 차원 민주적 가치의 주장과 추구 · 환경적/사회적 정의, 다양성, 개인과 집단의 본질적 권리 · 세계가 변혁될 수 있고, 변혁이 가능하며, 반드시 일어나야 한다는 희망과 꿈을 행동을 통해 공유하기, 권리로서의 해방
(2) 민주주의를 통한 교육	(1) 민주주의에 관한 교육
· 인간행동학적 차원 행동을 통한 관여 · 모두를 위한 사회정의 찾기, 공평, 포용, 모두를 위한 자원에 대한 접근, 성차별, 인종차별, 계급 차별, 외국인 혐오, 모든 종류의 차별과의 투쟁 · 실천을 발전시키기 (행동에 대한 성찰)	· 존재론적 차원 사실에 대한 학습활동 · 선거, 제도, 역사, 규칙, 주요 인물 (대체로 항상 백인 남성) · 이러한 '사실'을 관점으로 세우기, '타자'의 관점을 고려하기 (여성, 흑인, 원주민, 식민지 주민 등)

우리는 민주주의를 위한 교육을 정의하고, 서술하고, 설명하는 데 도움을 줄 수 있는 몇몇 상호 연결된 차원들을 꼼꼼히 분류했으며, 참여, 행동, 인식론적 고려 사항들이 스펙트럼을 따라 흐르면서 이분법적인 관념 속에 한정되지 않는다는 것을 이해하게 되었다. 이런 상태에서 우리는 도표 12에 있는 다양한 연구, 개념적이고 이론적인 입장에 관한 민주주의를 위한 교육의 개념화, 개발, 실행을 이해하기 시작했다. 여기서 다시 우리는 **민주주의에 관한 교육의 통합적이고 위계적인 4단계 유형 모델**이 상이한 개념적 틀 안에 배치될 때 훨씬 더 잘 설명되고, 탐구되며, 문제화될 수 있다는 걸 알게 되었다.

우리 연구에 담긴 몇 가지 경향과
조사 결과들[7]

이 책 초반에 제시한 경향과 조사 결과를 통해 독자들은 다음과 같은 형태와 방향을 어느 정도 감지할 수 있다는 점에서 의미가 있다. 이 조사 결과에 대한 보다 구체적인 분석은 이 책의 다른 장에서 제공될 것이다.

| 도표 12. 이론적 차원에서 복합적으로 정렬된 민주주의를 위한 교육 모델 |

	실증주의 모델 (단일성)	해석주의 모델 (다수성)	사회비판적 모델 (다양성)	생태주의적 모델 (세계성)
민주주의에 대한 교육/ 사실 (폴리스)	1차원적/과학적 방식으로 '사실'을 알기 폴리스=정치 정당/구조	다차원적으로 '사실'을 이해하기 폴리스=다차원적 현지 맥락	다양한 이해관계자에 따라 '사실'을 탈구축하기 폴리스=갈등 속에 있는 다양한 맥락	은유: **지구** '민주적 토양'을 마련하기 위해 '사실'을 재구축하기 폴리스=지구적/행성
민주주의를 통한 교육/ 행동	규범적이고 형식적인 맥락 속에서 민주적 규칙을 따라 행동하기	다수 맥락 속 다수 형식적이고 비형식적인 구조에 참여하기	다양한 맥락 속 사회적 대화의 실천에 관여하기	은유: **물** '세계에 대한 실재'의 흐름대로 살기: 세계시민성
민주주의에 관한 교육/ 지식	외부 현실에 대한 과학적 연구로서의 지식을 배우기 단학문성	여러 관점으로부터 지식을 구성하기(상대주의) 다학제성	'나쁜 지식/권력'을 탈구축하기 간학제성	은유: **공기** 지식/권력/환경에 대한 관계를 재구축하기 초학제성
민주주의를 위한 교육/ 가치	행동주의적: 규범적/애국적/헤게모니적 시민성	집합적: 비판적 사고, 타자에 대한 개방성, 진보적 시민성	정치적: 비판 의식을 개발하기, 변혁, 해방, 시민성, 사회정의와 연대	은유: **불** 전체론적: 행성에서 공생공락하기 위한 열정의 불을 붙이기, 세계시민성

7 그 경향과 연구 결과는 카와 테세(Carr & Thésée, 2017, pp. 250-264)에 의해 제시되었다. 이 경향들 중 몇 가지는 이 책의 5장 후반부에서 좀 더 발전되었다.

1 언어와 용어는 진화할수록 민주주의와 교육에 관해 토론되고, 가르쳐지고, 배우게 되는 것에 더욱 영향을 끼칠 수 있다.

2 민주주의의 의미에 대한 잘못된 이해는 비판적 관여를 억제한다.

3 정해진 결과보다는 과정으로서 민주주의를 바라보기 위해 민주주의에 관한 연구에 사람들, 특히 교육 분야에 속한 사람들을 참여하도록 해야 한다.

4 민주주의에 관한 연구에 참여할수록 교육자들은 발전을 위한 목소리와 비판적 인식론에 기반한 질문에 긍정적인 효과를 얻을 수 있다.

5 언제나 분명하게 이해되지 않는 규범적이고 헤게모니적인 대의제 민주주의의 불편한 현실은 권리 박탈, 주변화, 무관심을 초래거나 초래할 수 있다.

6 교육 안에서 그리고 교육을 통한 평포한 민주주의를 경험한다는 것은 우리의 연구에서 다수 교생들에게는 불편한 현실이다.

7 전체 사회운동에 영향을 주는 형식 교육의 권력(아니면 전체 사회운동이 이 형식 교육 권력을 끌어가는가?)이 종종 가치 절하되거나 평가절하된다.

8 고립된 지역 차원의 행동에 대립하는 국제적인 공동 경험은 전 세계적으로 나타나는 확산해 가는 지구화, 신자유주의, 사람들의 이주에 대한 반성으로 이어진다.

9 전쟁, 분쟁, 환경, 무역, 상업, 이주 등과 같은 본질적이고 광범위한 거시적 쟁점들로부터 단절되어 있으면, 지역 차원에서 사회정의를 추구하는 것이 어려워진다.

10 모든 증거에도 불구하고, 사회정의에 대한 취약한 논의와 대응은 교육제도 안에 있는 반민주적 발전에 힘을 실어 준다.

11 더 농밀하고, 더 비판적으로 참여하는 민주주의를 위한 희망을 제공하는 수많은 사례, 운동, 프로젝트, 경험 등은 교육 민주화에 대한 노력에 힘을 북돋는다.

12 교사 교육은 물론, 형식 교육에서 민주주의를 위한 교육이 주변화되는 것은 농밀한 민주주의의 발전에 영향을 미칠 것이다.

13 시민사회와 잘 연결되면, 교육제도/체제를 위한 중요한 기회가 마련될 수 있다.

14 미디어 문해력, 평화교육, 봉사/경험적 학습활동, 정치 문해력 등이 가진 특이점은 민주주의를 위한 교육의 개념화 과정에서 더욱 심도 깊게 그리고 더욱 형식적으로 강조되어야 한다.

15 어떻게 민주주의를 **실천하는가**에 대한 문제의식을 담은 관심이, 특히 이 연구 프로젝트를 통해 제시되는 모델들에 담긴 개념들과 관련해서 다뤄지고, 조성되고, 맞물려져야 한다.

우리는 지금까지 염두에 뒀고, 이어지는 장에서 제시될 이러한 경향, 조사 결과, 모델 등과 함께, 이 모델들에도 주입될 수 있었던 여러 출발점, 고려 지점, 요소 등이 존재한다는 것을 알고 있다. 이러한 가운데 우리는 독자들에게 교육과 관련해서 교육이 닮을 수 있는 것과 진짜로 닮은 것의 초상을 제공하고자 한다. 계획수립, 행동 조성, 민주주의를 위한 교육의 진전된 개념화와 이론화의 촉진이라는 관점에서 진행되고 있는 것을 더 잘 설명하기 위해, 우리는 새로운 모델을 개발하기 위한 연구 협력을 추진하고자 한다.

3장

우리의 민주주의 연구를 뒷받침하는
이론적 목소리

들어가며

이 장에서 우리는 몇몇 중요한 이론가들과 사상가들을 간략히 소개할 것이다. 우리는 사회가 어떻게 기능하고, 권력이 어떻게 작동하고, 참여가 어떻게 사람의 산 경험을 형성하는 과정에서 발생하는지에 대해 이해하는 데 이들이 큰 기여를 해 왔다고 생각한다. 우리가 선별한 이들은 서로 다른 배경, 위치, 역사적 시기와 시점에 따라 다양하다. 우리는 각자의 시대에서 이들이 각각 권력, 투쟁, 해방 그리고 시민 참여의 의미를 불공평한 권력관계와 관련해서 정의 내린 다양한 방식에 주목한다. 또한 제시되는 이론/분석/개념의 개념들은 상호작용을 통해 잘 짜여진 복잡한 태피스트리로 섞여 들어갈 수 있다. 이것은 상이한 수준에서 사회 불평등이 왜 존재하는지, 사람들이 이 불평등을 (저항하곤 하지만) 왜 받아들이는지, 순응이 왜 우선적인 선택지가 되는지, 복잡하게 특이하고, 주변화되고, 취약하면서, 인종차별화된 집단을 포함한 여러 사회의 숨통을 둘러싼 채 묶여 있는 고르디우스의 매듭을 우리가 어떻게 풀어내게 될지를 설명하는 것을 목적으로 한다. 아래에 우리가 선별한 인용문들이 반드시 민주주의에 대해 구체적으로 언급하는 것은 아니지만, 시민 참여와 사람들의 산 경험과 관련해서 특히 권력자의 지위를 크게 누리지 못하는 자들이나 국가의 기능에 악영향을 받지 않는 사회 계급에 속하는 자들과 관련해서는 직접적이고 구체적으로 연결한다. 처음부터 우리는 우리가 사상가/저자들의 완벽한 단면을 포함하지 못했다는 것과 어떤 것은 빼고 일부 공헌만 강조하는 문제가 본질적으로 있다는 것을 인정한다. 그럼에도 절충적이고 다양한 분야의 학자들과 활동가들(이 책에서 강조하는 또 다른 수많은 학자, 작가, 사상가들)을 소개하는 다른 많은 조류, 방향, 학제 간 분야로부터 영향을 받는다는 것을 덧붙이고자 한다. 또한 이어지는 내용이 작가, 개념 및 영향에 대한 완전하고 포괄적인 목록은 아니라는 것을 강조할 필요도 있다. 하지만 이 작업은 우리가 민주주의를 위한 교육을 이해하고 배양하는 방법과 관련해서 고려할 만한 가치가 있다고 우리가 믿는 쟁점과 주요 지점에 대한 바람직한 개요를 제공한다.

민주주의를 위한 교육을 둘러싼 우리의 사고에 대한 몇 가지 다양한 영향들

아래에서, 우리는 고전 사회학과 교육학적 사고와 학문을 형성한 중요한 비판적 학자들을 소개한다. 다시 말하지만 여기에서 우리의 의도는 몇 가지 주요 개념을 강조하려는 것이지 아래 저자들이 제시한 다양한 아이디어 전체를 구체적으로 다루거나 그 범위를 제시하려는 것이 아니다.

칼 마르크스

(Karl Marx, 1818~1883)

칼 마르크스는 정치경제학에 대한 수많은 글을 썼으며, 오늘날에도 전 세계적으로 여전히 연구되고 있는 19세기 중반의 관념들을 접합한 독일 철학자이자 사회학자이다. 마르크스는 **허위의식**false consciousness 개념과 연관되어 있다. 허위의식 개념은 사람들이 실제로 자신이 가지고 있는 것보다 더 많은 권력과 힘을 가지고 있다고 믿는 이유와 방식을 밝히고, 사회 계급 관계와 뿌리 깊은 시스템적 불평등을 밝히는 기능을 한다.

《마르크스주의 백과사전》에 따르면, 마르크스는 결코 이 용어를 실제로 사용하지 않았지만, 사회적 행동이 어떻게 발생해야 하는지에 관한 마르크스와 엥겔스 두 사람의 고민은 마르크스가 죽은 지 약 10년 후에 엥겔스의 편지에서 나타났다.[1] 《독일 이데올로기》(1846)에서 마르크스는 다음과 같이 말하고 있다.

> 그러나 지배계급의 이러한 의식적 허상이 거짓임이 점점 더 드러나고, 상식으로부터 더 멀어질수록 점점 더 독단적인 주장이 되고, 기성 사회의 언어는 더 기만적이고 도덕적이고 영적인 것이 된다.

권력은 힘만이 아니라 문화적 수용을 통해서도 집행되고 강화된다. 다니엘 리틀Daniel Little은 마르크스가 이데올로기, 사회 계급 그리고 허위의

---

[1] 다음 링크를 참조하라. *The Encyclopedia of Marxism* https://www.marxists.org/glossary/terms/f/a.htm 이 개념은 사람들의 일상적인 현실에 대한 해석에 따라 마르크스주의자들에 의해 비판적으로 검토되어 왔음을 주지해야 한다.

식 사이에 만든 연결성에 대해 깔끔하게 요약하고 있다.[2]

이 개념은 종속 계급의 의식에 담긴 지배적인 사회관계에 대한 체계적인 왜곡을 가리킨다. 마르크스 자신은 '허위의식'이라는 표현을 사용하지 않았지만, 이데올로기와 상품 물신숭배와 관련된 개념들에 많은 관심을 기울였다. 종속 계급 구성원들(노동자, 농민, 농노)은 자신들 주변의 사회적 관계에 대한 정치적 재현이 그들의 관계가 구현되는 종속, 착취, 지배를 체계적으로 은폐하거나 모호하게 하는 허위의식으로 고통을 받는다. 이와 관련된 개념으로는 신비화, 이데올로기, 물신성이 있다.

마르크스는 사회 질서를 구성하는 경제적 관계의 시스템이 지닌 객관적 특징에 대한 분석을 기초로 하여, 객관적인 계급론을 제시했다. 한 개인의 사회적 계급은 주어진 경제사회를 구성하는 재산 관계 시스템에서의 그 개인의 위치에 의해 결정된다. 또한 사람들은 생각, 정신적 틀, 정체성과 같은 주관적 특징을 가지고 있다. 이 정신적 구조는 그 사람에게 자신의 삶을 지배하는 세계와 힘 안에서 주어진 자신의 역할을 이해하는 차원에서 인지적 틀을 제공한다. 한 사람의 정신적 구조는 그 구조가 재현하려고 하는 사회적 현실과 다소 일치할 수도 있다. 계급 사회에서는 특권 집단과 종속 집단 사이 내재하는 물질적 이해관계를 둘러싼 갈등이 존재한다. 마르크스는 사회 메커니즘이 하층계급의 의식 속에 있는 왜곡, 오류 및 사각지대를 체계적으로 만들어 내는 계급 사회에서 발생한다고 주장한다. 만일 이러한 허위의식을 형성하는 메커니즘이 존재하지 않았다면, 하층계급은 언제나 다수이기 때문에 지배 체제를

---

2 다니엘 리틀의 웹사이트를 참조하라. http://www-personal.umd.umich.edu/~delittle/iess%20false%20consciousness%20V2.htm

재빨리 전복했을 것이다. 따라서 개인의 생각, 관념 및 틀을 형성하는 제도들은 허위의식과 이데올로기를 발생시키는 방법을 통해 발전해 나간다.

만일 **허위의식**이 주입되고 수용되면서도 논쟁이 되지 않는다면, 우리는 권력 구조가 어떻게 국가, 정치경제 그리고 사람들에 대한 강고한 **헤게모니적** 통제를 유지하고 지속할 수 있었는지를 알 수 없다(원본에는 can이나 맥락상 can't라고 볼 수 있음-옮긴이 주). 민주주의에 대한 우리의 생각과 연결되는 본질적인 지점이 여기에 있으며, 이것은 우리가 시민 참여와 정치적 문해력 관념을 이해하는 데 도움을 준다.

안토니오 그람시

(Antonio Gramsci, 1891~1937)

1929년~1935년 시기에 자신의 가장 중요한 작품인《옥중 수고》를 쓴 이탈리아 급진 운동가 안토니오 그람시는 마르크스의 **허위의식** 개념과 함께, 어떻게 사람들이 자발적으로 굴복하고, 자신들의 이익이 권력을 쥐고 있는 자들과 연결되어 있다고 믿는지를 설명하면서 **헤게모니** 이론을 발전시켰다. 그람시는 불공평한 권력관계를 유지하고 있는 자들에 의해 미묘한 차이가 드러나는 분석들이 공격적으로 좌절당하고, 설득당하는 복잡한 사회가 가진 기능에 대한 실질적인 핵심을 이해하도록 한다.

[헤게모니는 지배 집단이] 자신의 조합주의적 이익이 단지 경제적인 집단의 조합주의적 한계를 초월해서 다른 종속 집단의 이익이 될 수 있고, 또 되어야 한다는 것을 자각하게 될 때 [발생한다.] 이것은 가장 순수한 정치적인 국

면이며, 구조에서 복잡한 상부구조들의 영역으로 가는 결정적인 통로를 분명히 보여 준다. 이 국면은 이 상부구조들 중 단 하나 또는 적어도 이들 중 단일한 복합체가 우세하게 되어, 유리한 고지를 차지하고 사회 전체 영역에 자기 자신을 선전할 때까지, 이미 싹이 튼 이데올로기가 '정당'이 되어서, 대립과 갈등으로 들어가는 국면이다. 경제적이고 정치적인 목표의 일치만이 아니라, 지적이고 도덕적인 통일성을 불러일으키고, 조합주의적이 아닌 '보편적인' 지평 위에서 투쟁이 퍼져나가는 것을 둘러싼 모든 질문들을 제기하며, 따라서 일련의 종속 집단들에 대한 근본적인 사회집단의 헤게모니를 창조하면서 말이다(Gramsci, 1971, pp. 181-182).

추가적으로 웹사이트 〈파워큐브〉에는 다음과 같이 언급되어 있다.[3]

그람시는 자본주의 국가란 '(힘으로 통치하는) 정치사회'와 '(동의로 통치하는) 시민사회'라는 두 영역이 중첩되어 만들어진다고 보았다. 이것은 오늘날 시민사회를 자발적 조직과 NGO의 부문으로 정의하는 일반적인 '연합적' 관점에서 보는 것과는 다른 의미가 있다. 그람시에게 시민사회란 노동조합과 정당이 부르주아 국가로부터 양보를 얻어 내는 공적 영역, 사고와 신념이 형성되고 부르주아 '헤게모니'가 '동의'와 정당성을 '대량으로 만들어 내는' 미디어, 대학, 종교 기구를 통해 문화적 삶 속에서 재생산되는 영역이다(Heywood, 1994, pp. 100-01).

따라서 그람시의 **헤게모니** 개념은 힘과 연대에 관련해서만이 아니라,

---

3 powercube 웹사이트를 보라. "Gramsci and hegemony": https://www.powercube.net/other-forms-of-power/gramsci-and-hegemony/

민주주의가 어떻게 형성되고 형성될 수 있는지에 대해 우리가 구체적으로 질문하는 데 필수적이다.

피에르 부르디외
(Pierre Bourdieu, 1930~2002)

프랑스 (특히 사회언어학 영역에서) 사회학자 피에르 부르디외는 사회에서의 언어의 역할과 함께 사회가 어떻게 구조화되고, 조직화되고, 종속되는지에 대해 우리가 더 복잡하게 이해하도록 하면서, 사회적 관계와 연관된 글을 썼다. **아비투스와 상징 폭력** habitus and symbolic violence에 대한 연구를 통해서, 그는 이해관계의 위계성과 권력관계가 유지되고 지속되도록 보장하는 과정에서 발생하는 엄청난 복잡성에 대한 우리의 사고를 넓힌다(Bourdieu & Passeron, 1990을 보라).

부르디외의 **아비투스** 관념은 사람들이 어떻게 무의식적인 방식으로 개인적이고 집단적으로 형성되는지를 반영하며, 사람들의 삶에 본능적으로 영향을 미친다.

부르디외는 권력이란 문화적이고 상징적으로 만들어졌고, 행위자와 구조의 상호작용을 통해 끊임없이 반복해서 정당화되는 것으로 보고 있다. 이것이 발생하는 주요 방식은 그가 '아비투스'라고 부르는 것, 또는 행동과 사고를 인도하는 사회화된 규범이나 경향을 통해서이다. 아비투스는 "결정된 방식으로 생각하고, 느끼고, 행동하고, 이를 통해 사람들을 이끄는 성향 또는 훈련된 역량과 구조화된 경향을 지속하는 형태로 사회가 개인 안에 축적되는 방식이다"(Wacquant, 2005, p. 316; cited in Navarro, 2006, p. 16).

아비투스는 하나의 맥락을 다른 맥락으로 지속하면서 이동 가능하지만, 또한 그 이동이 시간이 지나면서 특정한 맥락과 관련하는 양식으로 이어지는 과정을 통해서 만들어진다. 이 과정은 개별적인 과정이라기보다는 사회적 과정이다. 아비투스는 "고정되거나 영구적인 것이 아니라, 예기치 못한 상황에서 또는 오랜 역사적 시기를 경과하면서 변할 수 있다"(Navarro, 2006, p. 16).[4]

따라서 부르디외의 연구는 권리 박탈과 소외화를 포함해서, 다양한 사람/집단이 어떻게 사회적 관계를 경험하는지에 대한 복잡한 내용을 파고들 수 있도록 한다. 교육은 이러한 관계를 다루는 핵심 기관이며, 우리는 우리가 발전시켜 온 민주주의를 위한 교육의 몇몇 모델에 담긴 변혁적 행동을 제거하기도 하고, 규범적 교육의 재생산 기능을 제거하기도 한다.

프란츠 파농
(Frantz Fanon, 1925~1961)

프랑스 마르티니크섬 출신의 정신과 의사, 철학자, 운동가인 프란츠 파농은 1950년대에 프랑스에 맞서는 알제리의 저항 운동에 참여했으며, 개인적이고 집단적인 복종 뒤에 감춰진 이유를 탐구하고, **인지부조화** cognitive dissonance 이론을 발전시켰다. 이 이론은 식민화되고 인종화된 민족들이 받아들일 수 없는 것을 받아들이거나 받아들이도록 어떻게 유도되는지에 대한 명확한 이유와 사회적 불평등이 재생산되는 방식을 우리가 더욱 깊이 이해하도록 돕는 개념을 제

---

4 이 인용구의 출처는 다음과 같다. powercube website: https://www.powercube.net/otherforms-of-power/bourdieu-and-habitus/?submit=Go

공했다.

때때로 사람들은 매우 강력한 핵심 믿음을 붙잡고 있다. 그들이 이 믿음에 반하는 증거를 보게 되어도 새로운 증거를 받아들일 수 없게 된다. 이것은 인지부조화라고 불리는 매우 불편한 감정을 만들어 낸다. 그들은 핵심 믿음을 보호하는 것이 매우 중요하기 때문에, 핵심 믿음과 맞지 않는 모든 것들을 합리화하고, 무시하고, 심지어 부정할 것이다(Fanon, 1952).[5]

《인터넷 철학 대사전》에 따르면,[6] 파농은 인종차별과 인종화에도 깊은 관심을 보였다.

흑인은 백인 세계에서 잘 버티고 살기 위해 '하얀 가면'을 써야 한다는 이 책[《검은 피부, 하얀 가면》]의 중심 은유는 아프리카계 아메리카인들이 백인 권력 구조 아래에서 살아가면서 이중의식을 발전시킨다는 W.E.B. 두 보이스의 주장을 연상케 한다. 이중의식 중 하나는 구조에 아첨하는 (뭔가 그런) 의식이고, 다른 하나는 다른 아프리카계 아메리카인들 사이에서 경험되는 의식이다. 하지만 우리가 공유하는 인간성을 상실해 가면서 흑인들을 인종화하는 사회적 맥락에 흑인들이 대응하는 방식에 대한 파농의 치료 방식은 두 보이스보다 훨씬 폭넓게 문화적 범위를 가로지른다. 파농은 인종이 어떻게 카리브해 프랑스령과 아프리카 식민 갈등 지역에 사는 남성과 여성의 삶을 형성(변형)하는

---

5 이 인용문은 goodreads 웹사이트에서 확인되었다. https://www.goodreads.com/quotes/121175-sometimes-people-hold-a-core-belief-that-is-very-strong 이 인용문은 1952년에 처음 출간된 파농의 독창적인 책인 《검은 피부, 하얀 가면Peau noire. Masques blancs》에 수록되어 있으며, 영어판 *Black skin. White masks*은 1967년에 출간되었다.

6 프란츠 파농에 대한 《인터넷 철학 대사전》을 보라. https://www.iep.utm.edu/fanon/

지를 조사한다….

파농은 자신의 주요 연구에서 흑인을 '니그로'로 설정하고 니그로를 전체화하고 위계적인 관계로 설정하는 세계관에 기반을 둔 백인 유럽 문화의 인종차별적이고 식민화적인 프로젝트를 파헤친다. 니그로를 설정하는 이 백인 유럽 문화 프로젝트는 결과적으로 흑인이 스스로를 정의하는 것과 부딪히는 '타자'를 갖도록 한다…. 니그로화라는 현상학적인 폭력이 가진 심리학적 차원에 대한 파농의 진단은 이것이 만드는 정신적 외상 효과를 기록한다. 먼저 니그로화는 다른 흑인과 아프리카를 향한 부정적 태도를 촉진한다. 그러고 나서 니그로화는 유럽, 백인 그리고 일반적으로 백인 문화에 대한 욕망과 타락이라는 태도를 정상적인 것으로 만든다. 마지막으로 니그로화는 다른 대안이 나타나기에는 불가능한 세계에서 존재하는 방식으로 드러나게 된다. 니그로화를 통해서 흑인은 자신이 느끼는 소외 감정을 흑인이 당연히 느끼는 감정으로 받아들인다. 흑인들이 이 소외 감정을 극복하려면, 흑인이 백인 지배문화에 의해 그려지고 평가되는 (즉 저평가되는) 방식을 넘어서야 하면서도, 인종차별적이고 인종화된 주류에 반대하고 독립적으로 구성된 관점을 통해서 흑인 스스로 자신을 보도록 하는 학습활동이 필요하다. 그런데 이 둘을 다 해결하기에는 어려움이 컸다. 백인 중심 평가의 극복과 흑인 자신을 바라보는 학습활동이라는 관점은 흑인 남성이든 흑인 여성이든 그들의 — 자신은 물론 자신과 다른 인종에 대한 — 가치판단이 백인 규범과 가치를 통해 걸러질 필요가 없다는 관점과 같다. 흑인 남성과 여성이 인종차별적 현상학이 강요하는 심리적인 식민화를 떨쳐 낼 방법은 오로지 흑인 자신을 바라보는 학습활동이라는 관점을 발전시키는 것을 통해서 가능하다고 파농은 주장한다.

인종에 대한 파농의 중요한 연구는 비록 논쟁적이긴 하지만, 인종 이론, 백인성 연구 그리고 탈식민화 연구에서 여러 세대에 걸친 학자들을 포함해서, 이 분야에서 크게 기여해 왔다. 우리는 인종화, 교차성 그리고 불공평한 권력관계에 대한 우리의 미묘한 이해에 파동처럼 기여해 온 다른 학자들도 참조한다. 이것은 교육에 특히 밀접한 관련이 있다.

닐 포스트먼
(Neil Postman, 1931~2003)

뉴욕 대학 소속 교육자이자 철학자인 닐 포스트먼은 문화적 연결이라는 의미를 통해 우리에게 미디어, 미디어 문해력 그리고 정치적 민감성의 중요성을 소개하는 글을 써 왔다.[7] 아마도 포스트먼의 가장 중요한 책은 《죽도록 즐기기: 쇼 비즈니스 시대 대중 담론》(1985; 2021)일 것이며, **엔터테인먼트와 스펙터클로서의 뉴스** 개념을 드러내고 있다.

이 책은 정보, 아이디어, 커뮤니케이션 및 뉴스가 사람들의 권리를 무시하고, 이들을 소극적인 자들로 대하는 정교하면서도 심리적으로 유도된 즐거움 속에 결합되어 가는 과정에서, 사람들에게 영향을 미치는 현실이 어떻게 진부한 것이 되는지를 드러낸다. 이 책은 교육이 미디어의 영향에 관여하고 대항할 수 있는 가능성뿐만 아니라 약점도 강조한다. 이 중요한 책에서 찾은 몇 가지 발췌문을 소개하고자 한다.

미국인은 더 이상 서로 대화하지 않으면서도 서로를 즐겁게 해 준다. 그들은 생각을 교환하기보다 이미지를 교환한다. 그들은 서로의 제안으로 논쟁하

---

7 포스트먼의 연구물을 위해 다음 사이트를 참고하라. http://neilpostman.org/

지 않고, 좋은 외모, 유명 인사, 상업광고를 가지고 논쟁한다.

우리 앞에서 철문이 닫히기 시작할 때 우리는, 우리가 가진 모든 배경을 통해서 감옥에 대해 알고, 이에 저항할 수 있도록 준비할 수 있었다…. 하지만 비통합의 절규가 들리지 않는다면 무엇을 해야 하는가? 즐거움만 가득해 보이는 현실에 맞서서 무기를 들 준비가 된 사람은 누구인가? 우리는 누구에게 그리고 언제 어떤 목소리로 불평해야 하고, 진지한 이야기는 언제 농담처럼 사라지게 되는가? 웃음소리 속에서 소멸하는 문화에 대한 해결책은 무엇인가?

사람들이 일상적인 일로 혼란스러울 때, 문화적 삶이 엔터테인먼트에 의해 끊임없이 재정의될 때, 진지한 공적 대화가 허튼소리처럼 될 때, 사람들이 청중이 되고, 그들의 공적 업무가 가벼운 촌극이 되어 버릴 때, 국가는 위기에 처하게 되고, 문화의 죽음은 우리 앞에 더욱 가까이 오게 된다.

포스트먼은 카니발식 극장과 같은 오늘날의 형식 정치를 예견하면서, 오웰식 감시와 의사소통의 통제에 대한 두려움보다는, 선거와 주류 정치에 대한 참여와 관련해서 우리가 볼 수 있는 냉담함과 무관심의 영향에 대한 두려움이 더 컸을 것이다.[8] 우리의 작업은 정치적 문해력에 집중했지만, 점차 미디어 문해력 쪽으로도 넓혀 갔다. 포스트먼은 규범적이고, 대의제적 민주주의가 탈구축되고 비판받을 수 있는 시각을 제공했다는 점에서 중요하게 평가될 수 있다.

8 포스트먼의 아들 앤드류는 영국 일간지 〈가디언〉(February 2, 2017)에서 오늘날의 상황에 대한 포스트먼의 예견이 가진 유산에 대한 글을 썼다. https://www.theguardian.com/media/2017/feb/02/amusing-ourselves-to-death-neil-postman-trump-orwell-huxley

파울루 프레이리
(Paulo Freire, 1921~1997)

1960년대와 1970년대의 대부분, 브라질의 군사 독재 시기에 망명 중이었던 브라질의 교육자이자 철학자인 파울루 프레이리는 민주주의 연구에 대한 우리의 사고에 가장 큰 영향을 끼쳤다. 비록 민주주의가 프레이리 연구를 연결하는 핵심 주제는 아니지만, 프레이리는 민주주의와 관련된 다양한 이론들을 자신의 연구에 접합했다. 억압자와 억압받는 자 사이 복잡한 관계 그리고 뿌리 내린 순종을 더 깊이 뿌리 내리게 하는 환경에도 불구하고, 우리는 그의 **의식화** conscientization 개념을 통해서 변혁적 변화의 과정이 어떻게 발생하는지를 이해할 수 있다. 이 과정은 필수적으로 교육과 연결된다. 개인적이고 집단적인 해방은 변증법적 성찰과 의식화 과정을 통과하기 때문에, 우리는 교육과의 연결이 민주주의를 구성하려는 모든 유의미한 시도의 초석이라고 믿는다. 그의 중요한 연구인 《페다고지, 억압받는 자의 교육학》(1970; 2018)에서 프레이리는 다음과 같이 말하고 있다.

억압자들은 더 많이 가질 수 있는 자신들의 독점권을 타자와 자신들을 비인간화하는 특권으로 인지하지 않는다. 그들은 소유 계급으로서 이기적인 소유의 추구 과정에서 자신들의 소유물에 의해 질식당해 죽게 된다는 것을 알 수 없다. 그들은 단지 소유하고 있을 뿐이다.[9]

---

9 이 인용문은 다음의 웹사이트에서 확인되었다. https://www.goodreads.com/quotes/3189266-the-oppressors-do-not-perceive-their-monopoly-on-havingmore

프레이리는 비판 교육학의 핵심, 주입식 교육 모델에 대한 반정립 그리고 이 책 전반에 걸쳐 인용되고 있는 수많은 비판 학자들에게 커다란 영감을 주었다. 그의 작업은 그 해방적 잠재력 때문에 커다란 영향을 끼쳤고, 그 영향은 계속 이어지고 있다. 《인터넷 철학 대사전》은 프레이리의 이론화가 가진 잠재력에 대한 개요를 제공한다.[10]

사람들이 서로 민주적으로 영향을 주기 위해서, 프레이리는 토론되는 쟁점을 교사가 문제로 제시하도록 제안한다. 활동하는 교사가 비판 교육학을 통해 쟁점이나 질문을 문제로 제시한다고 해서, 답변이 쉽게 만들어지지는 않는다. 학생들은 어떤 질문들은 명백한 답이 있지만, 심오한 질문들은 명백한 답이 없다는 것을 깨닫게 된다. 교사란 그저 다른 사람들처럼 인간일 뿐이며, 교사가 모든 것을 알고 있는 것이 아니라 그들 또한 학습자라는 것을 학생들이 배우게 될 때, 학생들은 더욱 자신감 있게 답을 찾으려 하고, 더 편한 마음으로 비판적인 질문을 제기할 수 있게 된다. 주입식 방법은 교사란 모든 답을 알고 있고, 학생들은 무지해서 교사의 지식이 필요하다는 것을 전제로 하기 때문에, 대화의 필요성을 부정한다. 어떤 주제를 문제로 제시하기 위해서는, 교사는 겸손하고 열린 태도를 취하게 된다. 교사의 개별 사례를 보면, 학생들도 토론되는 서로 다른 입장들을 고려하는 가능성을 열어놓고 있다. 이것은 누구는 권력이나 지식을 가지고 있지만 다른 누구는 그렇지 않고, 또 누구는 명령을 내리지만 다른 누구는 의심의 여지 없이 복종하게 되는 관계 기반을 비판 교육학이 약하게 하면서, 관용과 민주적 의식의 역동성을 촉진한다. 문제를 제기하는 것은 대화와 함께, 학생들이 교실 안에서만 아니라 교실 밖에

---

10 다음 링크를 참조하라. https://www.iep.utm.edu/freire/

서도 감각을 높인다.

의식화에 대한 프레이리의 사고는 이 책에서 여러 번 탐구되고 있으며, 우리는 그의 사고가 학습활동, 해방, 연대에 대한 안정되고 확고한 관념을 둘러싼 방식을 제공하고, 마르크스, 그람시, 부르디외가 제시하는 관념들과 직접적으로 연결된다고 믿는다.

몰레피 아산테
(Molefi Asante, 1942~)

몰레피 아산테는 아프리카-아메리칸 연구 분야 및 관련 영역을 구축하고 형성하는 데 크게 기여해 온 학자이자 철학자로서 많은 글을 써 왔다. 그의 가장 중요하고 가장 잘 알려진 연구는 **아프리카 중심성**afrocentricity과 관련되어 있으며, 주요 저서로는《아프리카 중심성: 사회변화론(*Afrocentricity: The Theory of Social Change*, 1980)》,《아프리카 중심 개념(*The Afrocentric Idea*, 1987)》,《아프리카 중심성(*Afrocentricity*, 2003)》, 그리고《아프리카 중심 선언(*An Afrocentric Manifesto*, 2007)》등이 있다.

아프리카 중심성은 세대와 대륙을 초월해서 아프리카적인 힘이 가진 분석, 비판 그리고 예측과 일반적으로 연결된 전형적인 현대적 개념이다. 이것은 몰레피 아산테에 의해 그 기초가 만들어졌다. 아산테는 1930년대에 발전한 흑인성Negritude을 확장하기 위한 아프리카의 지적 개념으로 아프리카 중심성을 자리매김하면서, 지난 20여 년 동안 이 주제에 대해 4권의 책을 집필했다. 아프리카 중심으로 사고하는 아산테와 그의 동료들은 아프리카적인 현상에 대한 문화적 담론의 위치를 주변부에서 힘의 위치로 옮기려 했다. 따라서 이 개념은 커뮤니케이션, 문학, 예술 및 아프리카인을 수반하는 사회적이고 경제적인 관계를 포함한 모든 현상은 희생자나 대상으로서의 아프리카인에 대한 생각을 거부해야 하고, 여러 현상에서 아프리카인에 대한 주제나 이들의 중심 장소를 찾아야 한다는 관념을 발전시키는 것이다.[11]

우리의 동료인 다니엘 슈구렌스키Daniel Schugurensky는 아프리카 중심성 개념을 다음과 같이 묘사했다.[12]

아산테는 자신의 책에서 미국 사회 내 교육의 새로운 패러다임을 요청했다. 그는 미국 학교 시스템에서 흑인 아동들의 소외와 일탈을 다루기 위해 교육에서 아프리카 중심적 접근을 제안한다. 그는 **아프리카 중심성이란 아프리카계 아메리카인들의 관점에서 현상을 보는 참조 틀**이라고 설명한다. 교육에서, 이것은 교사가 흑인 학생에게 아프리카와 아프리카계 아메리카인들이 (백인 중심의 사회에 대한: 옮긴이 주) 사회적 공헌을 그 참조점으로 사용하는 관점과는 다른 주제들을 공부할 기회를 제공한다는 것을 의미한다. 따라서 학생들은 아프리카계 후손들이 인류사에서 만들어 온 공헌에 대해 배우게 된다. 그러므로 교사는 아프리카계 아메리카 아이들이 자기 인종의 역사가 교실에서 좀처럼 논의되지 않는다는 이유로 자신들의 자부심에 의문을 제기하도록 함으로써, 이들을 소외시키지 않는다. 따라서 아산테는 흑인 학생들이 커리큘럼의

---

11 International Encyclopedia of Intercultural Communication, https://onlinelibrary.wiley.com/doi/pdf/10.1002/9781118783665.ieicc0195

12 Daniel Schugurensky (1991), "몰레피 아산테 *The Afrocentric Idea of Education*을 출간하다": http://schugurensky.faculty.asu.edu/moments/1991asante.html

주변부가 아니라, 커리큘럼의 맥락 안에서 스스로를 바라볼 때, 학습활동에 더 강력한 위치를 차지하게 될 것이라 주장한다. 그러므로 아프리카 중심 커리큘럼의 시행은 아프리카계 아메리카 아이들에게 관여하여, 이들이 자신들의 역사적 배경을 더 잘 이해하도록 할 뿐만 아니라, 이들의 교육적 성취를 높이고, 자부심을 올리게 된다.

또한 우리는 반인종주의 교육, 탈식민주의 연구 그리고 원주민 지식 분야에 똑같이 중요하게 공헌을 한 토론토 대학 온타리오 연구소의 우리의 동료 조지 세자 데이George Seja Dei 교수의 탁월한 연구를 인정한다. 데이의 수많은 출판물과 프로젝트들을 통해서, 우리와 많은 이들은 인종 문제를 더 잘 이해하고 더 관여하고 연결될 수 있게 되었다.[13] 중요한 것은, 데이는 **흑인인종차별 반대운동**anti-Black racism의 의미와 우리가 지난 10여 년 동안 연구를 시도해 온 주제인 변혁 교육이 어떤 모습일 것인지를 분명히 하기도 했다. 우리 사회가 인종적 플랫폼을 중심으로 어떻게 구성되어 있고, 구성되어 왔는지에 대한 인종적 차원을 고려하지 않는다면, 사회정의와 변혁 교육을 둘러싼 우리의 사고는 너무나도 불완전하게 될 것이다.

---

13 조지 데이에 대한 소개를 위해 토론토 대학교 사이트를 참조하라. https://www.oise.utoronto.ca/about/news/professor-george-dei-receives-university-toronto-presidents-impact-award 블랙 캐나다인 사이트를 참조하라. http://blackcanadians.com/george-dei 또한 아마존에서 그의 책 목록을 찾을 수 있다. https://www.amazon.com/s/ref=nb_sb_noss_1?url=search-alias%3Dstripbooks&fieldkeywords=george+sefa+dei&rh=n%3A283155%2Ck%3Ageorge+sefa+dei

퍼트리샤 힐 콜린스

(Patricia Hill Collins, 1948~)

　　　　　　　　퍼트리샤 힐 콜린스는 '유색인' 여
성의 경험, 현실 및 위치성 재고에 크게 기여한 아프리카계 아메리칸 사
회학자이며 페미니스트 학자이다. 2008년, 그녀의 저서《흑인 페미니스
트 사상: 지식, 의식 그리고 권한 부여의 정치(*Black Feminist Thought:
Knowledge, Consciousness and the Politics of Empowerment*)》에서, 콜린스는 전통적
인 분석과는 거리가 있는 방식으로 3명의 흑인 여성주의자들을 깊이 있
게 소개했다. 콜린스는 "인종, 계급, 젠더, 섹슈얼리티, 민족성 그리고 이
것들이 발생하는 동시성 위에서 억압의 형태가 가진 상호 연동적 본질에
대해 언급하는 **교차성**"을 강조한다. "초기에 법 시스템에 담긴 인종차별
을 비판한 법학자인 킴벌레 윌리엄스 크렌쇼Kimberlé Williams Crenshaw가 설
명했지만, 교차성 개념을 완전히 이론화하고 분석한 것은 콜린스였다."[14]

　　콜린스는 억압의 ― 인종, 젠더 그리고 계급 억압과 특권의 연동 시스템 ―
모체가 아프리카계 아메리칸 여성들에게 자신들의 소외된 위상을 이해하는
독특한 관점을 제공한다고 주장했다. 콜린스는 아프리카계 아메리카 여성들
이 자신들의 노동에 대한 경제적 착취, 자신들의 권리에 대한 정치적 부정 그
리고 해로운 고정관념을 만들고 통제하는 문화적 이미지로 인해 어떻게 억압
되어 왔는지를 보여 주었다. 또한 콜린스는 아프리카계 아메리카 여성들이
특별히 페미니스트 연구와 관련된 것에 기여할 수 있다는 것을 제시했다. 콜

---

14 콜린스의 생애와 공헌에 대해 간략히 살피기 위해서는 Thought Co. website를 참고하라. https://
www.thoughtco.com/patricia-hill-collins-3026479 by Nicki Lisa Cole (March 6, 2017).

린스는 사람들을 비인간화하고 대상화하는 지식을 거부하는 포용적 학문을 요청했다.[15]

콜린스는 다음과 같이 설명한다. "하위 집단에게 자신의 경험에 대한 새로운 지식을 제공한다는 것은 권한을 부여할 수 있다는 것이다. 그러나 하위 집단이 자신들의 현실을 정의하도록 하는 새로운 인식 방법을 드러내는 것이 훨씬 더 큰 의미가 있다."[16]

벨 훅스
(bell hooks, 1952~2021)

페미니즘, 사회 행동주의 및 인종/인종주의에 대한 비판적 이해에 커다란 기여를 한 벨 훅스는 아프리카계 아메리칸 학자, 페미니스트이자 운동가이다. 훅스는 '유색인' 여성의 경험을 직접 연결하는 **제3의 물결 페미니즘**과 함께, 미국 사회의 시스템적이고 제도적이며 고착된 인종주의를 밝히면서 **해방적 페미니즘**liberatory feminism을 발전시키는 데에도 기여했다. 훅스는 프레이리의 **급진적 사랑**radical love 개념과 유사한 사랑의 역할을 자세히 설명하며, 사회를 변혁해야 할 필요성을 강조한다.

따라서 페미니즘은 성차별, 젠더에 기반한 착취 및 억압을 끝내는 운동 그 이상이다. 이것은 개인적이고, 대인 관계적이면서, 집단 간 상호영향을 주는

---

15 같은 웹사이트를 참조.

16 Collins, 1990, pp. 221－238. http://www.hartford-hwp.com/archives/45a/252.html

상황에 사랑을 결합하려는 운동이다.

사랑은 하나의 젠더가 다른 젠더에게 무엇인가를 강요하려고 할 때는 존재할 수 없다. 사랑은 관계가 평등 대신 지배에 기반을 둘 때는 발생할 수 없다. 훅스에 따르면, 사람들이 강요와 지배를 수반하는 규칙에 따라 스스로를 정의할 것을 사회가 요구할 때는 사람이 심지어 자신을 사랑하는 것조차 불가능하게 된다.

이것은 사회가 상호 성장이라는 개념을 토대로 존재해야 한다는 것을 의미한다. 모든 관계는 그 관계가 어떤 수준에 있든지 간에, 자기실현에 기반을 두어야 한다. 사람들은 자기 자신이 어떻게 나아질 수 있는지를 바라보기에 앞서, 타자의 감정적 안녕이 어떻게 나아질 수 있는지를 봐야만 한다. 이것은 젠더 평등이 구속에서 자유로 갈 수 있는 방법이고, 사랑이 없는 상태가 사랑으로 변해 갈 수 있는 방법이다.

훅스는 미국에서 문화가 평등 관념으로 특히 편향되어 있다고 주장한다. 훅스의 관점에 따르면, 전체 시스템은 부패해 있다. 이것은 진짜 평등에 도달하는 것을 불가능하게 하고, 심지어 진짜 평등을 바람직하지 않은 것으로 만들 수도 있다. 훅스의 이론에 따르면, 목표는 백인 우월주의로 가득 찬 자본주의 위계성에 의해 만들어진 시스템을 넘겨받으려는 대신, 사회와 사회의 제도를 변혁하는 것이어야 한다.

벨 훅스의 페미니즘 이론은 권력이 획득되고 유지되는 방식을 재정의함으로써 억압을 끝내려는 것이다. 가장 강한 자가 억압과 강요를 통해 생존하는 시스템을 만들어 내는 대신, 훅스는 남성과 여성 모두가 상호 지원하는 상태로 사회구조를 변혁할 것을 제시한다. 이렇게 하는 과정에서, 사랑이 없는 상

태는 마침내 제거될 수 있고, 참된 평등을 촉진할 것이다.[17]

따라서 우리는 차등적인 권력을 배열하고 동원하는 것에 개입하도록 하는 여타의 개념들은 물론, 사회학적 사고에 매우 중요한 개념의 삼위일체인 계급, 인종, 젠더에 의해 크게 영향을 받고 있다.

결론

이 장에서 제시된 개념들을 종합해 보면, 우리는 '민주주의'에 대한 도도한 선언에도 불구하고, 사회적 불평등이 어떻게 유지되는지 그리고 왜 용납할 수 없는 것이 그렇게 겉보기에 용납될 수 있는지를 이해하게 된다. 이런 개념들을 나열한다고 해서 위의 많은 책이 쓰인 각각의 기반을 완전히 탐구하기에는 충분하진 않지만, 이 개념들은 일제히 정의롭든 아니든 간에, 사람들이 자신들이 처한 위치를 받아들이거나, 받아들이도록 유도/강요/강제되는 몇 가지 이유에 대한 여러 가지 매우 강력한 지식을 제시한다. 여기에 우리는 우리 책이 가진 2가지 핵심 변수를 더하려고 한다. 하나는 민주주의이며, 이것은 다음과 같은 질문들을 담고 있다. 민주주의는 무엇을 의미하는가? 민주주의는 무엇처럼 보이는가? 민주주의를 달성하는 방법은 무엇이고, 어떻게 달성할 수 있는가? 다른 하나는 교육이며, 이것은 다음과 같은 질문으로 이어진다. 교육의 기능은 무엇

---

17 "벨 훅스 페미니스트 이론에 대한 설명"(April 27, 2017)이란 제목의 글은 Health Research Funding.org 웹사이트에서 찾을 수 있다. https://healthresearchfunding.org/bell-hooks-feminist-theory-explained/

인가? 교육은 사회에서 어떻게 작용하는가? 교육은 민주주의와 어떻게 연결되는가?

두 주요 변수들은 시민 참여를 통해 바꿀 수 없을 것처럼 보이는 자신들의 환경을 바꾸고 변혁하기 위해 인간의 엄청난 잠재력을 공고하게 만든다. 사회적 계급, 사회집단, 민족문화적 장소, 고정된 젠더 정체성, 빈곤화, 궁핍함 그리고 고통에 갇혀 있는 방식을 이해하는 과정을 밟아 간다는 것이 결코 쉬운 일은 아니다. 그러나 이 장에서 제시된 (마르크스의) **허위의식**, (그람시의) **헤게모니**, (부르디외의) **아비투스와 상징 폭력**, (파농의) **인지부조화**, (프레이리의) **비판 교육학과 의식화**, (포스트먼의) **엔터테인먼트와 스펙터클로서의 뉴스**, (아산테의) **아프리카 중심성**, (데이의) **반인종주의 교육**, (콜린스의) **교차성**, (훅스의) **해방적 페미니즘** 등의 개념들은 모두 더 좋은 사회를 만들기 위한 도전이면서 매우 강력한 동기를 부여하고 있으며, 더 나은 것을 추구하기 위해 고려할 만한 가치가 있다. 우리는 더욱 의미 있고 기능적인 민주주의와 시민 참여를 위한 지형을 준비하는 과정에서, 교육이 근본적인 요소라고 생각한다. 어떤 종류의 교육? 누구를 위한 교육? 누구에 의한 교육? 누구의 이익을 위한 교육, 어느 정도까지 해야 하나? 이와 같은 고민들이 연결된다. 교육은 이 장에서 제시된 중요한 이론적 구성들을 효과적으로 파악하려 하거나, 반대로 온순함, 순응 그리고 헤게모니적 수용을 위한 기초 작업을 준비하는 역할을 할 수 있다. 형식 교육이 전통적으로 이러한 사상가들에게 의지해 오지 않았다는 것은 사실이지만, 그렇다고 해서 대안적 관점, 영감 그리고 동기부여를 추구하거나 필요로 하는 사람들이 이러한 사상가들에게 의존하는 것을 막지는 말아야 한다.

4장

민주주의에 대한 신화와
탈출을 위한 여정

들어가며[1]

이 장에서 우리는 민주주의의 혹은 민주주의에 대한 8가지의 신화를 탐색하면서 민주주의에 대한 우리의 관념, 개념화, 의미를 확장한다. 우리는 변혁적이고, 비판적으로 관여하고, **더욱 농밀한** 민주주의가 무엇인가는 물론, 규범적 민주주의가 무엇인지 복잡하게 만들고, 문제 삼아 이것의 미묘한 의미를 찾기 위해 각각의 신화를 탈구축하고자 한다. 우리는 규범적, 대의적, 헤게모니적 민주주의를 이 세계를 지배해야 하는 '민주주의'로 받아들이는 흐름에 비판적이다. 민주주의를 이해하는 다른 많은 신화, 시각, 관점 그리고 방식 등이 존재한다. 그러나 우리는 본 주제에 대

---

1 특히 이 장에서 우리는 우리의 주장과 분석을 입증하고 발전시키기 위해 수많은 다양한 미디어들과 자료들을 통합했다. 일반적으로 말해서, 이 자료들은 학술 문헌에서 쉽게 접하기 어렵고, 폭넓게 접근 가능하며, 심지어 영향력이 있어서, 여러 좋은 지점에서 민주주의가 구축, 탈구축, 재구축될 수 있고 되어야 하는 지점을 만드는 데 도움이 되는 최신 정보를 포함하고 있기 때문이다. 또한 우리는 주류는 아니지만, 규범적 민주주의에 담긴 몇 가지 어려움에 대한 중요하고 비판적인 이해를 실제로 제공하는 많은 자료를 자유롭게 참조했다.

한 이러한 초기 시도가 이 책에서 제시되는 경험적, 개념적, 이론적 쟁점들을 명확히 하고 설명하는 데 도움이 되기를 바란다.

신화 1 규범적 민주주의만이 유일한 (정당한) 민주주의다

규범적 민주주의란 무엇인가? 요컨대, 이것은 일반적으로 말해서, 우리가 지배적인 2개의 정당, 선거는 물론 법을 다루는 의회, 정책을 개발하거나 집행하는 행정 또는 관료제 및 사회에서 발생하는 문제에 판결을 내리는 사법부와 같은 정치제도를 갖추고 있어야 한다는 것을 의미한다. 행정부와 사법부는 특히 사회가 필요한 부분을 해석하는 과정에서 **공정하고, 포용적이며, 중립적인** 것으로 여겨진다. 규범적 민주주의 모델에는 입헌제, 군주제, 사회주의 그리고 여러 다양한 통치 형태들을 포함해서 많은 파생물이 있다. 또한 민주주의란 사고, 존재, 실천이라는 3가지 방식을 규정하기 위해 철학적이고 중요한 방식을 통해 다뤄진다. 노동조합, 비정부조직, 정당, 사회운동 등 여러 집단은 모두가 자신들이 민주적이라 주장하고 있다. 현실에서는 누가 '민주주의'에 반대한다고 주장할 것이고, 할 수 있을까? 우리(캐나다의-옮긴이 주)의 교육체제는 일반적으로 유대-기독교적 가치와 규범적 민주주의 관념에 기반을 두고 있지만, 민주주의를 세우는 데 확실하게 초점을 맞춘 과정, 경험, 평가, 훈련은 없거나 매우 제한적인 것으로 나타나는 듯하다. 따라서 하나의 사회로서 우리는 규범적 민주주의가 진짜로 무엇인지에 대한 아무런 질문 없이, 이 규범적 민주주의가 유일한 민주주의라는 것을 보편적인 신념으로 받아들

이고 있다. 대안을 상상한다는 것은 커다란 문제가 되고, 대부분 좌초당한
다(Street, 2014).

하지만 규범적 민주주의도 논쟁적이며, 광범위한 사회운동은 규범적
구조 밖에서, (때로는) 규범적 구조를 관통하면서 작동해 왔다. 엄청난 실
업과 불완전고용 때문에(공식적인 자료들은 계속해서 우리에게 실업률이 낮아
져 왔다고 말하고 있지만), 2011년 시작한 스페인의 **인디그나도스(Indignados,
분노한 자들)** 사회운동은 젊은 사람들을 중심으로 그리고 연금과 공공서비
스, 각종 정부 혜택들이 줄어 가는 현실에 직면한 중장년들에게 관심을
불러일으킬 수 있었다(Rovisco, 2017; Simsa, 2015). 정당 형태인 **포데모스**는
2014년 창당 이래로, 진보적 포퓰리즘을 세워 나가는 데 많은 어려움이
있어 왔지만, 공식적인 정치적 지지를 얻으며, 의회 진출에 성공할 수 있
었다(Sola & Rendueles, 2017).[2] 뉴욕시에서 월가 점거 운동으로 시작한 점
거 운동[3]도 관심을 확장할 수 있었으며, 어떤 면에서는 사회정의, 특히
상위 1%에 관한 사회정의(우리가 '99%'다)에 대한 주류적 생각을 바꾸는
데 영향을 끼쳐 왔다(Smaligo, 2014; Street, 2014). '관행적인' 정치권력에 대
한 거부감이 점점 커져 왔지만, 우리는 선거에서 승리한 정치인과 정치
정당이 여전히 미디어와 주류의 관심을 독점하고 있다는 걸 또한 알 수
있다. 그것도 과거에 비해서 더 빠른 속도로 말이다. 규범적 선거에서 중
요한 것은 의심의 여지 없이 선거 승리이며, 주류 미디어는 마치 경마에
내기를 건 사람이 그 경마를 쫓아가는 것처럼 선거판을 덮는다. 물론 우
리는 상황의 중요성을 강조하기 위해 지나치게 단순화하고 있기는 하지

---

2 포데모스 웹사이트를 참조하라. https://podemos.info/
3 월가를 점령하라 웹사이트를 참조하라. http://occupywallst.org/

만, 여전히 비판적으로 참여하게 되는 민주주의가 선거에서 나타나기를 기다리고 있다.

규범적이고 대의적인 구조는 노골적인 논쟁이나 역기능을 보이기도 한다. 예를 들어, 지난 2010년과 2011년 사이 벨기에에서는 약 600일 동안 언어적으로 다른 집단과 정당들 사이 분쟁 때문에 아무런 형식적인 정부도 선출되지 못했다.[4] 2016년 스페인에서도 사회주의 야당 세력들이 의회 불참을 합의하면서 보수당이 소수 여당 정부를 구성할 수 있게 되는 교착 국면이 만들어지자 유사한 현상이 발생했다.[5] 이탈리아도 '기술 관료주의 정부' 시기가 있었다. 2011년과 2013년이 그 시기였다.[6] 이라크 상황도 혼란이 계속되었다.[7]

평포함을 특징으로 하는 규범적이고 대의적인 민주주의가 과도하게 확장되는 동안, 직접 민주주의의 몇몇 사례도 발견되어 왔다. 이와 같은 사례는 라틴아메리카에서, 특히 원주민과 주변부 계층 내부에서 확인될 수 있다(Lang & Brand, 2015; Piñeros Nelson, 2013):

---

4 다음 논문을 참조하라. "Belgium's world record: The European country has gone nearly 300 days without a government" (https://slate.com/news-and-politics/2011/03/does-it-matter-that-belgium-has-no-government.html)

5 다음 〈뉴욕 타임스〉 기사(October 2, 2016)를 참조하라. "Spaniards, exhausted by politics, warm to life without a government" https://www.nytimes.com/2016/10/03/world/europe/spain-socialists-sanchez-rajoy 그리고 다음 기사도(September 30, 2016) 참조하라. "Spain's government has been dysfunctional for 9 months — and the country's getting by fine" https://www.vox.com/world/2016/9/30/13093774/spain-government-politicseconomic-growth

6 다음 〈이코노미스트〉 기사(November 19, 2011)를 참조하라. "Minds like machines" https://www.economist.com/node/21538698

7 다음 BBC 기사(January 8, 2018)를 참조하라. "The countries that get by without a government" https://www.bbc.com/news/uk-politics-42570823 특히, 이라크에 대해서는 글로벌 위기 감시의 기사(May 18, 2016)를 참조하라. "Iraq's deepening political dysfunction" https://globalriskinsights.com/2016/05/iraq-deepening-political-dysfunction/

- 멕시코: 사파티스타 민족해방군(Ejército Zapatista de Liberación Nacional, EZLN)
- 에콰도르: 에콰도르 토착인 연맹(Confederación de Nacionalidades Indígenas del Ecuador, CONAIE)
- 콜롬비아: 인민대표회의(El congreso de los pueblos)
- 볼리비아: 원주민 자치와 지역 의회(Las autonomías indígenas y las juntas vecinales)
- 브라질: 땅 없는 자들의 운동(Movimiento Sin Tierra)
- 베네수엘라: 베네수엘라 공동 협의회와 코뮌(Los consejos comunales y comunas en Venezuela)
- 아르헨티나: 시위자, 연대 집회 및 공장의 회복(Piqueteros, asambleas barriales y fábricas recuperadas)

유럽의 경우, 규범적 민주주의 요소와 현실 때문에, 혹은 이런 요소와 현실에도 불구하고 힘을 모아 내는 사회운동의 생생한 사례들을 많이 발견할 수 있다. 다음과 같은 사례들이 그 일부라 할 수 있다.

- 스페인: 15M 시민운동과 사회운동(Flesher Fominaya, 2015).
- 아이슬란드: 획기적 사회 변혁을 이끌어 낸 2010~2013년 개헌 운동 과정(Gylfason, 2016).
- 네덜란드: 숙의 과정을 강조하고, 참여자들이 자신들의 이행 과정에 직접 참여하기 위한 제안을 만들어 가면서, 숙의 민주주의에 개인들이 집단적으로 참여하도록 노력해 온 G1000 흐로닝언G1000 Groningen의 활동(Reuchamps & Suiter, 2016; Van Maanen, 2016).

신화 2 투표하지 않는 것은 이탈을 의미한다

민주주의가 투표와 선거에만 전적으로 의존하고 있으면서, 우리가 가진 투표권을 어느 누구도 기술적으로 방해하지 (그것보다도 더 심하게) 못하는 상황에서도, 왜 많은 사람, 특히 청년들은 투표 **거부**를 선택하는가? 이들의 주저함, 무관심, 심지어 반감을 어떻게 설명할 수 있을까? 그들은 규범적 민주주의 체제에 아무런 믿음도 가지고 있지 않은 것일까? 그들은 투표가 시간 낭비라고 믿는 것일까? 물론 캐나다에서는 건국 때부터 오로지 양당 체제에서 승리한 정당이 (연방 차원에서) 통치해 왔고, 미국도 이와 같으며, 이상하게도 대부분 다른 많은 나라에서도 유사한 통치 방식이 나타나고 있다는 것을 모든 사람은 알고 있다. 사람들, 특히 청년들이 투표에 참여하도록 캠페인을 벌이고, 기금을 사용하고, 홍보에서부터 광고, 현수막, 주민 회의, 토론, 방문에 이르기까지 모든 걸 다 해봤지만, 상황은 점점 더 나빠져 가고 있다. 대부분, 다수의 유권자 중에는 실제로 투표하지 않는 사람들이 많다. 그들은 정당보다 훨씬 더 규모가 큰 비판적 대중을 대표하지만, 전혀 대표되지도 않고, 무시되고, 외면당한다. 여론조사자, 선거 정책 전문가 그리고 캠페인 전문가들은 승리하는 것이 가장 중요하다는 것을 알고 있어서, 투표하지 않는 사람들에게서 투표를 위한 환심을 사려고 할 필요가 없다고 생각한다.

실제로 이것은 대단히 '비민주적'인 것처럼 보일 수 있다. 하지만 현재 시스템은 포용, 참여, 관여 그리고 연대를 요구하지 않는다. 반대로 이 시스템은 오히려 잘 작동하고 있는 것처럼 보이며, 지금 우리는, 하나의 사례로, 미국에서 선거 결과를 밀리고, 주변화시키고, 통제하기 위해 사용된 상상 이상으로 엄청나게 많은 자원과 재정을 동원하면서 끊임없이 진행되는 캠페인 사업을 알고 있다. 캐나다의 경우, 지방자치단체 선거 투표율은 대부분 50%를 넘지 않으며, 주 단위나 연방 선거 투표율도 이보다 크게 높지는 않다. 미국에서는, 수십억 달러의 돈을 들인 엄청난 캠페인에도 불구하고, 유권자 중 대략 40% 정도가 투표를 하지 않고 있으며, 어떤 경우에는 유권자가 자신의 투표권을 행사하는 데 제약을 받기도 한다.[8] 크노에스터와 크레츠(Knoester & Kretz, 2017)가 강조했듯이, 여기에서 중요하게 고려해야 할 점은 많은 청년들이 투표하지 않는다는 것이고, (이 책 후반부에서 더 구체적으로 탐색하겠지만, 본질적으로는 청년들이 정치적이고 민주적인 삶과 사회에 관여하기 위해 어떻게 학습해야 하는가에 관심을 가져야 한다.) 주요 문제를 어떻게 토론하고, 관여하고, 주장하고, 논의하는가를 교육 안에서 그리고 교육을 통해 청년들이 배워 가면서 숙의 민주주의 관념에 대한 의욕을 꺾거나, 회피하거나, 제거하지 않으면서, 이것을 함양해야 할 필요가 있다. 크노에스터와 크레츠 그리고 헤스(Hess, 2009)와 파커(Parker, 2006)의 연구를 주목해서 볼 필요가 있다.

지난 10년 동안, 민주주의를 위한 교육에 관한 우리의 연구 프로젝트에 참여한 사람은 — 주로 교생과 교육자들 — 학창 시절에 겪은 자신들의 민주적 경험에 대해 질문을 받았을 때, 대부분 참여자는 자신들이 배운 것은 투표 방식과 선거 과정에 대한 이해 정도였다고 강조했다. 중요한 것은 민주적 관여에서 아마도 실제 투표 행위가 가장 약한 부분임에

---

8 퓨 리서치 기사(May 21, 2018)를 참조하라. "U.S. trails most developed countries in voter turnout" https://www.pewresearch.org/short-reads/2022/11/01/turnout-in-u-s-has-soared-in-recent-elections-but-by-some-measures-still-trails-that-of-many-other-countries/ 그리고, 공정 투표 웹사이트 기사를 참조하라. "What affects voter turnout rates?" http://www.fairvote. org, and the PBS article by Michael D. Regan (November 6, 2016) entitled "Why is voter turnout so low in the U.S.?" https://www.pbs.org/newshour/politics/voter-turnout-united-state

도 불구하고, 투표가 자주 최종 목적이고, 궁극적이면서 가장 의미 있는 퍼즐 조각인 것처럼 취급받는다는 것이다. 비록 투표하지 않는 사람들은 번외자처럼 취급되지만, 이들은 진짜 중요한 것을 표현하고 있다. 우리는 모두 "당신이 투표하지 않는다면, 불평도 할 수 없다"는 표현을 들어 보았을 것이다. 그러나 우리는 투표 행위가 맥락에 따라서 교육, 사회적 모빌리티, 사회경제적 지위 그리고 여러 인구학적 변수들과 연관성이 있다는 것을 알고 있다. 우리는 투표하지 않는 사람들을 고려하지 않는 것 그리고 그 이유를 묻지 않는 것이 위험하고 비정한 것이라고 생각한다. 또한 이 모든 것에도 불구하고, 우리는 둘 다(폴과 지나-옮긴이 주) 여전히 투표를 하고 있어서, 우리 자신의 내적이고 특이한 역설을 보여 준다.

투표를 하지 않는 이유로 무관심이 가장 두드러진 요소이긴 하지만, 현재 상태가 무관심만의 결과는 아니라는 것을 강조하는 것이 중요하다. 특히 미국에서는 다양한 장애물, 투표소에서의 지나친 지연 행위, 제한된 접근, 과도한 신분 조회와 유권자 등록 유무 사항, 게리맨더링(특정 정당, 특히 집권당에게 유리하게 선거구를 획정하는 방식-옮긴이 주) 그리고 누구라도 쉽게 부정행위라고 생각되는 것 등 투표율을 낮출 수 있는 방법을 동원하는 노력이 점차 눈에 띄게 된다. 소외된 집단은 더 많은 제약과 불확실성에 직면하게 되고, 인종은 투표권을 제약하는 데 큰 이유가 된다.

"인종, 노화 그리고 정치: 미국의 세대 간 문화적 격차"에서, 프레이(Frey, 2018)는 미국에서는 빠른 인구 변화에 의한 '세대 간 문화적 격차'가 커지고 있으며, 이것은 사회 계급과 집단 사이 격차를 크게 하는 다른 힘들과 맞물려 돌아가고 있다. 요컨대 이것은 여러 측면에서 세계적인 경향이며, '인종차별 반대', '공정한 기회', '젠더 공평'에 관한 공식적인 담론에도 불구하고, 인종, 계급, 젠더는 매우 두드러진 방식으로 발전하고 있다. 이러한 요소들은 정치와 선거 경관을 지저분하게 만든다.

사람들이 사회적 불평등이란 언제나 선거 자체와 선거를 통해서 발생해 왔다는 사실을 고려하는 가운데, 이와 같은 문제의식을 깨달았다면, 선거판은 더 공평한 운동장이 될 수 있었을 것이다. 하지만 미국에서 민주당 지지와 공화당 지지가 각각 높은 주 사이, 농촌과 도시 지역 사이, 백인과 다른 인종 집단 사이, 부자와 가난한 자 사이에 나타나는 인종, 계급, 젠더 사이 확실한 분열은 이러한 선거판을 바꾸고 있다.

2016년 미국 대통령 선거는 여러 면에서 극적인 면을 보여 주었다. 실제 투표 참여율을 보면, OECD 32개 국가 중 26번째를 차지할 정도로 매우 낮았다. 선거 기간을 장식하고 채운 엄청난 광고, 미디어 홍보, 후원금 마련, 캠페인 등 여러 활동에도 불구하고, 유권자 중 약 40% 정도는 투표하지 않았다(DeSilver, 2017).

미국의 주요 거대 도시 시장 선거에 대한 포틀랜드 주립 대학의 한 연구는 다음과 같은 사실을 나타냈다.

낮은 투표율은 미국의 주요 거대 도시 시장 선거에서도 일반적으로 나타났다. 우리가 분석해 보니, 30대 주요 거대 도시 중에서 유권자 연령대의 20%만이 투표소에 가서 투표한 것으로 나타난다. 많은 도시에서, 지방 선거의 경우 유권자의 16%도 안 되는 수가 투표에 참여하고 있다…. 라스베가스(9.4%), 포트워스(6.5%), 댈러스(6.1%)에서는, 2016년도 투표율이 한 자릿수에 불과했다(Jurijevich et al., 2016).

2018년 6월, 캐나다 온타리오에서 실시한 최근 주 선거는 투표하지 않는 사람들을 배제하기 위해 투표가 어떻게 왜곡되는지를 보여 주는 또 다른 사례이다. 많은 분석가들은 이전 선거 투표율이 52%였지만, 이번에 58%로 늘었다는 사실로, 공공연하게 이번 선거가 민주적이었다고 칭송했었다. 보수당은 이번 선거에서 52% 중 40%라는 절대다수로 확실한 통치 권한을 부여받았다고 할 수 있지만, 사실은 전체 유권자 중에서 23%의 지지를 받은 것일 뿐이다. 그런데도 캐나다 보수당은 야당 전체 의석수의 두 배에 달하는 의석수를 얻었다.[9] 패배한 후보가 승리한 후보보다 사실상 3백만 표 정도 더 받았던 2016년 미국 대통령 선거는 이 상황을 연상시킨다.[10] 최다득표자 승자 선거제도는 분명 문제이고, 많은 사람이 비례대표제를 주창해 왔지만, 투표 제도를 바꾸는 것이 민주주의의 수준을 높이는 것인지는 분명치 않다.[11] 드러트먼(Drutman, 2017)은 "'비례' 투표는 정당의 양극화와 사표 수를 줄일 것"이라고 말한다.[12]

규범적 선거제에서 투표는 대표성에 관해서도 문제를 가지고 있다. 우리는 남성과 여성, 소수자들, 부자와 가난한 자 그리고 여러 인구학적으로 다양한 집단 사이에 균형 잡힌 권리를 확보하고 있고, 성취할 수 있는

9 *Globe and Mail*의 기사(June 8, 2018)를 참조하라. "Ontario election results 2018: A map of results" https://www.theglobeandmail.com/canada/article-ontario-election-results-2018-a-map-of-the-live-results/

10 다음 브리태니커 기사를 참조하라. "United States presidential election of 2016" (n.d.) https://www.britannica.com/topic/United-States-presidential-election-of-2016. 퓨 리서치 센터의 기사(November 9, 2016)를 참조하라. "Behind Trump's victory: Divisions by race, gender, education" http://www.pewresearch.org/fact-tank/2016/11/09/behind-trumps-victory-divisions-by-race-gender-education/

11 다음 브리태니커 기사를 참조하라. "Proportional representation" https://www.britannica.com/topic/proportional-representation 그리고 공정 투표 사이트 기사를 참조하라. "How proportional representation elections work" http://www.fairvote.org/how_proportional_representation_elections_work

12 *Vox*에 실린 기사를 참조하라. "This voting reform solves 2 of America's biggest political problems" (July 26, 2017) https://www.vox.com/the-big-idea/2017/4/26/15425492/proportional-voting-polarization-urban-rural-third-parties)

가? 세계 의원 연맹이 제시한 정부 조직 내 여성 대표성에 관한 보고서를 보면, 이에 대한 미국의 현재 순위는 104위에 머물러 있어서, 미국에서 여러 의회 민주주의 제도 안에 담긴[13] 여성의 대표성은 평등한 입장과는 거리가 먼 것으로 나타난다.[14]

선출된 대표 다수가 일정한 재력을 갖춘 특정 직업 종사자로서 백인이며 기독교 남성이라는 것은 문제인가? 버나우어, 기거, 로셋(Bernauer, Giger, and Rosset, 2015)은 24개 의회 민주주의 제도 속 비례선거 체제를 연구하는 과정에서 다음과 같은 사실을 발견했다.

저소득층 그리고 훨씬 적은 비율이지만 여성에 대한 편견이 존재한다. 이것은 상호보완적 집단의 선호도가 다르기 때문에, 대표성의 질에 시스템 차원에서 영향력을 끼친다. 선거 시스템의 비례성은 과소 대표 정도에 영향을 끼친다. 특히, 선거구가 클수록 부자와 가난한 자 사이 커다란 격차를 해소해 나가게 된다(p. 6).

신화 3 민주주의는 권력관계에 대한 것이 아니다

(규범적) 민주주의가 자유, 박애, 평등, 권리 관념과 함께하면서, 개방적이고, 자유로우며, 포용적이라고 쉽게 그리고 논리적으로 생각할 수 있다.

---

13 다음 웹사이트를 참조하라. http://archive.ipu.org/wmn-e/classif.htm

14 *Vox*의 기사(March 8, 2017)를 참조하라. "The US is ranked 104th in women's representation in government" https://www.vox.com/identities/2017/3/8/14854116/women-representation

우리 모두 에이브러햄 링컨의 "인민에 의한, 인민을 위한, 인민의 정부는 사라지지 않을 것이다"[15]라는 유명한 연설을 잘 알고 있지만, 많은 이들은 미국 헌법에 서명한 모든 사람의 절반이 노예 소유주들이었다는 것을 잘 모른다.[16]

여성은 언제 투표권을 가지게 되었는가? 우리는 규범적 민주주의가 가장 우선적으로 사회 계급과 인종에 얽혀 있는 젠더 특화 영역으로 파악되었다고 알고 있다. 여성과 선거에 관한 몇몇 보고에서도 나타나듯이, 캐나다 여성들이 1917년에 투표권을 얻은 것과 달리, 선주민First Nations 여성(그리고 남성)은 1960년대까지 투표권을 얻지 못했으며, 이것은 미국 역사에서도 마찬가지이다. 스페인에서는 프랑코 독재 기간인 1936년~1976년 사이 여성은 투표권을 잃은 상태였고, 포르투갈의 경우, 중고등 교육을 이수한 여성만이 1931년에 투표권을 얻을 수 있었다. 다른 많은 나라에서도 마찬가지였다.[17]

소수자 권리에 대해 생각해 볼 때, 우리는 다음과 같이 질문해 볼 수 있다. 어떤 곳에서든 소수자 권리의 위상이라는 것이 무엇이고 어떻게 대우 받아 왔는가? 온타리오에서 조항 17(온타리오 공립 초등학교 3년차부터는 학교 공식 교육 언어로 영어만을 사용할 수 있도록 한 법. 이에 온타리오 프랑스어계

---

15 Abraham Lincoln Online 웹사이트를 참조하라. http://www.abrahamlincolnonline.org/lincoln/speeches/gettysburg.htm

16 다음 브리태니커의 기사를 참조하라. "The Founding Fathers and slavery" https://www.britannica.com/topic/The-Founding-Fathers-and-Slavery-1269536

17 다음 여성 참정권 관련 웹사이트를 참조하라. https://en.wikipedia.org/wiki/Women%27s_suffrage (원문 링크는 http://womensuffrage.org/?page_id=69이지만 연결이 안 된 관계로 관련된 다른 웹사이트 링크를 삽입함-옮긴이 주). 그리고 다음 기사(January 4, 2018)를 참조하라. "International woman suffrage timeline: Winning the vote for women around the world" https://www.thoughtco.com/international-woman-suffrage-timeline-3530479

시민들은 분리된 학교 시스템을 만들어 저항함-옮긴이 주)이 담고 있던 의미를 어느 누가 재소환할 것인가? 온타리오주에서 프랑스어로 진행되는 교수 활동과 학습활동을 금지한 것은 온타리오 의회가 채택한 1912법이었다. 이것은 세대가 지나면서 문화-언어적 흡수를 가속화하고, 제도화 사회 내에 각인시켰다.[18] 캐나다에서 원주민 수상이 몇 명이나 있었는가?[19] 우리는 캐나다에서 있었던 노예제에 대해 무엇을 알고 있는가?[20] LGBTQ 공동체들은 어떤 곳에서든 정당하게 대우받는가?[21]

민주주의는 환경, 다른 생물종, 동물도 포함하는가? 이들 또한 삶을 구성하는 방정식의 일부인가? 현재, 다른 종들은 인간 때문에 멸종 위기에

18 다음 기사를 참조하라. "La présence française en Ontario: 1610, passeport pour 2010" (2004) https://crccf.uottawa.ca/passeport/IV/IVD1a/IVD1a.html 그리고 다음 웹사이트(December 13, 2017)도 참조하라. "La résistance des Franco-Ontariens contre le règlement 17 de 1912" https://ici.radio-canada.ca/premiere/emissions/aujourd-hui-l-histoire/segments/entrevue/51232/reglement-17-francoontariens-enseignement-francais-ecole-ontario-serge-dupuis

19 캐나다 의회에서 캐나다 선주민First Nations의 대표성이 언제나 문제였지만, 상황은 조금씩 개선되고 있다. 하지만 여전히 원주민 수상은 한 번도 없었다. 다음 기사(January 1, 2018)를 참조하라. "The case for guaranteed Indigenous representation in Ottawa" https://www.macleans.ca/opinion/the-case-for-guaranteed-indigenous-representation-in-ottawa/

20 캐나다에서 노예제는 미국, 카리브해와 라틴아메리카 일부에서처럼 폭넓거나 심각한 것은 아니었지만, 실제로 존재했었고, 1600년대 초기에서부터 노예제가 폐지된 1834년까지 캐나다의 사회문화적이고 정치경제적인 지형을 형성했다. 다음과 같은 캐나다 역사 사이트를 참조하라. "Black enslavement in Canada" (n.d.) https://www.thecanadianencyclopedia.ca/en/article/black-enslavement/ 이와 같은 사실은 종종 캐나다 역사에 대한 교과서와 규범적 재구성 과정에서 간과되었으나, 캐나다의 기반과 뿌리는 원주민 종족/선주민들First Nations, 영국인과 프랑스인 그리고 아프리카 출신자들에 더해서 이들이 포함되어 있었다.

21 대부분의 다른 곳에서와 마찬가지로, LGBTQ 공동체는 캐나다에서도 심각한 차별에 부딪혀 왔다. 이에 대해서는 다음을 보라. "LGBTQ/gay history in Canada" http://davievillage.ca/about/lgbtq-history 그리고 "Lesbian, gay, bisexual and transgender rights in Canada" https://www.thecanadianencyclopedia.ca/en/article/lesbian-gay-bisexual-and-transgender-rights-in-canada/ 또한 "Canada apologizes for historical LGBT 'purge'" https://www.aljazeera.com/news/2017/11/canada-apologise-historical-lgbt-purge-171123151633995.html

빠져 있다. 세계자연기금에 따르면, 검은코뿔소, 마운틴고릴라, 오랑우탄, 수마트라 코끼리, 아시아 코끼리, 벵갈 호랑이, 흰수염고래, 침팬지 등 수십 종의 동물들이 "멸종 위기에 처해" 있거나 "심각할 정도의 멸종 상태에 있다"고 한다.[22] 여기에서 우리가 던질 수 있는 질문들은 수없이 많지만, 핵심은 간단하다. 규범적 민주주의란 권력과 권력관계에 대한 것이고, 특히 불공평한 권력관계에 있다는 것이다.

우리는 폴 스트리트가 쓴 책《그들이 통치한다: 1% vs. 민주주의》(2014)에 실린 글을 인용하면서 이 신화를 끝내고자 한다. 폴 스트리트는 이 책에서 미국 민주주의 상태를 그가 어떻게 이해하고 있는지를 설명하고 있다.

내가 이 칼럼에서 말하고자 하는 것은, 오늘날 미국은 독재도 민주주의도 아니라는 것이다. 그것은 아마도 그 중간 어디쯤에 있거나, 전혀 다른 것일 것이다. 부자 기업과 금융 엘리트만의 협소한 이익을 공적 이익이라고 하면서 속이고, 비판적이고 독립적인 사상을 막아 버리고, 문화, 정치, 정책, 제도, 환경, 일상생활 그리고 개인의 감정을 돈과 이윤의 감춰진 명령에 종속시키는 기업경영식 국가 자본주의적인 가짜 민주주의 말이다. 이것은 민주주의를 급진적이고 진보적이게 하는 힘을 없애 버리고 불가능하게 만드는 데 탁월하게 앞장 선 미국 기업들 중에서도, 겉으로는 민주적이고 비강압적인 수단으로 통치하는 것처럼 자신을 보이게끔 하는 기업과 금융 세력의 금권정치이다. 동시에, 미국 주 정부와 자본주의 엘리트는 억압, 잔인성, 강압적 통제와 같이

---

22 다음 세계 야생동물 협회 웹사이트를 보라. "Species directory" https://www.worldwildlife.org/species/directory?direction=desc&sort=extinction_status 그리고 IUCN 웹사이트를 보라. "The IUCN Red List of threatened species" http://www.iucnredlist.org/

더 악의적이고 노련한 방식과 기술을 통해서 자신들의 권력을 유지할 준비를 하고, 의지를 확고히 하고, 실제로 유지할 수 있게 된다(pp. 5-6).

신화 4 민주주의는 자본주의를 반드시 포함해야 한다

우리는 보통 우리 사회의 자본주의에 대해 그다지 많은 이야기를 하지 않는다. 왜냐하면 깨끗하고 건강한 환경에 대한 접근, 합리적인 소득, 양질의 교육과 의료 서비스에 대한 접근 그리고 전쟁과 분쟁에 기여하지 않거나 참여하지 않을 가능성을 포함해서, 자본주의는 당연히 내정된 시스템이고, '민주주의'와 불가분 관계로 태어났고, 돈을 벌고, 소비하고, 구매하는 권리는 다른 모든 권리에 앞선다고 생각하기 때문이다. 그렇다면 자본주의란 무엇인가? 누가 결정하는가? 자본주의는 모두를 위한 것인가? 다른 정치경제적 시스템을 촉진하고, 채택하고, 구축하는 것은 가능한가?[23] 메르켈(Merkel, 2014)은 다음과 같은 질문을 던진다. "자본주의는 민주주의와 화합 가능한가?"

향상된 기술, 지식, 자원, 사회에서의 수많은 긍정적 변화에도 불구하고, 소득 불평등이 심해지고 있다. 부는 점점 '슈퍼 재벌'과 같은 소수에 집중되고 있고, 부의 '낙숫물 효과trickling down'라는 생각은 현실을 반영하

---

[23] 자본주의와 민주주의가 교차하는지 그리고 어떻게 교차하고 어떻게 서로 이익을 주는지에 대한 수많은 논쟁이 있다. 일례로 다음 〈뉴요커〉 기사(May 7, 2018)를 참고하라. "Is capitalism a threat to democracy?" https://www.newyorker.com/magazine/2018/05/14/is-capitalism-a-threat-to-democracy

지 못하고 있다. 상위 1%는 국민 총소득 안에서의 자기 지분을 증가시켰으며, 1% 안에서도 0.1%에게 더 큰 부가 집중되고 있다. 이것은 비례성에 대한 질문이다. 부자가 되려면 얼마나 많은 부가 있어야 하고, 가난한 자는 얼마나 가난해야 하고, 전체 인구 중 많은 사람들이 겪는 엄청난 빈곤과 대조되는 거대한 부의 집중은 어떤 결과를 초래하는가?[24] 우리는 다수의 필요에 반하는 소수를 향한 엄청난 부의 축적을 더욱더 보호하고, 제도화하는 정부정책 결정과정을 따라서 부의 집중에 대해 생각해야 하는가? 전 세계 가난한 35억 명이 가진 재산을 모두 합한 만큼을 세계 최고의 부자 몇 명이 가지고 있다는 사실에 대해 무엇이라 말할 수 있을까?

캐나다 브로드벤트 연구소Broadbent Institute에 따르면, 하위 20%는 국가 자산의 1%도 안 되는 자산을 나누어 가지고 있으며, 하위 10%는 자산보다 부채가 더 많다고 한다. 하위 50%에 속한 캐나다인들은 부의 6%도 안 되게 벌고 있다. 상위 10%가 전체 금융 자산의 60%를 소유하고 있으며, 이것은 하위 90%의 금융 자산보다 많다. 그리고 상위 1%는 국민 총자산의 20%를 벌고 있다. 캐나다에 사는 최고 경영자들은 평균적으로 일반 노동자 임금의 200배 이상을 번다. 가장 부자인 86개 가구는 하위 천백만 명보다 더 많이 번다.[25]

---

24 다음을 참고하라. https://www.theguardian.com/business/2018/apr/07/global-inequality-tipping-point-2030 영국 〈가디언〉지의 마이클 세비지는 2030년이면 전 세계 모든 부의 3분의 2 를 세계 부자 상위 1%가 소유하게 될 것이라고 예측하고 있다.

25 다음 브로드벤트 연구소의 보고서를 보라. *The wealth gap: Perception and misconceptions in Canada* (2014) https://d3n8a8pro7vhmx.cloudfront.net/broadbent/pages/4576/attachments/ original/1442413564/The_Wealth_Gap.pdf?1442413564 그리고 다음을 참조하라. *Haves and have-nots: Deep and persistent wealth inequality in Canada* (2014) https://d3n8a8pro7vhmx. cloudfront.net/broadbent/pages/32/attachments/original/1430002827/Haves_and_Have-Nots.pdf?1430002827

미국에 사는 몇몇 최고 경영자들은 자신이 속한 회사에서 평균 노동자 임금보다 천 배 이상 벌기도 한다. 이 차이는 유럽에서는 훨씬 낮고, 일본에서도 낮지만, 현저한 빈곤 상태는 전반적으로 심각한 문제이다.[26]

자본주의 그리고 모든 것을 상품화하고, 우리를 그 무엇보다 소비자로 만드는 신자유주의는 교육에 커다란 영향을 끼쳤다. 예를 들어, 우리가 배우는 것, 평가받는 것, 교사 월급, 교육 자료와 기반 그리고 교육정책이 개발되는 방법은 모두 신자유주의적 사고방식과 연결되어 있다(Connell, 2013; Giroux, 2014; Hill, 2008, 2012; Ross & Gibson, 2006). 자본주의에 대한 대안이 있다고 해도, 규범적 민주주의에 대한 주류 해석은 다시 구상되어야 할 필요가 있다(Hahnel & Olin Wright, 2016). 특히 급진적으로 말이다. '상식'에 대한 규범적이고 포퓰리즘적 관념을 강조하면서, 지루(Giroux, 2014)는 '카지노 자본주의'에 대한 언급과 함께, 현재 미국을 통치하고 있는 '카지노 자본주의'와 정치경제적 체제/레짐의 반민주적 본질에 대해 말한다.

이와 같은 환경에서 기억은 유실된다. 역사는 지워진다. 지식은 군사화되고, 교육은 역량 강화보다는 지배의 수단이 되고 있다. 한 가지 결과는 정치의

---

26 다음 기사(April 8, 2015)를 참조하라. "How does a company's CEO pay compare to its workers? Now you can find out" https://www.vox.com/policy-and-politics/2018/4/8/17212796/ceo-pay-ratio-corporate-governancewealth-inequality; 다음 기사(March 12, 2018)도 참조하라. *Time.com*, "This CEO makes 900 times more than his typical employee" http://time.com/money/5195763/ceo-payworker-ratio/ 일간지 〈가디언〉(March 18, 2018) *The Guardian*, "No CEO should earn 1,000 times more than a regular employee" https://www.theguardian.com/business/2018/mar/18/america-ceo-worker-pay-gap-new-data-what-can-we-do; 〈블룸버그〉(December 28, 2017) "CEOs in U.S., India earn the most compared with average workers" https://www.bloomberg.com/news/articles/2017-12-28/ceos-in-u-s-india-earn-the-most-compared-with-average-workers; Ben Lorica (October 2011), Verisi Data Studio, "CEO compensation: US and other countries" http://www.verisi.com/resources/us-ceo-compensation.htm

의미, 본질 그리고 가능성에 대한 집단적 무지뿐만 아니라, 한편으로는 정치적 무관심과 냉소주의를, 다른 한편으로는 포퓰리즘적 분노와 문화에 대한 윤리적 경직을 치명적으로 조합할 수 있는 조건을 제공하는 민주주의 자체에 대한 경멸인 것이다. 상징적이고 실체적인 폭력은 현재 미국 사회를 규정하는 특징이다. 사회정의, 도덕적 책임감, 시민적 용기의 원칙에 호소하는 대신, 공적 가치에 반하는 지식인과 이들을 지원하는 시장주도 연구소들은 상식을 칭송한다. 그들은 그와 같은 호소의 기저를 이루는 것이 정부에 대한 증오심만이 아니라, 민주주의 그 자체에 대한 증오심도 있다는 것을 말하지 않고 있다. 분노는 계속될 것이며, 장난처럼 사용되는 폭력은 증가할 것이다(p. 158).

미국의 역사학자인 하워드 진Howard Zinn은 헤게모니적 현상 유지 상태에 대한 맹목적인 수용의 위험에 대해 통찰력 있게 지적했다. 이것은 규범적 민주주의의 배 속에 자본주의가 섞여 있다는 우리의 전제와 잘 맞는다.

정말로 중립적인 것은 불가능하다. 이미 부와 권력이 특정한 방식으로 분배되는, 특정한 방향 안에서 움직이고 있는 세상에서, 중립성이란 지금 이렇게 흘러가는 방식을 받아들이는 것이다. 이것은 이해관계가 충돌하는 세계다. 평화와 충돌하는 전쟁, 국제주의와 충돌하는 국가주의, 탐욕과 충돌하는 평등, 엘리트주의와 충돌하는 민주주의 그리고 이러한 충돌에서 중립적이라는 것은 내게는 불가능하면서 바람직하지도 않은 것 같다.[27]

---

27 다음 하워드 진의 책을 참고하라. *Declarations of independence: Cross-examining American ideology* (1991). 다음 웹사이트도 참고하라. http://www.notable-quotes.com/z/zinn_howard.html

신화 5 "열심히 일하라",
그러면 당신은 성공할 것이다

민주주의와 필연적으로 뒤얽혀 있는 자본주의와 연관해서 보면, 우리는 많은 사람이 열심히 일하지만, 여전히 아주 어려운 상황에 처해 있으며, 때로는 다음 세대로 이어지는 가난 속에 살고 있는 현실을 어떻게 받아들일 것인가?[28] 예를 들어 백인, 기독교인, 유럽인, 이성애적 남자로 존재한다는 것은 분명 역사적인 측면에서 볼 때, 상대적으로 최근까지는 서구와 OECD 국가들 안에서는 경제적이고 정치적인 성공의 수단에 접근할 수 있는 긍정적인 요소가 된다(Lea, Lund, & Carr, 2018; Lund & Carr, 2015).[29] 그러나 사회 계급은 많은 이들의 삶을 매우 복잡하고, 힘들게 해왔고, 여전히 그렇게 만들고 있다. 확실히 사람들은 복잡하고, 사람들을 변혁할 수 있는 기회와 가능성이 존재한다. 그러나 집합 데이터를 보면, 우리는 또한 사람들의 삶의 경험 속에서 극단적인 인종차별화와 사회경제적 계층화를 볼 수 있다.

예를 들어 부의 축적, 상속, 재산 가치, 직업적 지위 그리고 여러 지표를 보면, "열심히 일한다"는 것이 아무리 칭송받고, 윤리적인 책임을 부여하고, 필요하다고 해도, 가난에서 벗어나기 위해 요구되는 유일한 요소는 아니다. 교육, 네트워크, 지원, 문화 자본에 대한 접근성 그리고 다

---

28 다음을 참조하라. *Teaching with poverty in mind* http://www.ascd.org/publications/books/109074/chapters/Understanding-the-Nature-of-Poverty.aspx, *The myth of the culture of poverty* http://www.ascd.org/publications/educational-leadership/apr08/vol65/num07/The-Myth-of-the-Culture-of-Poverty.aspx

29 적어도 지난 20년 동안, 백인 권력과 특권을 문제화해 온, 백인성에 대한 비판적 문학이 성장해 왔다.

른 여러 요소 또한 매우 중요하다. 아마도 우리는 모두 알고 있지만, 미국과 다른 나라 사례를 언급하지 않더라도, 캐나다에서의 수감률이 매우 좋지 않다는 사실에 주목하는 것은 매우 불편하다. 2016년, 캐나다 잡지 〈맥클랜〉은 "캐나다 감옥은 [현재] 새로운 '기숙학교'다"라고 주장했다. 원주민이 캐나다 인구의 3~4%를 대표하고 있지만, 전체 수감자 중 천문학적인 숫자를 ― 대략 4분의 1 ― 차지하고 있고, 그 숫자는 증가하고 있다.[30]

우리가 노동 관행과 조건을 고려할 때, 한 사람이 일주일 동안 얼마나 많은 시간을 일해야 할까? 일본에는 카로시(과로사)라는 용어가 있다.[31] 슬프게도 중국 공장들의 환경과 노동조건은 화학 독성 물질에 노동자가 노출될 정도로 문제가 되어 왔다.[32] 법이 엄격히 작동하는 '서구' 세계에서는 열악한 노동조건, 임금, 혜택 그리고 치안은 오랫동안 중요한 고려 대상이 되어 왔다. 심지어 아마존과 같은 엄청난 기업에서조차도 말이다.[33] 노동조합 조직화는 점차 감소하고 있으며, 다수 노동자를 위한 임금과 여러 조건은 악화되고 있고, 전 지구화된 이윤의 범위는 소수를 위

---

30 낸시 맥도널드(February 18, 2017)의 글을 보라. "Canada's prisons are the 'new residential schools'" http://www.macleans.ca/news/canada/canadas-prisons-are-the-new-residential-schools/

31 다음 일간지 〈가디언〉 기사를 보라. "Japanese woman 'dies from overwork' after logging 159 hours of overtime in a month" https://www.theguardian.com/world/2017/oct/05/japanese-woman-dies-overwork-159-hours-overtime?CMP=share_btn_link

32 다음 기사(January 16, 2018)를 보라. *The Verge*, "Apple supplier workers have been exposed to toxic chemicals, report finds" https://www.theverge.com/2018/1/16/16897648/apple-catcher-technology-suqian-jiangsu-worker-humanrights-labor-conditions

33 다음 기사(December 7, 2017)를 보라. *The Sun*, "Warehouse of horrors: Amazon warehouse life 'revealed with timed toilet breaks and workers sleeping on their feet'" https://www.thesun.co.uk/news/5004230/amazonwarehouse-working-conditions/

해 넓혀지고 있다.[34]

미국 대통령이 여러 차례 가장 비호의적인 용어로 묘사하는, 미국에서 일하는 멕시코 노동자들의 경우, 미국경제에서 그들이 기여한 것은 무엇이고, 누가 그들을 고용하고 있으며, 그들은 자신들의 돈으로 무엇을 하며, 그들의 노동과 삶의 조건이 가진 특징은 어떻게 묘사될 수 있을까? 분명한 것은 이 멕시코 노동자 중 많은 이들이 착취당하고 있고, 임금 체불을 경험하고 있고, 그들을 추방하고, 범죄화하고, 감옥에 가둔다고 위협하는 체제에 인질로 잡혀 있다는 것이다.[35] 만일 이 멕시코 노동자들이 백번 양보해서 최저임금으로 일하는 미국 노동자들로 대체된다면, 미국경제에 어떤 일이 벌어질 것인가? 무엇보다도, 미국 노동자들은 이 멕시코 노동자들을 대신해서 농작물 수확을 왜 당장 시작하지 않는가? 많은 미국인 사이에서 매우 높은 수준으로 확산하고 있는 히스테리적 현상에도 불구하고, 2016년에 펜실베이니아 대학교의 보고서 〈이주가 미국경제에 끼친 효과〉는 미국경제에 이주민과 이주의 긍정적 기여에 대한 분

---

34 예를 들어, 1980년대 40% 정도였던 노동조합 결성은 현재 11%에 불과하며, 여전히 공격 받고 있다. 다음 기사(November 29, 2016)를 참고하라. *The Conversation*, "Why America's labor unions are about to die" http://theconversation.com/why-americas-labor-unions-are-about-to-die-69575; Kavi Guppta (October 12, 2016), *Forbes*, "Will labor unions survive in the era of automation?" https://www.forbes.com/sites/kaviguppta/2016/10/12/will-labor-unions-survive-in-the-era-of-automation/#4b56def33b22 다음 정보(June 20, 2017)도 참고하라. *Conversable Economist*, "Unions in decline: Some international comparisons," 2017년 데이터 http://conversableeconomist.blogspot.com/2017/06/unions-in-decline-some-international.html

35 다음 글(July 15, 2012)을 참고하라. *Truthout*, "The 1% connection: Mexico and the United States, crony capitalism and the exploitation of labor through NAFTA" https://truthout.org/articles/the-1-connection-mexico-and-the-united-states-crony-capitalism-and-the-exploitation-of-labor-through-nafta/ *Vox* (February 20, 2015), "Forced labor in America: Thousands of workers are being held against their will" https://www.vox.com/2014/10/22/7024483/labor-traffickingimmigrants-exploitation-forced-us-agriculture-domestic-servants-hotel-workers

석과 결론을 명확히 보여 준다.

경제학자들은 일반적으로 미국경제에 대한 이주의 효과가 대체로 긍정적이라는 것에 동의한다. 이주민들은 그들이 숙련 노동자이든 저숙련 노동자이든, 합법적이든 불법적이든, 비록 그들이 노동시장에서 단기적인 혼란을 일으킬 수 있다 해도, 장기적으로 본토 출신 노동자들을 대체하거나 이들의 임금을 감소시키지는 못할 것이다. 실제로 지난 수십 년의 경험은 본토인들이 고임금 직업에서 일하도록 하고, 전체적인 혁신과 생산성 성장 속도를 올리면서, 이주가 사실상 본토인들에게 장기적으로 눈에 띄는 혜택을 만들어 주었다는 것을 보여 주었다. 뿐만 아니라 경제적으로 앞선 나라에서, 베이비붐 세대들이 은퇴 시점에 들어서자 이주는 미국이 비교적 젊은 상태로 유지되는 데 기여하고 있으며, 증가하는 노인 인구를 위한 퇴직금융 지원부담을 줄여 주고 있다. 본토인들이 이주민과 이들의 가족들에게 공적 서비스의 공급을 위한 비용을 부담하지만, 장기적으로는 이러한 투자에 대한 순수익이 있다는 것은 여러 자료를 통해 알 수 있다.[36]

신화 6 민주주의는 불평등과 화합 가능하다

우리는 기회, 접근성 그리고 문화정치 자본을 포함한 소득 불평등에 관한 몇 가지 쟁점에 대해 언급했었다. 민주주의는 홈리스, 학대와 폭력에

---

36 다음을 참고하라. *Penn Wharton Budget Model* (July 27, 2016), "The effects of immigration on the United States' economy" http://budgetmodel.wharton.upenn.edu/issues/2016/1/27/the-effects-of-immigration-on-the-united-states-economy

시달려 온 사람들, 혐오, 증오 범죄, 외국인 혐오를 당해 온 사람들, 부당하게 기소당한 사람들에게 어떤 의미일까? 그리고 동물을 포함해서 가장 취약한 집단들에게는 어떤 의미일까? 우리가 민주주의 안에서 살고 있다고 단언한다고 해서, 많은 이들이 느끼는 줄어들 줄 모르는 아픔과 부정의를 완화하는 데 거의 도움이 되지 않을 것이다.

지니계수와 최근의 팔마 비율Palma ratio은 사회 내 소득 불평등과 분배에 대한 측정을 목적으로 하는데, 이들의 방정식이 통합하지 못하는 데이터의 가용성과 다른 분석 유형에 대한 고려 지점이 존재함에도 불구하고, 빈곤율에 대한 심각한 우려 지점이 있음을 분명히 보여 주고 있다.[37] OECD는 지니계수를 사용하여 소득 불평등에 대한 데이터를 수집하고, 일부 사회가 다른 사회보다 더 큰 불평등을 어떻게 유지해 왔는가를 입증하는 불평등과 관련된 몇몇 지표들을 탐색하고 있다.[38] 유엔개발계획 UNDP은 〈인간개발 보고서Human Development Report〉를 발행하는데, 이 보고서에서 UNDP는 한 국가 안에서 개인 또는 가구 사이 소득 분배가 완전히 균등한 분배에서 얼마나 편차가 있는지를 측정한 내용을 보여 주고 있다.[39]

여기서 중요한 지점은 단순하게도 규범적이고 대의제적인 민주주의가 전체 인구 중 상당히 많은 사람에게 큰 영향을 주는 불평등이 이미 탑재된 상태에서 시행된다는 것이다. 부는 고르게 또는 비례적으로 공유되

37 다음 BBC 뉴스(March 12, 2015)를 보라. "Who, what, why: What is the Gini coefficient?" https://www.bbc.com/news/blogs-magazine-monitor-31847943

38 다음 OECD(2018) 자료를 보라. "Income inequality" https://data.oecd.org/inequality/income-inequality.htm

39 지니계수 관련해서는 다음 UNDP 프로그램 웹사이트를 참고하라. http://hdr.undp.org/en/content/income-gini-coefficient

거나 분배되지 않고, 많은 경우 소득 사다리의 맨 위에 있는 자들에게 엄청난 이익을 주도록 구조화되어 있다. 이러한 현상은 규범적, 대의제적, 헤게모니적 민주주의의 결과 또는 대가인가? 아니면 오히려 소득 불평등을 해결하기 위한 가장 효과적이고 의미 있는 최선의 방법인가? 적어도 투표 참여율, 비민주적 과정과 부정부패에 관한 다양한 연구, 형식 권력 공백 밖에서 구성된 운동 그리고 '발전도상국'뿐만 아니라 '선진국'에서도 급증하고 있는 명시적인 빈곤을 주목해 보면, 부의 집중은 증가하고 있으며, 규범적이고 대의제적인 민주주의에 대한 신뢰는 점차 줄어들고 있다는 것은 분명하다. 우리는 여기에서 빈곤과 소득 불평등을 인지하고, 해결하려는 많은 시도가 있다는 것을 인정한다. 하지만 우리는 여전히 이러한 불평등 때문에 가장 고통받는 자들을 생각한다면, 변화가 늦거나 심지어 후퇴하고 있다고 생각한다. 가난하고 소외된 집단에게 이들이 전체 사회의 병폐의 부담을 계속해서 고통스럽게 견디라고 요구하는 것은 용납될 수가 없다.

신화 7 (규범적) 민주주의는 전파 가능하다

이러한 규범적이고, 헤게모니적이며, 상식적인 주류 민주주의 관념은 다음과 같은 명백한 결론으로 이어진다. 모든 곳에 이런 민주주의가 도입되어야 하며, 양대 정당이 지배하고, 선거와 전형적인 제도, 자본주의에 맞춘 환경, 역량으로서의 자유freedom, 해방으로서의 자유liberty, 평등 그리고 그 밖에 여러 가지를 규정하는 유럽중심 문화 프레임으로 꽉 채워진 이런 민주주의 외에는 다른 어떤 모델, 철학, 개념적 기반, 삶의 방식 또는 정치경제 시스템도 상상할 수가 없다는 것이다. 슬프게도 모든 사회와 국가 전체는 이데올로기적 논쟁이나 '민주주의'를 내건 침공을 통해서 전복되어 왔으며, 상대방이 충분히 '민주적이지' 않다는 정서가 지난 수십, 수백 년 동안 너무나도 늘 존재해 왔다.[40] 예를 들어, 미국은 100여 개 국가에 800개의 군사기지를 주둔시키고 있으며, 막대한 군사비를 들이고 있다.[41]

서로 다르고, 분리되어 있고, 대립하는 조직적 구조, 시스템, 제도 그리고 생활 방식을 우리는 어떻게 이해해야 하는가? 질문: 만일 규범적 민주주의가 역사적으로 불평등과 얽혀져 있었다면, 이 규범적 민주주의는 오늘날 모든 사람이 해방과 사회정의에 이르게 하는 매개물이 될 수 있을까?

신화 8 민주주의는 과정이 아니다

앞서 언급한 바와 같이, 선거는 특정한 역할을 가지고 있지만, 선거가 민주주의의 시작과 끝이 아니며, 그래서도 안 된다. 사람들은 권력 구조에

---

40 The Hang the Bankers 웹사이트(August 27, 2017)는 미국에 침략당한 모든 국가 목록을 담았다(현재 온라인 캠페인 종료 후 폐쇄됨-옮긴이 주). http://www.hangthebankers.com/map-countries-united-states-invaded/ 졸탄 그로스만Zoltan Grossman은 "From Wounded Knee to Syria: A century of U.S. military interventions"라는 제목의 글에서 팽창적이고 잔혹한 미국의 수많은 침략의 역사에 보다 많은 내용을 덧붙이고 있다. https://sites.evergreen.edu/zoltan/interventions/

41 다음 *Politico*의 자료(July/August 2015)도 참고하라. "Where in the world is the U.S. military?" https://www.politico.com/magazine/story/2015/06/us-military-bases-around-the-world-119321 또한 다음 기사도 참조하라. "The worldwide network of US military bases: The global deployment of US military personnel," https://www.globalresearch.ca/the-worldwide-network-of-us-military-bases-2/5564

개입하고, 관련되고, 포함되고, 일부가 되고, 자신들의 삶을 형성하고 영향을 끼치는 의사결정에 속해야 한다. 사람들을 대표할 의무가 있는 대표자를 선출하는 것은 규범적 민주주의에서 중요한 차원일 수 있다. 하지만 이와 같은 선거는 일반적으로 경쟁적이고, 분규가 발생하며, 종종 이렇게 선출된 공직자들은, 일단 선출되면, 사람들이 아니라 정당을 향해 충성하게 된다. 이런 선거를 통해 승리한 정당이 얻게 되는 거대한 관료제는 — 비록 그 정당이 얻은 표가 적어서 실제로는 확실한 통치 권한을 갖지 못한다고 하더라도, 사람들은 엄청나게 다양하고 많은 이유로 투표하기도 하고, 하지 않기도 해서 — 전통적으로 소외되고 배제되어 온 사람들이 가난과 감옥에서 빠져나오고, 고등교육, 더욱 커진 연대 그리고 평화와 번영을 향할 수 있는 경로를 제시할 수도 그렇지 않을 수도 있는 권고, 지원, 자원 그리고 헤게모니적 영향력을 제공하는 가운데, 인민이 아닌 정당을 위해 일을 하도록 활용될 수 있다.

　여기서 우리는 정치적 삶을 살아가는 사람들이, 자신들의 동료 시민들의 필요에 대해 무관심한, 태어날 때부터 반드시 좋은 사람은 아니라는 것을 주장하는 것이 아니다. 오히려 우리는 민주주의란 계속해서 구성되고 재구성되며, 상상되고 또다시 상상되며, 발전되고 또 재발전될 필요가 있다는 것을 제안하는 것이다. 이 과정에서 사회 불평등, 권력 불균형, 투표의 핵심 제도 폐지, 권력과 의사결정 수준 및 과정 안에서 얽혀 있지만, 실제로는 부족하게 인지되는 다양성, 특히 민주적 참여와 민주적 적절성을 지지하고, 형성하고, 틀을 짜기 위한 교육의 모양을 갖추고 동원하는 과정에서 행해지는 교육의 불투명한 (신자유주의적) 역할 모두가 다뤄져야 한다. 다시 말해서, 우리는 우리가 민주주의에 있다고 말한다고 해서, 민주주의에 있는 것은 아니다!

결론

이 장은 규범적, 대의제적 민주주의가 똑같이 지닌 취약하고 논쟁적이며 사악하면서 헤게모니적인 본질을 강조하고, 그 틀을 그려 보았다. 이런 민주주의가 존재하는 이유와 작동하는 방식 그리고 외견상 아무런 비판적 질문도 받지 않으면서 많은 사람에게 커다란 고통과 소외 그리고 절망을 안겨 주면서도 널리 퍼지고 수용되는 원인과 방식이 우리의 주요 관심사이다. 물론 누군가는 이에 대해 반론을 피력하기 위해 다른 대안이 없다거나 규범적, 헤게모니적, 대의제적 민주주의가 다른 어떤 발생 가능한 민주주의보다 훨씬 더 낫다고 주장할 것이다. 위에 제시되고 탐구된 민주주의에 관한 8가지의 신화는 모두에게 기여하는 민주주의를 재검토하고, 재평가하고, 재상상할 필요성을 뒷받침한다.

우리가 생각하기에, 점차 신뢰가 떨어지는 선거를 통해 만들어진 몇몇 이해하기 어려운 환상 속에서 발생하는 결정에 영향받고 고통받는 사람들을 위한 가장 근본적인 고려 지점들을 부드럽거나 추상적인 방식으로 철회하는 제도적 방식 그리고/또는 구조는 새롭고 대안적인 세계에 대한, 그 세계를 위한 재집중과 재개념화를 요구한다.

이 새로운 세계는 더 통찰력 있고, 더 직접적이며, 연민의 마음으로 환경, 평화, 사회적 불평등, 가능한 가장 폭넓은 의미에서의 발전 그리고 인간 존엄성을 향한 에너지, 자원, 행동 및 숙의를 동원해야 한다. 종종 중요하고 실질적인 논쟁이 걸러지고, 뒤틀리고, 조작되며, 폄하되곤 하는 흐릿한 경관 속에서 우리는 민주주의를 위한 교육과의 연결 그리고 그 의미에 집중하고 있다. 확실히 우리는 교육이 이 어려운 상황에서 뭔가 의미를 가져다주는 중요한 역할을 할 거라 믿는다. 우리는 이어지는 이 책의 남은 내용에서 민주주의를 위한 교육을 분석하고, 문제화하고, 재상상해 나가면서, 많은 논쟁에 관여하고 있다.

이 장의 내용을 종합하기 위해, 우리는 다음과 같은 몇 가지 질문을 제시하고자 한다. 이 질문들은 이 책 전반에 걸친 우리의 성찰을 이끄는 데 도움을 줄 것이다. 이 책의 마지막 결론에서 우리는 풀린 실마리와 주제들을 함께 묶어서 이 책 전체에 담긴 생각과 개념을 다시 연결할 것이며, 이때 이 질문들을 다시 가져올 것이다.

- 규범적이고 헤게모니적인 민주주의만이 유일하게 실행 가능한 민주주의 모델로 고려되어야 한다면(이 책에서 우리는 그래서는 안 된다는 것을 주장한다), 많은 영역과 국가에서 점차 증가하고 있는 사회적 불평등을 어떻게 이해해야 하는가?
- 모든 커뮤니케이션 영역에 존재하는 인터넷의 엄청난 영향력이 정보, 관계, 지식의 보급에 대한 거의 무한한 접근을 가능하게 한다면, 우리는 전통적인 미디어, 지식, 커뮤니케이션의 역할을 어떻게 이해해야 하는가? 그리고 민주주의와는 어떤 관련이 있는가?
- 교육이 사회 변화와 변혁의 열쇠라면, 민주주의의 중요성과 관련해서 교육은 왜 동시대에 이견이 많고, 주변화되어 있는가?
- 세계 곳곳에 광범위하게 퍼져 있는 역동성과 인간의 다양성을 고려한다면, 우리는 민주주의를 근본적으로 구성하는 기둥과 관념에 대한 규범적이고 헤게모니적인 통제를 어떻게 제거해야 하는가?
- 전쟁과 평화와 같은 중요한 관념이 공적 토론 과정에서 이해되거나, 실행되거나, 지지받거나, 자리잡히지 못한다면, 민주주의는 존재할 수 있을까?
- 교육이 미디어 문해력 프로그램과 경험을 시행하는 것이라면, 교육은 주류

서사가 지배하는 헤게모니적 민주주의를 거스르는 헤게모니와 정치적 현실을 어떻게 다뤄야 하는가?

5장

교육에 담긴 그리고 교육을 둘러싼
민주주의 표식의 흔적에 대하여:
연구와 개념적 사고의 종합

들어가며[1]

산 경험(lived experience, 학생들이 학교에 들어오기 전에 이미 각자 지니고 있는 지식을 형성한 학생 자신의 삶과 직접 연결되어 있는 일상 경험-옮긴이 주)의 중요 성과 이에 관한 연구는 지역, 국가, 국제적 수준 어디에서나 교육 분야에 서 크게 주목받고 있으며, 의미가 크다(Conway, Amel, & Gerwien, 2009; Deeley, 2010; Mooney & Edwards, 2001; O'Grady, 2014; Waterman, 2014). 그럼 에도 불구하고 이 연구는 북미와 그 밖의 여러 지역의 정치 및 교육 영역 에서 그리 발전하지 못한 분야로 남아 있다(Dei, 2014; Westheimer, 2015). 갈등적이고, 역설적이며, 논쟁적인 권력관계에 빠져 있는 다양한 맥락 속에서 다양한 사람들과 집단들이 겪는 산 경험과 현실을 형식적이고,

---

1 이 글은 Carr, Paul R., & Thésée, Gina. (2017) Seeking democracy inside, and outside, of education: Re-conceptualizing perceptions and experiences related to democracy and education. *Democracy & Education*, 25(2), 1 – 12.에 수록된 것을 출판사와 저작권자의 동의를 얻어 일부 수정해서 여기에 실었다.

구조화되어 있고, 대단히 규범적이고, 헤게모니적인 교육 시스템들과 연결하는 것이 우리가 진행하는 연구의 중심축 중 하나이다(Carr & Becker, 2013; Carr & Pluim, 2015; Carr, Pluim, & Howard, 2014, 2015; Carr & Thésée, 2012; Carr, Zyngier, & Pruyn, 2012; Lund & Carr, 2008). 우리가 관심을 가지고 주목하는 것은 학생과 교사에게 제공되어야 하는 대안적이고 변혁적인 교육 기회의 필요성에 관한 것이고, 그 목적은 특정한 사회적 관계를 유지하고 재생산하기보다는 사회를 변화시키기 위한 시민의 **비판적** 관여와 정치적 문해력/참여에 구조적으로 영향을 주는 것이다(Bourdieu & Passeron, 1990; DeVitis, 2011; Kincheloe, 2008a).

산 경험과 형식 학습활동이 비판적으로 결합될 때 도출되는 수많은 행동, 상호작용, 토론, 대화, 긴장, 제안 그리고 지식 구성물은 인정받고 계발될 때, (더욱) 의미 있고 생기 있는 참여 민주주의를 뒷받침할 수 있게 된다. 이것이 의미하는 바는 여러 분야 중 비판적 인종 이론(Taylor, Gillborn, & Ladson-Billings, 2015), 백인성 연구(Leonardo, 2009), 비판 교육학(Kincheloe, 2008a, 2008b), 마르크스주의 연구(Pruyn & Malott, 2016) 분야 학자들에 의해 밝혀져 왔다. 이러한 연구는 사회적 불평등의 프레임을 만들고 유지하는 제도·문화·정치·경제적 차원을 줄이려는 것이 아니다. 오히려 여기서 우리의 관심사는 민주주의를 위한 교육을 촉진하고 발전시키기 위해, 형식 교육 영역 안에서 산 경험이 어떻게 입증되고 질문받는지 그리고 세계시민성을 통해 세계와 더 폭넓게 연합해야 한다는 신조와 어떻게 연결되는지에 있다(Andreotti, 2014; Banks, 2008; Banks et al., 2005; UNESCO, 2014). 우리는 형식적인 것과 무형식적인 것을 연결하는 것이 (더욱) **농밀한** 민주주의를 이해하고 발전시키는 데 핵심이라 믿는다.

앞서 강조했던 것처럼 듀이(Dewey, 1916/1997, 1938, 1958)와 프레이리

(Freire, 1973, 1985, 1998) 같은 주요 학자들은 규모가 큰 사회일수록 비판적으로 영향을 끼치고, 특히 사회적 불평등과 싸우기 위해 비판적이고 관여적인 교육 경험의 중요성에 대한 이론을 제시해 왔다(Christian, 1999; Marginson, 2006; Westheimer, 2015). 듀이(1938, 1958)는 모든 학생에게 잘 맞는 필수 자료와 경험을 제공하는 것을 목적으로 하는 교육 훈련법과 교육체계를 주장했으며, 교육과 관련된 형식적인 맥락과 무형식적인 맥락을 명쾌하게 연결했다(Garrison, Neubert & Reich, 2016; McLaren & Kincheloe, 2007). 프레이리(1973)는 권력관계와 직접적이면서도 미묘한 관계를 만들어 가면서, 의식화 과정을 설명하는 데 도움을 주는 개념들을 발전시켰다. 이 의식화 과정은 교육에 담긴 그리고 교육을 통한 해방의 관념을 압축해서 충분히 설명하고 있다(Dale & Hyslop-Margison, 2010; Juma, Pescador, Torres, & Van Heertum, 2007; Mayo, 2007). 의미 있는 연결들이 촉진된다면, 이러한 매력적이고 변혁적인 교육의 기회는 무형식 학습 활동의 경험적이고 다양한 비판적 형태를 통해서 가능할 수 있다(Kolb, 2014; Schugurensky, 2006; Westheimer & Kahne, 2004).

이 장은 교생들이 교육과 민주주의, 특히 민주주의를 위한 교육을 어떻게 연결하는가에 대해 보여 주면서 산 경험의 역할을 꼼꼼히 따져 보고, 우리의 이론적이고 개념적인 연구 프로젝트에 기초한 민주적 관여의 가능성을 설명한다. 앞서 언급한 것처럼 우리의 연구 프로젝트는 민주주의와 교육에 관해서 교육자와 여타의 사람들뿐만 아니라 특히 (미래 교사인) 교생들의 지각, 경험, 관점을 분석하면서, 국제적인 행위자들의 참여를 이끌어 내려 한다. 우리의 연구 결과는, 특히 불공평한 권력관계와 사회정의와 관련해서, 변혁 교육의 기회를 창조해 내기 위해, 숙의 민주주의와 참여 민주주의에 더욱 비판적으로 연결되는 형식 교육의 필요성을 강조한다. 특히 이 장은 일부 교생들이 가진 정치적 관여와 정치적 문해력의 문제 틀을 제시(재현)하기 위해, 민주주의를 위한 교육을 위한 비판적 관여 스펙트럼(도표 15)과 함께 민주주의를 위한 교육의 농밀함-평포함 스펙트럼(도표 14 및 Carr, 2011 참조)을 제시한다. 정리하자면, 산 경험과 연결하면서, 우리는 교육에 담긴 그리고 교육을 위한 민주주의의 의미를 (재)개념화하려는 것이다. 많은 데이터를 활용하여, 이 장은 민주주의가 어떻게 형식 교육과 연결되고 이를 통해 발전되는가를 교육자, 정책 결정자와 학자들이 재검토하는 것을 지원하기 위해 새로운 개념화 작업을 해 나간다.

맥락: 무형식적인 것이 형식적인 것으로 흘러들어 간다는 것

학습활동은 지속적이고, 전체론적이며, 평생의 과정이다. 따라서 여러 이질적이고, 중첩되고, 연결된 교육의 층위에서 발생할 수 있는 무형식적이고 경험적인 학습활동 기회의 중요성을 인식하는 것은 매우 중요하다(Roberts, 2011; Waterman, 2014). 경험적 학습활동과 무형식적 학습활동은 사람들끼리 그리고 이들을 둘러싼 고유하고 일반적인 환경의 상호작용으로 발생한다. 이러한 학습활동과 경험은 의식적일 뿐만 아니라 무의식적으로도 구체화되고 발전할 수 있는 과정이며, 일차원적인 방식으로는 거의 일어나지 않는다고 말할 수 있다(Kolb, 2014; Kolb & Kolb, 2005). 교육자와 학생 모두 지식의 사회적 구성, 비판적 토론, 갈등의 해법, 비판적 사고, 교육 경험 전반에 걸쳐 담겨 있는 긍정적 행동의 중요성을 인식하는 것이 대단히 중요하다(Deeley, 2010; Kolb & Kolb, 2005; Kellner & Share, 2007). 비판적이고 숙의적인 토론과 정치 교육의 필요성을 강조하면서, 나딩스(Noddings, 2011)는 교실 속 민주주의에 새롭게 참여하기 위한 몇 가지 매개변수에 대한 구상을 밝힌다.

　　종종 아직 표준어를 잘 익히지 못하고, 여기에서 묘사한 합리적 토론과는 차이가 있는 문화적 관행을 가진 학생들은 저절로 침묵하게 된다. 이들의 참여는 강력히 권고되어야 하며, 교실 대화의 범위는 이러한 문제도 포함할 수 있게 확장해야 한다. 학생들이 감정적인 수사법을 사용한다 해도, 이들이 제시하는 의견을 받아들여야 하며, 학생들은 더 깊이 있게 탐구해야 한다. 또 누가 이런 관점을 가지고 있는지? 주장 속 논리가 무엇인지? 어떤 조건이 그 논리를 끌어내는지? 반대편에서 이야기될 수 있는 것은 무엇인지? 만일 우리가 문화적 입장을 맞바꾼다면, 내가 감정적으로 행동하는 것처럼 당신도 그렇게 반응하는 것이 가능한지? 소외된 학생들이 제시하는 의견을 수용하는 것이 이 학생들이 표준 형태를 배우도록 지원하는 교사의 책임을 포기하도록 하는 것은 아니다. 근거 없는 논쟁에 대한 거절이 그런 논쟁을 펴는 학생들에 대한 거절로 이어져서는 안 된다. 자유 사회에서 정치 교육은 반드시 학생 스스로 공적이고 사적인 모든 삶의 영역에서 자유로울 수 있게 지원하도록 고안되어야 한다(p. 494).

　학생들의 사회정치적 정체성, 특히 학교 경험과 관련된 이러한 정체성을 뒷받침하는 신자유주의적 구조물들은 반드시 고려 대상이 되어야 한다(Apple 2011; Baltodano, 2012; Hill, 2012; Portelli & McMahon, 2012).
　무형식 학습활동에 대한 고려 지점은 학습 여정(learning journey, 학습활동은 단기간 교육이 아닌, 긴 여정처럼 여러 경험이 지속적으로 쌓이면 가능하다는 점을 강조하는 표현-옮긴이 주)에 담긴 과정, 내용, 목표, 결과물 이외에도 교수 활동과 학습활동 수업과 과정에 관련된 사람들에게 소개할 경험, 지식, 영향력, 문제 틀이다. 이 모든 것은 교육의 맥락과 교육을 위한 맥락에 영향을 미치고, 구체화한다(Kincheloe, 2008a, 2008b; Schugurensky, 2006; Westheimer, 2015). 예를 들어, 교생들은 백지상태로 프로그램에 임하는 것이 아니다. 오히려 그들은 자신들의 세계관에 영향을 끼치는, 복잡하게 겹쳐 있고, 상호작용하며, 사회적으로 구성된 정체성, 신념, 지각 그리고 경험을 지니고 있다(Bekerman & Keller, 2003; Cochran-Smith, 1991; Dei, 2014; Portelli & McMahon, 2012). 우리 연구에서 미래 교사들의 개별적 정체성과 집단적 정체성을 뒷받침하는 요소, 영향, 경험은 형식 교육 안에서 그리고 이를 통해서 민주주의 작업, 참여, 결과물을 위한 **농밀한** 교육의 잠재력을 이해하는 데 중심이 된다. 형식 교육이 학생들이 얻게 되는 무형식 교육 경험과 여타의 사회적 경험과 어떻게 연관되는가는 민주주의를 위한 교육을 발전시키는 프로그램, 활동, 연구, 체계를 개념화하는 데 근본적인 영향을 끼친다. 이러한 미래 교사들은 또한 제도, 공동체, 학교, 학생들과 본능적으로 연결된 공동체, 정체성, 가치를 대표하며, 이들은 중립적이지 않다(Carr, Pluim, & Howard, 2014; Carr, Pluim, & Thésée, 2016).

따라서 민주주의를 위한 교육은 부분적으로는 제도화된 교실 수업 및 교육의 경험과 관련해서 교육자(그리고 미래 교육자)의 무형식적 산 경험의 장소, 역할, 특징을 개념화하고, 문제화하고, 향상시키려고 한다(Carr, 2011, 2013). 우리가 주장하는 것은 민주주의란 우리가 고려하는 여러 무형식적이고 경험적인 현실들에 대한 비판적 검토 없이는 이해될 수 없다는 것이다(DeVitis, 2011). 민주주의를 위한 교육은 참여, 관여, 사회정의, 정치적 문해력, 숙의 그리고 상호의존적인 의제, 고려 지점, 현실 등을 연결하여 사회 변화를 일으키고 그 일부가 되는 것에 관한 것이다. 만일 형식 교육 경험이 해방, 행위자, 연대, 관여를 차단하는 벽으로 기능한다면, 전체 사회 수준에서 의미 있고, 실재로 작동하는 민주주의의 잠재력을 키우는 것은 매우 힘들고 어렵게 될 것이다. 이 장에서는 우리 연구의 일부 특수한 차원에 집중하고, 이어지는 장에서 민주주의를 위한 교육의 문제 틀, 기회, 도전, 맥락의 다른 모습을 자세히 살펴보려고 한다.

민주주의, 정치적 문해력 및 변혁 교육 연구 프로젝트DPLTE 이해하기

우리의 국제적인 연구 프로젝트가 지난 몇 년 동안 진행되었던 동안 (특히 데이터 수집, 분석, 보급을 확대했던 2006년~2016년 기간), 우리는 정치적 문해력 및 변혁 교육을 위한 잠재력은 물론 교육과 관련된 민주주의에 대한 지각, 경험, 전망 사이 연계성을 함께 탐구해 왔다. 우리는 민주주의를 위한 교육의 교육적 경험, 특히 매개변수의 틀을 구성하는 다양하고 상호 연결된 요소들을 강조하기 위해 개념적 모델(도표 13)을 발전시켜 왔다. 우월성, 특권, 신자유주의의 불공평한 권력관계가 가진 헤게모니를 해체하기 위해, 교육은 교육적이고 정치적인 중요한 집중점으로 여겨져야 한다. 이와 함께 교사 교육은 복잡하고 문제 있는 사회적 맥락에 대응하는 변혁적 사회 변화 유형과 관련되어야 한다(Carr & Becker, 2013). 따라서 중요한 것은 민주주의를 **실천하는** 방식, 민주주의를 경험하고, 개념화하는 방식 그리고 민주주의를 교육에 비판적으로 연결하는 방식을 학생, 교육자, 그리고 사회가 개념화해 나가는 것이다(Carr, Zyngier, & Pruyn, 2012; Westheimer, 2015).

전체적인 연구 프로젝트는 캐나다, 미국, 호주의 교생 표본(약 1,300명)을 분석했으며, 그 외 몇몇 나라의 학생들도(약 4,000명) 포함된다(도표 1과 2를 보라). 여기에는 같은 방식과 조사 수단이 언어와 맥락에 맞게 사용되었다(도표 3). 연구 방법론은 개방형과 폐쇄형 질문으로 구성된 온라인 조사에 의존했으며, 이 조사 방식은 2006년에 카가 처음으로 개발해서 수행했다. 조사는 데이터 교차 분석이 가능한 20개의 인구통계학적 질문과 함께 민주주의 그리고 민주주의를 위한 교육에 대한 20개 질문 항목으로 구성되었다. 인구통계학적 문항들 중 상당수에는 메뉴 선택이 있으며, 대부분 내용 기반 문항에는 서술식 답변과 함께 리커트 척도 방식을 제시했다. 연구팀은 컴퓨터 기반 데이터베이스에 담긴 데이터를 추론해 가면서 연구에 엄밀하고, 비판적이며, 비교적인 요소가 있다는 것을 확실히 하기 위해 여러 나라 동료들과 협력했다.

표 1은 설문지의 양적 답변의 배치, 강도, 내용을 측정하기 위해 우리가 사용한 서사 분석 평가표를 보여 준다. 이것은 정리되지 않은 양적 데

| 표 1. 서사 분석 평가표 |

1	2	3	4	5
관여와 비판 없음	약한 관여와 비판	중간 정도의 관여와 비판	정교해진 관여와 비판	농밀한 관여와 비판
• 이해 결핍 • 관련성 없는 답변 • 흥미를 보이지 않음	• 모호한 답변 • 논리적이지 않음 • 약간 발전된 답변	• 질문에 대한 간단한 반향 • 약한 논변 • 약간 발전된 답변	• 정교해지고 강화된 논변 • 비판적 분석의 시작	• 향상되고 의미상 차이를 보이는 논변 • 복잡화된 답변

이터를 3가지 축으로 정리하고, 유효성을 확인하는 데 도움을 주었다. 우리는 연구에서 나온 주제, 동향, 주요 조사 결과가 가진 생생하고, 중요한 감각을 얻기 위해, 참여자가 제공하는 모든 서사적 의견들을 계통적으로 검토하고, 코드화하고, 범주화하는 데 집중했다. 우리는 참여자들이 자신의 점수와 답변을 어떻게 정당화하고 지지했는지 그리고 이를 위해 어떤 방식으로 주장했는지를 파악하려고 노력했다. 이를 통해 우리는 참여자들의 답변이 가진 강점과 비판성을 파악할 수 있었다. 이 장의 목표는 연구를 더욱 폭넓게 개념화하고, 여기에 거시적인 방식과 메타 방식으로 의미를 부여하는 것이다. 이것은 특히 교생이 교육 안에서 그리고 교육을 통해서 어떻게 민주주의와 관계 맺는지, 무엇보다 그들의 산 경험, 정체성, 현실이 이것에 어떻게 영향을 미치는지를 더 잘 설명하고, 파악하고, 이해할 수 있도록 할 것이다. 다른 장들은 더 구체적인 방식으로 중첩되고 연결된 차원들을 깊이 파악해 나갈 것이다.

　주요 조사 결과를 보면, 일부 교생들에게 민주주의와 사회정의에 대하여 의무적인 그리고 종종 제한된 비판적 의식화가 필요하다는 것을 확실하게 알 수 있다. 이들이 교사가 되면, 사회 변화에 참여하기 어려워질 수 있기 때문이다. 오히려 일반적으로는 우리의 분석에서 전개된 민주주의에 대한 관점은 몇몇 수준에서는 참여자들이 학생이라는 제한된 민주적 경험에 일부 기반을 둔 수동적이고 중립화된 참여를 반영하고 있다. 우리 연구에 참여한 사람 중에는 민주주의와 관련해서 또는 교육과의 직간접적인 연관성과 관련해서 사회정의에 대해 비판적으로 말하는 사람은 별로 없었다. 이 연구에서 우리는 다음 장에서 다룰 형식 교육 요소는 물론 교실 밖 학생들의 경험과 정체성에 대한 함축적이면서도 분명한 연결을 논한다. 헤게모니적인 권력 형태에 문제를 제기하는 비판적 관여와 함께, 비판적인 미디어와 정치적 문해력을 포함하는 민주주의를 이해하고 분석하는 농밀한 접근법의 필요성 또한 (Culver & Jacobson, 2012; Kellner & Share, 2007; Portelli & McMahon, 2012) 우리 연구의 중심 고려 지점이기도 하다.

민주주의를 위한 교육의 개념적 체계

민주주의 안에서의 교육 그리고 교육 안에서의 민주주의와 함께, 민주주의를 위한 교육을 이해하려는 우리의 개념적 모델은 7가지 요소를 포함한다(도표 13). 요소들 사이에는 어떤 위계성도 없으며, 반대로 요소들은

| 도표 13. 민주주의, 정치적 문해력, 변혁 교육 프로젝트를 강화하는 개념적 체계 |

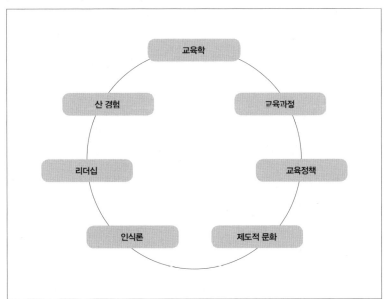

상호의존적으로 서로 맞물려 있고, 각각 독특하면서도 공유된, 권력관계와 연결된 차원에 있다.

개념적 체계의 요소를 간략히 설명하면 다음과 같다.

- **교육학**Pedagogy, P: 교수 활동, 교수 활동 방식, 교실에서 발생하는 일에 주로 관심을 가짐
- **교육과정**Curriculum, C: 교수 활동과 학습활동의 내용 및 교실에서 발생하는 일에 주로 관심을 가짐
- **교육정책**Education policy, EP: 교육 경험의 틀을 만드는 정책에 주로 관심을 가짐
- **제도적 문화**Institutional culture, IC: 교육 경험의 틀을 만드는 활동, 태도, 행동, 과정 및 교실에서 발생하는 일과 교육제도에 주로 관심을 가짐
- **인식론**Epistemology, E: 학생, 교육자, 행정가, 기타 여러 주체들이 지식을 구성하는 방식 그리고 이것이 교육적 경험의 발전에 영향을 주는 방식에 주로 관심을 가짐
- **리더십**Leadership, L: 행정, 권위, 감독 및 리더십이 교육 경험에 기여하는 방식에 주로 관심을 가짐
- **산 경험**Lived experience, LE: 형식 교육 경험과 형식적인 경험의 효과 밖에서 벌어지는 일과 그 반대편에서 벌어지는 일에 주로 관심을 가짐

따라서 산 경험과 무형식 학습활동의 중요성은 모델의 형식적 요소들을 함께 묶는 과정에서 핵심적으로 고려할 지점이다. 교실, 학교 그리고 교육제도 맥락 밖에서 학습되고, 경험되는 것은, 형식 교육 경험 차원에서 개인, 공동체 및 사회와 관련성이 있고, 매력적이고, 검증되고, 비판적

이게 되는 문제 상황으로 통합될 필요가 있다. 형식 교육 경험 안에서 나타나고, 다양한 수준에서 경험적 학습활동으로 확산하는 산 경험의 몇몇 요소들은 다음을 포함한다.

- 자원봉사
- 조직/비조직화된 스포츠
- 음악
- 드라마
- 소셜 이벤트
- 인종문화적 관계
- 정치 활동
- 공동체 구축
- 행동주의
- 사회정의 운동
- 가족 구성 형태
- 여러 리더십 활동

이러한 형성적 활동은 형식 교육 경험의 틀을 만들고, 무르익게 하고, 의미를 부여하는데, 이 활동들은 종종 형식 교육과정, 교육학, 구조, 교육 부처가 설정한 성취의 계산 방식 안에서 중요하지 않아 보이거나, 과소 평가되기도 한다. 아래에서는 산 경험과 형식 교육의 연계성과 함께 민주주의를 위한 교육의 의미를 좀 더 구체적으로 살펴보려고 한다.

민주주의를 위한 교육의 농밀함-평포함 스펙트럼(the thick-thin spectrum of education for democracy, Carr, 2011; 도표 14 참조)은 민주주의를 위한 교육

평포한 민주주의	농밀한 민주주의
약한 제한된 협소한 강제적인 피상적인 정치에 무관심한 중립적인 내용 중심적인 의문이 없는	강한 무한한 심층적인 확장 가능한 실재하는 정치적인 관여적인 맥락 중심적인 비판적인
교육과 민주주의의 연결 (리더십) (L/EP/LE)	
모호한, 약하게 접합된, 무비판적인, 민주주의에 집중하지 않는	분명한, 관여적인, 다면적인, 포용적이고 민주주의의 비판적 형태를 공공연히 육성하기를 목표로 하는
민주주의를 경험하기 (비전) (IC/E)	
투표를 장려하고, 선거의 역학과 덕목을 설명하는 것에 집중. 공동체와의 연결은 문제를 다루기 위한 것이 아님. 서비스 학습활동에서, 교육과정 및 교육 경험과의 연결을 다루지 않음	지식이란 '주입식 모델'에 대한 거부이며, 학생들이 다양한 집단, 문제, 현실 등에 관여하도록 하는 노력이고, 사회에 대한 주류 미디어가 보는 시각 밖에서 구성된다고 이해하기, 예를 들어, 서비스 학습활동은 교육 경험과 직접 연결되어 있는 것이지, 약간의 교육학적/인식론적 가치에 덧붙여지는 것이 아님
학교와 사회의 연결 (시민사회의 역할) (IP/IC/LE)	
핵심 지점이나 우선 사항을 고려하지 않으면서, 사회에 어떻게 관여하는가를 중요하게 여김; 신자유주의 프레임에 밀접하게 얽힌 채, 취업 능력, 노동시장, 학생의 취업 준비 등을 종종 강조함	시민사회와의 직간접적 연결, 시민사회에서 기능하는 방식, 더 좋은 사회를 만드는 데 기여하는 방식, 사회문제를 이해하는 방식에 집중함; 청년들은 단지 소비자가 아니라, 중요하게도, 사회적 관계를 재생산하거나 변혁하는 기여자들이기도 함
주류에 의해 설정된 의제 (헤게모니적 시선) (L/EP)	
일반적으로 무비판적 태도로 받아들여지고 따라감; 교과서는 일반적으로 편향적이고 와전되어 있으며, 핵심 내용이 일부 삭제됨	현실에 대한 다른 판본에 관해 비판적이고 맥락적으로 이해하며, 미디어에 대한 공동 통제가 중요하게 고려됨; 교과서와 교육과정 교재는 맥락화와 해석을 요구함
학습활동 범위 (교육과정) (C/EP)	
한 가지 과정, 주제 또는 한 해에 집중하곤 함 (예: 정보, 사회 연구, 국민윤리); 학교 경험 전반에 얽혀 있는 것으로 이해되지 않음, 범위와 관점에 제한이 있음	교육과정 전반에 담겨 있으며, 교육이 조직화되는 방식의 모든 측면을 담고 있음 (예: 여러 모임, 비교와 활동, 직원 회의, 학부모 참여, 숨겨진 교육과정, 시상); 대안적이거나 비형식적 비전, 의제, 고려 사항 등에 열려 있음

평포한 민주주의	농밀한 민주주의
투표와 선거 연구 (상대주의적 집중점) (C/P)	
민주주의의 개념화를 중심으로 사고하며, 무비판적 관점 속에서도 투표와 선거에 지속적인 관심을 가짐	여러 요소 중 하나이며, 문제화되고 비판되어야 함; 신자유주의, 사회적 불평등, 지구화의 맥락 속에서 선거의 특이점, 윤리학, 정치경제가 고려되고 있음
정치정당 연구 (규범 정치학) (C/P)	
정당, 과정, 구조(내용)가 민주주의 연구의 주요 부분을 차지함; 정보 전달이 비판적 분석의 주된 내용임	활발하게 이뤄지는 정당, 과정, 구조의 비판적 평가가 착수됨; 정치 정당의 일시적이고, 문화적이며, 비교적이고, 대안적인 관점을 위치 짓는 작업이 비판적 방식으로 착수됨
갈등, 애국심, 전쟁과 평화에 관련된 내용 (거시적 차원의 내용) (EP/C)	
공식적인 자료와 공인된 내용에 대부분 의존하면서, 제한적이고, 무비판적이며, 통계적 방식으로 정보를 전달하는 차원에 더욱 집중함	전쟁, 갈등, 지정학, 인권은 다양한 관점과 데이터 자료를 강조하는 여러 비판적이고 역동적인 참조 프레임 안에 설정됨; 영향을 받는 사람들의 산 경험의 역동적 관행이 강조됨
민주주의를 위한 교육 교수 활동에 대한 고려 지점 (교육학의 개념화) (E/IC)	
'편들기', '편향됨', '주입식 교육' 그리고 '정치적이기'에 대한 고려는 여기에서 널리 퍼져 있으며, 논쟁적인 의제를 제거하고, 피하고, 혹은 경시하는 결과로 이어짐	중립적인 것은 헤게모니 권력의 편에 선 것이며, 논쟁적인 의제를 토론하는 것은 주입식 교육과 동일한 것이 아니라고 이해함; 비판적 토론을 피하는 것은 부당함, 전쟁, 증오에 대한 수동적인 동의로 귀결될 수 있으며, 학생들이 더 순응하고 유순하게 만들 수 있음
숙의 민주주의 (논쟁적 의제에 관여하기) (P/C/Lt)	
제한적이고, 인위적이며, 비판과 행동 중심의 사고방식을 발전시키기보다 안락함에 맞춰짐; 학생들은 중요하고 논쟁적인 의제와 도전적인 텍스트에 관여하는 것을 포기하게 됨; 교사들은 대안적 관점과 주제가 드러나는 것을 제한함	학생들은 토론하고, 비판하고, 경청하고 다양한 인식론적 성찰에 열려 있는 방식들을 배울 기회를 받아야 함; 형식 교육에서 논쟁적이고, 변증법적이며, 복잡한 토론은 학생들이 적극적으로 참여하고, 비판적으로 깨어 있는 시민이 되도록 준비시키며, 학교 밖 산 경험을 보완할 것임
교육과정의 방향 (학습활동 목적의 구성) (C/EP)	
결탁, 변화, 권력에 관한 질문이 별로 담기지 않은 채, 협소하고, 제한적이며, 관행적임; 주제들은 서로 영향을 끼치지 않도록 구분되고, 교사들은 일반적으로 비판적 질문을 유발하려 하지 않으며, 사실상 민주주의에 대한 평가는 없음	발생적 주제(프레이리)와 진보적 교육(듀이)에 열려 있으며, 형식적 표준, 결과물, 평가, 학습활동을 확장할 수 있는 기회가 있어서, 투표와 민주적 제도를 연구하는 것만이 아니라, 민주주의를 '실천할' 수 있음; 권력에 대한 여러 문제를 비판하는 것이 필수적임

평포한 민주주의	농밀한 민주주의
문해력 (기대되는 결과물) (EP/P)	
기능적 문해력이라는 전통적 인식에 집중함; 일반적으로 정치적 이해나 관여가 없음; 사회적 현실 속에서 권력 불균형과 우리 자신에게 미친 영향에 대해 질문하지 않으면서 기술적 문해력 수준을 유지하려 함	읽고 쓰는 능력 이상으로, 더욱 복잡하고, 의미심장하고, 중요한 사회적 관여를 추구하는 정치적 문해력, 미디어 문해력, 지루가 말하는 '해방적 문해력', 프레이리식의 '의식화'에 집중; 선출된 공직자가 제시하는 규칙을 우리가 맹목적으로 따라야 한다는 관념을 제거하려고 함
사회정의 (권력과의 연결) (E/L/LE)	
시스템적이고 근본적인 문제에 대한 실제 비판 없이, 차별, 사회문제의 주변화에 대한 주류 분석; 정체성에 대한 비판적 분석은 하지 않은 채, 다양성은 좋다는 일반적인 내용	정체성, 특권, 시스템적 부당함의 사회적 구성이 가진 특징은 물론, 사회정의와 사회 변화 사이 연결에 대한 비판적 이해가 강조됨; 비판적이고, 변증법적인 성찰과 학습활동과 함께 관여를 강조함

범례: 교육학 (P); 교육과정 (C); 교육정책 (EP); 제도적 문화 (IC); 인식론 (E); 리더십 (L); 산 경험 (LE)

의 관점과 위치성을 설명하는 데 도움을 주기 위해 우리 프로젝트가 초기에 개발한 개념적 모델 중 하나이다. 우리는 이 스펙트럼을 통해서 도표 13에서 제시된 **개념적 모델**의 지표에 맞춰서 민주주의를 위한 교육을 이해하고 관여하는 농밀한 방식과 평포한 방식을 접합하려는 목표와 함께, 13개의 주제와 영역을 강조하고, 그 틀을 만들려고 했다. 이 모델에는 민주주의를 위한 교육이 어떻게 실현되고, 사례들을 통해 어떻게 구체적인 용어로 고려될 수 있는지 그리고 민주주의를 위한 교육이 계획과 평가 기구로서 어떻게 사용될 수 있었는지에 대한 생각을 촉발하려는 의도가 담겨 있다. 이 모델에는 행동 라벨을 명확히 붙이려는 이항(二項)적 프로토콜이 처음부터 의도적으로 담겨 있지 않았다. 하지만 이와 같은 이항적 모델로 해석되고 환원되는 위험도는 확실히 처음부터 있었다. 이 모델을 통해서 우리는 활기차면서 사회정의에 기초한 방식에 담겨 있다가도 다른 것들에 덜 비판적이고 덜 관여적인 방식에 담겨 있는 요소를 따라가기도 할 수 있는 잠재적인 역설적 방식과 함께, 민주주의를 위한 교육에 담겨 있는 다양하고, 복잡하며, 미묘한 차이가 있고, 얽혀 있는 요소들을 훨씬 더 완벽하게 정리해 낼 수 있었다. 이것은 교육자, 행정가 그리고 학부모, 학생, 시민사회 내 여러 이해 당사자, 정부, 이익 조직과 결사체 등 당면한 교육 공동체 구성원들이 민주주의가 학교와 교육 시스템 안에서 어떻게 기능할 수 있고, 기능하고 있고, 기능해야 하는지에 관해 심사숙고하는 데 도움이 될 수 있다.

민주주의를 위한 교육의 농밀함-평포함 스펙트럼(이 모델의 처음 판본에 대해서는 Carr, 2011 참조)은 비판적이고 변증법적인 방식으로 민주주의를 위한 교육의 발전을 위해 요구되는 현실, 잠재력, 계획수립 과정에 대한 검토·분석·진단·평가를 위한 기회를 제공한다. 그 목적은 **농밀함-평포함 스펙트럼**에 담긴 특정 관심 분야에 확정된 점수나 순위를 매기는 것이 아니라, 여러 진입 지점, 자원, 활동, 행위자 및 공동 협력 수준을 포함하는 민주주의를 위한 교육을 발전시키는 힘들고, 복잡하며, 미묘한 의미가 깔린 과정을 지원하는 것이다.

연구를 통해서 우리는 민주주의를 위한 교육이란 어떤 확정된 결말에 관한 것이 아니라 교육 안에서 그리고 교육을 통해서 민주주의를 획득하려는 투쟁 과정에 대한 것임을 이해했다. 농밀함-평포함 스펙트럼은 민주주의를 위한 교육이 논박하고 다투려 했던 것을 설명하는 데 도움을 줄 것이다. 또한 우리는 연구 주제와 결과물에 기초하여, 이 교육을 더 확장할 필요가 있음을 느끼게 되었다.

우리가 다음에 제안하는 **민주주의를 위한 교육을 위한 비판적 관여 스펙트럼**(도표 15)은 고정되고, 안정적이며, 이분법적인 위치나 판단을 함의하지 않는다. 오히려 이것은 학생과 교육자는 물론 교육 관련자들의 의도,

행동, 계획, 결과물, 관여를 강조하기 위한 도구, 수단 또는 질적인 지표를 의미한다. 이러한 비판적 관여 스펙트럼은 민주주의를 위한 교육의 농밀함-평포함 스펙트럼을 기반으로 구축되며, 교육 영역 안에 존재하는 민주주의와 관련된 관여에 대한 보다 적절한 설명을 위해 활용된다. 교육의 맥락에서 학교, 교육위원회, 교육 부처와 교육부, 정부는 민주주의를 위한 교육에 관해서 실제로 어떤 역할을 하는가? 이 집단들은 민주주의를 위한 교육을 어떻게 정의, 기록, 측정, 평가, 개입하는가? 이 질문들은 부차적이거나, 추가적이거나, 군더더기 같은 것이 아니다. 만일 우

| 도표 15. 민주주의를 위한 교육을 위한 비판적 관여 스펙트럼 |

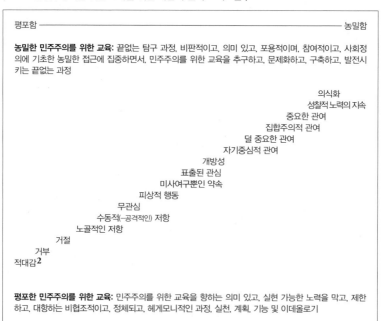

평포함 ———————————————————————————— 농밀함

농밀한 민주주의를 위한 교육: 끝없는 탐구 과정, 비판적이고, 의미 있고, 포용적이며, 참여적이고, 사회정의에 기초한 농밀한 접근에 집중하면서, 민주주의를 위한 교육을 추구하고, 문제화하고, 구축하고, 발전시키는 끝없는 과정

의식화
성찰적 노력의 지속
중요한 관여
집합주의적 관여
덜 중요한 관여
자기중심적 관여
개방성
표출된 관심
미사여구뿐인 약속
피상적 행동
무관심
수동적(~공격적인) 저항
노골적인 저항
거절
거부
적대감[2]

평포한 민주주의를 위한 교육: 민주주의를 위한 교육을 향하는 의미 있고, 실현 가능한 노력을 막고, 제한하고, 대항하는 비협조적이고, 정체되고, 헤게모니적인 과정, 실천, 계획, 기능 및 이데올로기

2 옮긴이 주) 원문에서 '적대감hostility'은 도표 16에는 있으나 도표 15에는 빠져 있었음. 전체 맥락상 저자는 16개 수준을 강조하기 때문에, 국역본에서는 도표 15에 적대감을 포함함.

리가 민주주의를 위한 교육에 기여할 수 있는 교육 그리고 이 교육을 통해서 의미 있고, 중요하고, 비판적이며, 실현할 수 있는 관여를 성취하게 된다면, 우리는 이 관여를 분명히 하고, 육성하고, 묘사할 수 있어야 한다. 또한 무엇보다 여러 수준에서 폭넓고, 활기찬 (그리고 비판적인) 관여를 통해 지지받고 향상될 수 있는 비전을 가져야 한다. 만일 민주주의가 — 그리고 세계 민주 시민성의 발전이 — 사회를 위해 중요한 것으로 여겨지고, 그 효과에 대한 확실하고 설득력 있는 증거가 있다면(Carr, Pluim, & Howard, 2014; UNESCO, 2014), 민주주의는 어떻게 성취되어야 하는가? 민주주의를 위한 교육을 탐구하는 작업을 뒷받침하는 구체적인 과정, 테스트, 결과물, 데이터 수집 지점, 측정, 표준, 이벤트, 획기적 사건, 활동 등이 있는가?

민주주의를 위한 연구를 통해서 — 그리고 민주주의 교육, 시민교육, 세계시민 교육, 여러 수준에서 나타나는 다문화적이고 사회적인 정의에 대한 교육을 포함한 여러 다양한 연구를 통해서 — 우리는 여러 국제적 맥락 속에 있는 교생들이 자신들이 강한 민주적 교육 경험을 갖지 않았다는 것을 어떻게 인정해 왔는지 그리고 이것이 미래 교사로서 그들이 가진 민주주의를 위한 교육의 비전에 어떻게 영향을 끼치는지를 기록해 왔다. 또한 이 연구를 통해서 우리는 민주주의와 시민성이 제대로 정의된 교육학이나 교과과정 차원의 지원이나 제도적, 재정적, 인적 지원 없이, 어떻게 다소 추상적인 대상과 개념으로 고려되는지를 강조한다. 따라서 민주주의를 위한 교육을 위한 비판적 스펙트럼과 민주주의를 위한 교육의 농밀함-평포함 스펙트럼은 모두 민주주의를 위한 교육을 진전시키기 위해 마련된 여러 차원, 위험 및 예상 밖 결과는 물론, 약점과 강점, 위기와 기회, 장벽과 틈새를 제시하는 일부 시스템을 의미한다.

민주주의를 위한 교육을 위한 비판적 관여 스펙트럼은 민주주의, 정치적 문해력, 변혁 교육 프로젝트 연구를 강조하는 7개 핵심(도표 13에 담긴 민주주의, 정치적 문해력, 변혁 교육 프로젝트를 강화하는-옮긴이 주) 개념적 체계와 맞물린, 교육 경험의 16개 수준을 제시한다. 이것들만 교육의 유일한 요소는 아니다. 우리가 생각하는 요소들은 민주주의를 이해하고 관여하려는 목적과 매우 관련이 있다. 무슨 일이 발생했고, 발생하고 있고, 발생해야 하는지에 대한 조사를 의사결정자, 교육자, 학생, 부모, 시민사회 및 여러 집단이 관여하는 과정에서 더 잘 할 수 있게 되면, 각각의 요소는 스펙트럼의 다양한 지점에서 이해될 수 있다. 신자유주의 교육개혁에 맞서 제기되어 온 한 가지 강력한 비판은 신자유주의 교육개혁이 모든 사안을 측정하는 — 특히 테스트를 통해서 — 방식으로 '책무성accountability'을 추구하는 듯하나, 여기에 민주주의를 위한 책무성은 거의 존재하지 않는 것으로 드러난다. 만일 아무런 계획, 전략, 지원 시스템이나 검증 방식이 없다면, 이것은 어떻게 성취될 수 있을까?

이 틀 안에서 산 경험(그리고 경험적 학습활동)과의 연결은 매우 적절하다. 스펙트럼이 상승하면서 개입, 의식화, 관여 그리고 민주주의를 위한 교육이 더욱 확장될수록, 산 경험은 더욱 그 가치를 인정받고, 지지를 얻으면서, 형식 교육 경험으로 더 잘 통합될 수 있다. 다시 말해서 학생과 교육자의 정체성, 위치성, 경험, 무형식적 현실을 다루지 않는다면, 의미있고, 비판적으로 관여하는 민주주의를 위한 교육을 성취하는 것은 어렵고, 많은 문제를 겪게 된다. 학생과 교육자가 산 경험과 공진하는 교수 활동과 학습활동, 교육학, 교육과정, 평가, 활동, 관계를 확신하고, 인식하고, 이에 관여할 때, 이들은 사회정의, 정치적 문해력 그리고 **농밀한** 민주주의를 구축할 수 있도록 보다 좋은 자리를 갖게 될 것이다. 부진한 학문적 성취, 중도 하차, 일탈적인 결과와 평가에 관한 문제의식들을 제대로 파악하는 한, 이러한 비판적 작업 공간은 산 경험을 고려할 때, 더 확장되고, 현실감을 갖게 된다.

민주주의를 위한 교육을 위한 비판적 관여 스펙트럼을 연구한 이후 우리가 파악하게 된 또 다른 유의점은 어떤 요소에 평포한 수준에서 관여하면서, 다른 요소에는 그보다 더 농밀한 수준에서 관여하는 것이 가능하다는 것이다. 이 역설은 민주주의에 관한 사회 전체적인 연결/관계를 특징짓는 다양한 상호작용을 반영한다. 특정한 요소를 위한 민주주의를 위한 교육 수준을 평가하는 것이 분명 유익하고 의미 있는 과정일 수 있지만, 여기서 목표는 이것에 그치는 것이 아니다. 오히려 중요한 것은 주어진 교육적 맥락에서 민주주의가 어떻게 발생하고 있는지를 확인하는 것이다. 이 스펙트럼에 대한 진실되고, 열려 있고, 비판적인 관여는 비판적인 인식론적 성찰 수준, 의식화 운동, 변혁 교육 그리고 헤게모니적 과정과 측정에 대한 재평가와 같은 보다 높은 수준을 한층 더 키울 수 있게 될 것이다. 스펙트럼의 주요 대상이 포섭, 미사여구뿐인 약속이나 개방적인 듯 보이려고 생색만 내는 아주 작은 변화만 추구하는 것이라면, 그 스펙트럼은 그리 흥미롭지도, 유용하지도 않을 것이다. 형식적인 것은 무형식적인 것에 영향을 받고, 지지받아야 한다. 다시 말해서 맥락이 내용보다는 아니라도 내용만큼 중요하다는 것이다. 핵심은 민주주의를 교육적 맥락에서 잘 전개하기 위해서는 권력관계가 본격적으로 다뤄져야 한다는 것이다.

민주주의를 위한 교육을 위한 비판적 관여 스펙트럼은 미묘한 차이가 있는 단계/범주/지표를 폭넓게 다룬다(도표 16 참조). 각 단계는 구체적인 의미가 있지만, 전후 단계들로 스며들어 가기도 한다. 분석 과정은 — 무

| 도표 16. 민주주의를 위한 교육을 위한 비판적 관여 스펙트럼 지표 |

- 적대감: 농밀한 민주주의에 대한 관여를 위한 토론, 제안, 변화에 대한 노골적인 무시; 보통, 정치적으로 동기화된 또는 적어도 유지되는 현 상태를 변화시키려는 시도를 깎아내리려는 엄중한 헤게모니적 분위기가 압도함

- 거부: 노골적인 적대감까지는 아니지만, 마찬가지로 유지되는 현 상태를 변화시키려는 시도를 펼하함; 보통, 개혁을 위한 토론과 노력을 차단하려는 주장을 포함함

- 거절: 변화를 위한 맥락과 제안은 인정하지만, 그 과정에 관여하는 것에 대해서는 의지가 없음을 단호히 밝힘; 보통, 권력 동학에 맞서기 위한 무형식적 협력을 포함함

- 노골적인 저항: 변화 과정 그리고/또는 제안된 진보적 개혁에 관여하고, 실행하는 것을 단념시키려는 제도적이고 문화적인 구조와 과정을 사용하려는 노력의 강화

- 수동적(—공격적) 저항: 진보적 개혁에 대항하기 위한 불복종 또는 일치단결을 위한 직관적 노력; 보통, 무형식적 표현, 상징, 메시지 등을 통해 조직됨

- 무관심: 제안된 변화가 쓸모없다는 정서로 인해, 참여 동기, 성찰, 행동이 나타나지 않음; 보통, 제도적이고 문화적으로 강력한 요소를 포함함

- 피상적 행동: 민주주의를 위한 교육을 향한 중요한 운동을 애매하고 취약하게 만들기 위한 작은 노력, 표현, 표명; 보통, 제도적으로 비타협적인 개인적이고 집합적인 책무의 약한 상태를 포함함. 제도적 비타협성은 진실된 행동을 바꾸려는 편에 있음

- 미사여구뿐인 약속: 보통 피상적 행동을 동반하는 담론과 공적 관계 수준의 일부 형식적 지원; 단기적으로는 동기를 부여하지만, 진실되고 분명한 행동이 뒤따르지 않을 때, 역효과를 낳기도 하고, 무관심과 제도적 비타협성으로 귀결될 수 있다.

- 표출된 관심: 보통, 논증과 도덕적 설득을 동반하는, 훨씬 향상된 미사여구뿐인 약속; 미사여구뿐인 약속과 비슷하면서도, 뒤따르는 구성적 행동의 필요성과 관련해서, 동일한 유의점이 남아 있지만, 이보다 더 관여적임

- 개방성: 관여의 시작이며, 변화를 위한 잠재력의 수용; 보통, 대화, 협의, 숙의를 위한 공간의 창조를 포함하지만, 엄격하게 정의된 제도적 맥락 안에 여전히 남아 있음

- 자기중심적 관여: 포용적 발전과 민주주의를 위한 교육의 제도적이고 문화적인 차원에 대한 재고를 인정하는 관여의 다음 단계; 보통, 초기 단계에서는 몇몇 표준, 정책, 대상, 결과물을 발전시킴

- 덜 중요한 관여: 자기중심적 관여보다 향상된 관여이며, 자원, 훈련, 정책적 체계를 갖춘 제도적 책무의 시작을 포함함

- 집합주의적 관여: 민주주의를 위한 교육을 목표로 하는 진보적 관여를 위한 일치된 행동에서의 이해관계 연합을 포함함; 형식적이고 무형식적인 다양한 이해관계자들의 향상된 협의와 참여를 포함함

- 중요한 관여: 집합주의적 관여를 기반으로 하면서, 민주주의를 위한 교육을 구축하려는 제도적 이니셔 티브와 실천을 담은 더욱더 확정되고 탄탄한 정책 체계를 포함함; 보통 확실한 리더십과 정책 역할을 포함함

- 성찰적 노력의 지속: 중요한 관여를 확장하면서, 민주주의를 위한 교육을 위한 평가, 혁신, 역량 강화를 개발함; 보통, 접근법을 재공식화하기 위해 비판과 진실된 대화의 시작을 포함함

- 의식화: 이 수준은 불공평한 권력관계, 정치적 문해력 및 사회정의를 고려하면서, 민주주의를 위한 교육에 대한 비판적이고, 의미 있고, 개입하는 접근법을 포함함; 인식론적, 교육학적, 교과과정상, 교육정책적, 그리고 제도문화적 차원을 재고하는 끝이 아니라, 시작; 핵심적으로 겸손이 중요하며, 포용적이고, 참여적인 과정과 구조는 비판, 변화, 혁신, 대화, 재고를 감안하기 위해 마련됨

엇이, 왜, 어떻게, 어디에서 발생하고, 무엇이 포함되고, 기록되는지, 고려 지점과 데이터 수집 관련 의제는 무엇인지 등 — 민주주의가 어떻게 기능하는지를 이해하는 데 반드시 필요하다. 평포한 쪽에서 시작해서 농밀한 쪽으로 끝나는 이 모델은 아래에서 설명하고 있는 수준들을 포함한다. 이 수준들은 상호 배타적으로 고려하거나, 행동, 성찰, 현실 등을 고정되고 정체된 방식으로 압축적으로 요약해 버리는 지표가 아니라는 것을 인지하는 것이 중요하다. 그러나 특정한 교육 태도, 과정 및 실천을 조사, 진단, 토론하고, 이것들의 위치를 정하는 과정에서 우리는 민주주의를 위한 교육이 어떻게 그 자체를 드러내고, 특수한 교육적 맥락 안에서 발전해 나가는지에 대한 상을 개발하기 시작할 수 있다고 믿는다. 민주주의를 위한 교육을 위한 비판적 관여 스펙트럼은 도표 13에 담긴 개념적 요소들에 대한 비판적이고, 포용적이며, 적극적인 분석과 함께 사용하게 되어 있으며, 심층적인 접근을 위해 민주주의를 위한 교육을 위한 농밀함-평포함 스펙트럼과 잘 들어맞을 수 있다.

우리가 개발한 이 두 스펙트럼은 오랜 기간 이어진 강력한 수많은 국제 협력을 통해 증대된 평가, 성찰, 협의, 분석과 함께 10년 이상 지속한

연구 프로그램에서부터 나온다. 우리는 국제적 차원에서 진행된 우리의 프로젝트가 연구를 상당히 향상시켰으며, 이 모델 및 민주주의를 위한 교육과 관련한 다른 측면을 개발하는 것에 대한 새롭고 대안적이며 혁신적인 개념, 관념 및 사고를 가져왔다고 생각한다. 다음은 몇 가지 주요 결과 내용을 보여 주고 있으며, 이 책의 이어지는 부분에서는 데이터와 결과 내용에 대한 보다 구체적인 분석과 종합적 결과가 제시될 것이다.

연구 프로젝트의 핵심 결과

민주주의를
정의하기

우리 프로젝트에서 다뤄진 많은 연구에 참여한 참여자 대다수는 대안적 접근법, 신자유주의에 대한 비판과 거시경제의 중요성, 사회정의, — 다소 놀랍게도 — 교육에는 별로 또는 전혀 주목하지 않은 채, 선거, 정부, 헤게모니 정치의 구조와 과정을 강조하면서 민주주의를 규범적으로 정의했다. 우리는 산 경험을 자세히 파악하기 위해 시간과 활동 범위를 늘리고, 인터뷰와 추가적인 활동을 통해 참여자들과 함께했다. 이때 우리는 선거와 정당 개념을 토대로 하는 규범 민주주의에 연결된 문제를 파악했고, 형식 교육 시스템 밖에서 일어나는 산 경험의 중요성을 재해석할 수 있는 기회를 많이 접할 수 있었다. 참여자들이 질문을 받았을 때, 상대적으로 **평포한** 방식으로 민주주의를 공식화했다면, 우리 연구에 참여한 미래 교사들은 민주주의를 탐색, 분석, 토론하기 위한 기회를 얻지 못했을 것이다. 또한 우리는 일반적인 관찰과 분석을 통해서, 참여자들은 개방적이고 서술적인 유형의 질문들을 통해서 질문에 대한 정량적 점수를 정당화하기 위해 설득력 있게 정당성의 근거를 찾고 논증하는 데 어려움을 더 많이 겪었다는 것을 알게 되었다. 따라서 우리는 참여자들이 형성해 온 경험에는 민주주의가 무엇인지에 대한 분석이 포함되지 않았으며, 참여자들과 민주주의의 관계를 이해하는 것이 매우 중요함에도 불구하고, 그들의 무형식 경험 또한 주제에 대한 분석을 약하게 하는 형식 교육 경험에 영향을 받았을 수도 있었다는 것을 추정할 수 있었다(Carr & Becker, 2013; Carr, Pluim, & Howard, 2014).

사회정의

민주주의를 교육과 사회정의에 연결하는 것은 대다수 참여자에게는 모호하고 문제가 되는 듯했다. 참여자 다수는 이 연결이 중요하게 고려되어야 한다고 말하면서도, 어떻게 연결해야 할지 확신하지 못하거나, '시스템'이 이 연결을 허락할 것인가를 의문시했다. 심지어 참여자 상당수는 이런 연결에 대해 질문하거나, 이 연결이 실재한다는 것에 대해 놀라움을 표현하기도 했다. 인종차별, 성차별, 계급 차별 그리고 여러 형태의 차이와 주변화에 대한 분석은 '지식을 구성하는 것'에 반대하면서 '지식을 전수하는 것'을 자신들의 임무라고 주장하는 사람들과 부딪히게 되었다. 여기서 산 경험과의 연결은 분명하다. 또한 산 경험과의 연결에 다양한 사람들, 이해관계, 경험, 관점 등을 포함하는 것의 중요성은 형식적인 시스템에 있는 다양한 삶과 집단의 여러 경험과 무형식적 학습활동을 실제로 시행하고 인정하는 핵심적인 측면으로서 똑같이 고려되어야 한다. 특히 시민성, 정치적 문해력 그리고 사회정의를 발전시키는 임무와 관련해서 그 중요성은 크다. 상당한 수의 사례들에서 참여자들은 사회정의에 관한 관심과 걱정을 보였지만, 이 사례들은 또한 참여자들이 사회정의가 발효되는 방식에 대해 잘 알지 못한다는 것을 보여 주었다(Carr, Pluim, & Howard, 2014, 2015; Carr & Thésée, 2012).

형식 교육에 대한
경험

전반적으로 학교 수업/교육 기간에 민주주의에 관한 자신들의 경험에 대해 질문을 받았을 때, 대다수 참여자는 비판적 관여 경험이 없었으며, 확고하면서도 비판적으로 관여하는 민주적인 형식 교육을 통해서 얻은 것이 없었다고 확신했다. 심지어 많은 이들은 비판적으로 관여하거나, 사회정의와 정치적 문해력과 관련된 질문을 던지고, 아이디어를 제안하고, 이런 문제에 적극적으로 참여하는 것에 대한 의욕이 좌절되었다는 점을 강조했다. 대부분은 권력관계와 불평등에 대해 질문하지 않고, 대체로 투표와 선거에 관심이 있었다는 말을 했다. 여기에서 하나의 의문이 떠오른다. 이와 같은 민주주의에 대한 경험 부족은 미래 교사로서 그들에게 어떻게 영향을 끼치고 있으며, 끼치게 될까? 많은 이들은 논란 가능성 때문에, **농밀한** 민주주의에 기초한 작업이 교육 경험에서 배제되어야 한다고 믿고 있었다. 반면 적은 수의 참여자들만이 어떤 식으로든 행동하고, 심지어 의식화에도 참여할 것이라고 뜻을 보였으며, 이것을 어떻게 할 것인지에 대해 진지하게 고민하고 있었다. 또 다른 중요한 질문은 다음과 같다. 만일 이런 민주주의 의식이 학교에서 생기거나 육성되지 않는다면, 어디에서 생기는 것일까? 이것이 민주주의를 위한 교육 관념에서 산 경험이 중요한 축이 되는 지점이다. **농밀함-평포함** 스펙트럼과 관련해서, 형식 교육을 형성하는 체계적이고 제도적인 한계가 산 경험의 중요성을 주변화하는 결과를 만들었으며, 이러한 한계가 제도적인 문화 수준에서 의미 있는 교육학, 교육과정, 교육정책 그리고 변혁적 변화의 잠재력을 약하게 할 수 있다(Carr & Pluim, 2015; Carr, Pluim, & Howard, 2014).

교육자로서 비판적으로 교육에 관여할 잠재력

많은 참여자, 특히 수학과 과학을 가르치는 참여자들은 교육에서 '정치'가 차지하는 자리는 없었고, 지금도 그렇다고 믿고 있었다. 아주 소수만이 민주주의를 위한 교육이 바람직한 결과가 되어야 한다고 믿었다. 그러나 소수인 이 두 번째 집단 내에서도 교육을 어떻게 할 것인가에 대한 혼란이 있었고, 그중 많은 이들은 잠재된 불편함과 논란을 걱정했다. 대부분은 자신들이 그러한 관여에 준비되어 있지 않다는 것을 인정했다. 우리가 이 개념을 좀 더 탐구해 보니, 여러 차원에서 비판적으로 학생들에게 관여하고자 하는 의지를 보이고 준비되어 있는 사람들은 대체로 비판적 관여라는 매우 중요한 산 경험을 해 본 자들이었다. 일반적으로 이 두 번째 집단은 학생들과 더 친해지고, 그들을 더 자극하고, 숙의 민주주의가 인종차별, 전쟁, 가난, 폭력과 같은 대단히 논쟁적이면서도 근본적인 쟁점들을 다룰 수 있는 환경을 더 많이 만들어 낼 수 있다. 인종차별에 대한 활동을 예로 들면, 인종차별의 배경을 가진 사람 중에서 지역 사회에서 인종 관련 문제에 관여해 본 사람들은 그렇지 않았던 사람들보다 더 잘 준비되어 있고, 더 관여적이며, 혁신적이고, 사회문제에 잘 반응하는 반응력이 좋은 경향을 보인다. 형식 교육 경험은 무관심을 키울 수 있기 때문이며, 따라서 모든 산 경험은 더욱 중요하게 된다. 여기서 산 경험을 의지하는 것이 필요하며, 학생들에 대한 분석과 이들의 경험에 대한 전체 틀을 바꿀 수 있다. 특히 관계, 교육학, 교육과정에서 이뤄진 경험이 진정성에 기초해 있을 때 그렇다. 민주주의를 위한 교육을 위한 비판적 관여 스펙트럼의 측면에서 보면, 인종차별의 배경을 가진 사람들을 포함해서, 모든 학생의 고민과 필요를 비판적으로 다루려는 사람들은 더 높은 수준의 관여를 효과적으로 일궈 낼 수 있다(Carr, 2013; Carr, Pluim, & Howard, 2014).

교육에 대한
신자유주의의 영향

비록 참여자 대다수가 **신자유주의**라는 용어를 사용하지는 않았지만, 많은 이들은 신자유주의적 개혁의 언어(시험 보기, 표준화된 교육과정, 기대치와 결과, 사회정의를 위한 자리의 제약, '지식 전달', 민주주의를 위한 교육 활동 금지와 함께 학생과 교사에 대한 표준 달성 압박)로 자신들의 답변을 맞춰 나갔다. 그 결과, 우리 연구에 참여한 미래 교육자 다수는 형식적인 학교교육 경험이 민주주의를 위한 교육에 비판적으로 관여하는 (유일한) 지점이라고 믿지 않게 되었다. 또한, 우리는 교육 프로그램에 비판적으로 관여한 소수의 학생들은 자신들이 이 프로그램 자체에 담긴 제한적이거나 제한된 사회정치적 맥락으로 고려된 것들 때문에, 이 프로그램을 떠난다는 것을 관찰하게 되었다. 이 부분을 조사해 보니, 매우 중요한 산 경험이 가진 관여와 경험이 형식 교육 프로그램과 너무도 부적절하고 삐걱거려서 이 둘이 계속할 수는 없는 것으로 보인다. 비슷하게도 많은 이들은 교육 프로그램에서 숙의 민주주의를 제한하는 것에 비판적이다. 민주주의를 위한 교육을 위한 비판적 관여 스펙트럼 차원에

서 보면, 신자유주의는 엄청난 힘으로 참여자들을 저 밑바닥에 내려놓고
있다. 또한 제도적 경계에 이의를 제기하려는 자들은 상당한 규모의 의
미 있고, 비판적인 관여를 만들어 낼 수 있겠지만, 이것은 형식적으로 이
미 정해진 표준과 갈등을 일으킬 수도 있다. 산 경험은 민주주의를 위한
교육에 관여하고 행동하려는 미래 교육자들의 자리를 잡아주는 중요한
조종자인 것이다(Carr, Pluim, & Howard, 2014; Carr, Zyngier, & Pruyn, 2012).

　따라서 민주주의를 위한 교육의 농밀함-평포함 스펙트럼(도표 14)과 민
주주의를 위한 교육을 위한 비판적 관여 스펙트럼(도표 15)은 모두 미래
교육자들이 형식 교육 안에서 그리고 이를 통해서 (비판적) 관여 능력을
키워 내고 학생, 동료, 그 외의 사람들에게 관여하는 방식에 대한 통찰력
을 제공한다. 산 경험을 형식 교육과 맞출 수 있을까? 혹은 이 두 영역은
확실히 별개이고, 대립하면서, 단절되어 있는 것일까? 만일 산 경험이 충
분히 고려되고, 운용되고, 활용되지 않는다 해도, 사회정의와 정치적 문해
력 그리고 미디어 문해력이 형식 교육의 중요한 특징이자 결과물이 될 수
있을까(Funk, Kellner, & Share, 2016; Marshall & Sensoy, 2011; Martin, 2014)?

토론

이 장은 산 경험과 형식적이고 구조화된 교육적 경험, 이 둘 사이 근본적
이고 비판적인 관계를 맥락화하려고 했다. 우리를 사로잡은 주된 생각은
산 경험이 사회정의, 정치-미디어 문해력, 민주주의를 중심으로 형식 경
험을 어떻게 통합하고, 평가하고, 맥락화할 것인지에 대한 것이다. 우리

는 민주주의를 위한 교육을 위해서는 경험적 학습활동과 형식 학습활동 사이 형식적 연관성과 무형식적 연관성 — 명시적 연관성과 내포적 연관성 — 모두가 필요하다는 점을 주장한다. 우리의 연구 프로젝트는 일반적으로 교생들이 자신들의 교육 안에서 그리고 이를 통한 활기 넘치고, 비판적이며, 관여적인 민주주의를 어떻게 경험하지 못했고, 이러한 경험 부족이 자신들의 미래의 행위, 힘, 관여에 어떻게 영향을 주게 되는지에 대한 고질적인 특징을 드러냈다. 산 경험은 교수 활동과 학습활동의 모든 측면에 영향을 미치며, 민주주의와 민주주의를 위한 교육의 연결은 형식화된 교실 밖에서 발생하는 집단적 학습활동과 정체성 형성뿐만 아니라, 개인을 중요하게 고려할 때 향상된다. 우리 연구는 교육의 목적, 교육이 제시되고 결과가 평가되는 방식을 결정하는 의사결정 과정에서 다양한 관점, 쟁점, 현실, 사람 등을 포용할 틈을 거의 제공하지 않는 권력의 고려 지점 때문에, 산 경험이 언제나 중심이 되지 못한다는 것을 알게 되었다. 앞서서 언급했듯이, 궁극적으로 우리는 민주주의를 위한 교육의 농밀함-평포함 스펙트럼과 민주주의를 위한 교육을 위한 비판적 관여 스펙트럼이 민주주의를 위한 교육의 방향, 이를 위한 계획수립, 그리고 이에 관한 교육 시스템을 평가하는 데 유익하다고 확신한다. 그 효과, 함의, 맥락적 요소뿐만 아니라, 무엇을, 왜 그리고 어떻게 해야 하는가를 연구하는 가운데, 이 두 스펙트럼은 교육자, 목표, 자원, 정책 그리고 실천이 비판적이고, 의식화된 관여와 보조를 맞추는 정도에 관한 확인 작업을 지원할 수 있다.

따라서 **민주주의를 위한 교육의 농밀함-평포함 스펙트럼과 민주주의를 위한 교육을 위한 비판적 관여 스펙트럼**을 통해서, 우리는 교육에 담긴 민주주의와 민주주의를 위한 교육을 특징지을 수 있는 중요한 저항, 취약성, 무관심, 노력, 가능성, 혁신에 대해 분석하려고 한다. 비록 이분법적인 수단을 의미하는 바는 아니지만, 농밀함-평포함 스펙트럼은 민주주의를 위한 교육에 대한 이 두 접근법의 상을 보여 주는 데 도움이 될 수 있는 몇 가지 교육 영역을 담았다. 교육이 구조화되는 방식에 관한 몇 가지 개념적 요소들을 — 일상/무형식적 경험뿐만 아니라, 교육학, 교과과정, 교육정책, 제도적 문화, 인식론, 리더십을 — 참고하면서, 우리는 민주주의가 제도 교육적 맥락뿐만 아니라, 교수 활동과 학습활동 안에서 더 향상되고, 더 잘 작동하고, 더 문제화될 수 있는 체계를 확장하기를 희망한다. 민주주의를 위한 교육을 위한 비판적 관여 스펙트럼에 있는 여러 관여 수준들은 배타적이지 않으며, 인간적 태도, 처신, 성향, 행동, 경험의 모든 차원을 각각 압축적으로 요약하기 위한 것이다. 그러나 이 스펙트럼은 다른 일은 물론 미사여구뿐인 것들을 현실에서 분리하고, 의도와 행동을 대조하면서 질문을 던지고, 특히 더욱 단단하고 의미 있는 민주주의를 위한 교육계획 수립과정을 탐구하는 일에 직접 관련된 사람들을 끌어들이는 데 도움이 될 수 있다.

연구를 통해, 우리는 비록 산 경험이 형식적인 시스템에 의해 덜 중요하게 여겨지고, 평가절하되었지만, 형식 교육 경험의 형태와 그 영향력의 크기를 형성하는 데 핵심적이라는 것을 알게 되었다. 이것은 우리 프로젝트에 크게 영향을 준 듀이와 프레이리가 이룬 중대한 작업과 잘 들어맞는다고 본다(Dewey, 1916/1997, 1938, 1958; Freire, 1973, 1985, 1998). 미래 교육자들은 자신들의 고유한 교육 경험에 대해 비판적으로 성찰할 때, 중요하게는 사회적으로 구성된 자신들의 정체성을 포함해서, 형식적인 것과 자신들을 연결하는 과정에 무형식적인 것의 중요한 역할을 강조하게 된다. 신자유주의적 교육은 높은 시험 점수 그리고 '형식' 학습활동에 직접 연결되지 않는 여러 활동과 경험을 위한 자금·자원·후원을 줄이려는 표준화된 교과 과정과 교육학을 선호하는 경향을 보인다. 이러한 경향 속에서 많은 경우, 미래 교육자들은 이러한 신자유주의적 교육 경향을 단절하고 극복하려는 혁신적이고, 비판적으로 관여하는 작업을 위한 여지가 별로 없다는 결론을 내려 왔다(Cochran-Smith, 1991; Dei, 2014; Hill, 2012). 또한, 솔호그는 자신의 연구(Solhaug, 2018)에서 "시민교육에서 전체론적인 실천을 이끌어 내고, 학교 민주화에 기여하는 민주적 학습활동에 관한 더욱 포괄적인 관점"(p. 6)을 제시하기 위해 '시민성 학습활동 관점'을 더 많이 강조하고 있다. 우리는 이러한 솔호그의 연구를 받아들이고 연결하고자 한다.[3]

우리는 민주주의를 위한 교육에 대한 이러한 개념화를 발전시키고 제시하면서, 많은 통찰력과 뜻밖의 새로운 사실을 끌어냈다. 우리는 교사와 학생을 중심으로 동료, 시민사회 구성원, 교육 관계자들의 다양한 관여와 함께 피드백과 비판을 기꺼이 받아들여 왔다. 시민성과 급진화에 관련된 연구를 통해서, 이 두 모델에 대해 한 가지 중요한 재고가 생겨났다. 이 연구를 통해서, 우리는 범주들이 — 예를 들어, 민주주의를 위한 교육을 위한 비판적 관여 스펙트럼 모델의 범주들이 — 가진 진보적인 성질을 둘러싼 규범적 사고에 대해 재고하게 되었다. 이것은 이 스펙트럼의 최하위 영역(예를 들어, **노골적인 저항, 거절, 거부, 적대감**)에 존재하는 것으로 여겨지는 사람들이 전혀 참여하지 않는 것은 아니라는 생각을 받아들일 수 있게 했다. 이 사람들은 우리가 선호하는 방식, 즉 사회정의, 정

---

3 특히, Solhaug(2018, p. 7)는 민주적인 학교를 분석하기 위해 자신의 분석 틀에 다음과 같이 10개 요소를 열거한다. 민주적 참여, 제도로서의 학교, 지식, 학생 위원회, 민주적 가치와 덕성(자유), 공평, 관용, 연대, 보호 및 포용성.

치적 문해력 그리고 사회 변화를 추구하는 의식화라는 우리가 규정한 목표를 밀어붙이려는 방식에 관여하지 않을 수도 있다. 그러나 이들이 거부, 거절, 저항하기 위해 강력한 입장을 취해 온 사실에 따르면, 형식 교육 경험에 도전하는 과정에서 이들의 정치적 참여와 정치적 문해력을 긍정적으로 확인할 수 있다. 따라서 우리는 여러 수준에서 문제가 되는 스펙트럼의 중간 단계들(**수동적-공격적 저항, 무관심, 피상적 행동** 그리고 **미사여구뿐인 약속**)을 재고하게 된다. 예를 들어 이러한 소극적인 비평과 제한된 참여의 원인은 무엇일까? 또한 우리는 이 모델에 영향을 받은 사람들이 이 모델의 기반에 대한 동의 여부를 떠나, 이 모델을 통해 토론의 장을 마련할 수도 있다고 믿는 듯하다는 점에 큰 인상을 받았다. 마침내 우리는 민주주의와 민주주의를 위한 교육이 가진 미묘한 차이, 복잡성 및 역설을 더 잘 재현하려는 개인적이고 집단적이며, 집합적이고, 제도적이고, 전체 사회적인 방안과 용도를 직접 연결하기 위해 이 모델들이 더 깊이 적용될 수 있는 방안에 대해 배웠다.

우리는 이 스펙트럼들의 적실성과 용도를 검증하고, 이것들의 방향, 기반 그리고 개념적이고 이론적인 기초를 검증하고 확정하기 위해, 이 스펙트럼들과 관련된 경험적 데이터를 맞춰 가는 연구 내용을 다음 장에서 제시하려 한다. 비판적이고, 변증법적이며, 포용적인 체계 안에서 상식적으로 행해지지 않는 민주주의를 위한 교육을 비판적으로 설정하고, 맥락화하고, 다뤄야 한다. 이를 위해 대화, 토론, 숙의 능력을 높이는 과정이 필요하며, 교육 시스템, 교육자, 교직원, 학생 그리고 여러 집단의 감각을 깨우는 데 큰 노력이 뒤따라야 한다. 형식 교육의 경험 안에서 그리고 이 경험을 통해서 뒤섞여지는 불공평한 권력관계를 미래 교육자들의 일상 현실 및 경험과 연결하기 위해서는 패러다임 이동, 신자유주의에 대한 문제화, 제도적이고, 체계적이며, 다양한 불평등에 대한 인정 그리고 어떤 과정이나 결과도 통제하지 않으려는 욕망, 즉 규범적 구조에 특정한 문제를 제기하는 욕망이 필요하다. 따라서 전통적으로 소외된 다양한 집단들을 포용하고, 소셜 미디어처럼 토론, 정체성, 경험을 형성하는 역할을 하는 동시대 문화적 힘도 반드시 받아들여야 한다. 산 경험을 연결하면서 **민주주의를 위한 교육의 농밀함-평포함 스펙트럼**과 **민주주의를 위한 교육을 위한 비판적 관여 스펙트럼**을 제시한다고 해서 민주주의를 위한 교육이 보장되지는 않는다. 그럼에도 이 스펙트럼들을 제시하는 것은 교육 안에서 그리고 교육을 통해서 민주주의를 더 (농밀하게) 성취하려는 맥락에 고취된 몇 가지 핵심적인 고려 지점을 다루려는 토론과 관여를 촉진하는 데 도움을 줄 수 있다고 우리는 확신하기 때문이다.

6장

교육 민주화의 가능성을 교육자 경험과 연결하기:
결과는 무엇인가?

들어가며[1]

미국이 민주주의라는 것이 미국 사회에서 상식으로 받아들이고 있지만, 이것이 주는 악영향이 전 세계 여러 나라로 퍼지고 있다. 그런데 이런 상식은 어디에 기반을 두고 있을까? 이런 진술을 정당화하는 증거와 경험적 데이터는 무엇인가? 민주주의는 오로지 한 가지 형태만 존재하는가? 만일 그렇다면, 미국은 그 유일한 모델을 구현하고 있는 것일까? 우리는 민주주의를 어떻게 사고하고, 개념화하고, 비판하는가? 이 책에서 강조

---

1 이 글은 Carr, Paul R. (2013). Thinking about the connection between democratizing education and educator experience: Can we teach what we preach? *Scholar-Practitioner Quarterly, 6(1)*, 196-218.에 수록된 것을 출판사와 저작권자의 동의를 얻어 일부 수정해서 수록했다. 카가 처음에 저술했을 때, 이 글은 이 글 안에 구현된 직접적이고 특정한 상황에 맞는 개인적 성찰을 담으면서 한 명의 저자 목소리를 담고 있다. 이러한 특징은 다음 장에서도 마찬가지이다. 우리는 (카가 쓴) 6~7장과 (테세가 쓴) 8장은 이 책 전체의 관점, 스타일 그리고 진실성과 원활하고 효과적으로 잘 어울릴 것이라 믿고, 또 그러기를 바란다. 나머지 장들은 한 사람만의 목소리만 전달되는 것과 같은 느낌을 피하기 위해 적절히 수정되었지만, 우리는 특히 이 세 장이 이 두 저자의 고유한 특성을 살릴 때 더 효과적이고 적절하다고 생각한다.

하듯이, 프레이리, 듀이 그리고 여러 학자의 정신에 따라 적절하고 비판적으로 관여하게 된 교육 경험 없이, 새롭게 떠오르는 의미 있는 민주주의에 대해 말하는 것은 문제가 되며, 반정립적이다(Banks, Banks, Cortés, Hahn, Merryfield, Moodley, et al., 2005; Carr, 2011; DeVitis, 2011; Dale & Marginson, 2010).

형성기 공교육(초등교육과 중등교육)은 사회적 비판, 이해 그리고 행동주의를 위한 플랫폼을 의미할 수 있다(Guttman, 1999; Kincheloe, 2008a, 2008b). 생각해 보면 그리 어렵지 않게 여러 다른 수준에서 나타나는 사회적 현실과 사회적 대표성에 대한 사고와 비판적 분석에 사람들이 관여할 수 있을 때, 사회 변화, 연대, 정치 변동을 추구하는 대중운동이 더욱 활발하게 강화되고, 만들어질 수 있다는 것은 의심의 여지가 없다. 이 사고와 비판적 분석은 대체로 20세까지의 사회적이고 산 경험과 학습활동에서 유래한다고 볼 수 있다. 교실은 물론 학교 식당, 복도, 운동장, 체육관, 집회 영역 그리고 여러 공간을 포함해서 학교에서 발생하는 것은 감수성이 예민한 학생들에게 결정적인 영향을 미친다(Hyslop-Margison & Thayer, 2009; Pinnington & Schugurensky, 2010; No, Brennen & Schugurensky, 2017). 이것은 듀이의 '진보 교육' 관념(1916/1997)과 프레이리의 '의식화' 관념(1973, 1985, 1998, 2004)을 상기시키며, 이 관념들은 타자와 권력에 대한 우리의 관계를 더 충분하고 완전하게 이해하는 것과 관련이 있다. 또한 교육 안에서 그리고 교육을 통해서 민주주의를 위한 교육 경험을 구체화하는 데 도움을 주는 것은 6가지 요소가 포함된 우리의 개념적 모델(제도적 문화)이 가진 중심축 중 하나이다.

따돌림, 인종차별, 성차별, 동성애 혐오, 주변화, 해로움이 감춰진 교육과정, 영향력 있는 학부모 개입, 수학여행, 내빈 등에 대한 관여는 어떻게 학생, 교사 그리고 여러 이해 집단의 교육적 경험에 관련되는가? 학교에서 벌어지는 일 그리고 벌어지지 않거나 생략되는 일은 매우 중요하다. 쟁점들은 어떻게 제기되고 토론되는지 그리고 이것들이 다양한 인식론적 관점에 어떻게 개방적이거나 폐쇄적인지가 중요하다(Noddings, 2006, 2011, 2013). 정리하면, 학생들은 자신들의 민주주의 감성을 발전시키기 위해 드러내 놓고 배우지만, 또한 은밀하게 배우기도 한다. 그리고 교육자/교사가 민주적 지식, 참여, 행동의 범위를 확장하거나 제약하기 위한 지속적인 영향력을 가지고 있는 곳이 바로 여기에 있다.

우리는 주요하게는 파울루 프레이리와 비판 교육학에 관련된 여러 학자들의 주요 작업 안에 우리 연구의 위치를 설정했다. 이런 학자들에는 헨리 지루, 조 킨첼로, 피터 맥라렌, 안토니아 다더, 셜리 스테인버그, 벨 훅스, 그리고 일상의 사회적 현실, 인식론적 헤게모니, 해방의 본질, 변혁의 잠재력을 비판하는 많은 작업을 수행해 온 연구자들을 포함한다 (Edwards, 2010; Darder & Miron, 2006; McLaren & Kincheloe, 2007; Malott & Porfilio, 2011). 지난 10년 동안 이어진 우리의 협력은 민주주의를 위한 교육에 대한 우리의 관념과 이해를 넓히는 데 도움을 준 여러 영역을 상호 연결할 수 있도록 했다. 특히 프랑스어와 스페인어로 작업하는 동료들과 맥락을 연결할 수 있었고, 국제적으로 겪은 여러 어려움에 대해서도 협력할 수 있었다.

따라서 현재는 **민주주의에 대한 문맹**이 정부를 포함해서 진보적 시민성 가치와 행위의 발전이 가진 중요성과 관련된 다양한 사회 분야가 옹호하는 수사적 서사들을 빠르게 빼앗아 버리는 시대로 특징지을 수 있다. 세계 ― 그 세계 속의 민족, 문화, 가치, 차이, 의사결정 과정 등 ― 와 상호작용할 수 있다는 것은 더는 식민주의 과거의 사적 잔재 안에서 교육반은 엘리트를 위해 보존된 사치스러움이 아니다. 문해력은 반드시 고용 기반 기술력을 넘어서야 하며, 청년들에 의한 문화의 구성을 문제화하려 해야 한다(Giroux, 2009). 이것은 우리에게 사회의 권력과 민주주의에 대해 많은 것을 말해 줄 수 있다. 청년 저항(Giroux, 2004; Macedo & Steinberg, 2007)은 단지 따라 나오게 되는 전통적이고 규범적인 길이 아니라, 헤게모니 세력에 대한 반작용으로 이해되어야 한다. 우리가 그러한 자유사상을 어떻게 권장할 것인가 뿐만 아니라, 어떻게 정반대의 사고를 이해하는가가 민주적으로 문해력이 있고, 관여적이며, 포용적인 사회 형성에 매우 중요하다(Cook & Westheimer, 2006; Freire, 1998; Portelli & Solomon, 2001). 궁극적으로는 비록 확실하지 않은 실체이지만, 우리는 모두 세계시민의 차원과 중요성에 직면하게 된다 (Andreotti, 2014; Andreotti & de Souza, 2012; Carr, Pluim, & Howard, 2014; Dill, 2013; Evans, Broad, Rodrigue, et al., 2010; Langran & Birk, 2016).[2]

비판 교육학은 우리에게 정치적 문해력과 사회적 (정의) 변혁을 이해하는 체계를 제공한다. 이 체계에서는 권력의 국가적 대표성과 맥락적 현실이 문제화되고 거부된다(Darder & Miron, 2006; Denzin, 2009; Edwards, 2010; Giroux, 2011, 2014; Hyslop-Margison & Thayer, 2009; Kincheloe, 2008a, 2008b; McLaren & Kincheloe, 2007). 비판 교육학은 사람이 기성 사회에서 사회정의의 수준을 결정하기 위해 반대를 표시하는 점검표를 제공하는 것에 관한 것이 아니다(Carr, 2008a). 오히려 이것은 모든 억압과 주변화를 고민하며, 권력과 불균등한 권력관계를 따져 묻고, 문제화하고, 비판

---

2 세계시민성 교육에 대한 더 깊은 통찰력을 위해 다음을 참고하라. *Journal of Global Citizenship and Equity Education* http://journals.sfu.ca/jgcee/index.php/jgcee 그리고 UNESCO's Global Citizenship Education 웹페이지 https://en.unesco.org/themes/gced

하려는 것이다(Macrine, 2009). 지루(2007)는 비판 교육이란 "권력의 공인된 거짓말과 한 가지 방식으로만 몰아가는 매우 환원주의적인 관념을 거절한다…. [비판 교육]은 학생들이 비판적 동인으로서 자신들이 가진 권력을 받아들이는 법을 배울 수 있어야 하는 공간을 열어 놓는다. 이것은 민주주의 그 자체는 아니더라도, 질문을 던지고, 자기주장을 하는 조건 없는 자유가 대학이 추구하는 목적의 중심부에 위치하도록 한다"(p. 1).

비판 교육은 교실에서 형식화된 경험과 교실 밖 산 경험 사이 직접적이고 분명하면서도 부정할 수 없는 연결점을 만들며, 여기에서 신체, 정체성 그리고 사회적 관습들이 학교에서 발생하는 것에 영향을 미치게 된다(Giroux & Giroux, 2006; Malott & Porfilio, 2011). 지루(2007)는 "시민이 자율적이지도 자기 판단적이지도 독립적이지도 않다면, 민주주의는 작동할 수 없다. 만일 학생들이 일상생활, 제도적 개혁, 정부 정책에 영향을 주는 결정에 참여하고 이 결정의 틀을 만드는 것에 대한 필수적인 판단과 선택을 해야 한다면, 이 속성들은 학생들에게도 반드시 필요하다"는 점을 강조하고 있다. 분명하게도 덴진(Denzin, 2009)은 '비판 민주적 교육학'의 그물망을 함께 만드는 수많은 지점을 제시한다: "비판 교육학은 문화적이고 교육적인 실천이 정체성, 시민성 그리고 행위자에 대한 신자유주의적 개념을 구성하는 데 어떻게 기여하는지를 이해할 수 있는 도구들을 제공한다(p. 381)."

이 장은 미국 중서부 도시 지역의 교육위원회에 속한 교사들에 대한 사례연구를 통해서 교육과 관련된 민주주의의 관련성, 위치 설정, 동학 그리고 그 효과에 대한 질문을 심화시킨다. 이 연구는 **민주주의, 정치적 문해력 및 변혁 교육 연구 프로젝트**를 통해서 국제적으로 수행된 여타의 연구뿐만 아니라, 교생들과 함께 미국과 캐나다에서 이전에 수행된 연구를 기반으로 한다. 이 장은 민주주의와 교육에 관해서 교사 54명의 관점, 경험, 인식을 탐구한다. 이 장은 연구의 맥락과 방법론에 대한 소개를 시작으로 해서, 결과물을 만들고, 이와 함께 행동과 변화에 대한 분석, 토론 및 제안으로 이어질 것이다.

사례연구:
모닝사이드 교육위원회 Morningside school board

교사들의 자발적인 참여를 요청한 이 교육위원회는 (가칭) 모닝사이드 Morningside라 불리며, 1970년대 철강 산업의 몰락에 따른 경제적 혼란이 악영향을 끼친 미국 중서부의 한 도시에 위치해 있다. 하지만 위원회는 자랑스럽고 풍부한 역사를 유지하고 있다. 경제회복과 발전을 조금씩 보이고 있지만, 이 도시는 여전히 심각한 사회경제적 문제에 직면해 있다. 연구 기간이었던 2008년과 2010년 사이, 교육위원회는 1970년대 초에 비해 약 3분의 1 수준에 머무는 학생 수를 대상으로 하고 있었다. 통계적으로 보면, 이 지역은 '백인 이주(도심 범죄로 인해 백인들이 교외로 이주하는 현상-옮긴이 주)'와 인종차별의 증가를 포함해서 여러 가지 사회 붕괴 현상들을 보여 주고 있었다. 백인과 중산층이 압도적으로 많고, 도시에서 발생하는 여러 문제와는 큰 상관이 없는 주변 교육위원회와 달리, 모닝사이드의 학교들은 주로 아프리카계 미국인 학생, 사회경제적으로 하층 집단 학생 그리고 특수교육이 필요한 학생들로 구성되어 있다. 모닝사이드는 주로 국가시험과 표준 등급의 하위권에 머물고 있다는 이유로 언론의 비판을 자주 받고 있다.

이곳에는 차터 스쿨(charter school, 미국에서 공적 지원에 기반하지만, 기업이나 지역 이해관계집단 등이 독립적으로 운영하는 학교-옮긴이 주), 사립학교, 교구 학교parochial school로 떠나는 모닝사이드 학생들 그리고 경제적 능력을 강조하면서 학교 프로그램에 질적으로도 양적으로도 영향을 끼치는 다른 교육위원회들에 대해 많은 고민이 있다. 어떤 측면에서 보면, 모닝사이드 교사들은 매우 독특한 문제에 직면해 있으면서도, 이들이 만들어낸 성취들은 특히 낙오 학생 방지법(No Child Left Behind legislation: NCLB)이라는 제한된 관점에 맞춰서, 제대로 기록되지 않은 채, 간과되고 있다. 다른 지역 교사들처럼 모닝사이드 교사들도 일반적으로는 대학에서 형식 교육과 역량 강화 훈련을 받아 왔다. 이러한 교육과 훈련은 주변 교육위원회의 행동과 분석을 상호비교하고, 아래 연구에서 서사적으로 제시된 논평에 명확히 담겨 있다.

모닝사이드 교육위원회는 대략 연간 2억 달러의 예산을 가지고 있으며, 여기에는 많은 장학금 및 현재 진행 중인 여러 프로젝트가 포함되어 있다. 16개 학교와 약 6,800명의 학생이 이곳에 있다(직업기술 학교 1개, 중등학교 3개, 고등학교 4개, 초등학교 7개 그리고 대안학교 1개). 학생들의 졸업률은 73% 정도이며, 인종적으로는 아프리카계 69%, 코카시아계 18%, 히스패닉계 8%, 아시아계 0.2% 그리고 다문화/다인종계 5%의 분포도를 보이고 있다. 모닝사이드 교육위원회에는 1,020명의 교사가 소속되어 있는데, 그중 618명이 자격증이 있고, 402명이 다른 식으로 구분되어 있으며, 교사로서 평균 18.5년의 경험을 가지고 있다.

방법론

2008년~2009년 기간에, 폴 카는 다음과 같은 사안에 대한 조언, 동의, 필요한 자원 등을 찾기 위해 모닝사이드 교육위원회 교육감과 협의를 진행했다.

- 연구 목적, 목표 및 운영 방식
- 방법론적, 윤리적, 맥락적 고려 사항
- 과정, 절차, 결과에 대한 합의
- 모닝사이드 교육위원회 웹사이트에 게재된 모닝사이드 교육위원회 교사 대상 교육감 제안 교장 주관 설문조사 참여 제안

이 연구에 대한 참여는 자발적이고, 익명으로 진행되었으며, 2009년에 실시된 온라인 설문조사를 통해 처음으로 시작했다. 설문조사는 교생을 대상으로 한 이전 설문조사 내용을 대체로 반영했으며, 민주주의와 교육에 대한 교사의 인식, 경험, 관점에 대한 개방형 질문과 폐쇄형 질문 모두를 담았다(Carr, 2008c; Carr & Thésée, 2009를 보라. 또한 이 책의 1장 도표 3을 참조하라). 이 설문조사는 모두 답변하는 데 30분~60분 정도 걸리며, 참여자가 제공하는 정보와 답변은 SEMATO 데이터베이스에 바로 입력된다. SEMATO는 누구나 접근 가능한 온라인 기반 분석 소프트웨어 프로그램이며, 보다 엄밀한 양적이고 질적인 분석을 위해 마련된 것이다.

54명의 교사들이 연구에 자발적으로 참여했다. 참여 교사의 절반 정도는 21년 이상 교사 생활을 해 왔으며, 나머지 질반 중에서도 반은 대체로 11년 이상 20년 이하의 경험을 그리고 그 나머지는 4년 이상 10년 이

하의 경험을 가지고 있다. 참여 교사 절반 정도가 51세 이상이고, 중등학교 교사가 전체의 절반을 차지하고 있다. 참여 교사들 중 약 80%가 여성이며, 85%가 백인이다.

조사 결과

이 장의 목적을 위해, 우리는 다음 사항에 집중하면서 진행된 연구로부터 주어진 테마를 강조하고 있다. (1) 민주주의를 정의하기, (2) 민주주의와 교육, (3) 민주주의를 위한 그리고 민주주의에 대한 교수 활동, (4) 연구에 대한 반응. 각각의 테마를 위해, 우리는 초기 양적 분석을 간략히 설명하고, 테마 속에 담겨 있는 서사적인 의견을 이어 나갈 것이다. 양적 분석은 통계적으로 특별히 의미가 있는 것은 아니며, 데이터의 신뢰도를 높이기 위해 통계 테스트가 이뤄진 것도 아니다. 오히려 이 데이터는 질적 답변을 위한 맥락 제공을 보조하고, 데이터, 조사 결과, 분석에 기초한 관련 테마들을 발전시키는 정도이다. 다음 장에서는 이 조사 결과에 대한 분석이 제공될 것이며, 특히 교생과 함께한 연구와 관련한 이전 보고 내용과 비교된 내용이 담길 것이다.

　이 연구의 조사 결과에 대한 원활한 해석을 위해, 선행연구를 간략히 검토하는 것이 도움이 될 것이다(Carr, 2007a, 2007b, 2008b, 2008c; Carr & Thésée, 2009). 선행연구는 미국 중서부 대학 교육학부와 캐나다 퀘벡주 내 한 대학의 교육학과 학생들의 민주주의에 대한 인식, 경험, 관점에 대한 것을 담고 있다. 4가지의 주요 테마들은 다음과 같다. (1) 교육학과 학생들의 민주주의 정치 이해 방법, (2) 교육에서 민주주의를 **실천하기** 위한 잠재력과 한계, (3) 민주주의와 관련해서 권력과 차이의 이해에 대한 중요성, (4) 편견, 가치 보급, 주입식 교육에 대한 압도적인 두려움이 깔린 민주주의와 사회정의 사이 모호한 연결. 현행 연구는 이러한 선행연구의 조사 결과로부터 영향을 받게 된다.

다소 변화가 있지만 — 예를 들어, 캐나다 사례는 프랑스어로 진행되었기 때문에, 몇 가지 용어와 개념은 변경되어야만 했고, 지역 차원에서 특별한 의미가 있는 몇몇 문항들이 추가되었다 — 거의 동일한 설문조사 수단(1장의 도표 3 참조)을 사용하면서, 인구학적으로 몇몇 눈에 띄는 차이가 있음에도 불구하고, 두 사례는 여러 중요한 쟁점에 대한 비슷한 서사를 제공했다. 이 두 맥락에서는, 민주주의는 '다수의 통치', '투표하기', '(의원들에 의한) 대의제', '정치제도적 자유liberty' 그리고 '개인 의지의 자유freedom'를 기반으로 한다는 통념에 따라, 민주주의를 정의하는 작업이 규범적이고 헤게모니적인 서사의 뒤를 이었다. 다소 놀랍게도, 어느 사례도 의미 있고, 실용적인 민주주의의 전제 조건으로서 교육과 정치적 문해력을 강조하지 않는다는 것이다. 사회정의와 민주주의의 연결 또한 여러 차원에서 불명확했다. 명백하게도 캐나다 사례보다 미국 사례가 민주주의의 다양한 (그리고 대안적인) 형태, 사회운동 그리고 투표, 선거, 강력한 정당을 기반으로 하는 헤게모니적인 민주주의에 대한 비판을 대체로 부정하고 있었다. 이 두 연구에 참여한 사람들의 의견은 그들 자신의 교육 경험과 교육이 민주주의를 발전시키는 데 기여할 수 있는 그들 자신의 믿음에 대한 한계를 반영하고 있었다. 각 사례에서 어떤 응답자들은 권력 관계와의 관련성을 환기시켰는데, 미국 참여자들은 '가난한 자들'이 부자들과 같은 권리와 특권을 가지고 있지는 않다는 것을 인정하고 있으며, 캐나다 사례에서는 프랑스 언어권 사람들을 위한 언어적 권리에 대한 더욱 확연한 고려 지점이 존재했다.

교사들에 대한 현행 연구의 조사결과는 다음과 같다.

민주주의를 정의하기

양적 수준에서 리커트 척도(1~5)를 사용한 질문 항목에 대한 답변은 대체로 다음과 같았다.

- 대다수 참여자들은 자신들이 민주주의 국가에 살고 있다고 믿고 있다.
- 선거는 민주주의의 핵심 요소이다.
- 대체로 모든 참여자들은 선거에서 투표를 하고 있으며, 현행 쟁점들은 시민으로서 자신들의 필요에 대응하고 있다고 믿고 있다.
- 대부분 자신들이 시민으로서 적극적으로 참여하고 있으며, 또한 자신들이 미국 사회에 충분히 참여하고 있다고 믿고 있다.
- 대부분 사회정의와 민주주의가 민주주의와 연결된 중요한 개념이라고 믿고 있다.
- 대부분 9.11 테러 이후에 시민성에 관한 자신들의 관점이 변했다고 느끼고 있다.
- 참여자 중 반 정도는 "좋은 시민이 되기 위해서는 헌법에 대한 합의를 통해서 살아갈 필요가 있고," 투표가 좋은 시민이 되기 위한 요소 중 하나라고 믿고 있다.

참여자들의 서사에 담긴 가장 중요한 특징들을 삼각측량하고, 구체적으로 설명하는 가운데, 질적 분석을 통해 발전된 테마들은 데이터 검토와 분석을 몇 차례 수행한 후에야 비로소 만들어진다. 아래 인용문들은 참여자들이 쓴 것을 그대로 실은 것이며, 우리는 몇몇 주요 요소들을 강조하기 위해 일부를 굵게 표시했다. 제시된 의견들은 완전한 목록이 아니라, 연구 과정에서 발견된 테마들의 기반을 다양하게 재현했다. 익명성을 보호하기 위해 의견과 이름을 같이 나열하지 않고, 횡단면 방식으로 제시했음을 밝힌다. 또한 연구조사 결과는 우리가 이전에 해 온 유사한 연구조사 결과를 반영하고 있음도 밝힌다.

아래는 참여자들이 민주주의를 어떻게 정의내렸는지와 관련한 주요 테마와 변경되지 않은 의견들이다. 굵게 표시한 부분은 우리가 강조하기 위해 추가한 것임을 한 번 더 언급한다.

(a) 인민에 의한 통치와 정부와의 관계

- 인민의 결정에 따라 바뀔 수 있는 **정부와 인민 사이 사회 계약**

- **인민의, 인민을 위한, 인민에 의한 정부.** 기업의 지배권에서 벗어난 정부

- 직접적으로든 대의제를 통해서든 **민주주의는 인민을 통해서 그리고 인민에 의해 권한이 부여되는 통치권이다.**

(b) 투표가 핵심이다

- 모든 시민의 권리는 **계산되는 투표**와 계산되는 목소리를 **담고 있다.** 이 투표와 목소리가 다수의 생각에 따르는 것이 아니라고 해도 말이다. **시민이 투표할 수 있고,** 시민의 생명, 자유, 행복추구권이 정부의 의사결정 과정에서 다뤄지기 위해서.

- **시민이 대표자를 선출할 수 있는 능력;** 대의제 정부 형태를 유지하기 위해

- 나에게 민주주의는 인민에 의한 통치이다. 나는 지역, 주 그리고 국가 차원

에서 나 자신을 대표하기 위해 **공무원을 투표를 통해 선출하는 내 권리**를 행사한다.

(c) 참여

- **민주주의는 정부에 참여하기 위한 기회이다.** 이것은 투표의 의무를 포함하고, 많은 자유를 발전시킨다.
- 우리나라를 운영하는 과정에서 **시민 개개인이** 보호받는 모든 시민의 번영을 위해 **자신들의 자원을 투입해 나가는 것**
- **민주주의는 통치 과정에 인민들이 자발적으로 개입하는 것이다.** 가장 좋은 통치 방식은 정보를 제공하는 것이다. 자유롭고 진실을 찾는 언론은 필수조건이며, 교육받은 유권자도 필수적이다.

(d) 자유

- 정부 안에서 **의사를 결정하고,** 그 과정에 참여하고, 변화를 만들 수 있는 **자유를 가진 능력**
- 민주주의는 **자유롭게 말하고, 참여하고, 행동하고, 정부가 고려하는 조항들에 대응하는 능력**이다.
- 나는 이것을 **당신이 타인에게 해를 입히거나 법을 어기지 않는 한에서 무엇을 원하든 할 수 있는 자유**를 가지고 있는 것으로 정의한다.

(e) 평등

- 민주주의는 살아가는 방식이다. **모든 이들에 대한 공정하고 평등한 대우**
- 모든 사회 구성원에 대한 **공정하고 평등한 대우**
- 정부가 하는 것에서 선택과 목소리를 갖기 위해 **타인의 권리를 침해하지 않**

는 자유

넓은 의미에서 진행된 연구조사들과 유사하게도, 참여자들은 민주주의 개념의 사전적이고 규범적인 정의(다수 통치, 투표, 자유, 평등)와 매우 닮은 다음의 테마들을 강조하면서, 민주주의를 비슷한 방식으로 정의했다. 흥미롭게도, 교육은 민주주의에 대한 정의에서 중요한 부분을 차지하지 않아 보였으며, 민주주의에 대한 **비판적** 해석으로 고려될 만한 것을 설명한 참여자는 거의 없었다. 앞에서 요약 제시한 양적조사 결과분석은 일반적으로 다른 연구들과 일치하지만, 다른 사례의 경우와 마찬가지로 질적 의견은 참여자의 입장이 가진 의도를 명확히 하고, 정당화하는 데 크게 도움이 되었다. 흥미롭게도 자신들의 생각에 대한 개방형 질문에 상세히 설명해 달라는 요구를 받았을 때, 민주국가에 살고 있고, 선거 정치에 만족하며, 사회에 참여하고 있다는 참여자들의 생각은 점점 더 불확실해졌다. 민주주의에 대한 이러한 해석은 대체로 비판적으로 참여하고 변혁적인 교육을 배제하고 있다. 또한 이것은 민주주의를 본질적으로 선거 과정으로 봐야 한다는 주장은 물론, 주류와 대중매체가 개념화한 것을 중요하게 말하고 있다. 나아가 의미 있는 참여와 변화를 끌어낼 수 있는가와 관련해서, 참여자들이 자신들의 기관과 정치적/미디어 문해력을 어떻게 인지하는지는 여기에서는 명확하지 않다. 우리 연구는 지난 몇 년 동안, 이 분야 특히 소셜 미디어와 관련한 분야로 점차 방향을 변혁해 왔다.

민주주의와
교육

양적 차원에서 설문조사의 답변은 다음과 같이 나타났다.

- 참여자들은 학생 시절 자신들이 경험했던 민주적 교육 경험에 따라 나뉜다.
- 그러나 대부분은 교사가 되기 전에 자신들이 받은 교육이 민주주의에 대한 자신들의 개념화에 영향을 끼쳤다고 생각한다.
- 참여자들은 교사란 민주주의를 가르쳐야 하며, 시민교육에 관심을 가지고 고민해야 한다는 것을 확신하고 있다.

참여자들이 민주주의에 대해 그리고 민주주의를 위해 가르치는 데 특별한 어려움이 있는지 질문을 받았을 때, 민주주의의 차별화된 수준(사회경제적 지위, 부모의 참여, 기회, 동기부여), 가르치는 방법(과 내용)에 대한 인지, (구조적) 불평등 그리고 (실제로 존재하고 인식되는) 주입식 교육에 대한 두려움을 포함해서, 많은 이들은 자신들이 중요하다고 느끼는 문제에 대해 솔직했다. 극소수의 참여자들은 제도적 문화와 관련해서 몇몇 극단적인 입장과 경험을 강조하는 모닝사이드 교육위원회를 향해 분노를 표출했다.

(a) **민주주의의 차별화된 수준**
- **더 불행한 사람들은 기회를 이용하려는 모든 사람이 기회를 얻을 수 있다거나,** 다른 이들의 사고와 의견만큼 자신들의 사고와 의견도 중요하다는 **생각을 받아들이는 것을 때때로 어려워한다.**
- 우리 지역에서 인구통계는 민주주의에 대한 생각에 영향을 미치는 것처럼

보인다. **낮은 사회경제적 지위가 민주주의나 선택의 자유에 대한 생각과 긍정적인 상관관계는 없는 것으로 보인다.**

- 학생들은 **자신들이 가진 것과 자신들이 대우받는 방식 그리고 타인이 대우받는 방식에서 차이가 있다는 것을** 알고 있으며, 이들은 **민주주의가 자신들을 위해 작동하지 않는다고** 느끼고 있다. 정부가 어떻게 작동하는지에 대한 관심이 없다.

(b) 가르치는 내용과 방법에 대한 인지

- 영어 교사로서, **나는 아무런 현실적인 어려움을 겪지 않는다.** 하지만 나는 문학을 형성하는 종교 철학을 가르치고 있다. 나는 내 접근법에 객관적이지만, **종교를 언급하는 것에 대해 일부 부모들이 완전히 반대할 수도 있다는** 것을 알고 있다.

- 어려운 것 중에는 무엇이 도덕적이고 친절한 것인지를 가르치는 것 그리고 다양한 사람들이 개인적으로 무엇이 올바른 것인지를 이해하는 것과 도덕적이고 친절한 것 사이에 균형을 잡는 것이 있다.

- 사람들은 민주주의가 무엇인지를 이해하지 못한다. 많은 사람은 민주주의란 당신이 원하는 것을 할 수 있는 '권리'를 당신이 가지고 있는 것임을 의미한다고 생각한다. 우리는 **'개인으로서 나'의 사회**a 'me' society**이기 때문에 민주주의를 가르치기가 어렵다.**

(c) **학생들은 한계가 있으며, 부모의 지원이 약하다**

- 4학년 수준에 있는 **아이들은 민주주의를 집에서 들은 것으로만 알고 있다.** 그들은 정보를 제공받아야 하며, 그런 후에 스스로 자신의 의견을 결정해야 한다.

- 어떤 학생들은 **집에서 민주주의에 대한 경험을 높이지 못했기 때문에**, 민주주의에 대한 개념을 가지고 있지 않다.

- **많은 학부모들은 현재 사건에 관여하거나 정보를 제공받지 않고 있다.** 그들은 자신들이 정부에 영향을 미친다고 생각하지 않고, 관여하지도 않는다.

(d) 주입식 교육에 대한 두려움

- 민주주의에 대해 가르치면서 내 개인적 감정을 억누르기가 어렵다. **나는 내 신념이 내 학생들의 사고 과정을 물들이지 않는 방식으로 가르쳐야 할 책임이 있다고 생각한다.**

- **학생들이 많은 유명 인사들이 책임에서 교묘히 빠져나가는 것을 보면서, 자신들도 그렇게 해도 괜찮다고 생각하는 상황에서, 자신의 행동에 책임을 져야 한다고 가르치는 것은 어렵다.** 우리는 사람들의 권리가 남용되지 않도록 확인하는 데 집중했지만, 너무도 지나쳤다. 예를 들어 이 나라가 기독교 원리 위에서 세워졌을 당시, 정부에서 신이나 기독교적 이상을 사용하는 것에 대한 논쟁이 있었다. 학교에서 기도하는 것에 항의하는 소규모 집단으로 인해, 다수는 이 권리나 특권을 빼앗겼고, 나는 이 다수가 이에 대해 아무런 문제를 느끼지 않았다고 생각한다.

(e) 학교는 민주적이지 않다

- 당신은 몇 가지 이유로 '민주주의를 가르치는 것'과 '민주주의를 위해 가르치는 것'을 같은 의미로 사용하는 것처럼 보인다. **본래, 미국에서 본질적으로든 계약적으로든, (부족하지만) 주어진 헌법적 토대에 따르든 간에, 학교는 민주적인 기관이 아니다.**

- 대도시 고등학교에서 가르치는 것은 많은 어려움이 따른다. 우리가 학생들

을 보호하기 위해 마련한 규칙과 구조를 반드시 시행해야 한다. 우리의 많은 학생들이 방종과 폭력의 희생자이거나 목격자이기 때문에, 학교는 반드시 이들을 위한 안전하고 구조화된 장소가 되어야 한다. 그러나 **우리가 우리 학교를 구조화하려고 했기 때문에, 우리는 (우리의) 많은 학생들의 자유를 빼앗아 버렸다.**

- **아이들은 종종 학교에서 민주주의가 실행되는 것을 보지 못하곤 한다.** 설문조사와 선거는 개별 교실에서 말고는 거의 제공되지 않기 때문에, 학생들은 실제로 더 큰 사회에서 민주주의가 작동하는 것을 보지 못하고, 작은 구석만을 볼 수 있을 뿐이다. 나는 어느 건물에서도 활동 중인 학생회를 알지 못한다.

민주주의와 교육에 관한 설문조사에서 제기된 질문에서 나오는 경향을 통해 교생들이 자신들의 연구에서 보고한 것과 관련된 몇 가지 테마가 설명되었다. 주로, 학교는 반드시 민주적이지는 않고, 교사들도 마찬가지다. 부모의 참여는 중요한 독립 변수다. 교육 안에서 그리고 교육을 통해서 민주주의에 접근하는 방법에 대한 우려가 있다. 현행 연구에서 분명한 것은 (경험 많은) 교사들이 자신의 견해를 더욱 확고히 해 왔고, 교육에서 민주주의를 실천하는 것이 왜 그리고 얼마나 어렵고, 문제가 있으며, 논쟁적인지에 대한 보다 정교한 분석을 여러 면에서 발전시켜 왔다는 것이다. 이러한 조사 결과에서 분명한 것은 신자유주의와 사회가 어떻게 구성되어야 하는지에 대한 헤게모니적 개념 구상에 둘러싸인 더 넓은 사회정치적 맥락 때문에, 교사들은 자주 민주적 실천으로 더 깊이 파고드는 것을 자제한다고 생각한다는 것이다. 또 다른 주요 관찰은 우리가 수행한 다른 연구의 교사 교육 참여자의 경우처럼, 많은 교사 참여자들이 초등학교와 중등학교 학생이었을 때 건강하고, 강력하며, 의미 있게 참여하는 교육 경험을 스스로 하지 못했다는 것이다.

모닝사이드 교육위원회와
민주주의

모닝사이드 교육위원회와 민주주의에 관한 양적
질문과 관련해서, 다음 개념들이 강조되었다.

- 참여자들은 '민주주의와 관련하여 좋은 교사'가 될 수 있도록 그들이 받는
  지원 수준에 대해 비판적이다.
- 참여자들은 압도적으로 낙오 학생 방지법이 교육의 민주주의를 향상시키
  지 못했다고 믿고 있다.[3]
- 대부분은 모닝사이드 교육위원회 학생들이 약하거나 중간 정도로만 '자신
  들이 받는 교육을 통해 시민으로서 참여'한다고 믿는다.
- 대부분은 모닝사이드 교육위원회 교사가 시민교육을 가르치는 것에 합리
  적이거나 '좋은 일'을 하고 있다고 믿는다.
- 대부분은 모닝사이드 교육위원회가 이해하는 민주주의가 그 지역 타 위원
  회가 이해하는 민주주의와 다르다고 믿는다.
- 대부분은 모닝사이드 교육위원회가 학생들이 무엇을 필요로 하는지 알고
  있다고 믿는다.

모닝사이드 교육위원회 소속 학교에서 시민교육을 가르치는 방법과

---

3 낙오 학생 방지법NCLB은 미국에서는 2002년에 채택되었으며, 2015년에 **모든 학생 성공법**Every
Student Succeeds Act으로 대체되면서 업데이트되었다.

관련해서, 무엇을 바꿀 것인지에 관해 참여자들에게 물었을 때, 여러 테마가 나타났다. '민주적 교육'보다는 '시민교육'이라는 이름표가 사용되었는데, 그 이유는 둘 다 **농밀한** 그리고 **평포한** 해석 모두 담겨 있지만, 연구자들이 시민교육이 민주적 교육보다 훨씬 더 잘 이해되고, 더 널리 사용되고, 특히 연구 당시에 학술 문헌과 교육개혁에 더 기초하고 있다고 믿었기 때문이다.

(a) 학생의 더 많은 개입

- **지역사회 내 현장학습활동**에 대한 학생들의 더 많은 개입. 지역사회 기관 방문과 **지방정부 활동**

- 나는 학군 내에서 **더 많은 지역사회 봉사를 위한 요구 사항들**을 보고 싶습니다. 다른 시스템들은 지역사회 봉사의 일정 시간을 완전히 채우지 않은 학생은 졸업시키지 않습니다.

- 사립학교에 다니는 아이가 있지만, **나는 우리가 해야 할 만큼 지역사회를 위한 봉사 프로젝트를 많이 하고 있지 않다고 생각합니다.** 나는 우리가 봉사를 필요로 하는 사람들이라는 것을 알고 있습니다[;] 그러나 모든 사람은 줄 것이 있습니다. 우리 교회는 시간, 보물, 재능을 가르칩니다. 나는 우리 모두가 줄 것이 있다고 믿습니다.

(b) 제한된 교과과정은 바뀔 필요가 있다

- 내가 가르치는 연령대에서는 오하이오 역사를 집중해서 가르칩니다. 우리는 시간이 될 때 뉴스 가치가 있는 사건들에 관해 이야기합니다. **슬프게도 OAT(Ohio Achievement Test: 오하이오 성취평가)는 우리의 목표를 이 목표와 함께 가는 ACS와 GLI의 필수 목표에 초점을 맞춥니다.**

- 학생들은 우리가 하는 사회학 수업 시간에 매우 수동적인 학습자이자 참여 자입니다. 나는 **이것에 대해 주로 교사들이 반드시 가르쳐야 하는 정보를 지시 해 온** 오하이오 졸업시험OGT을 비난합니다. **다뤄야 할 표준이 너무 많아서, 민주주의와 관련된 실제 쟁점을 깊이 파헤칠 시간이 거의 없습니다.**
- 낙오 학생 방지법과 표준화된 시험은 우리가 가르칠 수 있는 비판적 사고 의 깊이만큼 우리의 손을 묶어 버립니다.

(c) 더 전체론적인 접근법을 취하기

- 사회학과 민주주의를 포함하는 시민성 교과과정을 개발하는 것뿐만 아니 라, **유아기 초기부터 발달 과정의 어린이까지 국민으로서의 우리와 개인의 성장 을 함께 묶는 공동체를 구축하는 방법을 배우기.** 학생들이 자원봉사를 하고, 자신들의 공동체에 대해 배울 수 있는 더 많은 기회.
- **시민성은 인성교육과 연계되거나,** 정치적으로는 그다지 정확한 용어는 아니 지만 도덕과 함께 가르쳐야 합니다. 나는 우리가 이 분야에서 절실히 싸우 고 있다고 느낍니다.
- 읽기와 쓰기처럼, 그것은 시민이 정의하는 '좋은 삶'을 향해 나아가는 **교과 과정과 조화를 이루면서 작동하는 (튼튼한) 실뭉치가 되어야 합니다.**

(d) 기본으로 돌아가기

- 학생들은 **맹세와 국가(國歌)**를 알아야 합니다. 교육에서 자유주의적 헛소리 를 없애 버리고… **아이들에게 옳은 것과 그른 것을 가르치고, '신 아래 하나의 국민'을 믿는 우리 중 86%를 위해 학교에서 다시 기도하면, 나머지 14%는 차터 스쿨에 갈 수 있습니다.**
- **나는 우리가 대다수에게 좋은 것으로 돌아가야 한다고 믿습니다.** 의회는 자신

들이 입법 활동을 할 때, 당 노선에 집중하는 것을 중단해야 합니다. 우리는 **우리의 행동과 선택에 책임을 져야** 합니다. 우리는 우리 공동체에서 우리의 지위 고하를 막론하고 우리가 법을 위반할 때, **그 결과를 감당해야** 합니다.

• **일반적으로 미국은 사회의 불평등 때문에 정부에 대해 못마땅해하거나 무관심해졌습니다.** 많은 성인이 나서거나 목소리를 낼 때 다른 이들을 의존하게 되면서, 자기 자녀들에게 좋은 본보기가 되지 못하고 있습니다. 투표수가 부족한 걸 보면, 이런 생각이 맞을 겁니다. 오직 지난 대선에서만 유권자의 관심과 투표율이 증가했습니다. 만일 경제가 '정상'으로 돌아오면, 다시 무관심해질 것입니다.

여기에서 참여자들은 더 많은 공동체 참여를 통해 교육적 경험을 향상시키고, 더욱 관련성 높은 교과과정을 개발하고, 더 종합적이고 전체론적인 방식으로 민주주의를 구성할 것을 제안했다. 심지어 일부는 사회 불평등에 대한 신자유주의적 해석에 새겨진 것처럼 보일 수 있는 '기본으로 돌아가기' 접근법을 주장하기도 했다. 참여자들은 정말로 문제에 대한 많은 생각과 고민이 있었으며, 심각하고 때로는 독특한 문제들을 경험하는 '도심' 학교에서 일하는 교사로서 자신들의 위치성을 통해, 규범적이고, 헤게모니적이며, 애국적인 민주주의의 표준 판본을 너무도 자유롭게 받아들이는 몇몇 함정에 대해 통찰력 있게 이해하고 있었다. 낙오 학생 방지법에 대한 명백한 비난은 정책 구조가 다른 부문들보다 도심 인구와 소외된 인구 사이에 극단적으로 영향을 미치고 있다는 것을 보여 주고 있다.

연구에 대한 참여자 반응

연구에 관한 질문을 받을 때, 분명한 것은 많은 참가자가 여기에 제기된 쟁점들과 관련해서 교육위원회에 더 많이 참가하기를 원하고, 일반적으로 말해서, 그들은 학생들의 요구에 관심을 가진 헌신적인 전문가들이라는 것이다. 많은 이들은 자신들의 경험에 대해 말할 수 있는 것뿐만 아니라, 자신들의 고민에 목소리를 낼 수 있는 기회에 고마워했다. 이것은 교육개혁에 교육자를 포함하는 것의 중요성에 대해 말하고 있다. 이것은 명백해 보이지만, 신자유주의 헤게모니 시대에 발생한 여러 최신 정책, 교육학, 교과과정, 프로그램상의 변화가 가진 주요 단점이었다.

   (a) 이 유형의 연구 지원

- **나는 카 박사의 질문에 감사드립니다.** 모닝사이드 교육위원회 소속 교사로서 나는 우리가 계속해서 힘든 싸움을 하고 있으며, 언제나 수세적이라고 느끼고 있습니다. 대다수 우리 아이들은 학습활동과 사회적 기술 면에서 뒤처져 있고, 집에서 교육적 지원을 거의 받지 못하고 있습니다. 심지어 가장 뛰어난 학생들조차 ACT(미국 대입 표준화 시험)와 대학 입학시험에서 낮은 점수를 받고 있습니다. **대부분의 우리 교사들은 정말로 우리 학생들에게 매우 높은 기대감을 가지고 있습니다만, 우리는 그들이 필요한 곳에서 필요한 것을 충족해 줄 수 있어야 합니다.**

- 나는 현재 수행하고 있는 연구가 모닝사이드 교육위원회에 어떤 식으로든 도움을 줄 수 있기를 희망합니다. **우리 아이들에게 관심을 가져주셔서 감사합니다.**

- **이것은 오랫동안 잊혀져 온 주제입니다.** 외국은 학생들에게 어릴 때부터 애국

심을 퍼붓고, 세워 나갑니다. 대부분의 우리 학생들은 다른 나라 정부나 전 세계 정치적 쟁점이 가진 차이점에 대해 잘 알지 못해서 결국 고립되고, 편 협한 사고를 갖게 됩니다.

(b) 시스템은 바뀔 필요가 있다

• **나는 주 정부 사람들이 우리 수업에 와서 우리 학생들이 배우고 있는 것을 봐야 한다고 생각합니다.** 주 정부 사람들은 새로운 시험을 선택하는 데 엄청나게 많은 시간과 돈을 써 버립니다. 이들은 **학급 규모를 더 작게 만들어서 학생들 이 필요한 모든 것을 배울 수 있는 시간을 가질 수 있도록 더 많은 교사들을 위해 돈을 써야 합니다.**

참가자가 제공하는 최종적인 의견은 도움에 대한 요청이다. 미국의 많 은 학교 내에서 민주주의와 민주주의를 위한 교육이 높은 수준에서 작동 하지 않는 이유는 많으며, 특히 체계적이고 견고해진 장벽을 해결할 의 지나 능력의 부족은, 많은 사람이 해로운 영향을 받기 때문에, 모든 사회 의 문제일 수밖에 없다. 교사들이 민주주의에 대한 애착이 덜 형성되고 약한 채로 일을 하기 때문인가, 아니면, 오히려 이들이 교육자로서 재직 하는 동안 침묵하고 묵인하기 때문인가? 두 질문 모두 매우 관련이 깊고, 더 탐구할 가치가 있지만, 문제는 이 부분에 한정되어 있으면서도 다른 국제 연구와 비교할 수 있는 이 연구만 보면, 미국 학교가 **농밀한** 민주주 의와는 반대로 **평포한** 민주주의에 더 가까운 경향이 있는 것으로 보인다 는 점이다. 이런 현실이 끼친 영향은 아주 많으며, 참여가 약하고 정치적 으로 문맹인 대중은 제국의 확장, 전쟁, 갈등 그리고 극심한 사회 분열을 포함하여, 집단이 추구하는 최선의 이해를 추구하지 않는 행동에 몰두하게 될 수 있다.

토론

이 연구는 교육이 민주주의와 어떻게 연결되는지와 함께, 우리가 민주주의에 대해 어떻게 생각하는지, 특히 민주주의를 어떻게 실천하는지에 대한 여러 쟁점을 제기한다. 해방, 변혁, 관여를 추구하는 이 연구에는 비판교육학적 토대가 있지만, 민주주의란 사회적 구성물이라는 점에 주목하는 것이 중요하다. 우리는 민주주의를 하나의 사회로 정의하고, 형성하고, 이 민주주의 안에서 그리고 민주주의를 통해서 살아간다. 여전히 남아있는 질문은 '이것(민주주의-옮긴이 주)'이 비판적인 인식론적 질문, (불공평한) 권력관계에 대한 이해와 재평가 그리고 이 사회를 인정하는 개방성이 스며든 것인지이다. 궁극적으로 민주주의는 끊임없이 비판되어야 한다. 이 책 전반에 걸쳐 언급한 것처럼, 민주주의는 종착점이 아니라 과정이며, 사회정의에 대한 추구는 민주주의가 광범위하고, 지속적이고, 열정적이며, 신뢰할 수 있는 지지를 끌어낼 수 있도록 민주주의와 잘 엮어져야 한다. 분명, 이 연구와 함께 이전 연구와 여러 다른 연구에서 여러 교사들은 프레이리, 듀이와 여러 학자들이 교육적 경험의 본질로 이해한 것을 찾기 위해 헌신하고, 참여하고, 동기를 부여받았다. 그러나 많은 교사들은 관여하지 않고 있으며, 이들은 자의 반 타의 반으로 비판적 작업을 수행하지 못하거나, 때로는 자신들의 참여, 이해, 권한 부여, 성향의 부족함이 학생들에게 부정적으로 영향을 줄 수 있다는 것조차 이해하지 못하는 경향을 보여 왔다(Westheimer & Kahne, 2004; Westheimer, 2015). 이 연구의 주요 결론 중 하나는 우리가 민주주의를 경험하고, 인식하고, 관여하는 방식이 개별적으로나 집단적으로 교실, 학교 운동장, 학교 문화 그리고 일반적으로 교육 환경 안에서 우리가 하는 것에 영향을 주게 된다는 것이다.

이 연구는 **민주주의를 위한 교육의 농밀함-평포함 스펙트럼 모델**(5장 도표 14 참조)을 교육 안에서 그리고 교육을 통해서 비판적이고, 변혁적인 민주주의 작업의 잠재력을 이해하기 위한 체계로 사용하고 있다. 이런 측면에서 이 연구는 교육의 제도적 환경과 학교 환경 안에서 **농밀한** 민주주의를 수행하는 과정에 담긴 많은 어려움, 장벽, 문제, 쟁점, 복잡성을 강조한다. 관련된 다른 연구의 경우와 마찬가지로, 이 연구의 많은 참가자들은 자신들의 교육에서 부러워할 만한 민주적 경험을 거의 하지 못한 것으로 보인다. 이것은 참가자들의 초등과 중등교육 전반에 걸쳐서 나타나고 있고, 교생 경험에서도 마찬가지로 계속되고 있다. 사회정의, 권력 관계 그리고 정치적 문해력은 주목하지 않으면서 표준, 기대, 결과에 대해서만 지나치게 집착하는 교사 교육 프로그램의 단점에 집중한 여러 연구가 있다(Agostinone-Wilson, 2005; Apple, 2011; Carr, 2008b; Gorski, 2009; Kincheloe, 2008a; Zyngier, Traverso, & Murriello, 2015). 문제는 체계적이고 구조적으로 나타난다. 현재 구성된 형식 교육은 변혁의 가능성을 허용하는 가? 정책과 교과과정, 교육학 및 제도적 문화 영역 모두가 관심의 대상이며, 이것들은 상호 연결되어 있다. 문화 자본의 중요성을 과소평가하는 철저한 신자유주의적 개혁으로 땜질식이거나 단편적으로 접근하게 되면, 많은 이들이 바라는 변혁을 이끌어 낼 수는 없다.

교육 프로젝트(Porfilio & Carr, 2010; Portelli & Konecny, 2013; Ross & Gibson, 2006)에서 주입되고, 이를 몰아간 선명한 신자유주의 현상과 현

실은 수그러들 기세를 보이지 않으며, 최초의 아프리카계 미국인 대통령으로서 역사적인 승리를 만든 악명 높은 2년 동안의 선거 캠페인 그리고 두 번의 연임 기간 동안 오바마가 약속한 '희망'과 '변화'라는 전망에도 불구하고(Carr & Porfilio, 2015), 교육은 계속해서 많은 소수자, 소외된 자들, 가난한 자들에게 취약한 부문이 되고 있다. 오바마 행정부가 제시한 차터 스쿨, 교사 성과급, 향상된 표준과 시험 그리고 여타의 개혁들은 부시 행정부가 제시했던 안들을 은근슬쩍 따라하고 있으며(Carr & Porfilio, 2015), 이 책이 제안한 분석 모델을 사용하는 스펙트럼에서 **평포함** 쪽으로 상당히 치우쳐 있다. 트럼프 시대는 오로지 이 경향만을 유일하게 강조했다. 친서민적인 사회와 글로벌 세계를 건설하는 것보다 직장에 필요한 기술과 지식을 훨씬 더 강조하는 오늘날 학교 교실에서, 비판적이고, **농밀한** 민주주의는 그다지 중요한 위치를 차지하고 있지는 않은 것으로 여겨진다. 학생들은 미 제국, 군사주의와 고문, 민주적으로 선출된 정권의 전복(예: 칠레), 독재 정권에 대한 자금 지원(예: 이란에 맞선 동맹국이었을 당시, 이라크의 후세인, 소련의 아프가니스탄 침공에 맞서 싸울 당시 빈 라덴)과 같이 고귀하지 않은 행동을 비판하도록 장려받고 있는가? 학생들은 미국 사회에 뿌리 박혀 있는 사회적 부정(예: 인종차별, 빈곤, 성차별, 동성애 혐오, 빈곤층에 대한 기업의 착취)을 이해하고, 이에 맞서도록 격려받고 있는가? 만일 그렇다고 한다면 어떤 방식으로 하고 있는가? 그렇게 하고 있지 않다면, 이것이 의미하는 바가 무엇인가?

궁극적으로 교육자는 더 인간적이고, 성찰적이며, 비판적인 참여로의 변혁을 촉진하는 과정에서 중요한 — 심지어 본질적인 — 역할을 하며, 이들은 종종 어디에서나 노출될 수 있는 순응주의적 생각에 대해 주요하게 반대하기도 한다. 학교와 교육자가 쟁점, 문제 그리고 여러 대중 집단에 대한 대안적 비전을 찾는 방법은 우리가 세계를 알고, 이해하는 방법에 영향을 미칠 것이다. 이것이 바로 교육자의 민주주의 관여 방식에 대한 이 연구가 민주주의의 **실천** 방식에 대한 다양한 이해관계에 유용할 수 있는 이유이다(Lund & Carr, 2008; Westheimer, 2015). 북미의 많은 가정에서 들리는 "종교와 정치에 관해 이야기하지 말라"라는 공통된 불평에도 도전해야 한다. 엘리트와 권력 집단은 정치에 대해 말할 것이 분명한데, 긴밀하고 직접적으로 영향을 받는 사람들과 수혜자들은 자신들이 어떻게 형성되고, 영향을 받고, 공감하게 되는지를 이해하는 과정에 왜 참여하지 말아야 하는가(Kincheloe, 2008b; Mclaren, 2007)? 따라서 교육자들도 권한을 부여받는다고 느낄 수 있는 현대화되고, **더 농밀하고,** 더 비판적이고, 참여적인 교육은 사회의 선을 위해 유익하고 반드시 필요하다. 교육과 민주주의는 서로가 없으면 둘 다 아무 의미도 없을 정도로 얽혀 있다.

최종 고찰

역사·정치·사회경제적 맥락이 점점 더 복잡해지는 상황에서 문제를 발견하고, 좋은 질문을 제시하는 것은 — 이 질문들이 옳은 질문인지를 아는 것은 언제나 어렵지만 — 모든 주어진 쟁점의 차원, 역학, 관점 및 깊이를 이해하려는 전체 활동을 구성하는 기본 조각이다. 민주주의 연구는 다양한 이론적·개념적·경험적 현실, 관점, 고려 지점을 풀어 나가기 위한 폭넓은 학제 간 그리고 다학제적 접근법을 요구하는 주제이다. 이 장은 특정 교육위원회에서 교사 집단의 관점, 경험 및 인식에 대한 사례연구에 초점을 맞춰 왔다. 이 연구는 광범위한 집단을 대표하지는 않지만, 교생을 대상으로 하는 특정 연구를 포함하여 더 넓은 차원에서 수행된 다른 연구와 공진하고 있다. 문제가 있고, 논쟁의 여지가 있지만, 더 광범위하고, 더 탄탄하며, **더 농밀한** 민주적 교육 경험을 위한 잠재력을 개혁하고 향상시키는 제안을 옹호하는 것은 권장되어야 한다. 우리는 다음 장에서 그리고 이 책의 마지막 장에서 이것을 계속 권장할 것이다. 많은 현대 교육개혁들이 강력하고 근본적인 연구 기반이 부족한 신자유주의적이고, 매우 이데올로기적인 플랫폼 위에 세워진 것으로 보이는 반면, 더 진보적이고, 비판적이며, 심지어 급진적인 제안들은 '실용적이고', '현실에 기초하거나', '비용 효과적인' 것으로 고려되지 않다는 이유로 종종 무시되곤 한다(Denzin, 2009; Macrine, 2009).

따라서 설문조사 데이터와 분석에 기초하고, 민주주의를 위한 교육(원문에는 education for education으로 되어 있으나 맥락상 education for democracy의 오기로 여겨짐-옮긴이 주)에 관한 광범위한 연구에 비춰 보면, 모닝사이드 교육위원회는 도표 17에 설명된 것처럼, 다양한 분야에서 검토하고 후속 조치를 취할 것을 고려할 수 있다.

물론 비판적 참여와 (더 농밀한) 민주적 변혁의 최종 결과를 달성하기 위해 어느 하나의 목록, 메뉴, 레시피도 완전히 만들어질 수는 없다. 음모적으로 사용되는 권력을 문제 삼고 재고하기 위해 인식론적으로 개방된 문화가 — 반헤게모니적 **정보공개**glasnost와 같은 것이 — 만들어지고 육성되어야 한다. 일반적으로 교육 프로젝트는 가르치고 배우는 것 이상을 포함하며, 불평등을 발생시키는 정치적 조건은 물론, 보다 광범위한 거시적 맥락을 고려해야만 한다. 다른 곳에서 카는 교육자가 더 의미 있는 교육을 만들기 위해 할 수 있는 것에 관한 15개 제안 목록을 개발해 왔으

1. 비판적 관여와 민주적 교육과 관련해서 표준, 시험 그리고 낙오 학생 방지법이 모닝사이드 교육위원회에 어떤 의미를 갖는지 재평가하라.
2. 특히 사회정의와 민주적 교육과 관련해서 책무성을 재개념화하라.
3. 학교 안과 밖의 활동, 운영, 데이터 수집, 모델 등을 포함해서 민주적 교육 시스템 구축과 관련된 조치, 결과, 표준 및 과정을 수립하라.
4. 교육학적이고 제도적인 체계 안에서 정치적 (그리고 미디어) 문해력에 대한 감각을 개발하라.
5. 인근 교육위원회를 포함해 더 넓은 공동체와 진정한 협력적 파트너십을 구축하라.
6. 미디어, 지역사회 발전 및 비판적 참여와 관련된 특정한 민주적 교육 프로젝트를 개발하라.
7. 학교 안 그리고 교육 시스템 전반에 걸쳐, 모든 이해 당사자를 위한 민주적 교육 공간과 경험을 개발·유지·육성하기 위해 교장들에 대한 지원과 목표를 설정하라.
8. 학교 안 그리고 교육 시스템 전반에 걸쳐, 모든 이해 당사자를 위한 민주적 교육 공간과 경험을 개발하고, 유지하고, 육성하기 위한 교사들에 대한 지원 및 목표를 설정하라.
9. 교육에 담긴 민주주의에 대한 건설적이고, 의미 있는 토론에 교육위원회 직원, 교사, 학생, 부모, 지역사회 및 기타 사람들을 참여시켜라.
10. 파울루 프레이리의 의식화 개념에 기반한 교육에 대한 보다 전체론적인 접근법과 아래에서 더 자세히 설명될 겸손함에 대한 새롭게 활성화된 개념화를 수용하라.

| 도표 18. 교육자가 더 의미 있는 교육을 만들기 위한 15개 제안 |

1. 모든 것을 다 아는 이는 없으며, 우리는 항상 배울 수 있다는 것을 받아들여라.
2. 맥락 없는 내용은 없다.
3. 지역에서 일하면서 국제적인 환경과 연결하라.
4. 미디어 독해력은 방송에서 들리는 인상적인 어구에 관한 것이 아니다.
5. 역사는 일차원적이지 않다.
6. 문화는 멕시코 전통 모자, 타코, 유랑 악단 그 이상이다.
7. 전쟁을 문제 삼고, 평화를 위해 싸워라.
8. 겸손은 엄청난 덕목이다.
9. 신봉자가 되는 것을 경계하라.
10. 당신이 정치적인 존재라는 것을 받아들여라.
11. 읽고, 쓰고, 주류 문화에서 멀리 떨어져 있는 작가를 찾아라.
12. 부의 격차에 대해 문제 삼아라.
13. 희망이 존재한다는 명제를 고려하라.
14. 당신 자신의 교육에서 중요한 사건, 개성, 경험을 조사하라.
15. "나는 내가 할 수 있는 것을 할 수 있음"을 확실히 말하라.

며(Carr, 2008a; 위 도표 18 참조), 또한 그는 민주주의를 위한 교육과 민주주의를 향한 교육은 (잠재적으로) 완전히 탈바꿈하기 위한 100개 제안 목록도 작성했다(Carr, 2011).

우리는 사회 내 모든 시민, 개인, 집단 등을 위한 의미 있는 민주주의를 발전시킨다는 생각의 근본을 이루는 개념과 함께 결론을 내리고자 한다. 우리가 주장하는 바는 자신이나 사회를 변혁하고, 다양한 관점과 현실을 받아들이고, 다양하고 복잡한 사회적 관계망 안에서 여러 수준의 소외, 차별, 피해가 발생하는 것을 비판적으로 고려하기 위해서는 겸손함에 대한 공감의 진전이 필요하다는 것이다. 여기서 겸손함은 종교적인 의미만이 아니라 종교적인 요소를 일부 포함하면서도 존중, 고려, 성찰, 참여, 진화해 가는 진리에 대한 탐구, 인식론적 질문 그리고 상호 예의에 대한 이해의 틀이 가진 특징에 기반을 두는 것이다. 평화, 의미 있는 상호문화적 관계 그리고 공동의 목표에 대한 인식을 달성하기 위해 겸손함에 대한 이러한 정의는 확장되어야 한다.

겸손함에 대한 이러한 명제를 이론적이고 개념적인 수준에서 더 실천적이고 실행적인 수준으로 옮기기 위해, 우리는 미국 맥락에서 여전히 덜 언급되고, 덜 문제 삼고 있는 다음의 쟁점들을 강조한다(그리고 우리는 질문의 목록을 다른 맥락으로까지 기꺼이 확장할 수 있다).

- 전쟁을 반대해야 하는 증거가 분명한데도 전쟁을 정당화할 수 있을까? 이라크 침공과 같은 엄청나게 재앙적인 결정에서 잘못을 인정하는 것이 가능한가? 그리고 인민의 암묵적인 지지 속에서 국가가 심각하고 엄청난 피해를 저지른다면, 이것이 초래하는 결과는 무엇인가?
- 비슷한 부류의 기업이 기부하는 자금을 조달하고, 비슷한 군사주의적 경향을 가진 2개의 주류 정당만이 교대로 통치 역할을 하면서 존재한다면, 미국인들은 자신들이 민주주의에 살고 있다고 생각할 수 있는가? 다른 관점, 모델, 경험 등이 고려되어야 하는가, 아니면 오로지 미국 모델만 중요한가?

- 계급 균열, 체계화된 빈곤, 홈리스 문제, 인종차별, 성차별, 동성애 혐오, 종교적 차별 그리고 모든 종류의 불공평한 권력관계는 사회를 정의하는 주요 제도, 관습 그리고 현실을 뒷받침하는 형식적인 정치적, 법적, 사회적 구조물 안에서 묵인될 수 있는가? 이것은 민주주의와 어떻게 연결되는가?
- 목적의식적인 팽창, **영토확장 정책**manifest destiny이라는 의미를 수반하는 제국이라는 개념은 애국적 **존재 이유**의 일부로 소극적으로 받아들여져야 하는가, 아니면 헌법의 가치, 이해관계, 책임 및 토대, 중요한 인권의 입법 추진 등과 조화롭지 않기 때문에 반대되어야 하는가? 투명성을 추구하기 위해 다른 이들과 함께 행동하지 않는다면, 우리는 모두 정부가 저지르는 불법 행위에 함께 연루되어 있는 것인가?
- 겸손함이 교육적 경험에 담긴 수많은 방식으로 구성되지 않는다면, 우리는 겸손함을 어떻게 이해해야 하는가? 우리는 무엇을 가르치고 배우며, 어떻게 그리고 누가 우리의 비판적 참여와 차별화된 현실 추구를 권장하는가?

위 질문들은 겸손함이 어떻게 재고되고 작동될 수 있는지에 대한 관심의 범위를 보여 준다. 겸손함은 비판적 학습활동과 비판 교육학을 전제로 한, 교육을 실천하는 또 다른 방법이 될 수 있으며, 의미 있는 변혁을 향한 움직임에 새로운 활력을 불어넣을 수 있다. 규범적이고 헤게모니적인 민주주의를 탈구축하고, 비판하기 위해서는 권력이 작동하는 — 그리고 중요하게도 사회의 모든 사람과 다른 사회의 사람들에게 종종 나쁘게 영향을 미치는 — 방법을 다룰 수 있는 겸손함에 담긴 다양한 제안, 관점, 포용성 그리고 새롭게 발견된 의미가 필요하다. 민주주의에 관한 연구 그리고 교육자가 민주주의에 밀접하게 결합하는 방식에 관한 연구는 **더 농밀한** 의미에서 우리 사회를 더욱 발전시키고 민주화하기 위한 메커니즘으로서 겸손함의 의미를 더욱 상세히 분석해 나가는 논리적 영역인 것처럼 보인다. **의식화,** 정치적 문해력, 그리고 급진적 사랑에 대한 파울루 프레이리의 중대한 작업 정신으로, 비판적 관여와 겸손함이라는 지성을 받아들이고, 실제로 불러들이는 교육적 경험과 같은 민주주의를 구성하고, 발전시키는 구성요소들을 더욱 전체론적으로 수용하는 것이 가장 유용할 것이다(Darder, 2002).

7장

사회정의 없는 교육 리더십의 변혁은 가능한가?: 비판 교육학과 민주주의

들어가며[1]

우리가 보편적인 지혜처럼 확실히 알고 있는 것 중 하나는 당신은 언제나 변화를 확신할 수 있다는 것이다. 우리는 어디에나 변화가 있다는 말을 끊임없이 들어왔다. 정당은 우리가 변화의 시점에 있는 것을 극찬한다. 당신이 변하지 않는다면, 뒤처지게 되리라는 것, 이것이 우리가 배워온 것이다. 광고주, 기업가, 전문가, 높은 보수를 받는 미래학자는 모두 변화의 기운이 시작되었고, 진보가 가야 할 길이며, 진화란 변화를 수용하는 것이라고 동의한다. 인종차별, 성차별, 소득 격차, 홈리스 문제, 종교적 편협함, 모든 형태의 차별 등을 포함하는 사회적 불평등이 역사가 되리라고 생각할 것이다. 모든 변화가 진행되는 과정에서 변화를 반대하

---

1 이 글은 이 글의 초판본이 수록된 다음의 출판물의 출판사와 저작권자와의 합의하에 수정된 판본이다. Carr, Paul R. (2011b). Transforming educational leadership without social justice? Looking at critical pedagogy as more than a critique, and a way toward "democracy." In C. Shields (Ed.), *Transformative leadership: A reader* (pp. 37–52). New York: Peter Lang.

는 변수의 가능성은 없게 될 거라고도 생각할 것이다. 하지만 나에게는 궁금증이 남아 있다. 어떤 유형의 변화, 누가 정의하는 변화, 누구를 위한 변화가 누구에 의해, 어떤 이유로 그리고 어떤 방식으로 맥락화되고, 이해되고, 수용되는가? 우리가 믿는 것처럼 확실히 변한다면, 여전히 왜 빈곤은 존재하는가? 의심의 여지없이 많은 변화가 있었지만 — 그리고 이에 대한 증거도 있지만 — 여러 면에서 사회적 불평등은 해소되기보다는 확대되고 있다. 나는 이것이 권력 그리고 권력이 작동되는 방식과 관련되어 있다는 것에 동의한다. 캐롤린 실즈(Carolyn shields, 2011)의 작업을 바탕으로 변혁적 리더십을 다루는 이 장은 권력이 교육 프로젝트에 직접 관련되어 있다는 것, 나아가 권력은 오로지 사회적 불평등을 인정하는 폭넓은 체계 안에서 발생할 수 있다는 입장을 취한다(Kincheloe, 2008a, 2008b; Macrine, 2009). 비판 교육학은 이와 같은 체계를 제공하며, 나는 여기서 이 체계를 사용하여 더 관여적이고, 정치적으로 의미 있고, 대항 헤게모니적인 변혁적 리더십에 동의하는 태도를 취하려고 한다. 변혁적 리더십은 신자유주의, 사회적 관계의 재생산 그리고 하위문화 자본, 조화롭지 않은 일상생활, 서로 다른 정체성을 가진 자들을 자의적으로 제거하는 경직된 교육 시스템의 강화를 중요하게 여기지 않는다(파울루 프레이리의 1973, 1985, 1998, 2004, 1973/2005 연구 참조).

변혁적 리더십 프로젝트를 논의하면서, 나는 비판 교육학/교육학적 관점 안에서 교육의 변화를 이해하는 방식을 재구성하는 수단으로서의 민주주의에 주목할 것이다(Carr, 2008a, 2008b, 2008c, 2011a; Lund & Carr, 2008). 이 논의의 핵심은 민주주의이다. 만일 민주주의가 교육의 목표가 아니라면, 그 목적은 무엇인가(Westheimer, 2015; Westheimer & Kahnc, 2004)? 교육감과 여타의 고위 교육 공무원들과 함께 교장과 교감은 종종 행정가라고 불리는 집단을 형성하며, 이들은 변혁적 리더십을 추구하는 첫 번째 실행 라인의 집중점이다. 이 집단과 더불어서, 우리는 학교에서 발생하는 일에 직접적인 이해관계를 가지고 있는 정책 및 의사결정자, 다른 여러 지도자들을 고려해야 한다. 이익집단, 싱크 탱크, 교사 연합, 학부모 단체 및 기타 여러 집단 또한 우리가 교육을 정의하고, 조정하고, 평가하고, 생산하는 방식에 얽혀 있다. 따라서 변혁적 리더십은 많은 부문, 이해관계, 개념, 현실 등을 포함한다(Brooks, Knaus, & Chong, 2015; Shields, 2011). 무엇보다 변혁적 리더십은 사회의 산물이며, 사회적으로 경제적으로 정치적으로 구성되었으며, 변혁적 리더십은 존재하는 권력 구조의 부속물이라는 것이다. 이 장에서, 나(폴 카)는 민주주의가 여기서 우리의 사고를 안내하는 유용한 개념이라고 주장할 것이다. 왜냐하면 민주주의는 우리를 사회의 더 넓은 거시적 초상, 즉 행정가의 개인적인 행동에 필연적으로 영향을 주고, 또한 사회 내 다양한 집단의 관심사와 우선순위에 의해 갖춰지는 모양에 집중시키기 때문이다. 따라서 변혁적 리더십과 관련된 비판적 민주주의 교육학은 이 장의 집중점이며, 전반적인 분석과 토론은 여기에 맞춰질 것이다. 이 장은 민주주의, 비판 교육학 그리고 비판적 민주주의 교육학과 관련된 생각, 개념 및 연구를 제시하고, 리더십 역할에 특별한 관심을 기울이면서, 교육에서 더 관여적이고, 비판적이며, 의미 있는 변혁적 변화를 위한 몇 가지 제안과 함께 결론을 내린다.

민주주의와 변혁적 리더십

교육 안에서 그리고 교육을 통해서 민주주의에 기여하기 위해 무엇을 할 수 있으며, 리더십은 여러 상황을 어떻게 고르게 맞춰 갈 것인가? 분명, 하나의 답은 없으며, 특별히 쉽거나 단순한 답도 없다. 기본적이고, 명백한 것은 민주주의와 교육은 불가분하게 연결되어 있다는 것이다. 누군가는 어떤 종류의 교육인가라고 질문할 수 있다. 이 질문에 대해 응답 중 일부는 우리가 민주주의의 의미를 설명하는 방식일 것이다. 이 책 전체에서 강조하듯이, 민주주의에 대한 내 해석은 활기차고 참여적인 비판 교육학이 뒷받침하는 포용, 참여, 대화, 질문 그리고 비판적 참여의 더 농밀한 판본을 수용하고 있으며, 이것은 규범적이고, 선거 정치적인(대의제적인) 모델을 넘어선다. 이러한 민주적 교육 형태는 애국심에 대한 당파적 충성을 신봉해 온 국민적 서사들에서 전통적으로 주변화된 사람들을 포함해서 다양한 사람들의 경험과 관점을 수용하려고 한다. 이 국민적 서사들은 종종 민주적 교육 형태에 포함되지 않았으며, 군사적 정복을 규범적 가치로 수용했다 — 반대로, 이 국민적 서사들은 헤게모니적 논법에 반대한 집단과 행동들을 종종 배제하고 거부했다(Carr, 2011a). 따라서 불평등한 권력관계에 대한 의미 있는 분석을 배제한 채 민주주의를 고려하는 것은 문제이며, 이것은 현상 유지를 특권으로 하는 전통적인 리더십 형태에 반대되는 변혁적 리더십 개념과 직접 연결된다(Macrine, 2009; McLaren & Kincheloe, 2007).

나는 민주국가, 정부, 시민 또는 교육 시스템을 반복해서 교육하기 위해 만들어질 수 있는 단 하나의 정해진 답, 메뉴, 레시피는 없다는 점에 주의한다(Carr, 2008a). 정말로 이런저런 것들이 얽힌 걱정들을 해결한다고 해서 민주주의를 강화한다는 보장은 없다. 그러나 더 의미 있고, 정의롭고, 적절한 민주주의 형태에 대해 원하는 것은 — 현대 주류 정치 언어에서 빌려 온 — 어느 정도의 희망을 필요로 한다. 현재 상황을 개선하기 위해서는 확신과 단호함을 갖추고 있어야 한다. 단순히 무비판적으로 현재 상황을 인정하는 것은 비유적으로도 문자 그대로도, 광대한 영역에서 인권에 대한 추구가 경제 권력의 지렛대를 움켜쥔 자들을 위해 준비된 허구적인 법적 술수가 되어 버리는 영원히 기만적인 것이 되는 것을 더욱 공고히 할 뿐이기 때문이다.

궁극적으로 교육 안에서 그리고 교육을 통해서 더 민주적인 사회를 추구하는 것은 진리를 추구하는 것과 같다. 결코 편안하지도 않고 쉽게 달성되지도 않는 가운데, 그러한 제안은 사람들이 궁극적으로 스스로 파멸하지 않으면서, 함께 역할을 다할 수 있다는 믿음과 많은 수단이 필요하다. 전쟁은 답이 아니며, 폭력도 마찬가지로 답이 아니다. 부패와 탐욕 또한 사람들의 의지가 존중된다면, 해결될 수 있는 영역이다. 인종차별, 성차별 및 빈곤은 덕목이 아니다. 이것들은 인위적인 것이며, 해결될 수 있다. 주기적으로 발생하는 권리 박탈은 주문처럼 자주 반복되는 미국의 '위대함' 그리고 종종 신의 축복을 받았다고 하는, 고도로 발달하고 선진화된 국가의 우월성과 잘 맞물리지는 않는다. 내가 주장하는 바는, 사회는 불공평을 줄여 가기보다 실제로는 (발전과 우월성을 입증하기 위해 사용한 모든 표준 측정 지표에 따라) 분열되고, 불평등해지고, 포용성이 점차 약해지고, 궁극적으로는 민주주의를 후퇴시키고 있다는 것이다. 선거에 제공되는 공간은 여러 면에서 교육의 장소를 빼앗아 왔다(Carr, 2011a; Denzin, 2009).

비판 교육학과 민주적 (초)현실

민주적 문해력이 없다면, 우리는 민주주의를 어떻게 가질 수 있는가? 민주적 관여 없이는 가능할까? 비판 교육학은 민주적 문해력과 민주적 관여를 성취하기 위한 적절한 수단일까? 파울루 프레이리의 비판 교육학적 토대에 크게 의지하면서, 프레이리의 작업이 가진 인식론적 중요성에 대한 강조는 여기에 도움이 될 것이다. 아우(Au, 2007)가 주장하듯이, 프레이리의 작업은 마르크스 전통에 뿌리를 두고 있다. 인식론적 질문은 교육의 변혁적 변화를 추구하는 데 필요하다. 비록 용어는 맥락이 달라지면서 변할 수 있지만, 프레이리의 '의식화'에는 여러 다양한 환경을 가로지르는 의미가 있다. 차별적인 권력관계에 대한 인식과 함께 교육 안에서 그리고 교육을 통해 중요한 경험을 성취하는 것은 비판 교육학적이고 민주적인 교육의 핵심이다. 비판 마르크스주의 관점이 민주적 교육을 육성하는 것과 밀접한 관련이 있는지 없는지에 대한 질문 때문에 비판 교육학이 개인 및 집단적 변혁 과정으로 나아갈 수 있다는 현실이 모호해져서는 안 된다. 브로시오(Brosio, 2003)는 선도적인 급진 정치 철학자 마이클 파렌티Michael Parenti를 인용하면서, 규범적인 신자유주의적 자본주의 구조가 사람들과 전체 사회 발전에 크게 영향을 주었고, 지금도 계속해서 주고 있다고 강조한다.

우리에게 필요한 것은 일방적인 글로벌 지배에서 벗어나, 전 세계 사람들의 공평하고 지속 가능한 발전을 향해 180도 변혁하는 것이다. 이것은 미국 지도자들이 자의적이고 무책임한 세계 동치사처럼 행동하기를 멈춰야 한다는 것을 의미한다. 그들은 독재자에 대한 지원을 중단해야 하고, 독재의 현상 유지를 타개하려는 민주주의 운동과 민주적 정부에 반대하는 것을 멈춰야 한다. 사회가 가진 토지, 노동, 자본, 기술, 시장 및 천연자원을 초국적 이윤 축적을 위한 소모성 자원으로 사용해야 한다고 믿는 자들과 그러한 것들은 사람들 사이 상호 이익을 위해 사용되어야 한다고 믿는 자들 사이에 투쟁이 존재한다. 우리에게 필요한 것은 상황이 얼마나 나쁜가에 대한 자유주의적 불평에서 벗어나서 상황이 왜 그렇게 나쁜지를 설명하는 급진적 분석으로 이동하는 것이고, 모든 상황을 더욱 광범위한 정치경제적 이해관계와 계급 권력 구조와 관련 없이 완전히 새롭고 어리둥절한 사건으로 취급하는 것에서 벗어나는 것이다. 우리에게 필요한 것은 관료 집단과 미국 기업의 독점적이고 이데올로기적인 통제를 피할 수 있는 대안을 가지고서 지배적 패러다임에 도전할 수 있는 글로벌 반제국주의 운동이다.

벨라미 포스터, 홀먼 그리고 맥체스니(Bellamy Foster, Holleman and McChesney, 2008)는 미 제국에 대해 더욱 포괄적이고, 비판적이며, 글로벌하게 분석하고 있다. 이들은 군사화를 통한 미국 사회의 통제 정도를 미국인들이 제대로 이해하지 못해서, 군대가 사회의 많은 부분을 폭넓게 지배하고, 주변화하고, 침체시킬 수 있는 가능성을 지니게 된다고 제안하면서, 위 인용문에 담긴 관점을 지지한다. 윌린스키(Willinsky, 1998)는 프레이리(1973/2005)의 억압자-피억압자 이분법과 관련한 변화의 전망을 제시하는 데 필요한 단계로서 제국에 대한 비판의 필요성을 언급한다. 따라서 역사적인 것은 현재의 것과 얽혀 있어서, 반식민주의 교육은 창고 저장용으로만 남겨진 토론이 아니어야 한다. 현재 문제와 쟁점들이 이전 행동들과 어떻게 연결되는지를 이해하는 것은 교육이 단순화되고 요점화되는 것을 피하는 핵심이다. 헤게모니와 이데올로기 사이 변증법적 관계에 대한 고려(Fishman & McLaren, 2005)는 비판 교육학적으로 다루는 근본적인 상황의 일부이다. 피쉬먼과 맥라렌의 책 첫 부분에 강조된 것처럼, 비판 인식론적 질문은 (가정된) 민주적 절차 안에서 그리고 이 절차를 통해서 어떻게 권력이 주입되는지에 대한 정밀한 분석과 독해에 필수적이다. 따라서 교육을 위한 연관성은 다음과 같이 분명하다.

비판 교육학은 교육과 정치 사이, 사회정치적 관계와 교육학적 실천 사이, 일상적인 사회적 삶 속 권력과 특권의 종속 위계성 재생산과 교실 및 제도가 가진 이러한 재생산 사이의 관계를 문제화한다. 이렇게 하는 과정에서 비판 교육학은 교육자들이 교육적 행위의 사회정치적 맥락 그리고 교육적이면서도 더욱 폭넓은 사회 구성체 모두 급진적으로 민주화하는 것의 중요성을 이해하도록 장려함으로써, 교육적 변혁을 위한 의제를 발전시킨다. 이와 같은 과정에서 교육자는 교육과정, 학교 정책, 교육철학 및 교육학적 전통에 적응하고, 저항하고, 도전함으로써 지적 역할을 맡는다(p. 425).

비판적 민주주의 교육학은 군대의 기능, 제한적이지만 포퓰리즘을 내세운 정치에 대한 비전 그리고 좌우 기독교 근본주의를 의사결정에 주입하는 것을 포함해서, 권력 구조를 뒷받침하는 다양한 부분들에 대해 강력하고 의미 있게 질문을 제기할 수 있다(Giroux, 2005; Steinberg & Kincheloe, 2009). 지루와 지루(Giroux & Giroux, 2006)는 비판적 민주주의 교육학에 대한 종합적인 심사숙고를 시도한다.

비판 교육학의 민주적 특성은 대체로 권력, 가치, 제도에 대한 비판적 조사가 가능해야 하고, 이것들을 (신이 준 것이라는 것과는 반대로) 인간 노동의 산물로 이해해야 하고, 민주적 실천과 경험을 어떻게 받아들이거나 막을 수 있는지에 대해 평가해야 한다고 주장하는 일련의 기본적인 가정을 통해서 정의된다. 그러나 비판 교육학은 단순히 텍스트를 자세히 읽거나, 급진적인 교실 관행을 만들거나, 비판적 문해력의 증진을 통해 권위에 책임지는 것 이상을 말한다. 이것은 또한 학습활동을 사회 변화와 연결하고, 교육을 민주주의와 연결하고, 지식을 공적 삶에 대한 개입 행위와 연결하는 것에 관한 것이다. 비판 교육학은 학생들이 반대의견을 표명하는 법을 배우고, 실질적인 민주주의를 지원하는 개인과 사회 기관의 형태에 대한 조건을 만드는 일에 위험을 감수하도록 권장한다(p. 28).

신자유주의에 도전하는 것은 이 프로젝트의 중요한 특징이며, 그 도전은 권력의 포획과 내적 작용을 비판하기보다 희생자를 비난하는 데 일조하는 사악한 관행, 주변화 그리고 성공에 대한 보수적 해석의 문제를 드러내는 방식이다(Giroux & Giroux, 2006). 신호, 생략, 지시 및 수사학의 의미를 해독하는 것은 비판적 민주주의 교육학을 구성하는 핵심이다(Kellner & Share, 2005, 2007; Macedo & Steinberg, 2007). 국가 권위가 억압적일 필요는 없으며, 비판적 민주주의 교육학이 학생들의 환심을 얻게 되면, 민주주의에 대한 더욱 농밀한 경험과 해석으로 이어질 수 있다. 덴진(Denzin, 2009)이 기술하듯, 급진 민주주의 교육학은 희망에 대해 다음과 같이 말한다. "희망은 윤리적이다. 희망은 도덕적이다. 희망은 평화적이고 비폭력적이다. 희망은 삶의 고통에 대한 진실을 추구한다. 희망은 세계를 바꾸기 위한 투쟁에 의미를 준다. 희망은 사랑, 돌봄, 공동체, 믿음 그리고 웰빙의 신성한 가치를 지지하는 투쟁과 개입에 기반을 두고 있다"(p. 385).

다른 사람과 서로 신중하게 의식하고, 자주 대화하고, 사랑으로 연결해야 한다는 설득력 있는 주장이 제기될 수 있다(Darder & Miron, 2006). 프레이리는 급진적 사랑 그리고 분노라는 피할 수 없는 전망에 대해 말했다. 이 급진적 사랑과 분노는 나약함, 냉소주의 또는 절망으로 고려되어서는 안 된다(Freire, 2004). 사랑할 수 있는 능력과 사랑의 필요성은 가장 핵심적인 인간 조건에 자리 잡고 있다. 착취와 차별 없이 인간적이고 인도적인 상호작용과 관계를 받아들이는 것은 비판적 민주주의 교육학을 위한 근본적인 고려 지점이다. 다더와 미론(Darder & Miron, 2006)은 우리 경험이 더 넓은 정치경제적 맥락과 단절된 것이 아니라, 브로시오(Brosio, 2003)가 주장하듯이, 사회적으로 구성된 서사로 짜여져 있음을 강조한다.

자본주의는 우리 일상의 존재를 분리하고 소외시킨다. 우리 의식이 점점 더 추상화됨에 따라 우리는 점점 더 우리의 몸에서 분리된다. 이런 이유로 비판적 교육자와 학자들은 해방자의 가능성과 인간 연대의 기원이 우리 몸에 있다는 것을 인정하는 것이 절대적으로 필요하다(p. 16).

다더와 미론(Darder & Miron, 2006)이 주장하는 것처럼, 모든 사람은 사악한 신자유주의 정책과 표현에 이의를 제기하고, 저항하고, 도전할 수 있다.

제국의 시민이라는 이유로 우리가 반대 목소리를 내기 위한 아무런 기회도 이용하려 하지 않는다면, 부끄럽게도 우리는 우리가 알게 될 것보다 더 많은 사회, 정치, 경제적 빈곤의 조건에서 매일 고통받는 전 세계 우리 형제와 자매에게 반대 목소리를 내는 과업을 떠맡기게 된다. 우리의 교수 활동과 정치는 언제까지 사람들의 일상에 영향을 주는 구체적인 문제를 다룰 수 없는 것일까(p. 18)?

모든 행동이나 제스처가 웅장하고, 지나치게 변혁적인 징후를 대표할 필요는 없다. 변혁적 리더십이 의미가 있으려면, 개인이 자신의 목소리를 낼 수 있고, 내어야 한다. 개개인이 제국주의, 헤게모니 그리고 애국적 억압에 저항할 수 있고, 중요하게는 증오를 넘은 사랑, 전쟁을 넘은 평화 그리고 비인간성보다는 인류애를 선택할 수 있다. 이것은 추상적으로 보일 수 있고, 그 유명한 3가지 대문자 R(Reading, wRiting, aRithmetic의 3R, 즉 읽기, 쓰기, 산수를 가리킴-옮긴이 주), 학생 기반 학습활동, 높은 학업 표준, 낙오 학생 방지법과 같은 제도 개혁 등의 경계를 벗어나는 것처럼 보일 수 있지만, 이 장 전체에서 주장하듯이, 권력과 변화 사이에는 직접적이고, 감정에 충실한 관계가 존재하며, 이 생각에 따르면, 변혁적 리더십은 학교와 교육 현장에서 미시적인 변혁적 리더십과 결합한 거시적인 사고의 광범위한 플랫폼에 달려 있다.

교육을 통해 민주주의에 기여할 수 있는 50가지 제안

위에 요약된 배경을 토대로 다음으로 이어지는 것은 농밀한 민주주의 교육에 기여할 수 있는 50가지 제안 목록이다. 이것은 민주주의 교육의 집중점과 잘 맞지 않는 몇몇 생각들 그리고 토론에 불필요해 보이거나 너무 독창적이거나 혁신적인 것으로 보이지 않을 수 있는 또 다른 몇몇 생각들을 포함한다는 비판을 받을 위험이 있긴 하다. 그럼에도 이러한 제안은 개혁을 위한 각각 다른 노력이 아니라, 전체적인 조화로 고려되어야 한다. 이 장과 이 책에 담긴 정신 안에서, 이 모든 제안은 활발하고, 참여적이고, 비판 변혁적 리더십을 필요로 한다. 교육, 변화, 민주주의에 대한 비판 교육학적 개념화를 기반으로 해서, 이 제안들은 현재 작동하면서 사회정의를 대단히 간과하고 중요하지 않게 여기는 신자유주의적이고 헤게모니적인 개혁 모델에 대한 대안으로서 제공된다.[2]

1 교육은 그저 지역 차원의 책임일 뿐이라는 잘못된 서사를 제거하면서, 교육을 사회적 책임으로 만들어라. 국민국가는 공교육이 사회적 성장, 발전, 화합과 독창성의 원동력이라는 공교육 캠페인을 벌여야 한다.

2 민주적 의식화는 교육 계획과 통합되어야 하며, 정치적, 비판적, 미디어 중심 형태의 문해력은 교수 활동과 학습활동의 의무적인 측면이 되어야 한다.

3 중립적이고 정치가 비어 있는 교육을 주류 대표성으로 받아들이는 것을 근절하라. 교육은 변할 수 있으며, 퇴행적 교육 형태는 유순하고 순응적인 시민으로 이어질 수 있으며, 농밀한 민주주의 안티테제임을 강조하라.

4 윤리, 진정한 다양성, 사회정의, 농밀한 민주주의에 더욱 집중해서 주목하기 위해 교육에서 책무성 개념을 재정의하라. 단지, 낙오 학생 방지법이 더 큰 책무가 있다고 선언한다고 해서, 이것이 반드시 사실을 의미하는 것은

2 이 글은 카가 미국의 한 대학에서 5년 동안 강의한 후인 2011년에 쓴 것이며, 이 글이 쓰였던 시기와 지리적 위치 등을 참고해 보면 이 글은 그 시간에 갇힌 산물이다. 그러나 우리는 같거나 비슷한 사회정의 문제가 여전히 존재하기 때문에, 원래 의도된 핵심 내용은 지금도 울림이 있다고 믿고 있다. 몇몇 제안은 이 책의 내용에 맞게 수정되고 업데이트되었다.

아니기 때문이다.

5 국가는 공교육에만 재정 지원해야 하며, 차터, 바우처, 사립학교 및 기타 파생물들은 권장되지 말아야 하고, 이들은 공적 지원을 받을 자격이 없다. 공교육은 사회 전체에 이익이 되는 공공재이며, 집단적이고, 글로벌한 책임으로 여겨져야 한다.

6 학교와 교육위원회에 대한 순위 매기기를 끝내라. 이러한 수고는 분열을 초래하고, 소외된 사람들을 처벌하고, 적절한 맥락 속에 있지도 않으며, 통합보다는 분열을 도우면서, 공익을 높이는 가능성과 교육이 민주주의의 더욱 농밀하고 더욱 인간적인 요소들을 단단히 하는 기본 기둥이라는 개념을 약화시킨다.

7 문화 자본을 많이 가진 — 높은 자산 가치와 기타 이점을 가진 — 고등학교들이 심각한 문제에 직면해 있는 같은 지역 고등학교와 긴밀하게 협조하지 않는 것을 내버려 두도록 하지 마라. 그럼으로써 지역의 학교 모두가 공통의 투쟁, 존재 그리고 사회의 일부이며, 자신들이 신자유주의 사고방식처럼 노력하지 않는 학교들과는 반대로 얼마나 열심히 일하는지를 과시하는 개별 학교가 아니라는 것을 알게 될 것이다.

8 모든 교과과정 과목들은 사회정의의 의미뿐만 아니라, 권력이 작동하는 방식을 명시적으로 진단해야 한다. 이것은 백인성에 대한 비판 교육학적 분석, 인종, 젠더 및 계급 불평등에 관한 분석 그리고 주변화, 차별 및 권리 박탈의 여러 다른 형태에 대한 분석을 포함해야 한다. 이러한 문제를 논하는 것이 무례하게 여겨질 수도 있지만, 이 문제들을 회피하는 것은 해악, 피해 그리고 민주주의의 안티테제를 더욱 공공연히 하고, 이에 빌붙을 뿐이다.

9 교육 시스템과 교육자들은 "알면 알수록, 모르는 게 더 많아진다"는 격언을 받아들여야 한다. 교육이 진정 평생 학습활동에 관한 것이어야 한다면, 비

판적 질문, 산 경험, 변증법적 질문과 대화라는 끝없는 과정을 담아야 하며, 이것은 표준, 고부담 시험, 관행화된 교과과정을 무색하게 할 것이다.

10 어떠한 출신, 인종, 민족, 배경을 가진 사람이라 해도, 남녀 모두 교수 활동과 교육에 참여할 수 있어야 한다. 일부 초등학교는 남성 교사가 부족하고, 일부 학교는 리더십 직책에 소수인종이나 여성이 없기도 하다. 이것은 리더십, 역할 모델 및 학습활동에 대한 잘못된 고정관념으로 깊이 이어질 수 있다.

11 교육정책 결정 및 교과과정 개발은 다양한 집단 및 이해관계자들과 더 많은 협의와 협력을 담아야 하며, 의사결정 과정은 반드시 더 투명해야 한다. 교육자, 학부모, 학생 및 더 넓은 공동체는 결정이 어떻게 그리고 왜 내려지는가를 이해할 수 있어야 하며, 궁극적으로 사회 전체에 영향을 미치게 될 이 과정들에 참여할 수 있어야 한다.

12 모든 학교는 지역 안에서 쌍을 이뤄야 한다(예를 들어, 도시 학교는 교외 학교와, 교외 학교는 농촌 학교와 쌍을 이룰 수 있으며, 인구통계학적으로 다른 지역의 학교들은 동일 지역 안에서 쌍을 이룰 수 있다). 이러한 결합은 문화적 교류 외에도 진정한 학업 및 교과과정 작업을 포함한다. 어떤 학생도 "학교에 있는 모든 사람이 백인"이라는 이유로 자신들이 다양성을 알지 못하거나, 이해하지 못하거나, 경험하지 못한다고 말하게 두어서는 안 된다. 이것은 비판적 사고와 다원주의를 통한 개입에 대한 더욱 농밀한 판본을 충분히 대표하지 못한다.

13 교육위원회는 기술을 사용해서 미국의 교실을 전 세계 교실과 쌍을 이루도록 연결해야 하고, 이를 통해 교육자들이 다른 나라 동료들과 언어와 문화를 교류할 수 있어야 한다. 정부는 이 프로그램을 수행할 수 있도록 초기 자금이 필요한 학교에 그 자금을 제공해야 한다.

14 교육에 표준이 있어야만 한다면, 민주교육, 시민교육, 평화교육, 미디어 문해력, 사회정의를 위한 표준이어야 한다. 표준은 문화 자본으로 인해 대부분 미리 정의된 기본 기술에 대한 테스트가 아니라, 더 좋은 사회를 세우는 데 중점을 두어야 한다.

15 교사는 학생들의 학업 성취도에 따라 보수를 받아서는 안 된다. 교사의 급여는 인상되어야 하며, 이들의 공로를 인정하는 다른 방안이 추구되어야 한다. 더 어려운 상황에서 일하는 교사들이나, 문화 자본을 적게 가진 학생을 가르치는 교사들을 줄이는 것이 목표가 되어서는 안 된다. 교사의 역할은 단순히 중상주의적 결과와 관련된 것이 아니라, 더욱 광범위한 사회적 맥락에서 이해되어야 한다.

16 교과과정은 크게 개편되어야 한다. 프레이리의 생성적 주제와 듀이의 구성주의는 모든 수준의 교실에서 통합되어야 한다. 이를 위해 존중, 비판적 질문, 관여 및 권력의 작동 방식에 대한 평가에 관한 가치가 교실에 스며야 한다.

17 모든 학교는 숙의 민주주의를 강조해야 하며, 청년들은 경청하고, 명확히 표현하고, 토론하고, 차이를 진단하는 방법을 배워야 한다. 분명, 학생들은 평화로운 방식으로 더 심오한 지식의 구성을 정중하게 추구하는 방법을 배워야 한다. 집단 사고group-thinking는 사회적 마비와 사악한 형태의 애국주의로 이어질 수 있기 때문에, 비판적 의견을 가진 이들에 대한 비난은 중단되어야 한다.

18 논쟁의 여지가 있는 주제로부터 학생들을 보호하기보다 중요한 사건, 문제 및 고려 지점의 배경에는 무엇이 있는가와 함께, 어떻게 그리고 왜 일어나는가를 비판적으로 이해하도록 격려해야 한다. 정치란 민주당원과 공화당원에 관한 것이라는 신화는 수정되어야 한다. 그리고 시스템적인 문제

와 갈등에 대해 비판적 성찰이 전쟁, 인종 프로파일링(인종과 피부색 기반으로 범죄 용의자를 추적하는 방식-옮긴이 주), 차별, 빈곤 집단에 대한 무시와 같이 힘을 사용하는 것보다 더 적절하고 효과적이라는 것을 학생들이 배워야 한다.

19 평화와 평화교육은 교육 프로젝트의 중심이 되어야 한다. 평화가 교육의 근본적인 부분이 아니라면, 교육의 목적은 무엇인가?

20 환경과 환경교육에 대한 더 농밀한 해석을 교육 프로그램 전반에 걸쳐 가르쳐야 한다. 예를 들어, 환경에 대한 전쟁과 군사적 갈등의 영향을 조사해야 한다.

21 부의 집중 때문에 가난한 지역이 피해를 입어서는 안 되며, 모든 사람은 대가 없이 야외 활동을 즐길 수 있어야 한다.

22 쉽게 접근할 수 있고, 공정하며, 스포츠맨다운 가치가 승리 지상주의 그리고 돈의 악명과 우월성의 추구를 대신해서 재주장되어야 한다.

23 모든 학생은 중요한 봉사 학습활동에 접해야 한다. 이 경험에는 사회적 문제가 왜 존재하는지에 대한 과정과 보고가 동반되어야 한다. 사회정치적으로 맥락화하지 않고서 봉사 학습활동을 배치하는 것은 실제 경험을 통해 추구되는 것과 반대되는 것을 강화할 뿐이다.

24 교육감과 교장을 위한 계약은 이들이 민주적 교육, 정치 문해력 및 사회정의를 얼마나 잘 고취하는가를 통해서 평가된다는 것을 명시하는 문항을 포함해야 한다. 이들의 계약 갱신은 부분적으로는 이들이 자신들의 교육기관 안에서 이러한 문제를 얼마나 잘 처리하는지에 달려 있어야 한다.

25 학교, 특히 빈곤 지역 학교에서는 군 입대 모집을 해서는 안 된다. 문화 자본이 많은 학생뿐만 아니라, 모든 학생은 고등교육의 기회가 주어져야 하며, 명시적으로든 암묵적으로든, 가난한 사람들은 군 입대 이외에는 다른

선택지가 없다는 메시지가 전달되어서는 안 된다.

26 모든 미국 학생은 초등학교 1학년 때부터 한 가지 이상의 외국어를 배워야 하며, 고등학교에서 제2외국어를 접할 수 있어야 한다. 세계평화 및 선한 관계를 달성하는 것에 대한 구체적인 관심은 말할 필요도 없이, 영어가 미국인들이 원하는 어디든 언제든지 갈 수 있게 하고, 상호문화적 발전으로 이어질 것이라는 생각은 전체론적이고 민주적인 교육 형태 안에서 재구성되어야 한다.

27 학교에 자금을 조달하는 방식으로서 영리기업과 계약을 체결하려는 유인책이 제거되어야 한다. 지역사회들은 일부 지역을 다른 지역보다 더 압박하고 강요하는 경제적 상황을 인식해야 하며, 마케팅과 광고의 역할 그리고 학교에서 시장점유율을 확보하려는 힘을 비판하도록 해야 한다. 교육정책 입안 또한 이 영역을 다뤄야 한다. 채널 원(Channel One. 1990년에 미국에서 시행한 중등학교 교실에서 방영되는 위성 방송 뉴스 프로이며, TV를 통해 매일 12분 교실에서 방영되는 뉴스에는 2분 분량의 상업광고가 들어가서 논란이 되어 옴-옮긴이 주)과 같은 프로그램은 학교에서 금지되어야 한다. 이런 프로그램은 호의적인 서비스가 아닐 뿐만 아니라, 조건이 붙어 있으면서도 문제가 되고 있지 않다.

28 가난한 지역에 비해 더 큰 자산 기반을 가진 학교의 차별화된 경험이 다뤄져야 한다. 사회적 맥락을 포함해서 이런 현실에 관한 연구가 학부모, 학생, 교육자 및 더 광범위한 공동체에게 간략하면서도 비판적으로 제시되어야 한다. 접근법은 비난, 연민, 죄책감 또는 무능함을 확인하는 것이 아니라, 시스템적 문제, 자원 배분 그리고 비효율적인 교과과정과 정책 개발을 강조해야 한다.

29 박물관, 문화 행사, 심지어 해외 현장학습활동에 대한 제한된 접근성은 미

국인들 사이 교육적, 문화적, 정치적 격차를 더욱 나쁘게 하는 데 기여할 뿐이다. 정부는 적절한 수준의 재정을 투입해서 모든 학교가 위와 같은 필수적인 활동의 혜택을 받을 수 있어야 한다.

30 특별한 상황을 제외하고, 학부모는 자녀의 학교에 한 달에 반나절의 봉사를 제공해야 한다. 목표는 모든 학부모가 학교에서 무슨 일이 일어나는지를 알 수 있도록 하고, 진보적 활동을 위한 지원을 창출하고, 교육과 민주주의에 대한 토론 기회를 제공할 수 있도록 하는 것이다. 이런 프로그램에 참여하는 학부모가 불이익을 받지 않도록 하는 (그리고 봉사에 참여한 날이 공식 휴가로 간주되지 않도록 하는) 법률이 제정되어야 한다. 학교 교장이 학부모와 연락을 취하는 적절한 방법을 찾을 수 있도록 지원해야 한다.

31 교사 교육 프로그램은 질적인 교수 활동 및 학습활동 경험에 집중하면서, 지식 획득을 넘어서 지식 학습활동과 구성을 강조하는 혁신, 참여, 협력 및 비판 교육학적 작업을 모니터링하고 지원하는 평가 제도를 개발해야 한다. 유사하게도, 이러한 프로그램은 지역 교육위원회와 의미 있는 관계를 구축해야 한다. 모든 교육 교수진은 자신들의 학교와 형식적인 관계를 맺어야 한다.

32 모든 학교는 여러 분야에서 전문가, 학자 및 다양한 경험을 가진 사람들이 학생들과 교류할 수 있는 게스트 프로그램을 시행해야 한다. 다양한 게스트에 대한 접근은 모든 학교에 고르게 배분되어야 하며, 일정한 형태의 형식적이고, 엄격하고, 참여적인 프로그램을 반드시 가지고 있어야 한다. 다양성과 공공성에 대한 특별한 관심이 필요하다(즉, 문화 자본을 많이 가진 학교만 주요 기업과 정치인들에게 노출되어서는 안 되며, 반대로, 비판적 대안 운동과 풀뿌리 활동가들이 노동자 계급 학교에만 초대되어서도 안 된다).

33 학생들과 정치인, 외교관, 주류 미디어를 포함해서 공무원이 학교에 초대되

어, 이들이 초대된 전통적인 이유는 물론, 사회정의, 편견, 애국심, 선동, 시스템 문제가 존재하는 이유에 대한 비판적 질문에 열려 있는 가운데, 학생들과 대화를 나눌 수 있어야 한다(예: 민주주의의 덕목을 격찬하고, 특정 플랫폼에 대한 지원을 설득하고, 직업 선택, 좋은 시민이 되는 방법 등을 토론할 수 있도록).

34 모든 학교는 졸업 학점으로 인정될 수 있는 다양한 지역사회 프로젝트에 착수해야 한다. 이 프로젝트들은 봉사 학습활동, 연구 수행, 서사와 민속지학enthnographies의 작성 및 사회 해결 방법에 대한 프레젠테이션 작성을 포함할 수 있다.

35 전문가와 활동가 위원회가 감독하는 주state 교육부는 교육 시스템의 투입과 결과에 대한 데이터를 모아야 하며, 다양성, 사회정의, 미디어 문해력, 민주주의, 기타 프로그램이 어떻게 관련되어 있는가에 대해 보고해야 한다. 이 보고서는 주 교육부 웹사이트를 통해서 무료로 온라인으로 제공되어야 한다.

36 민주주의와 선거에 관한 연구는 (종종 공민학Civics 또는 정부 과정이라 불리는) 단일 과정으로 집중되어서는 안 된다. 민주주의는 선거 독려에 집중하는 과정으로 격하되지 않으면서, 시연되고, 행동하고, 살아 있어야 한다.

37 교육위원회와 학교가 교육 기금 배분을 결정하는 과정에서 다양한 이해관계를 포함하면서, 포용적이고 의미 있는 방식으로 참여 예산을 책정하도록 요구하라.

38 학교 안에서 기금 마련 행위를 금지하고, 교육자가 중요한 교수 활동, 학습활동 및 참여에만 집중하도록 하라. 만일 학교가 기금 마련에 관심이 없다면, 학교는 자유롭게 학생들의 최선의 이익을 목표로 삼을 것이며, 외부 이익에 의존하지 않게 될 것이다.

39 학교는 따돌림과 폭력 예방에 주목하고, 다양한 수준의 공동체, 가정 및 학

생들과 함께 학습활동에 도움이 되는 환경을 만들고, 동시에 사악한 무관용, 범죄화 경로를 피할 수 있도록 해야 한다.

40 학교는 지역 내에서 폭력과 범죄의 형태, 내용 및 정도를 조사하면서, 지역 사회 폭력과 범죄 프로젝트를 수행해야 한다. 데이터 수집과 분석은 화이트칼라 범죄, 부패, 인종 프로파일링 그리고 여성에 대한 학대, 범죄 조직 활동 및 경찰의 위법행위 등을 비롯해서 증거가 없거나 기록되지 않은 범죄를 포함해야 한다. 범죄행위와 폭력이 어떻게 그리고 왜 발생하는지, 나아가 이에 대해 무엇을 해야 하는지를 더욱 엄격히 이해하기 위해 비판적 질문 과정의 일부를 구성하는 결과물은 공개적이고 지속적으로 제시될 수 있다.

41 40번 항목과 유사하게 학교는 비판적 비교 분석 방식을 통해서 지역공동체에 존재하는 질병, 감염병 및 질환 유형을 알아내기 위해, 지역사회 건강 프로젝트를 수행해야 한다. 가난한 사람들은 더 위험에 처하고, 수명이 더 짧은지, 이들은 적절한 보건의료 서비스를 이용하고 있는지, 보건의료 정책 수립에 동등하게 기여하고 있는지 등 진행 중인 연구 결과를 알리고, 실천에 옮겨야 한다.

42 로렌스 콜버그Lawrence Kohlberg의 도덕적 발전 모델에 따라, 학생들을 자신들의 학교 경험의 일부 규칙, 지침 및 조건을 결정하는 데 초대해야 한다. 학생들은 형식 교육 경험의 수혜자만이 아니라, 자신들의 지식과 현실을 형성하는 과정에 완전히 참여하는 참여자이다.

43 어떤 아동도 사회경제적 맥락에서의 충분한 검토 없이 특수교육에 배치되어서는 안 되며, 소외되고 인종차별화된 공동체가 이런 프로그램에 불균형적으로 유입되는 가능성을 줄여야 한다. 현재 과정에 명시된 형식적인 절차에도 불구하고, 여전히 특수교육에 맞춰진 아동 유형에 대한 광범

위한 우려가 존재한다.

44 겸손을 교수 활동과 학습활동의 덕목으로 하고, 기업가, 배우, 프로 선수가 얻는 경제적 이득을 덜 강조하라.

45 모든 학교에는 과일과 채소를 생산하는 정원이 있어야 한다. 정원에서 일주일에 1~2시간 일하는 동안, 학생들은 환경, 농업, 영양, 먹거리 경제, 지구화에 관한 구체적인 교과과정을 연결할 수 있는 기회를 가질 것이다. 또한 생산된 과일과 채소는 학생들이 먹을 수도 있다.

46 모든 학교에는 음악, 미술, 체육 프로그램이 있어야 한다. 자금 마련과 부가 학생들이 폭넓은 교양 교육에 접근하는 데 장애물이어서는 안 된다.

47 군사비와 군사화에 사용되는 모든 부분에 20%의 전쟁세war tax가 적용되어야 하며, 그 결과에 따른 기금은 교육에 적용되어야 한다. 미국에서 현재 상태대로 매년 군대에 약 1조 달러를 사용하면, 정부는 교육 부문에 추가로 2천억 달러를 할당해야 할 의무가 생기게 된다. 교육은 전쟁을 보조하는 데 사용되어서는 안 되며, 가난한 사람들이 다른 사람들의 전투에 참전하도록 강요받아서도 안 된다.

48 연방 정부는 다양한 시민, 교육, 대안 세계/반세계화 조직들이 공교육의 형식적 수단, 데이터, 정책, 자원 및 목표에 관한 토론에 기여할 수 있는 연례 교육 정상회담을 조직해야 한다. 이 교육 정상회담은 정부와 교육 당국을 위한 책무성 포럼으로 고려될 수 있다. 이 정상회담은 그다음 해에 검토될 구체적인 연례 보고서와 계획을 생산할 것이다.

49 겸손은 민족주의와 애국심 이상으로 강조되어야 한다.

50 급진적 사랑은 교육을 개념화하기 위한 출발점이 되어야 한다.

위 제안이 현실적으로 보이는지 아닌지는 근본적인 질문이 아니다. 다양한 제안, 운동, 이해관계, 여러 종류의 민주주의를 추구하는 사람들이 존재한다는 현실을 염두에 둬야 한다. 불공평한 권력관계에 개입하고 행동하기 위해 이데올로기적으로 자리 잡은 변혁적 리더십을 통해, 수많은 대화, 토론 및 결정이 끝까지 논의되는 형식 교육 구조에 독특하고 의미있게 접근할 수 있다. 위에서 제안한 것들은 변혁적 리더들에 의해 고려되고, 다듬어질 수 있다. 이 변혁적 리더들은 주류 교육 모임 안에서 신자유주의적 독점을 뒷받침하는, 진보적이고 사회정의에 기반을 둔 많은 개혁이 테이블에 오르지 않도록 막는 토대 일부를 이동시킬 수 있다.

민주적 교육-계획수립 모델

민주적 교육-계획수립 모델(도표 19)은 민주주의와 민주적 참여에 관해 개인, 학교, 지역사회가 생각하고, 경험하는 것을 지도화mapping하는 것에 도움이 될 수 있다. 학교는 교육 영역에서 발생하는 것의 맥락, 내용, 경험 및 결과를 기록할 수 있을 것이다. 건설적인 협력을 촉진하는 방법은 많이 있으며, 나는 무계획적이고, 조화롭지 못하고, 가식적인 경험을 강요하기보다는, 더 의미 있는 경험을 이해하고 구성하는 것을 목표로 하는 비판적이고, 변증법적이며, 조화로운 노력을 권장한다. 이 모델에서 학교는 신자유주의적 용어인 클라이언트가 아닌 다양한 이해관계자 ─ 또는 공공 정책적 용어인 이해 당사자 ─ 와 협력할 수 있을 것이다. 교사, 학부모, 학생, 지역사회 구성원 및 여러 집단을 포함하고, 차별적인 권력관계에 대해 인식하는 것은 제안을 공식화하는 것뿐만 아니라, 시너지를 만들 수 있는 몇 가지 중요한 계획수립을 촉진할 수 있다. 이러한 접

	맥락	내용	경험	결과
개인				
학교				
지역사회				

근 방식은 공동체가 함께 예산 일부를 어떻게 사용할지를 고려하는 브라질 포르투 알레그레에서 수립된 참여 예산 계획수립 과정에서 영감을 얻었다(Gandin & Apple, 2002). 비판 교육학적 분석을 사용하여, 민주적 교육-계획수립 모델의 참가자는 변화에 대한 체계적이고 제도적인 장벽에 매우 예민해야 하며, 미묘한 차이를 가진 소외된 이해관계의 존재를 파악하는 것에 방심하지 않으면서, 개인과 집단의 산 경험 또한 고려해야 한다.

이 모델은 자금 제공자의 덕성이나 제도적 이익을 편향적으로 보여주는 전형적인 (가정된) 책무성 보고서를 추구하지 않는다. 오히려 정책과 프로그램이 누구의 이익과 무엇을 목적으로, 왜 개발되어 왔는가에 대해 질문하면서, 진실하고 구체적인 비판적 참여에 주목한다. 예를 들어, 개인, 학교 및 지역사회는 교육 현장에서 지역적으로 발생하는 것의 민주적 토대, 성장 및 긴장에 어떻게 기여하는가?

이 모델을 사용하는 한 가지 방법은 민주적 교육을 위한 맥락을 도표화하는 것이다. 이것은 민주주의 교육을 정의하기, 역사적이고 현대적인 성취, 쟁점 및 도전을 강조하기, 애국심, 사회경제적 발전 및 정치적 참여 같은 근본적인 고려 지점에 대한 포용적이면서 농밀한 방식으로 다루기 등을 중심으로 한다. 여기에 담긴 생각은 책 시리즈의 초안을 작성하는 것이 아니라, 우리가 알고 있는 것 그리고 우리가 그것을 알고 믿는 방식에 대한 인식론적이고 철학적인 토대를 우리의 행동과 연결하려는 것이다(Kincheloe, 2008b). 종종, 교육정책은 하늘에서 떨어지고, 학생들의 일상 현실과 동떨어져 있고, 과학적 연구와 일치하지 않는 것처럼 보인다. 낙오 학생 방지법은 개혁이 과학적 연구에 기반을 두어야 한다고 구체적으로 규정하고 있지만, 교육 리더들이 자신들의 철학에 영향을 미쳐 온 문헌을 열거할 수 있을까(Gordon, Smyth, & Diehl, 2008)?

결론

민주주의에 주목하는 동안, 분명한 것은 더욱 농밀하고, 더욱 비판적인 판본의 민주주의는 반드시 (사회학, 역사, 철학, 정치학, 경제학, 교육, 문화연구 및 사회과학 일반을 다루는) 간학제적 접근법을 수반하며, 직접 연관된 주제와 쟁점(평화학, 미디어 문해력, 환경 교육, 간문화적 관계 등)에 밀접한 관심을 가져야 한다. 민주주의를 어떻게 실천할 것인가 또는 더 농밀한 민주주의를 어떻게 만들어 낼 것인가에 대한 질문에 적용될 수 있는 정해진 답, 목록, 메뉴란 없다. 오히려 해야 하는 것에 대한 앞선 50가지 제안 목록처럼, 사고, 질문, 비판적 분석, 경험 및 겸손함의 결합은 더욱 의미 있고 지속 가능한 민주주의, 모든 사람과 이해관계의 비판적 관여에 영감을 불러일으키고, 이를 배양하려는 민주주의로 나아갈 수 있다. 더 급진적인 민주주의를 향한 더 급진적인 결정을 위해서는 제한되고 헤게모니적인 경계에서 벗어나서 잘 생각하는 것이 필요하고, 권력이 작용하는 방법을 다뤄야만 한다(Hill & Boxley, 2007).

변혁적 리더십은 이 논의에 어떻게 들어맞는가? 누군가는 토론이란 교육 분야, 경험 및 제도를 나타내는 현실 세계 문제와 도전을 고려하지 않고서도 이론적, 개념적, 학문적으로 남을 것이라 주장할 수도 있다. 우리는 실제로 변화를 — 분명 중요하긴 하지만, 변화의 담론이 아니라 실제 변화 과정을 — 어떻게 촉진할 수 있을까? 그것이 변혁적이기 위해서 중요한 것은 인식론, 가치, 전략 및 변수를 고려하는 것이고, 특히 권력이 작동하는 방식을 이해하는 것이다(Shields, 2011). 권력은 중립적이지 않고, 민주주의도 아니며, 변혁적 형태의 변화는 오로지 진지하고 비판적인 참여가 있을 때만 발생할 수 있다. 따라서 이 장의 목적을 위해, 행정 계급은 반드시 권력 역학에 맞춰져야 한다. 행정가는 단순히 명령을 수행하기 위해서 고용된 것이 아니다. 그들은 전쟁터의 군인이 아니다. 누군가는 그들이 변화를 고려하는 방식에 관해 통찰, 지식, 지성 및 동정심을 제공하길 바란다. 여성이 리더십 영역에서 진지하게 받아들여지지 않던 경우처럼, 행정가가 개인적으로든 집단적으로든 대안적 전망을 고려하는 것을 단념하게 된다면, 교육 안에서 그리고 교육을 통한 중요한 변혁적 변화는 거의 불가능하게 될 것이다. 변혁적 리더는 집단과 전체 인구에 해를 끼치는 제도적 결함을 지적할 용기를 가져야 하며, 자신이 모르는 것에 열려 있어야 한다. 변혁적 리더가 배우고, 훈련받고, 육성되고, 승진해 가는 방식은 등식의 중요한 부분이다. 나는 비판 교육학이란 관리자가 처음에는 부정적으로 반응하더라도, 커다란 이익을 얻을 수 있는 영역일 수 있다고 주장해 왔다. 즉, 관리자는 형식 교육 변화의 촉진을 위한 필수적인 역할자이다. 변화가 변혁적인지 아닌지의 문제는 우리가 권력을 어떻게 평가하는지, 어떤 각도에서 누가 평가하는지에 달려 있다.

앞서 열거한 50개 제안과 관련해서, 행정가는 자신들과 관련된 함의, 결과 및 조치를 승인하고, 토론하고, 수락하고, 형성하고, 구현하고, 평가하는 데 중요한 역할을 할 것이 분명하다. 이러한 변화는 단지 점진적인 변화만을 감독하는 리더가 아니라, 비전과 변혁적 리더십을 필요로 한다. 제안들이 너무 급진적이거나 덜 급진적이지 않은가? 너무 무모하거나, 너무 빈약하게 생각하거나, 너무 비용이 많이 들거나, 너무 조화롭지 못한 것인가? 나는 이 제안들이 내가 비판적 민주주의 교육학이라 부르는 것의 일부를 구성하고, 변혁적 변화를 이끌어 낼 수 있다는 답을 할 수 있을 뿐이다. 이것들은 교육을 변혁할 수 있는 유일한 제안들인가? 확실히 그렇지는 않지만, 역사, 정치경제, 전통 및 교육 맥락을 고려하면, 나는 이 제안들이 분명 고려할 가치가 있다고 믿는다. 파울루 프레이리나 조 킨첼로 또는 어떤 유명한 비판 교육자도 학생, 교육자 및 여러 다른 사람들이 자신들이 해 온 것을 단순히 반복하거나 자신들이 이론과 실천 측면에서 경험하고 발전시킨 것이 궁극적인 해답이라고 쉽게 믿는 것을 바라지는 않을 것이다. 비판적 겸손함과 급진적 사랑의 추구는 우리 모두가 더 좋은 사회를 추구하는 과정에서 새롭고, 혁신적이며, 성찰적인 생각을 추구하도록 용기를 북돋는다. 그러나 프레이리, 킨첼로 및 여러 학자가 우리에게 제공하는 것은 과거와 현재 그리고 진화하게 될 사회와 더 의식적으로 연결되기를 바라는 사람들에게 엄청난 가치가 있는 구성된 지식이 가신 엄청난 부와 통찰력 있는 아카이브이다.

비판적 민주주의 교육학은 투표를 중요하게 여기는 것에 대한 것이 아니라, 인간적인 마주침, 사회정의, 평화, 더욱 공평하고 존중하는 자원 분배, 더욱 품위 있고 정의로운 토착 문화에 대한 인정 그리고 국내외적으로 여러 민족을 주변화시키는 헤게모니 세력이 존재한다는 인식에 집중한 가운데, 인간 경험에 대한 끝없는 비판적 질문에 더 근본적으로 관련되어 있다. 여러분의 투표는 중요한가? 아마 그럴 수 있다. 혹은 우리학교는 민주적인가? 이렇게 질문할 수 있다. 그럴 수도 있지만, 투표 그자체만으로는 민주주의를 만들지 않는다는 것을 말하지 않더라도, 훨씬더 관련성이 높은 다른 요소들이 많이 있다. 이 책 전체에 걸쳐 주장한 것처럼 의미 있고, 관여적이고, 비판적인 교육을 중심 위치에서 제외하는민주주의에 대한 정의는 어떤 것이라도 문제가 있다. 사람들은 (비록 관련성이 있다 해도) 정당과 제도가 아니라 민주주의를 구성하며, 따라서 사람들은 자신들의 정치, 경제, 사회, 문화 및 철학적 운명을 건설해야 한다. 사람들은 자신의 환경, 가치, 소속, 대인 관계 및 삶의 본질을 정의하는자이다. 그러나 이 책의 중심 가설에 따르면, 사람들은 또한 자신들의 일상생활, 능력, 관계, 세계와의 연결에 권력이 어떻게 영향을 미치는지를경계하고 의심해야 한다. 교육은 애국적 속박, 인종차별적 주변화, 빈곤과 빈곤화가 요약되어 버린 비전 그리고 권력이 작동하는 방식에 대한무비판적 평가를 강화하거나, 반대로 중단할 수 있는 핵심 교차 수단이다. 프레이리와 킨첼로는 이 여정에 많은 영감을 주고 있으며, 질문을 던지고 받아들이려는 이들의 의지는 비판 교육학 정신 안에서 활기차고,역동적이며, 참여적인 민주주의를 제공한다. 다른 세계는 가능하다는 대안 지구화 운동의 주문과 함께, 나는 다른 민주주의가 가능하다고 제안하면서 결론을 내리길 원한다.

추신: 어려운 일을 하는 좋은 사람들

2005년부터 2010년까지 5년 동안, 나는 영스타운 주립 대학교 교육 리더십 박사과정에서 가르칠 수 있는 기쁨을 가졌다. 나는 논문 위원회에 참여하는 것과 함께 3가지 필수 과정 — **질적 방법론, 탐구 이론, 다양성과 리더십** — 을 가르쳤으며, 모두 뛰어난 학생들을 만날 수 있었다. 대체로 백인이었고, 대다수가 남자였으며, 대부분 교장과 교육감인 학생들은 대략 반경 2시간 이내 농촌, 교외, 도시 교육위원회에서 왔다. 학생들과 함께 일하면서 내가 배운 경험은 중요하면서도 변혁적이었다. 나는 내 관점, 관심사, 의견, 신념, 가치, 이데올로기, 성향, 특이성 그리고 존재 방식이 다른 사람들에게 공통되거나 공유되지도 받아들여지거나 수용되지도 않을 수 있다는 것을 배웠다. 나는 지속되고 의미 있는 비판적 분석, 토론 및 참여가 사고를 변혁할 수 있다는 것을 배웠다. 나는 학생들로부터 그들의 질문, 비평, 발표, 논문, 정당화 그리고 학생, 사람 및 동료로서의 위치로부터 많은 것을 배웠기 때문에 나 자신에 대해 말하는 것이다. 내가 제시한 자료 대부분은 교육 리더십에 대해 생각할 때 반드시 먼저 떠오르는 것은 아니다. 예를 들어, 우리는 인식론과 우리가 알지 못하는 것에 집중했으며, 이것은 교육 리더가 이론에 대해 생각할 때 쉽지 않은 것이다. 우리는 쿠바에 대해 우리가 한 것, 우리가 알지 못한 것 그리고 정당과 간문화적 관계를 탈구축 하는 과정에서 우리에게 의미가 된 것과 함께 시작했으며, 우리가 다양성 연구를 시작했을 때, 나는 그들이 이질적인 사회의 자랑스러운 혜택보다는 백인의 권력과 특권에 주목하도록 했다. 두 경우, 초기 반응은 다음과 같았다. 왜 이걸? 그리고 이것이 우리의 모든 것과 무슨 관계가 있다는 것인가?

나는 학부 시절, 전체 프레임을 놓치지 않도록, 우리가 목표에 너무 협소하게 집중하지 말아야 한다고 우리에게 주의를 주었던 정치학 교수님이 떠올랐다. 따라서 이 기간에 목표는 우리의 지식에 우리가 갇혀 있으며, 나아가 지식은 사회적으로 구성된다는 것을 겸손하게 깨닫고, 받아들이는 것이었다. 우리는 또한 아마도 우리가 원하는 만큼 급진적이고 빠르지는 않지만, 더 좋은 방향으로 우리의 한계에 대해 이해하기 위해 다시 집중하려 하면서, 변할 수 있다는 것에 우리 스스로 만족스러워하려 했다. 궁극적으로는 이 방식에 담긴 변증법적 참여 과정은 사회정의가 고려되고 다뤄지는 방식을 제한하는 헤게모니적 관계에 놓인 제약과 구조로부터 우리가 해방되는 것을 목표로 했다. 학생들은 이익을 얻었는가? 나는 나 자신에 대해서만 말할 수 있지만, 변혁적 리더십을 위해서는 과정, 겸손함 그리고 한 가지 답변만을 (혹은 헤게모니적 관점만을) 제공하는 설명문, 도구, 수단 및 방안에 대해 거부가 필요하다는 생각이 경험적으로 스며들었다. 행정가는 분명 변화 방정식의 근본적인 부분이며, 횡단적 사고를 북돋는 방식으로 이들을 참여시키면 변화를 촉진하는 데 도움이 될 수 있다. 이것만큼 중요하게도, 다음의 훨씬 더 변혁적인 단계는 권력을 유지하는 것이 아니라 권력에 맞서는 것을 수반하며, 변혁적 리더십은 교육적 토론의 주변부가 아닌 중심 특징이 될 때, 가능성에 최대한 도달할 것이다.

8장

폭정에 맞선 저항과 회복력의 실천으로서
민주주의의 비판적 관여

만일 우리가 비난해야 한다면, 그것은 수 세기 전 귀족에 맞먹는 소수 엘리트 집단이 전체 인구를 소집하고 있기 때문이다. 그것은 도시 프롤레타리아가 서방세계에 뿌리를 내리고 있기 때문이다. 그것은 민주주의의 엄호 아래, 가장 해로운 전체주의 독재 형태가 이 서방국가들을 장악하기 시작하고 있으며, 사람들이 무력해졌다고 믿을 정도로 취약하기 때문이다.

— 〈몬트리올 크리올*Montray Kreyol*〉에 실린 세제르가 목격한 것에 관한 에티엔 드 타요*Étienne de Tayo*의 글 중에서

들어가며[1]

1 이 글은 Thésée, Gina. (2013). Democracy as a practice of resistance and resilience against tyranny. In A.A. Abdi & P.R. Carr (Eds.), *Educating for democratic consciousness: Counter-hegemonic possibilities* (pp. 188–205). New York: Peter Lang.에 수록된 것을 출판사와 저작권자의 동의하에 일부 수정해서 여기에 실었다. 앞에서 언급한 것처럼, 테세가 처음에 저술했을 때, 이 글은 이 글 안에 구현된 직접적이고 특정한 상황에 맞는 개인적 성찰을 담으면서 한 명의 저자 목소리를 담고 있다. 우리는 (테세가 쓴) 8장과 (카가 쓴) 앞선 6~7장은 이 책 전체의 관점, 스타일 그리고 진실성과 수월하고 효과적으로 잘 어울릴 것이라 믿고, 또 그러기를 바란다. 나머지 장들은 한 사람만의 목소리만 전

오늘날 민주주의가 끝없이 격동하면서 내리막길로 가기 시작했다는 불안한 느낌이 캐나다 국가 공동체 안에 존재하는 이유는 무엇일까? 다양한 이해관계를 단일한 법률 속에 하나로 모으는 전면적인 개혁과 입법화를 제시하기 위해 반민주적 조치가 취해질 때, 우리는 무엇을 결론으로 내려야 하는가? 미디어가 극히 제한적으로만 내각에 접근할 수 있거나, 대법관이 공식 언어 중 하나를 몰라도 지명될 수 있거나, 에터워피스켓Attawapiskat과 같은 원주민 보호구역이 보기 흉하고 추잡한 환경에 빠지게 되었거나, 팔레스타인을 공식적으로 인정했다는 이유로 유네스코 및 인권과 민주주의 관련 국제조직에 대한 재정 지원이 줄어들거나, 시민권을 박탈하겠다고 위협하는 규정에 캐나다 이민자들이 직면하게 될 때, 무분별한 살상을 방지하기 위해 사용되어 온 데이터 파괴 기능이 추가되어 총기 등록 기록이 제거될 수 있을 때, 교토 의정서Kyoto Protocol 탈퇴로 정부가 국제적인 주목을 받게 될 때, 캐나다 국가가 지향하는 형태로서 영국 군주제에 대한 지지를 정부가 다시 재점화할 때, 모든 선거 공약이 모호해졌을 때, 우리는 어떤 결론을 내려야 하는가? 간단히 말하면, 내(지나 테세)가 캐나다에서 형식 권력의 통제력을 장악해 온 보수-개혁 동맹에 분노한 이유는 무엇일까? 원주민, 가난한 사람, 청년, 인종화된 소수집단, 게이와 레즈비언, 이민자, 프랑스어 사용자, 심지어 이 지구라는 행성 등 취약한 소수자들이 보수당 의제로 인해 적절치 않게 피해를 볼 것 같기 때문인가? 아니면 일반적으로 캐나다 동부가 여당이 제시한 협소한 의제에 동의하지 않기 때문인가?

달되는 것과 같은 느낌을 피하고자 적절히 수정되었지만, 우리는 특히 이 세 장이 두 저자의 고유한 특성을 살릴 때 더 효과적이고 적절하다고 생각한다.

우리는 모두 여러 정체성들이 얽혀 만들어 낸 산물이다. 나는 흑인, 카리브해, 아이티, 크리올, 프랑스어 사용자인 퀘벡에 거주하는 작은 체구의 여성이다. 누군가는 이 각각의 표시들이 정부에 의해 압제적인 방식으로 표적이 되어 왔다고 주장할 수 있다. 이러한 맥락은 민주적 결함을 만들어 내는 힘이 어디에서 오고, 그 이유는 무엇인지에 대해 내가 의문을 제기하도록 한다. 이것은 시민들이 더 이상 투표가 유의미하다고 믿지 않기 때문인가?

"정치란 권력을 조직해 나가는 것이다. 민주주의란 이렇게 조직화된 권력이 대중에게 속한다는 개념이다"(Thériault, 2011). 지구화, 시민성, 민주주의 연구 캐나다 의장 프로그램을 이끄는 테리오 J.Y. Thériault는 몬트리올의 프랑스어 일간지인 〈르 데보와 *Le Devoir*〉에 실린 최근 기사에서 민주주의에 대한 진정한 입문 과정을 제시한다. 그는 우선 마리오 몬티 Mario Monti 이탈리아 총리를 통해서 대표적으로 주창되어 온 "정치란 민주주의의 장애물이다"라는 결론을 받아들이기를 거부한다. 이 거부를 통해서, 테리오는 '권력의 핵심'인 정치에 집중하는 것을 잠재적으로 단념하고, '정치를 차별적으로' 다루는 이데올로기에 굴복하는 '정치에 무관심한' 상태에 유혹되지 말라고 경고한다. 역설적으로 정치분석가 마농 코넬리에(Manon Cornellier, 2011)는 〈르 데보와〉의 같은 날 지면에서 캐나다 현 정부에 대한 캐나다 전체 언론 보도의 '가혹한 현실'에 대해 논의하면서 정치가 과잉되었음을 강조한다. 자신의 주장을 뒷받침하기 위해, 코넬리에는 의회와 대의제 민주주의가 다수의 필요에 대응하지 못하고 있다고 믿는 전국 곳곳의 언론인들을 인용한다.

다양한 정치계, 지성계 및 미디어계로부터 나오는 이러한 입장들을 고려하면서, 우리는 민주주의의 역사적 기원을 다시 생각해야 한다. 데이비스의 주장(Davis, 2006, p. 24)에 따라, 나는 "평등주의적 민주주의 모델을 시행하기 위해서는 반드시 우리가 자본주의와 민주주의 안에서 이러한 개념들을 문제로 삼을 수 있어야 한다"고 생각한다. 민주주의와 민주주의 교육에 대한 나의 성찰은 시공간적인 지정학적 분석에서 비롯되며, 이 관점을 특징짓는 특정한 사실, 현실, 도전, 모델, 변수 등의 의미에 대한 비판적 검토를 통해 나의 성찰을 강화할 수 있다.

이 장은 내가 민주주의 교육을 위해 제안하는 것과 관련해서, 내가 구성한 2개의 기본적인 부문으로 다음과 같이 구성되어 있다.

1 민주주의를 폭정에 맞선 저항을 위한 도구로서 정교하게 만들기
2 민주주의-저항 관계에 의해 특징지어지는 교육을 정의할 수 있는 몇 가지 구체적인 행동들에 대한 개요

지면이 부족하기도 하고, 이 책의 다른 곳에서 이 지형이 효과적으로 다뤄지고 있어서, 나는 민주주의의 기원과 역사적 현실이 현대 민주주의와 민주주의 교육의 틀을 잡는 데 필수적이라는 주장이 담긴 부분은 넘어가겠다. 하지만 나는 이어지는 부문의 기초 작업을 준비하기 위해 비평가, 철학자, 분석가 및 학자 등이 제기하는 다음과 같은 지점을 강조하고자 한다.

- 아테네 민주주의는 포용적이지 않았다. 특히 여성, 노예 그리고 거주 외국인은 기본적으로 배제되었다.
- 인민(모든 인민)에 의한 정부란 사실상 불가능해 보인다.
- 인민 주권이 언제나 바람직한 것은 아니다. 왜냐하면 인민은 무지하고 무

능할 수도 있기 때문이다.

- 태생적으로 우월한 귀족이 사회를 통치해야 하고, 이 특권 계급은 프랑스 전통처럼 유서 깊은 특별한 지역에서 나와야 한다는 역사적 믿음이 존재해 왔다.

- 대부분의 민주주의 국가에서와 마찬가지로 민주주의에서 진정한 힘은 경제, 금융, 군사, 종교, 문화적 과두정치oligarchy를 금지하는 것이다.

- 민주주의를 지배하고 있는 이데올로기는 사이비-공포에 빠져 있는 반민주적 사상에 그 기원을 두고 있으며, 그 제도들이 더 폭넓은 인구에 대한 우려에 대응하기 위한 것이 아니었다(Thériault, 2011).

- 해방된 노예들과 그 후손들이 경제적으로 완전하게 통합되지 않았기 때문에, 두 보이스W.E.B. Du Bois가 말하는 노예제 폐지 민주주의는 아직까지 완전하게 실행되지 않았다(Davis, 2006).

- 모든 것을 정치적인 문제로 통제하는 군부가 출현해 왔던 라틴아메리카 사례처럼 대의제 민주주의는 종종 단일 정당이 이끄는 과두정치로 이어지곤 한다.

- 사이비 민주주의 전술은 중국과 같은 권위주의적이고 전체주의적인 정권을 미화하곤 한다.

- 영국 그리고 유럽, 아프리카, 아시아의 여러 나라에서처럼 입헌 군주제는 세력 간의 협의를 승인할 기회가 주어지지 않은 상태에서 다수에 의한 특권, 불공평 그리고 종속이라는 또 다른 흔적을 보여 준다.

- 민주주의의 팽창주의적 비전은 신식민지로 이어질 수 있다(예: 팔레스타인에 대한 이스라엘; 쿠바, 푸에르토리코, 하와이, 필리핀에 대한 미국) (Davis, 2006, p. 84).

민주주의-저항: 폭정에 맞서는 인식론적 저항의 비평 수단

민주주의의 역사적 기반을 간략히 검토하는 과정에서 내가 더욱 확신하게 된 것은 상상 가능한 민주주의에 대한 관념과 실제 존재해 온 민주주의 사이 간격이 커져 왔다는 것이다. 수많은 사람들이 민주주의의 혜택에 고취될 것이라는 것은 전혀 기대되지 않았고, 점점 더 많은 사람들이 이 예리한 진실을 받아들이고 있다. 사실 현대 민주주의는 (민주적) 의사결정 과정에 초대받지 않은 자들을 암묵적으로 승인하면서, 일종의 동의 공장consent factory과 같은 기능을 한다(Carr, 2011; Herman & Chomsky, 2002). 실제로 민주주의는 속임수에 기반을 두고 있다. 민주주의가 주목해야 하는 자들의 이익을 민주주의가 보호하지 않는다! 민주적인 이야기는 마법처럼 다른 선택지의 여지없이 제국주의란 선하고 정상적일 뿐만 아니라, 일종의 권리이기도 하다는 것을 사람들이 세대에 걸쳐서 믿도록 유혹해 온 철저히 기획된 방식이다. 같은 엘리트들끼리 돌아가며 감투를 바꿔 쓰는 것, 권력을 돌려 사용하는 것은 사회-정부-국가가 민주적이라는 환상을 만들어 내기 위해 고안되었다. 비록 많은 사람들이 처칠W. Churchill을 흉내 내면서, 민주주의란 모든 비판과 대안 제시를 침묵하도록 하는 최악의 모든 시스템 중 그나마 나은 것이라고 주장하지만, 대안은 존재하며, 분명하게도 흔들리지 않으며, 정체된 틀로 민주주의의 위치를 설정하는 것은 역설적으로 반민주적이다.

투렌에 따르면(Touraine, 1994, p. 35), "진정한 자유를 민족, 권력 또는 신 안에 있는 개인에게 존재하거나 또는 반대로 사회에서 개인은 자신을 이성에 복종시킬 때 해방된다고 생각한 사람들이 모두 권위주의 정권의 길을 열어 왔다. 오늘날 민주주의 사상은 이러한 대답에 대한 거절의 일부로서만으로는 존재할 수 없다." 투렌에 따르면, 민주주의가 만들어 낸 환상은 위험하다. 사회의 자유주의 요소들은 저항을 통해서 민주주의 개념을 가장 잘 방어해 올 수 있었다. 나는 '저항'을 개념화하는 과정에서 정신적인 문화가 결여된 채, 좌-우 사고방식에 고정되어 있는 정치적 통일체를 신뢰하지 못하는 문화가 민주주의를 통해 바뀔 수 있다면, 민주주의가 실현될 수 있다고 믿는다(Thériault, 2011). 여기서 저항이란 나와 공동체를 억압하는 타자를 물리적으로, 심리적으로, 경제적으로 그리고 사회적으로 제거하려는 노력에 맞선 포악한 힘에 반대하는 개별적이고 집단적인 역동성, 긍정적 힘 그리고 필수적인 긴장을 의미한다. 저항은 단순한 명시적 표현 그 이상이어야 하며, 따라서 저항은 '통치kràtos' 개념보다 항상 선행하는 '인민dêmos'으로서의 모든 사람들 곁에서 모든 사람을 위한 사고방식과 집단적 책무성이 된다. 저항해야 하는 폭정은 다양하며, 모든 곳에 존재한다. 이것을 성찰하기 위해, 나는 폭정의 12가지 형태를 확인해 왔다. 이 폭정의 12가지 형태는 순차적이지도, 완전하지도 않으며, 따라서 나는 이 폭정에 담긴 실제 고통과 다양한 취약성을 다루려고 한다. 중요한 것은 이 폭정의 형태들은 내가 이 장의 앞부분에서 다뤘던 민주주의적 사고와 진전이 후퇴하는 것에 대해 말한다는 것이다.

민주주의-저항은 반드시 다음의 사회적 폭정들 각각에 맞서 펼쳐져야 한다.

1 여성혐오적 폭정: 민주주의-저항은 반드시 여성에 반하는 폭력에 대항하는 가족과 문화를 통해 사회에서 실천적이어야 한다. 여성에 대한 폭력은 여성들이 자신들의 개별적 존재로서의 삶을 열망하고 실현하는 것을 막으며, 남

성의 성향에 따른 사회적 대상이 되도록 한다.

2 식민지, 신식민지 그리고 노예제 폭정: 민주주의-저항은 지배받거나, 식민화되어 있는 모든 공간에서 또는 국제 개발, 비즈니스, 산업, 군사 및 기타 벤처 기업에 속한 공간과 같은 모든 지정학적인 공간에서 실천적이어야 한다.

3 생태-약탈적 폭정: 민주주의-저항은 생태 및 환경 시스템 안에서 실천적이어야 하며, 약탈적 파괴, 착취 그리고 천연자원은 물론 자연의 흔적 및 다시 회복할 수 없는 지구(서식 환경 Oïkos)의 영역에 대한 약탈을 파악하고 대응하기 위해 경계해야 한다.

4 경제적 폭정: 민주주의-저항은 (99%) 대중의 기본적인 필요에도 불구하고, 굶주림, 가난, 의료 서비스, 환경, 치안 등과 같은 중요한 지점들을 흐릿하게 하면서 (점령 운동에서 1%로 간주되었던) 소수집단을 위한 자본의 편에 서는 사회에서 실천적이어야 한다.

5 인종차별적 폭정: 암묵적인 인종적 계약이 "모든 (전 사회적) 규범들이 사실상 백인 (사회의) 규범들이기 때문에, 백인인 것이 유색인종인 것보다 더 유리하다(Davis, 2006, p. 14)"고 규정하는 인종차별적인 사회에서 민주주의-저항은 실천적이어야 한다. 이 인종차별적 계약은 '백인성' 개념 안에서 더욱 발전되어 왔다(Carr & Lund, 2007).

6 교육적 폭정: 민주주의-저항은 교육이 취업 시장과 학교교육을 효과적으로 연결하면서, 취업 훈련과 준비로 축소되어 버린 사회에서 실천적이어야 한다.

7 정치적 폭정: 민주주의-저항은 인권을 억압하고, 반체제 목소리를 침묵하게 하고, 결사의 자유를 방지하고, 증오 발언과 전쟁 확산을 위한 공론장과 정당성을 제공하는 사회에서 실천적이어야 한다.

8 인식론적 폭정: 민주주의-저항은 헤게모니적으로 지배적인 정권에서 인정

받는 지식이 광범위한 원주민, 소수자 그리고 다양한 지식을 법적으로 인정하지 않을 때, 실천적이어야 한다.

9 사회적(다수 지배) 폭정: 민주주의-저항은 교육, 정의, 의료 서비스, 고용 그리고 형식 권력 구조에 대한 소수자의 권리를 역사적으로 부정해 온, 소위 다수결 원칙과 소수자(민족, 인종, 종교, 성 및 기타)의 주변화에 기초한 사회에서 실천적이어야 한다.

10 군사, 전쟁, 감옥의 폭정: 민주주의-저항은 군산복합체와 군-감옥 복합체가 국내외 지정학적 쟁점과 문제를 악화시키면서 긴장, 분열, 압력 그리고 주변화를 지속적으로 만들어 내는 사회에서 실천적이어야 한다.

11 미디어 폭정: 민주주의-저항은 비판적이고, 다양하며, 개방적인 커뮤니케이션보다 이미지, 스타일 그리고 기업 통제가 우세한 기술-정보 사회에서 실천적이어야 한다.

12 종교적 폭정: 민주주의-저항은 '절대 진리'를 포함하고 있는 텍스트의 명령에 모든 시민을 종속시키는 종교적 과두제가 통치하는 사회에서 실천적이어야 한다.

여성혐오적 폭정에 대한 나의 선택은 순수한 것은 아니다. 내가 여성혐오적 폭정을 첫 번째로 삼은 이유는 다음과 같은 현실로부터 나오는 나의 분노 때문이다. 그 현실이란 여성은 제도적이고, 법제화되고, 합법화되고, 받아들여지는 폭력에 직면하고 있으며, 이 현실은 가족 구성원, 파트너, 연인, 동료 및 이방인을 포함해서 모든 남성에 의해 기획되고 영구화된다. 여성혐오적 폭정을 한층 더 성찰하게 되면서, 나는 이 혐오가 다른 모든 유형의 폭정을 담고 있다는 것을 알게 된다. 특히 종교와 인식론과 관련해서 말이다. 또한 여성혐오적 폭정은 역사적 문화에서뿐만 아니라 현대 문화에서도 편재하는 특징이다.

저항의 측면에서 볼 때, 민주주의는 뒷받침하는 철학이 매력적이라는 이유만으로 존재할 수는 없다. 그러므로 민주주의는 경계를 늦춰서는 안 되며, 전복까지도 적극적으로 실천해야 한다. 역동적인 저항이 없다면, 의회 민주주의가 교묘하게 만들어 내는 봉쇄, 즉 정치가 엘리트 중심으로 차단되는 현상은 사람들의 무관심 속에서 사회적으로 점점 굳어지게 될 수 있다. 이것은 적어도 범-캐나다 전국 의회 시스템 안에서 다수당 정부가 선출되는 경우와 같으며, 카(Carr, 2011)가 '평포한 민주주의'라고 특징 지은 것의 출현이라 할 수 있다. 자유 민주주의 제도를 장악해 버린 선거는 4년에 한 번 하는 투표 행위가 거의 유일무이하게 중요한 것이라는 인상을 사람들의 마음속에 남겨 버렸다. 카(Carr, 2011)는 이것을 정치적 문해력, 비판적 참여 그리고 사회정의에 대한 감각이 결여되어 있다고 비판하고 있다. 정리하면, 이러한 강압적인 힘은 시민사회 기반을 집단적으로 형성하는 민주적 노동조합, 결사체, 조직, 사회운동, 미디어 네트워크, 학생, 예술가 등을 위한 공간이나 목소리를 남겨 놓지 않으려 한다.

민주주의적-저항은 개인과 집단 두 차원 모두를 포함하지만, 이 둘은 비판과 함께 비판적 전망을 뒷받침하는 근본적인 사회적 요인의 토대를 필요로 한다. 데이비스(Davis, 2006)에 따르면, 비판 이론은 철학적 성찰을 통합하지만, 이 통합이 한 방향의 질문과 전망만 담지는 않는다. 따라서 마르쿠제가 철학, 사회학 및 문학에서 수행하고, 아도르노가 철학과 음악에서 수행한 것처럼, 이 연구에서는 학문과 방법론 사이 대화가 필요하다(Davis, 2006, p. 23). 카(Carr, 2011)는 **평포한** 민주주의와 **농밀한** 민주주의 사이 차이를 분석하는 과정에서 비판 교육학과 사회학을 비판 이론과 결합했다. 카는 정치적 의식화 과정을 통해 신자유주의 헤게모니를 탈구축하는 것을 목표로 정치적 문해력과 미디어 문해력을 특히 강조한다.

이러한 맥락에서 나는 내가 이전에 발전시켰고(Thésée, 2006), 특히 민주주의적-저항 개념과 관련 있는 것으로 보이는 인식론적 저항 모델로 돌아간다. 이 모델에서 나는 (1) 거절하기refuse, (2) 질문하고 요청하기requestion, (3) 재정의하기redefine, (4) 재확인하기reaffirm라는 4가지 인식론적 저항 전략을 발전시켰다. 요약하면, 첫 번째 전략인 거절하기는 시스템적으로 잘못된 것으로 드러난 그리고 주변화되고 억압받는 사람들에게 회복할 수 없도록 해를 끼치는 지식에 간단히 "아니오!"라고 말하는 것을 의미한다. 출처, 저자 그리고 관련 동기에 대한 정당화된 지식(들)에 대해 비판적으로 질문하면서, 우리는 헤게모니적인 민주주의 사고가 가진 박약함을 폭로할 물꼬를 틀 수 있다. 인식론적 저항의 긍정적인 단계로 나아가는 것은 우리가 탈구축해 온 것을 다시 문제화하고, 재정의해야 한다는 것을 전제로 한다. 마침내 (침묵을 깨는) 목소리를 제공하려 하고, (누락을 수정하기 위해) 기억 과정을 시작하려 하고, (길들여짐과 순응을 깨뜨리기 위해) 적극적인 참여를 위한 요소들을 만들어 내려 하고, (무기력함의 느낌에 맞서기 위해) 해방을 위한 잠재력을 발전시키려 하는 해방 교육학을 통해 자신의 정체성을 재확인하는 과정에서, 우리는 "네!"라고 감히 말할 수 있다(Solar, 1998). 이러한 저항 전략은 카의 **농밀한 민주주의** 모델(Carr, 2011)에 대한 기여할 수 있는 유용성을 높이기 위해 개조되고 조정될 수 있다.

"아니오!"라고 거절하기 위한
인식론적 전략으로서의 민주주의적-저항

모든 의식적 변혁은 어느 정도의 분노 수준에서 시작한다. 거절한다는 것은 폭력과 비인간성을 보여 주는 폭정적 행동과 그에 따른 효과를 인식하는 것이다. 집단적 분노는 2011년 가을, 점령하라 운동을 통해서 확실히 입증되었다. 이 운동은 여러 국가와 도시로 광범위하게 확장되어 나갔으며, 무엇보다 소수집단이 모든 사회의 정치적이고 경제적인 헤게모니를 지배하는 불공평한 방식에 맞서는 과정에서 단절되어 있었던 많은 부문의 지지를 결집해 냈다(Freire, 2004를 보라). 폭정에 대한 거부는 좌절과 분노를 나타내는 고독한 행동만이 아니라, 개인과 집단이 모인 사회의 재구축을 위한 좋은 기회를 제공하기도 한다. 거절한다는 것은 분명 편하거나 쉬운 결정은 아니며, 심지어 위험할 수 있고, 무모한 것으로 여겨질 수도 있다. 그러나 (분노와 같은 - 옮긴이 주) 내재된 위험 요소는 개인을 꼼짝 못하게 마비시킬 수 있지만, 창의성을 자극하고, 자유의 새로운 형태를 추구하는 과정에 필요한 요소가 될 수도 있다(Freire, 2004, p. 5). 반면, 아무런 질문도 없이 폭정을 묵인하는 것은 변혁을 거부하고, 궁극적으로는 자신을 향해 "아니오!"라고 말하도록 한다. 어떤 형태든 폭정을 받아들인다는 것은 삶을 포기하고, 영원한 지배를 '자발적이든 아니든' 지지하는 것이다(Chamoiseau, 1997).

역설적으로 거절한다는 것, "아니오!"라고 말하는 것은 자기 자신에게 "네!"라고 말하고, 다른 사람들에게 "나 여기 있소!"라고 말하면서 세상에 존재하는 첫 번째 단계이다. 예를 들어, 1995년 퀘벡 총리 자크 파리조Jacques Parizeau에 의한 악명 높은 선언(한편으로는 퀘벡의 분리독립 국민투표를 호소하면서도, 다른 한편으로는 이 투표가 퀘벡 주민들을 곤란하게 할 것이라는 이중적인 발언을 공개적으로 하여 큰 비난을 받음-옮긴이 주)에 대한 반발로, 내가 이후 10년 동안 투표를 거절했던, 퀘벡 독립에 대한 두 번째 국민투표에서 패배한 날 밤, 나는 이것이 민주적 관여로부터 후퇴하는 것과는 거리가 멀다고 믿었었다. 주권 운동의 대표 주자(퀘벡 독립 국민투표를 주도했던 자크 파리조-옮긴이 주)가 패배의 원인을 '돈과 인종 투표' 탓으로 돌리자, 그의 말은 사실상 있지도 않았고 있어서도 안 되는 차별, 희생화 그리고 잘못된 편협함과 결합되면서 퍼져 나갔다.

"왜?"라고 질문하고 요청하기 위한 인식론적 전략으로서의 민주주의적-저항

진부하고, 별거 아닌 문제라고 여기는 것에 대해 아이들이 "왜?"라고 질문을 하면 어른들은 매우 즐거워한다. 적절한 지식을 다 갖춰야만 상응하는 답을 할 수 있는 문제에 대해 아이들이 "왜?"라고 질문을 하면 그다지 즐겁지 않다. 그리고 나서 우리는 우리가 의미하는 것과 그 이유를 해명하고, 분명히 표현하고, 설명하는 것이 문제가 없는 것은 아니라는 것을 알게 된다. 우리는 아이가 학교에서 이 지식을 ― 또는 그런 식으로 비판하는 능력을 ― 아직 배우지 않았다는 것에 대해 아이가 어떻게 자신감을 잃지 않도록 할 것인가? 우리는 또한 아이가 아직 배우지 않았거나 비판 능력이 없는 것이 아니라는 것을 알게 된다. 우리는 우리가 현상들을 제대로 이해하고 있는지 무엇보다, 우리가 대안적 방식으로 제대로 질문하고 답하고 있는지, 우리 자신의 능력에 대해 의문을 제기해 나갈 수 있다. 명백해 보이는 사회적이고 환경적인 현상들에 대해 질문을 다시 하거나 다르게 질문하면, 우리의 정체성이 사회적으로 구성될 때 종종 안 좋은 방식으로 연관 지식을 반복해서 주입해 온 역학을 다시 구축할 수 있다. 지배받을 때, 우리는 어떤 방식으로 글을 쓸 수 있을까? 샤무아조(Chamoiseau, 1997)는 이 지배에 대한 철학적 성찰을 제공했다. 그는 우리가 배운 것이 우리의 개인적이고 집단적인 발전에 해가 되는 지식(들)에 의해 어떻게 오염될 수 있는지를 질문하는 민족지학적 접근ethnographic approach을 통해, 이 지배를 탈구축한다.

"우리"라는 집단적 정체성을 다시 정의하기 위한 인식론적 전략으로서의 민주주의적-저항

다시 정의한다는 것은 이름을 다시 붙이고, 다시 기술하고, 다시 이해하고, 다시 읽고, 다시 쓰고, 세계와 다시 함께 살아감으로써, 사람, 장소, 사물, 사건, 현상 등을 다시 알거나 다르게 아는 행위와 관련이 있다(Freire, 1973; Smith, 2006; Gadotti & Torres, 2009). 그러므로 연구를 통해 지식을 재구성하는 활발한 과정이 필요하다(Battiste, 2000). 다시 정의한다는 것은 사람, 장소, 현상, 현실, 역사 등에 대한 — 다른 — 감정을 복원하는 것과 같은 의미이다. 이것은 한 사람의 개인적이고 집단적인 운명을 통제하고, 헤게모니적 저항 형태를 지지하기 위한 정치-인식론적 태도를 중요하게 여긴다. 공동체에 대한 내 관념은 위로부터 물질적으로 부여된 관념이 아니다. 오히려 나의 공동체 관념은 '통합된 초인종적 공동체' 개념을 포함한다(Davis, 2006. p. 31). 초인종적이고 초문화적 개념을 더한다는 것이 베네통 광고를 통해 전파된 상업 문화주의적인 의미는 아니다.

"네!"라는 개인적이고 집단적인 자아를 재확인하기 위한 인식론적 전략으로서의 민주주의적-저항

개인적이고 집단적인 자아를 재확인하는 것은 계속되는 폭정 때문에 생기는 열등감과 자격 박탈의 파괴적인 영향에 대응하는 데 필요하다. 수세기 동안 유럽 중심주의적인 노예화와 주변화를 마주해 온 사람들에게 이것은 우리가 사는 현대 세계의 틀을 규정하고, 사람들이 자신의 신체, 비전 및 삶의 편안한 리듬을 찾는 것을 여러모로 어렵게 하는 존재론적이고, 발생학적이며, 외형적 특징을 강조하는 문화적인 헤게모니적 규범성에 맞서기 위해 단순한 의지력 이상의 것을 갖춰야 한다. 이것은 서구 지식은 물론 수많은 토착 지식을 가진 개방적이고 다양한 정체성이 필요하다.

구체적 행동이 함께하는 해방 교육학으로서의 민주주의적-회복력

폭정에 저항하는 것만으로는 충분하지 않다. 폭정은 끊임없이 연구되고, 분석되고, 해석되어야 한다. 따라서 우리는 시뤌니크(Cyrulnik, 1999)가 자신의 작업에서 효과적으로 정의한 "회복력(resilience: 원문에 'resistance' 는 맥락상 resilience의 오기임–옮긴이 주)"이라는 다른 단계로 이동한다. 시릴 니크는 회복력이란 "폐허가 된 환경에서 그리고 환경이 폐허가 되었을 수 있다는 사실에도 불구하고, 이 환경에서 발전할 수 있는 능력"임을 강조한다. 유사하게, 이것은 상처에도 불구하고 그리고 "삶을 완전히 지배하는 상처란 없다는 믿음 속에서 인간성을 재건하는 것"을 목표로 하는 역동적 과정과 관련이 있다. 여기서 회복력은 발전과 변화를 촉진하는 적응력이 높은 생존 메커니즘을 자극한다. 회복력은 시간이 지남에 따라 개인적이고 집단적인 구체적 행동을 통해 강해지면서 파괴에 대한 보호 능력을 높인다. 이 구체적인 변혁적 행동은 개인적이고 집단적인 수준에서의 해방으로 이어질 수 있다. 이 행동들은 비판 의식과 함께 교육자, 변호사, 헌법 전문가, 사회 복지사, 의료 서비스 전문가, 여성 단체, 예술가, 정치분석가 등을 포함한 사회 행위자들을 기반으로 하여 세워지며, 상호 연결되고 다층적인 방식으로 작동한다. 구체적인 행동을 자세히 설명하기 위해 나는 린다 투와이 스미스(Smith, 2006, pp. 142-161)의 연구를 보려고 한다. 스미스는 내가 아래 26번째 항목을 추가한 25개 원주민 프로젝트 또는 통찰력을 개발해 왔다.

1 **요청하고**claiming, **되찾기**reclaiming는 '피해자들'이 자신들의 권리 또는 의무와 관련해서 주목을 받고자 하는 단계이다. 식민주의가 식민지 사람들과 원주민들에 관해 성취한 것과 관련이 있다. 그러나 법정과 정부 차원에서 이뤄지는 형식적이고 공식적인 반환 요구reclamation를 통해서, 역사적 권리의 합법성이 확립되고, 새로운 역사가 새로운 관점에서 쓰일 수 있다.

2 **증언**testimonies은 사람들이 자신의 고통을 자신의 말과 감정으로 설명할 수

있는 만남의 기간에 구술과 문서화를 위한 공론장으로서 역할을 한다. 예를 들어, "내 이름은 리고베르타 멘추Rigoberta Menchù입니다…. 이것은 나의 증언입니다(Lempérière, 2009)"는 1992년 노벨상을 수상한 과테말라 원주민 지도자가 자신의 이야기를 자신의 말로 충분히 전달할 수 있게 한 중요한 방법론 및 문학적 장르가 되었다. 그런 후, 피해자들은 가해진 트라우마를 밝히는 과정에서 사적이고 공적으로 평화에 대한 감각을 추구할 수 있다.

3 스토리텔링storytelling은 (사랑, 마주침, 투쟁, 도전, 위협, 잡담 등) 일상생활과 관련된 대화에 집중하는 공동체 구성원들에 의한 그리고 구성원들을 위한 집단적 서사 구성에 기여한다. 스토리텔링은 과거, 현재, 미래를 연결한다.

4 생존을 축하하기celebrating survival는 식민지 압제자에 의한 문화의 축소와 동화에 대응하는 데 주목한다. 저항 투쟁의 비극과 영웅주의를 기념하는 노래는 물론 다양한 형태를 취할 수 있으며, 집단적 정체성을 자랑스럽게 높이는 데 도움이 될 수 있다.

5 기억하기remembering는 특히 의도적으로든 무의식적으로든 지워지거나 억눌린 기억을 회복하는 데 중요하다. 고통스러운 사건 이후 잊혀진 삶의 파편들을 발굴하는 과정으로 구성된다.

6 원주민화하기indigenizing는 원주민의 정치적 정체성과 문화 활동을 강조한다. 원주민화는 세계와 가치 체계의 대안적 비전에 뿌리를 두고 있다. 비록 원주민 목소리가 특권적이긴 하지만, 페미니스트적이고 비판적인 이론적 접근이 포함된다.

7 개입하기intervening는 구조적이고 문화적인 변화를 추구하는 행동 연구에 집중하는 사전 조치적 전략을 포함한다. 목표는 명확하게 공식화되어야 하고, 결과는 예상될 수 있다. 공동체 스스로 윤리적 문제를 고려해야 하는 프로젝트를 요청하고 시작해야 한다.

8 재활성화revitalizing는 본질적으로 문화적이고 언어적인 동화와 헤게모니적 공격으로 심각한 위협에 직면한 원주민 언어를 활성화하는 것을 목표로 하는 적극적 실천과 관련이 있다. 교육을 통해 교수 활동, 전문 과정, 언론, 예술, 문학과 드라마 제작 등을 포함하여 수많은 조치들이 필요하다.

9 연결하기connecting는 개인을 사회적 구조 및 타인과 환경에 대한 생산적인 인간관계에 위치시킨다. 문화적 의례뿐만 아니라, 정체성과 계보를 강조하는 것은 가족, 공동체 및 사회가 (다시) 연결되도록 돕는 유용한 전략이 될 수 있다.

10 다시 읽기rereading는 식민화된 사회의 학교 커리큘럼 및 여러 측면에 대한 식민지적 영향에 대한 문제화, 맥락화 및 비판화의 기회를 제공하면서, 다른 관점에서 서구 식민지 역사를 재해석할 것을 요구한다.

11 쓰기writing는 비문자 문화와 그 서사의 위상을 폄하하는 것을 멈추려는 시도 속에서 문자 언어의 본질적인 요건들에 상상력이 풍부하고, 비판적이며 기능적인 구술성이 맞물리게 한다.

12 대표하기representing는 원주민과 식민지 대중들이 자신들의 기본권을 인정받고, 자신들의 목소리를 내기 위해 싸우는 끊임없는 투쟁을 구성한다. 또한 소외된 지역사회에 악영향을 끼친 가부장적인 정부 및 비정부의 태도와 행동을 해결할 것을 추구한다.

13 젠더화하기gendering는 가족, 직장, 교육, 의료 서비스, 환경, 사회, 경제, 의회 및 기타 사회 수준의 정치와 정책에 편재한다. 여성의 권리, 역할 및 경험은 역사적으로 식민화가 만든 파괴적 영향에 직면해 왔지만, 페미니스트 사상은 폭정과 싸우기 위한 대안적 접근과 행동을 제공할 수 있다.

14 비전 구상하기envisioning는 사람들이 자신들의 삶의 조건을 초월하여 자기 자신, 가족, 공동체가 자신들의 기본 가치 속에서 더 나은 삶을 꿈꿀 수 있

도록 돕는다. 종속을 위한 신화와 지배를 영구화하기 위해 과거에 만들어
지고 퍼진 속담, 노래, 시, 서사 등에 대한 탈구축적 해석이 재고될 필요가
있다.

15 재구성하기^{reframing}는 자기 결정의 구성을 방해하는 식민주의와 신식민지
주의 통제 방식을 계속해서 기준으로 삼는 나쁜 심리로 빠지게 하는 사회
맥락에 대한 통제를 원주민 공동체가 재점유하도록 지원하는 데 집중한다.

16 회복하기^{restoring}는 해로운 사회병리학적 행동에 대한 치유로 이어질 수 있
는 근본적으로 후생적이고, 영적이고, 감정적인 요소들을 회복하는 데 집
중하여, 징벌적 접근을 끝내려고 한다. 예를 들어, 캐나다 선주민^{First Nations}
은 다른 문제보다 약물 남용, 폭력 및 가난과 관련된 문제를 수십 년 동안
일으켜 온 기독교 기숙학교에서 자신들이 직면한 피해에 맞서야 한다. 교
육은 이 과정에서 핵심 요소이다.

17 반환하기^{returning}는 식민지 시대에 대도시(예: 파리, 런던, 브뤼셀, 마드리드, 리
스본, 암스테르담)로 가져가 버린 훔친 유물과 기타 문화재의 본국 반환으로
구성된다. 또한 몰수된 자연 자원도 추가될 수 있다.

18 민주화하기^{democratizing}는 비식민지적 관점에서 참여, 의사결정 및 대화의
관념에 다시 초점을 맞추는 것이며, 원주민들이 발전하는 '이유'에 대한 서
구식 모델의 영향을 문제화하는 것이기도 하다.

19 네트워크 만들기^{networking}는 지리, 언어, 문화 및 기타 분야를 가로질러 사
람들을 연결할 수 있도록 정보, 지식, 네트워크의 보급을 유동적으로 만드
는 것을 목표로 한다. 아랍의 봄은 다양한 기술이 저항을 불러일으키는 데
어떻게 사용될 수 있는지에 대한 사례이다.

20 이름 붙이기^{naming}는 식민지 지배자가 부과한 장소, 언어 및 정체성의 상징
적 재점유 양식이며, '말과 세계에 (다시) 이름 붙이는' 문해력을 위한 의식

화와 관련해서, 파울루 프레이리의 교육학(1973)에서 영감을 받고 있다.

21 **보호하기**protecting는 주어진 공동체가 초래하는 사람, 언어, 관습, 지식, 아이디어, 예술, 기술 및 자연 자원으로 구성된 (인간, 물질 및 비물질적인) 공통 유산에 관한 것이다. 소외된 정체성에 대한 보호는 존재하는 것에 대한 세심한 문헌 정보 활동이 필요하다.

22 **창조하기**creating는 견고하고 체계적인 미래 문제들에 대한 지속 가능한 해결책을 방해하는 생존 양식을 극복하기 위한 개인과 집단의 창의성을 요구한다. 식민화된 사람들이 세계 유산에 막대하게 기여해 왔다는 것을 안다는 것은 재건 과정의 중요한 부분이다.

23 **협상하기**negotiating는 미래 세대를 위한 기반을 준비하기 위해 현재를 넘어서는 중장기 목표에 도달하려고 전략적으로 생각하고 행동하는 것으로 구성된다. 그러나 이것은 권력 유지와 관련된 헤게모니적 관심사와 연결되어 있는 단기 비전을 뛰어넘기 위해 다양한 공동체의 리더십이 필요하다.

24 **발견하기**discovering는 몰수된 원주민의 과학과 기술적 발견의 문제를 다룬다. 서구화된 교육이 일반적으로 원주민 지식에 적대적이었지만, 정체성을 재구성하기 위한 지렛대로서 식민화된 공동체에서 파생하는 학습활동을 다시 시작하는 것은 매우 중요하다.

25 **공유하기**sharing는 개인과 집단 수준에서 자아를 재정의하는 과정에 중요한 지식(들)의 공유와 관련되어 있다. 이 지식은 저항의 형태일 뿐만 아니라, 소외된 정체성을 재건하고 재구성하는 데 도움이 될 수 있다.

26 **돌봄**caring은 내가 놓친 요소이거나, 적어도 스미스(Smith, 2006)가 제시한 전략 목록에서 덜 강조된 요소처럼 보인다. 비록 누군가는 위 목록에서 이것을 감지할 수 있겠지만, 프레이리(Freire, 1970, 1973) 그리고 다더(Darder, 2002), 킨첼로(Kincheloe, 2008), 소브와 오레야나(Sauvé and Orellana, 2008)

와 같은 여러 비판 교육자들이 표현해 왔던 것처럼 개인과 집단 자아를 재정의하기 위해, 돌봄은 명시적인 입장을 가져야 한다고 생각한다. 돌봄은 나에게는 함께 살면서 의미 있고 민주적으로 존재하는 것의 가능성을 날려 버릴 수 있는 요소, 쟁점 및 우려 등을 제거하기 위해 삶의 보편적이고 근본적인 요소들을 묶어 내는 접착제로 보이는 — 프레이리적인 의미에서의 급진적 사랑 — 사랑을 나타낸다.

체 게바라는 "뻔히 우스꽝스러워 보이겠지만, 한마디 하자면, 진정으로 혁명적인 것은 강력한 사랑의 감정에 의해 인도된다. 이런 자질이 없이는 참된 혁명적인 것에 대해 생각하는 것은 불가능하다"고 말한 적이 있다(McLaren, 2000, p. 77에서 인용). 파울루 프레이리의 급진적 사랑은 그의 해방신학에 담긴 기독교적 어조를 게바라의 혁명적 어조와 결합한다. 마요(Mayo, 2007)에 따르면, 프레이리식 교육학은 사랑하는 것이 더 쉬워지는 세상을 만드는 것을 추구한다. 이 급진적 사랑은 강력하다. "우리가 사랑, 존경, 정의를 우리를 안내하는 등불로 삼으면서 연대 속에서 일을 할 때, 어떠한 것도 불가능한 것은 없다…. 사랑은 정의, 평등, 특별한 재능을 추구하는 교육의 토대이다"(Kincheloe, 2008, p. 3). 교육과정은 사랑에 기반하며(Darder, 2002), 이것은 교육자가 비인간화 구조의 해체를 위해 사고하고 가르쳐 나가도록 한다(Mayo, 2007). "억압받는 사람들을 어디에서 찾아내든, 사랑의 행위는 그들의 대의에 대한 — 해방의 대의에 대한 — 헌신이다"(Freire, 1973; Fraser, 1997, p. 177에서 인용). 사망하기 며칠 전, 파울루 프레이리는 다음과 같은 말을 남겼다. "나는 사랑 없는 교육은 전혀 생각할 수 없었으며, 이것이 내가 교육자인 이유이며, 무엇보다 사랑을 느끼기 때문이다"(McLaren, 2002).

진정한 혁명을 위한 사랑이라는 필수조건과 함께, 우리가 비판적인 사고에서 구체적인 행동으로 어떻게 나아갈 수 있을까? 또는 개인적이고 집단적인 해방과 관련해서, 타자와의 복합적인 관계 속에서, 어떻게 이 변화가 발생할 수 있을까(Solar, 1998, p. 31)? 이 질문에 대한 답을 하려는 시도 속에서, 나는 스미스가 개발한 공평한 교육 틀 안에 스미스의 25가지 행동과 내가 26번째로 공식화한 행동을 통합했다(Solar, 1998, p. 31). 여기에 나는 앞서 기술한 '급진적 사랑'에 관한 다섯 번째 행동 분야를 추가했다. 따라서 5개의 행동 분야는 다음과 같다.

1 **침묵/목소리(되찾기)**: 말하기를 통해 침묵을 깨기

2 **생략/기억하기**: 다시 설정된 기억을 통해 생략을 파열하기

3 **수동성/적극적 참여**: 적극적으로 관여하는 참여를 위해 수동적 참여를 끝내기

4 **무기력함/권한 부여(자아와 집단 해방)**: 개인과 집단의 권한 부여를 통해 현실적이고 인지되는 무기력함이란 감정을 끝내기

5 **증오/급진적 사랑**: 급진적 사랑을 통해 증오를 제거하고 대체하기

아래에서 나는 스미스와 솔라의 모델을 하나의 도식으로 통합한 것을 제시한다. 이것을 나는 **해방 교육학에 초점을 맞춘 민주적 회복력을 위한 구체적 행동 도식**(도표 20)이라는 제목을 붙였다. 이것은 원주민 프로젝트와 공평한 교육에 집중하는 이미 인용된 작업으로부터 영감을 얻었다. 이 도식 또는 모델의 동심원들은 행동 분야들 사이 상호 의존성을 분명하게 나타낸다. 또한 여기에는 개인적이고 집합적인 해방의 크기와 방향이 설명되어 있다.

폭정에 시달려 온 개인과 집단의 주요한 특징 중 하나인 침묵은 **되찾기**reclaiming라는 제목의 행동 분야에 얽혀 있으며, 이것은 (1) 요청하고 되찾기, (2) 증언, (3) 스토리텔링, (11) 쓰기, (14) 비전 구상하기 그리고 (17) 반환하기와 같은 다양한 행동을 포함한다(동심원 표에서 행동 분야 I의 되찾기는 (14) 비전 구상하기가 있으나 이 원문에는 (14)가 없어서, 표를 중심으로 번역문에는 삽입함. 아래도 모두 표를 중심으로 수정 번역함-옮긴이 주). 개인적이고 집단적인 폭정의 손아귀에 잡혀 있는 자들을 위한 문화적 헤게모니를 쇠약하게 하는 효과인 생략은 **기억하기**remembering라고 불리는 행동 분야에 포함되며, 이것은 (4) 생존을 축하하기, (5) 기억하기, (20) 이름 붙이기, (21) 보호하기를 담고 있다. 폭정에 직면해 온 많은 사람들이 그 결과로 취하게 된 태도와 행동인 수동성은 **적극적 참여**active participation라 불리는 행동 분야를 통해 다뤄지며, 이것은 (6) 원주민화하기, (7) 개입하기, (8) 재활성화, (10) 다시 읽기, (18) 민주화하기, (19) 네트워크 만들기, (22) 창조하기 그리고 (24) 발견하기를 포함한다. 폭정에 시달리는 사람들이 종속되는 지배가 만들어 낸 주요 결과인 무기력함은 **자아와 집단 해방**Self and collective emancipation이라 불리는 행동 분야에 포함되며, 이것은 (9) 연결하기, (12) 대표하기, (13) 젠더화하기, (15) 재구성하기 (16) 회복하기 그리고 (23) 협상하기를 포함한다(여기에는 (15)가 협상하기이나, 위 본문에서 (15)는 재구성하기라서 그에 맞춰 수정했으며, 오히려 (23) 협상하기는 표에는 여기에 들어 있으나, 이 단락에서는 (24)로 잘못 기재되어 (24) 발견하기 대신 (23) 협상하기를 여기에 수정 삽입함. (24) 발견하기는 위 적극적 참여에 들어가 있음-옮긴이 주). 폭정에 시달려 온 자들의 삶에 편재하는 감정인 증오는 내가 **급진적 사랑**Radical Love이라고 이름 붙인 행동 분야에서 다뤄지며, 이것은 (25) 공유하기와 (26) 돌봄을 포함한다.

| 도표 20. 해방 교육학에 초점을 맞춘 민주적 회복력을 위한 구체적 행동 도식 |

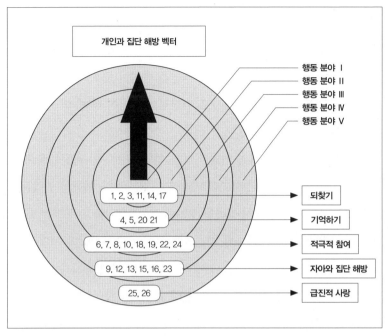

개인과 집단 해방 벡터

행동 분야 I
행동 분야 II
행동 분야 III
행동 분야 IV
행동 분야 V

1, 2, 3, 11, 14, 17 → 되찾기

4, 5, 20 21 → 기억하기

6, 7, 8, 10, 18, 19, 22, 24 → 적극적 참여

9, 12, 13, 15, 16, 23 → 자아와 집단 해방

25, 26 → 급진적 사랑

이 모델은 스미스의 원주민 프로젝트(2006, pp. 142~161)와 솔라의 공평 교육학(1998, pp. 30~41)
에 기초한 것임

결론

이 장에서 나는 내가 입양된 나라인 캐나다에서 관찰해 온 민주주의의
후퇴에 대한 나의 심각한 우려를 설명했다. 캐나다와 미국을 포함해서
많은 나라의 정부들이 칭송하는 널리 알려진 이야기들은 사실 이 나라들
에 사는 사람들의 현실과 일치하지 않다는 것은 분명해 보인다. 따라서
민주주의의 역설이 극에 달한 상태에서 성찰-행동으로 이어지는 민주
주의의 대안적(대안-세계화적인) 정의와 형태를 추구하는 것이 필요하다.
예를 들어, 내가 태어난 아이티에서, 격동과 전환의 시대인 오늘날 민주주의와 일치하는 국가가 부재한 상황에서, 이러한 과정은 의미 있고, 대응력이 높으며, 고도로 기능하는 제도와 실천을 다시 구상하는 데 핵심적일 것이다. 우리는 민주주의가 의미하는 바가 무엇인지를 이해하고 분명히 말하는 더 많고, 더 다양하며, 더 좋은 방식이 필요하다. 그것은 그 의미가 더 미묘해지고, 복잡해지고, 관련성이 있어야 하며, 더 포용적일 필요가 있다.

이 장은 개인과 집단의 변혁을 목표로 하는 구체적인 행동들을 통해서 민주주의-회복력을 위한 교육학은 물론 민주주의-저항의 인식론적 전략들을 제안한다. 현대적 맥락을 흐리게 하는 모든 쟁점, 우려 지점, 문제들을 고려해 보면, 캐나다와 다른 나라들이 보수-개혁 다수파(대중적 지지도가 아니라, 의석수의 측면에서 다수파)가 이끄는 의회 독재의 모습으로 향할 수도 있다는 예측은 현실이 되었다. 마찬가지로 아이티는 식민 제국주의로부터의 독립을 이끈 노예 반란의 영광스러운 역사에도 불구하고, 민주주의와 독재의 어중간한 형태인 아노크라시anocracy의 지옥으로 계속해서 빠르게 추락하지는 않을 것이라고 결코 확신할 수는 없다. 그 밖의 다른 곳에서는 무슨 일이 일어날 수 있을까? 라틴아메리카의 진보적인 정부들은 수 세기 동안 이어져 온 불공평, 착취 및 인종차별의 족쇄를 제거할 수 있을까? 아랍의 봄에 대한 전망은 민주적 개혁, 개방, 실천, 프로그램, 제도 및 사상으로 이어지게 될까? 아니면, 수많은 사람들의 외침을 흐릿하게 만들어 가면서, 지배적인 좌우 주류 정당들은 계속해서 낡은 이야기만을 주고받을 것인가?

그러한 폭정의 경우들은 심각하게 다뤄지지 않고, 들리지 않고, 이해되지 않고, 화해시킬 방법이 없어서, 계속해서 지속하면서 곪아 터지고 있으며, 다른 이유와 함께 잠재적 반향 때문에, 권력 세력들은 폭정들을 정당하게 보지 않거나, 오히려 폭정들을 중요하게 보기를 바라지 않는다. 지정학적 환경을 구성하는 지구화된 현대 신자유주의 세력은 무한한 거시적이고 미시적인 수준에서 폭정을 확고히 하고, 정당화하고, 은폐하고, 영속화한다. 근본적인 질문은 다음과 같다. 의미 있는 민주주의의 육성을 목표로 하는 급진적 사랑과 개인적이고 집단적인 해방을 통해 사회에 새겨넣기를 원하는 교육의 유형은 무엇인가?

9장

변혁 교육의 제안과
권고 사항

들어가며[1]

우리 연구 프로젝트는 결과적으로 지역, 국가, 글로벌 등 모든 수준에서 현존하는 민주주의의 결함을 다루고자 한다. 이 결함은 규범적 민주주의라는 **평포한** 민주주의의 렌즈나 해석을 통해서는 분명하지 않지만, **농밀한** 참여 민주주의의 틀을 통해서는 의미 있고, 비판적으로 관여하며, 변혁적인 민주주의가 교육 안에서 그리고 교육을 통해서 사회에서 배양될수 있는 풍부한 방식들이 밝혀질 수 있다. 우리가 이 책 전체에서 강조해온 민주주의에 대한 이러한 **농밀한** 접근 방식은 교육에 대한 변혁적 접근을 통해서 스며든, 훨씬 더 크고 더 비판적인 수준의 정치 문해력과 미디어 문해력이 필요하다. 여기에서, 우리는 민주주의의 지나친 낙천주의

---

1 제안과 권고 사항을 담고 있는 이 부분은 DPLTE 최종 보고서에 실려 있으며, 이것은 다음의 UNESCO Chair DCMÉT 웹사이트에서 찾을 수 있다. http://docs.wixstatic.com/ugd/bcff79_4 64b193b867b46fda761bb134659b114.pdf DPLTE 연구 프로젝트(2012/2013–2017/2018)는 캐나다 SSHRC에서 지원했다. 카는 선임 연구자, 테세는 공동 연구자였다.

268 비판적 시민성을 위한 민주주의 교육

또는 낭만적 비전을 선택하지는 않지만, 민주주의를 위한 교육이 어떻게 발생할 수 있는가를 더욱 충만하고, 비판적이며, 포용적으로 재상상할 수 있는 형식 교육을 위한 커다란 가능성을 확실히 인식한다.

다음에서, 우리는 DPLTE 프로젝트가 교육, 민주주의를 위한 교육 그리고 다른 여러 연결된 영역에 기여한 내용의 개요를 제시한다. 우리는 광범위한 교육 영역에 담긴 민주주의의 결함을 다루기 위한 제안, 생각, 사상, 제의, 권고 사항 등을 제공한다. 이 제안들은 주로 우리의 연구 프로젝트(즉, 출판물과 요약본에서 나오는 종합적인 연구 결과)와 관련되어 있지만, 또한 프로젝트에서 나오는 주제에 대한 우리의 광범위한 분석과 연결되는 다른 지역, 국가 및 지구적인 영역에도 맞춰진다. 여기에서 초점은 교육을 통한 더 깊고, 더 농밀한 민주주의와 민주주의를 위한 교육을 위해 존재하는 가능성과 관련된 교류, 대화, 참여를 자극하고 이에 관여하는 것이다. 모든 목록에는 몇 가지 범위 설정과 주의 사항이 포함되어 있다. 우리의 목록도 예외가 아니다. 우리의 목록이 민주주의를 위한 교육을 확정짓는 것이기보다는 성찰, 개념화, 의식화 및 행동을 자극하는 데 유용하게 기여하기를 바란다. 여기서, 특히 우리의 연구를 안내하는 4가지 주요 질문들을 설명하겠다.

1 교육과 관련해서 이러한 인식과 행동이 가진 함의는 무엇인가?

2 교육자(와 여러 다른 주체들)는 교육 안에서 그리고 교육을 통해서 더 강력하고, 비판적이며, 더 농밀한 교육적 경험의 발전에 어떻게 기여할(수 있을) 것인가?

3 교육자(와 다른 주체들)는 정책, 제도문화, 교육 커리큘럼, 교육학, 인식론, 리더십 그리고 산 경험과 관련해서, 교육 시스템이 개혁되고 변혁될 수 있는

방법에 어떻게 영향을 미칠(수 있을) 것인가?

4 비교적이고 국제적인 관점을 통해서, 교육자(와 다른 주체들)의 다양한 민주적 경험과 실천으로부터 무엇을 배울 수 있는가?

아래 주제들은 교육학, 커리큘럼, 교육정책, 제도문화, 인식론, 리더십 그리고 산 경험을 포함해서, 이 연구를 뒷받침하는 개념적 틀을 구성하는 상호 연결된 요소들에 따라 분류되었다. 다음의 권고 사항들을 위한 훨씬 더 구체적인 내용들은 우리 연구 프로젝트와 관련된 동료 심사를 거친 학술지, 책의 내용 그리고 출판물에서 찾을 수 있으며, 많은 부분은 이 책에서 문서화되었다.

A. 교육학과 관련된 권고 사항

교육학의 구성요소는 주로 교수 활동 및 교실에서 일어나는 일과 관련되어 있다. 여기서 우리는 교사의 역할, 교수 방법론, 학생을 가르치는 방법, 교수 활동 방식, 교사와 학생의 상호작용 그리고 이러한 과정이 민주주의 학습활동(에 대한/방법)에 미치는 영향에 집중한다. 이 분야의 일부 연구는 구축된 시스템의 한계 내에서 일하는 교사가 민주주의를 통한, 민주주의의, 민주주의를 위한 수업을 더 농밀하게 하기 위해 대안적이며 비판적인 교육학을 개발하려고 어떻게 자신들의 기관을 활용하는지를 강조해 왔다. 따라서 민주주의를 위한 교육의 교육학적 구성요소에 대한 우리의 제안은 다음과 같다.

A.1. 교사/교육자는 협소한 주류 민주주의 구성에도 불구하고, 자신들의 교실에서 민주주의에 대한, 민주주의를 통한 그리고 민주주의를 위한 교수 활동 방법을 많이 찾아야 한다

1 규범적 민주주의라는 주류 프레임 밖에서 행동주의, 광범위하고 의미 있는 참여, 저항, 논쟁 및 혁신적인 정치사회적 운동을 통해 농밀한 민주주의 교육, 특히 민주주의를 위한 교육을 강조하라.

2 정치, 정부, 사회적 삶의 규범적 중심으로부터 소외되고, 권리를 박탈당한 자들에게 확실히 주목하는 시민사회 조직과 사회정의 조직들에 대한 교훈을 전하고, 이 조직들을 포함함으로써, 사회와 정치적 삶의 대안적 영역에 초점을 맞춰라.

3 창조적이고, 탐구에 기반하며, 연령에 적합한 교육학과 학습활동을 통해서, 교육 경험 전반에 걸쳐 비판적으로 참여하는 시민성과 민주주의 개념을 조기에 육성하라.

4 참여 교육학을 통해서, 학생들의 의견 제시 가능성을 확장하고, 민주주의에 대한 단순하고 이분법적인 개념을 넘어서 평화롭게 토론하고 숙고하는 방법을 배우는 수단으로서 논쟁적인 문제에 대한 참여를 함양하라.

5 참여와 학습활동 제공의 역학과 관련하여 대안적 대표, 소외된 관점과 공평을 촉진하는 물리적 배치, 좌석 배치, 교실 포스터와 그림, 학생 프로젝트 표본 및 교육학의 기타 유형적 측면을 고려하라.

6 현재의 교사들의 사려 깊은 실천에 기반을 둔 민주주의를 위한 교육 활동에서 기대되는 실천들을 공유할 수 있는 저장소를 개발하라. 그리고 포용적인 의견 제시와 확산이 중요한 활동의 일부임을 확실히 하라.

A.2. 교사/교육자는 교실에서 일어나는 논쟁, 갈등, 불편함을 기꺼이 받아들이기 위한 습관, 접근법 및 교육학을 개발하라

1 논쟁적인 주요 문제로부터 차단되어 보호받기보다 학생들은 문제가 무엇인지와 함께, 어떻게 이 문제가 특정한 사건, 쟁점, 우려 지점에 가려지게 되었는지, 그 이유가 무엇인지를 비판적으로 이해할 수 있도록 장려되어야 한다. 이것은 교사/교육자가 편을 들거나 반대되는 두 입장으로 논쟁을 제한하는 것을 의미하는 것은 아니다.

2 열린 방식으로 교실에서 발생하는 논쟁, 갈등, 불편함에 신중하게 관여하라. 이를 위해 학생, 공동체 및 사회와 마주하고 있는 실제 심각한 삶의 경험(즉, 인종차별, 성차별, 동성애 혐오, 따돌림, 갈등, 사회적 불평등, 부정의 등)에 맞춰 준비된 성찰이 필요하다.

3 민주주의의 형식적이고 규범적인 메커니즘을 통해서 적절히 대표되지 못하는 개인과 사회 영역들을 더 잘 다루기 위해 다양하고, 논쟁적이며, 불편한 접근 방식을 수용한다.

4 관여, 비판 및 토론이 전통적인 토론 형식과는 다른 수준과 방식을 통해서 발생할 수 있도록 표현과 숙의 민주주의를 위한 의미 있는 공론장을 제공하라.

5 다양한 관점과 의견을 대표하는 문학, 미디어, 기술 및 기타 여러 자료를 포함하고, 가능하면 사회 구성원들을 교실 활동에 참여시켜서 보다 진정성 있고 의미 있게 개선하고 향상해 나가면서 비판적 학습활동에 학생들이 참여하도록 한다.

6 언론의 자유는 자유롭게 불편한 진실을 담아야 한다.

A.3. 교사/교육자는 학습자(그리고 교사/교육자 스스로)가 자신의 사회적 위치에 더 깊이 관여할 수 있는 교육학을 개발해야 한다

1 시민의 힘이 사회 전반에 걸쳐 불평등하게 분배되고 있다는 것을 더 잘 이해하기 위해 사회정치적인 측면에서 학습자 스스로 자신들의 위치를 사회에서 세울 수 있도록 돕고, 또한 사람들이 변화를 자극하고, 육성하고, 이끌기 위해 어떻게 행동할 수 있고, 역사적으로는 어떻게 행동해 왔는지를 강조하라.

2 학생 자신의 맥락을 분석하고, 구조, 추정, 정체성, 태도 및 권력관계를 변화시키는 과정에 참여할 수 있는 교육학적 도구로서 비판적이고 성찰적인 실천을 도입하라.

3 학생은 인식론적 비타협성에 도전하는 역할을 하도록 하는 성찰적이고 분석적인 작업을 모아서, 이를 바탕으로 자신들의 삶에 대한 비판적 민족지학을 구축해야 한다. 시간이 지남에 따라 그리고 다양한 사건, 인성 및 경험과 관련해서 자신들의 사고가 진화되고 변혁되어 가는 과정을 파악하면서, 학생들은 자기 자신의 (사회적으로 구성된) 정체성, 사회 및 지식이 구성되는 방식에 대한 비판적 성찰을 시작할 수 있다.

4 교사/교육자가 민주주의를 위한 교육과 학습활동에 대한 더 큰 감수성을 개발하기 위한 관점을 가지고 함께 토론하고 숙고할 수 있도록 학습활동 집단, 파트너십, 관계 및 공론장을 구축하라.

A.4. 교사/교육자는 자신들의 지식을 학생과 함께 공유하기 위해 독특하고 대안적인 관점을 소개하는 초대 연사, 공동체 구성원 및 시민들을 초청하고 격려해야 한다

1 모든 학교는 여러 분야의 전문가, 학자 및 다양한 경험을 가진 사람들이 학생들과 교류할 수 있도록 하는 게스트 프로그램을 시행해야 한다. 다양한 게스트에 대한 접근은 모든 학교에 고르게 분배되어야 하고, 모든 학교는 정기적이고, 조직화되고, 매력적인 프로그램을 갖추고 있어야 한다. 다양성과 공공성에 대한 특별한 관심이 필요하다(즉, 높은 문화 자본을 가진 학교들만이 주요 기업 및 정치 인사들에게 유일하게 노출되어서는 안 된다. 반대로, 비판적 대안 운동과 풀뿌리 인사들이 노동자 계급 학교에만 초청되어서도 안 된다.)

B. 커리큘럼과 관련된 구체적 권고 사항

커리큘럼 구성요소는 가르치고 배우는 내용과 학습활동이 교실에서 이뤄지는 방식에 초점을 맞춘다. 여기서 우리가 강조하는 것은 민주주의를 위한 교육을 위해 만들어지는 문서, 텍스트, 내용 등 형식적인 커리큘럼에 대한 것이지만, 우리는 또한 교육자와 학습자에게 '숨겨진' 커리큘럼의 측면을 고려해야 한다. 따라서 민주주의를 위한 교육의 커리큘럼 구성요소에 대한 우리의 제안은 다음을 포함한다.

> B.1. 민주주의를 위한 교육 커리큘럼은 농밀한 민주주의가
> 견인력과 의미를 가지도록 관련되고 필수적인 기초 자료를
> 포함해야 한다

1 교육 계획에 민주적 의식화를 통합해야 하며, 문해력의 정치, 미디어,

비판적 형식은 교수 활동 및 학습활동의 필수적인 측면이 되어야 한다.

2 커리큘럼의 모든 과목은 사회정의의 의미뿐만 아니라, 권력이 작동하는 방식을 명시적으로 진단해야 한다. 이것은 백인성, 인종, 젠더 및 계급 불평등과 기타 소외화, 차별화, 권리 박탈 형식에 대한 비판 교육학적 분석을 포함한다. 그러한 문제를 토론하는 것은 무례한 것으로 여겨질 수 있지만, 이 문제를 회피하는 것은 기능적 민주주의의 폐해와 안티테제를 더 확고하게 하고, 이에 타협하는 것이다.

3 커리큘럼 전반에 걸쳐, 민주주의의 여러 지구적 차원, 원인 및 결과를 설명하거나, 사회정의와 비판적 탐구의 렌즈를 통해 분명히 드러나는 민주주의를 추구하는 현실에 대해서 설명하라.

4 지구적 관점과 차원에서 고려해야 할 뿐만 아니라, 다양한 맥락 속에서 민주주의를 위한 교육이 어떻게 이해되고, 실천되고, 동원되는지를 검토하고 육성하라. 세계적으로 유망한 활동들의 이점은 민주주의가 무엇이고 어떤 모습이어야 하는지에 대한 개방되고, 지속하고, 비판적인 평가와 함께, 학생, 교사, 가족 및 더 넓은 공동체와 공유되어야 한다.

5 학생들이 읽고, 보고, 소비하는 다양한 대중문화 재료들을 통합하여, 민주주의를 구축하는 관점에서, 선전, 편견, 온라인 콘텐츠 편집, 기업 영향력 및 메시지 누락과 관련된 비판적 미디어 문해력의 과정을 시작할 수 있도록 하라.

B.2. 민주주의를 위한 교육 커리큘럼은 현재 여러 교육 커리큘럼에서 이용할 수 있는 농밀한 민주주의 차원의 유망한 커리큘럼을 발굴하고 홍보해야 한다

1 기회가 어디에 존재하는지, 격차가 어디에 있는지, 커리큘럼의 실제 요구사항, 방법, 평가 및 내용이 무엇인지, 분명하게 무엇을 해야 하는지 그리고 학습활동 프로그램 전반에 걸쳐 민주주의를 위한 교육을 어떻게 개발하고, 육성하고, 수행할 것인지를 명확하게 설명하기 위해 무엇을 해야 하는가를 설명하려면 교육부가 세운 형식적인 커리큘럼을 강화하라.

2 학교에서 선거에 대해 토론할 때, 일반적으로 2~3개 주류 정당만이 존재하는 것이 가진 문제를 설명하고, 이와 함께 얼마나 많은 사람들이 투표하지 않고, 그 이유가 무엇인지에 대해서 최선을 다해 분명히 말해야 한다. 학생들은 민주주의를 강화하거나 제약하는 과정에서 돈, 여론조사, 미디어 조작 및 정당의 역할에 대해 비판적으로 질문을 던져야 하며, 또한 민주주의의 (국제적) 비교 모델과 대안 시스템에 대해 알아 가고, 연구해야 한다.

3 모든 학교는 숙의 민주주의를 강조해야 하고, 청년들은 듣고, 표현하고, 연구하고, 토론하고, 차이를 진단하는 법을 배워야 한다. 특히 학생들은 평화로운 방식으로 더욱 심화된 지식을 제각기 구성해 나가는 방법을 배워야 한다. 집단-사고는 전 사회적 마비와 애국심의 비도덕적 형태로 이어질 수 있기 때문에, 비판 의견을 가진 학생들을 비난하는 행위는 중단되어야 한다.

4 민주주의의 대안적 비전과 국제적인 시스템, 문제 및 쟁점에 대한 비교 분석이 형식적인 커리큘럼에 포함되어야 한다. 교사가 민주주의를 위한 교육의 비판적인 활동에 편하게 참여하도록 보장하기 위해, 책임 있는 당국은 연관된 훈련, 재료, 자료 및 지침서를 제공해야 한다.

B.3. 민주주의를 위한 교육 커리큘럼은 여러 과목에 걸쳐 민주주의를 통합하고, 연결하고, 가르치기 위한 의식적인 노력을 포함하고, 농밀한 민주주의에 기초가 되는 학제 간 연결과 커리큘럼의 연계를 인정해야 한다

1 농밀하고, 관여하고, 비판적인 참여 민주주의에 주목하기 위해 초학제 적이고, 다학제적이며, 간학제적이고, 학제를 가로지르는 방식으로 모 든 커리큘럼을 통합하라.

2 민주주의 그리고/또는 선거에 관한 연구는 (종종 '사회학'이라 불리기도 하 는) 단일한 과정에 집중해서는 안 된다. 민주주의는 선거를 독려하고, 정치 구조에 대해 배우는 데 초점을 맞추는 과정 속에서 게토화되지 않으면서 표현되고, 수행되고, 삶이 되어야 한다.

3 정치 문해력과 미디어 문해력을 위한 커리큘럼을 개발하고, 커리큘럼 과 학습활동 경험 전반에 걸쳐 다양한 현상에 대한 비판적 성찰, 해석 및 의미화를 권장하라.

4 농밀한 민주주의에 대한 집중과 역사적 사고를 결합하기 위해 역사 커 리큘럼의 방향을 새롭게 설정하라. 동시대적이면서도 역사적인 쟁점 과 문제를 가르칠 때, 학생들에게 사실에 대한 군사적이고 애국주의적 인 해석을 넘어서서, 사건들에 대해 더욱 폭넓고 농밀하게 설명해야 한다. 군사적 개입의 영향(과 필요성), 우리의 개인적이고 집단적인 책 무성과 관련 있는 학살과 현시대 인종, 환경, 사회문제와 함께, 국가적 사건과 국제적 사건의 연관성이 연구되어야 한다.

5 세계시민성을 위한 교육 그리고 민주주의를 위한 교육 각각의 프로젝 트는 본질적으로 서로 얽혀 있다. 전자의 풍부하고 독특한 특징은 후

자의 표현에 달려 있으며, 보편적 가치, 고려 지점 및 행동은 교육 경험 전반에 걸쳐 강조되어야 한다.

6 환경과 환경교육에 대한 보다 농밀한 해석은 교육 프로그램 전반에 걸쳐 가르쳐야 한다. 예를 들어, 환경에 대한 전쟁과 군사적 충돌의 영향이 자세히 조사되어야 한다.

7 미디어 문해력은 교육 경험의 필수 영역이며, 소셜 미디어의 의미를 포함한 비판적 미디어 활동은 모든 학년의 커리큘럼에 포함되어야 한다. 경제학을 연구할 때, 지배적인 정치와 경제적 시스템의 결과로서 존재하고 존재해 온 불평등에 대한 논의가 명백하게 진행되어야 한다.

8 자유 시장 시스템의 예상되는 이점은 비판적 방식으로 맥락화되고, 문제화되고, 도전받아야 한다. 경제는 승자와 패자를 위한 것으로 간주되고 있는가?

9 모든 과목은 비판적 탐구, 대화, 토론 및 숙의 민주주의 그리고 이를 실행하기 위한 계획, 내용 및 평가 방식에 대한 개발을 시스템적으로 권장해야 한다.

B.4. 외국어 훈련이 필수 커리큘럼에 포함되어야 한다

1 학생들은 초등학교 1학년 때 적어도 한 가지 이상의 외국어를 배우기 시작해야 하며, 고등학교에서 추가로 또 다른 외국어를 배워야 한다. 영어가 학생들이 언제든지 가고자 하는 곳에 갈 수 있게 하고, 세계평화 및 선한 관계를 달성하는 것에 대한 구체적인 관심은 말할 필요도 없이, 상호문화적 발전을 이끌 것이라는 생각은 더 전체론적이고 더

민주적인 형태의 교육에서 다시 구성되어야 한다.

2 모든 교육 관할 구역은 한 가지 이상의 언어 학습에 대한 주류 사회 내 신화를 탈신화화하고, 회복시키기 위해 언어 학습에 대한 사회언어적 연구를 알려 나가야 한다.

3 언어학적 향상의 일부로서 그리고 형식적인 커리큘럼을 확대하고 강화하는 관점에서, 모든 학교는 국내 학교 파트너와 해외 학교 파트너 하나 이상과 자매결연 계획/프로그램을 개발하도록 권장되어야 한다. 이 결합은 형식적인 커리큘럼에 의해 지원받고, 진정한 교류를 포함하고, 상호문화적 참여와 민주주의를 위한 교육에 초점을 맞춰야 한다(다음 장도 함께 참조하라).

C. 교육정책과 관련된 구체적 권고 사항

교육정책은 주로 교육 경험의 틀을 만드는 정책과 관련되어 있다. 여기에서 우리는 교육부/부서, 교육위원회 및 교육에 대한 기타 관할 구역 정부 부처의 작업이 교육 경험에서의 역할과 이 틀을 만드는 책임감을 포함해야 한다고 생각한다. 이처럼 민주주의를 위한 교육의 교육정책 구성 요소에 대한 우리의 제안은 다음을 포함한다.

C.1. 교육위원회는 교육에서 민주주의 실천의 모범이 되어야 한다

1 교육정책은 가장 취약한 시민들을 포함해서 모든 시민이 자신의 삶에

가장 크게 영향을 미치는 결정에 참여할 수 있는 방식으로 사회가 발전하도록 농밀한 민주주의 철학을 중심으로 그 기초를 세워야 한다.

2 의사결정, 계획수립, 자원 분배, 필요 평가 및 교육이 사회 변화와 사회 향상을 위한 변혁에 어떻게 연결되어야 하는지에 대한 지속적인 재고 과정에 사회 모든 영역의 시민들을 포함하라.

3 교육정책에서 공평, 참여, 목소리, 정의 및 시민성의 중요성을 높이고, 이 과정에서 이러한 구성요소들이 모든 책무, 평가, 측정 이니셔티브, 표준, 프로그램 및 정책 개발에 포함되도록 보장하라.

4 교육위원회와 학교가 교육예산 배정결정 과정에서 다양한 이해관계자를 참여시키면서, 포용적이고 의미 있는 방식으로 참여예산제를 시행하도록 요구하고, 또한 재정 및 기타 자원의 배분을 문서화하고 효과적으로 분석할 수 있도록 연구를 보장하라.

5 교육위원회는 다양한 시민사회 조직, 교육기관 및 대안 사회 조직들이 공교육에 대한 공식 측정, 데이터, 정책, 자원 및 목적을 토론하는 데 기여할 수 있도록 연간 교육 서밋을 개최하라. 이 교육 서밋은 정부 및 교육 부처를 위한 책임 포럼으로 고려될 수 있다. 이 서밋은 구체적인 연간 보고서와 계획을 생산하고, 이것은 다음 해에 검토될 것이다.

C.2. 교육정책은 학교와 지역사회의 형식적인 연결이 사회의 집단적 가치를 강조할 수 있도록 개발되어야 한다

1 모든 학교는 지역과 긴밀히 연결되어야 한다(예를 들어, 도시 지역 학교는 교외 학교와, 교외 학교는 농촌 학교와 자매결연을 할 수 있고, 인구통계학적으로 다른 지역의 학교들은 같은 지역 안에서 자매결연을 할 수 있다). 이 자매결연은

문화 교류 및 민주주의를 위한 교육과 함께, 성실한 학문적 작업과 커리큘럼 제작을 포함할 것이다. 어떤 학생도 예를 들어 "자신들의 학교에 있는 모든 사람이 백인이다"라는 이유로, 다양성을 모르거나, 이해하지 못하거나, 경험하지 못한다고 말하는 것이 허용되어서는 안 된다.

2 교육위원회는 다른 나라의 동료들과 언어 및 문화를 교류하기 위해 세계 곳곳의 교실과 자매결연을 하기 위한 기술을 사용해야 한다. 정부는 교육위원회가 이 프로그램을 수행할 수 있도록 학교에 초기 자금을 제공해야 한다.

3 문화 자본이 많은 지역에 사는 ― 재산 가치가 높고, 다른 이점이 많은 지역에 사는 ― 학생들이 심각한 문제에 처한 지역의 학교들과 긴밀히 협력하지 않은 상태에서 고등학교 과정을 마치게 하지 마라. 여기서 의미하는 바는 이렇게 할 때, 이들이 헌신적이지도 운이 따르지도 않는 학교 학생들과는 반대로 신자유주의 사고방식 속에서 얼마나 열심히 일하는지를 입증하는 개개인이 아니라, 공동 투쟁의 일부, 존재와 사회의 일부라는 것을 모든 학교가 알게 된다는 것이다.

C.3. 교육정책은 경제정책, 환경정책 및 보건의료정책과 같은 사회의 다른 분야 정책과 계획적이고 직접적으로 연결되어야 한다

1 이러한 정책 분야들이 역동적이고, 기능적이며, 의미 있는 민주주의의 구성요소인 사회정의와 이를 위해 구축된 환경과의 관계를 더욱 강화하기 위해, 경제정책, 보건의료, 환경 지속 가능성 및 시민성과 같은 여타의 정책 분야와 더욱 깊은 연결을 조직화하라.

2 구축된 환경은 한 사회 내 건강, 부 그리고 사회적 결과가 분배되는 정

도에 커다란 영향을 미치므로, 이 구축된 환경이 세워지는 방식에 더욱 크게 중점을 두어라.

3 중요하게도, 민주주의를 위한 교육에 대한 높은 수준의 정책이 개발되어야 한다. 이 정책은 교육위원회와 학교가 연간 평가 보고서와 함께 민주주의를 위한 교육의 계획, 프로그램 및 활동을 개발하여, 관여와 폭넓은 참여를 권장할 수 있는 요구 사항을 포함한다.

4 형식 교육과정에 담긴 어떠한 자발적 경험 요구 사항도 명확한 연결, 후속 조치, 과업 수행 보고, 감독, 평가 및 필요한 자원과 제공되는 자원에 대한 회계와 함께, 이러한 요구 사항들이 직접적으로 형식 교육 경험과 연결되도록 재구성될 필요가 있다.

C.4. 학생, 교사, 학교의 순위를 매기고 보상하기 위한 표준화된 시험은 근본적으로 비민주적이므로 중단되어야 한다

1 교육 결과를 파악하는 주요 등급화, 평가 및 표준화된 시험을 축소하라.

2 교육에 표준이 있어야 한다면, 민주주의 교육, 시민성 교육, 평화교육, 정치 문해력과 미디어 문해력 그리고 사회정의를 위한 표준이 있어야 한다. 표준은 문화 자본을 바탕으로 어느 정도 사전에 확정된 기초 기술에 대한 평가가 아니라, 더 좋은 사회를 세우는 데 초점이 맞춰져야 한다. DPLTE 프로젝트에서 사용되는 사회정의 책무성의 틀에 대해 고려해야 한다(유네스코 민주주의, 세계시민성, 변혁 교육 의장 프로그램에 대한 이 프로젝트의 최종 보고서 웹사이트를 보라).

3 학교와 교육위원회의 순위 매기기를 끝내라. 순위 매기기는 분열적이고, 소외된 사람들을 처벌하고, 맥락을 적절히 고려하지 않으며, 통합

하기보다는 분열하는 데 일조하고, 이렇게 하면서 가능성과 더욱 농밀한 그리고 더욱 인도적인 민주주의 요소들을 지지하고 강화하는 기본적 기둥이 되는 공공선 향상 가능성과 교육 관념을 감소시킨다.

4 교사들은 학생들이 얼마나 잘하는지에 따라 보수를 받아서는 안 된다. 교사 임금은 인상되어야 하며, 교사들의 기여를 인정하는 기타 수단이 추구되어야 한다. 더욱 문제가 되는 상황 또는 더 낮은 수준의 문화 자본에 처한 학생들의 환경에서 일하는 교사들을 폄하하는 데 목적이 있어서는 안 된다. 교사의 역할은 단지 상업적인 결과와 관련된 것이 아니라, 더 폭넓은 전 사회적 맥락에서 이해되어야 한다.

5 영재 수업은 폐지되어야 하며, 모든 학생은 특별한 흥미, 재능, 기술 및 능력이 있다고 여겨져야 한다. 학업 성취도가 높은 학생들을 위해 교사들은 다양한 학습활동 요구를 맞춰 나가야 한다. 모든 학생들은 집단적으로는 물론 개인적으로도 배울 수 있고 배워야 하며, 민주주의를 위한 교육의 기회는 모든 학생들을 위해 개발되어야 한다.

6 어떤 아동도 사회경제적 맥락에 대한 철저한 확인 없이 특수교육에 배치되어서는 안 되며, 따라서 소외되고 인종차별화된 공동체가 이러한 프로그램에 불균형적으로 유입되는 가능성을 줄여야 한다.

C.5. 학교는 평화 학습 활동의 주요 장소가 되어야 한다

1 평화교육은 강력하고 광범위한 민주주의를 만드는 데 참여하려는 민주주의를 위한 교육 커리큘럼의 기본적인 구성요소가 되어야 한다. 교육정책 개발자는 교육 경험 전반에 걸쳐 구체적이고 분명하게 표현되

는 평화교육이 담긴 프로그램을 정교하게 만들어야 한다.

2 중재, 평화 및 화해에 대한 다양한 수단, 사례, 과정, 접근 방법 등이 형식 교육 경험 속에서 가르쳐져야 한다. 전쟁, 고문, 국가 승인 사형 및 기타 폭력의 형태에 대한 인정은 비판적으로 진단되고 거부되어야 한다.

3 학교는 지역에서 발생하는 폭력과 범죄의 형태, 실체, 정도를 조사하면서, 지역사회 폭력과 범죄 감소 프로젝트를 수행해야 한다. 데이터 수집과 분석은 여성 학대, 조직폭력 활동 및 경찰 직권남용을 포함해서, 화이트칼라 범죄, 부패, 인종 프로파일링, 증거가 없거나 기록되지 않은 범죄를 포함해야 한다. 비판적 질문 과정의 일부를 구성하는 결과는 범죄행위와 폭력이 어떤 식으로, 왜 발생하는지, 나아가 이에 대해 무엇을 해야 하는가를 보다 엄격하게 이해하도록 진행 중인 기반 위에서 공개적으로 제시될 수 있다.

4 학교는 따돌림과 폭력을 방지하는 데 초점을 맞춰야 하며, 학습활동하기 좋은 환경을 구축하기 위해 다양한 수준에서 지역공동체, 가족, 학생 등과 함께 협력해야 한다. 동시에, 사악한 '무관용', 범죄화 경로를 피하도록 해야 한다.

D. 제도문화와 관련된 구체적 권고 사항

제도문화는 주로 교육 경험의 틀을 만드는 활동, 태도, 행위 및 과정 그리고 학교와 교육기관에서 발생하는 일과 관련이 있다. 이 구성요소는 광범위하고 모든 것을 아우르며, 교육적 맥락 안에서 권력관계, 상호문화적이고 사회경제적인 관계를 고려한다. 문화가 얼마나 포용적이거나 배타적인지, 이것을 누가 조직하고, 결정하고, 여기에 참여하는지 등에 관한 질문은 형식적으로도 무형식적으로도 문서화되어야 하며, 정책을 통해 지원받아야 한다. 교육의 제도문화는 교육정책을 안내하는 틀에서부터 휴식 기간에 교사 역할 모델링하기까지 세부 사항에 있는 다른 모든 구성요소를 반영한다. 이처럼 민주주의를 위한 교육의 제도문화적 구성요소를 위한 우리의 제안은 아래 열거된 것을 포함한다.

D.1. 교육은 개인의 이익 그리고/또는 소득 창출을 위한 제도에 대한 추구보다, 전체론적이고 전 사회적인 책무로서 재배치되어야 한다

1 교육이 어떻게든 지역의 책임일 뿐이라는 잘못된 이야기를 제거하고, 교육을 전 사회적 책임으로 만들어라. (국민)국가(또는 지방/주 관할 책무)는 사회적 성장, 발전, 조화 및 독창성을 추진하는 엔진으로서 공교육을 승인하고 촉진하기 위한 공교육 캠페인을 수행하라.

2 이와 같은 공교육 캠페인은 소외화, 자원 배분 및 교육 기업과 관련된 기타 주요 변수들을 다루는 것을 목적으로 하는 정책, 프로그램 및 실천과 함께 불평등, 사회적 이동성, 인종차별, 성차별 및 기타 차별 형태를 문서화해야 한다. 공교육 캠페인은 지역과 광역 지방/주/국가적 쟁점과 고려 사항을 인정해야 한다.

3 이 캠페인은 기본적인 문해력 수준을 포함하는 보다 높은 수준의 정치 문해력과 미디어 문해력은 물론, 모든 수준의 문해력을 포함할 것을 목표로 해야 한다. 이를 위한 모든 노력은 공개되어야 하며, 시민 의견을 포함해야 한다.

4 학교의 재정지원 방식으로서 영리기업과의 계약을 맺으려는 유혹을 제거해야 한다. 지역사회는 다른 지역에 비해 일부 지역을 압박하고 강요하는 경제 상황을 인식해야 하고, 또한 마케팅과 광고의 역할 그리고 시장점유율을 올리는 힘을 비판해야 한다. 교육정책 수립은 이 영역도 다루어야 한다. 공교육에 대한 모든 사적 투입은 아주 투명해야 하며, 공공의 이익에 대한 모든 사적 영역의 참여 비용과 혜택을 잘 드러내면서 주/광역 및 지방 교육위원회 웹사이트에 게시되어야 한다.

5 상대적으로 빈곤한 지역과 비교했을 때, 부유한 지역 학교들의 차별화된 경험이 다뤄져야 한다. 사회적 맥락을 포함해서, 이러한 현실에 대한 연구가 간결하고 비판적으로 학부모, 학생, 교육자 및 보다 넓은 지역사회에 제시되어야 한다. 소외되고, 역사적으로 사회적 혜택에서 배제된 집단을 위한 사회적 이동성을 향상시키는 데에 우선순위를 두면서, 적절한 자원 배분이 명확히 언급되어야 한다.

6 시민들은 특히 감금, 재훈련, 문맹, 복지, 실업 등과 관련된 비용과는 대조적으로 초기에 교육에 투자하지 않는 비용에 대한 명확한 분석을 제시받아야 한다. 이것은 단지 웹사이트에 도표와 그래프를 게시하는 것만이 아니라, 격차, 부적절한 배분 및 시스템 문제를 강조하고 수정하기 위한 관점에서 모든 사회 부문 간 활발하고, 지속적이며, 열린 대화도 포함해야 한다.

7 학교 안에서 재정 마련 활동을 금지하고, 교육자들이 비판적인 교수 활동, 학습활동 및 참여에만 집중하도록 하라. 만일 학교가 재정 마련 활동과 관련이 없다면, 학교는 어떠한 외부 이해관계에 대한 부담 없이 학생들이 최고의 이익을 얻을 수 있도록 자유롭게 활동할 수 있을 것이다.

8 사회의 정치적이고 경제적인 배치는 공개적으로 비판되고 토론되어야 하며, 불공평한 권력관계에 대한 근본적인 문제가 제기되어야 한다. 제도문화, 포용 및 위원회 참여 속에서, 학부모와 시민사회와의 관계 및 교실 밖 학교에서 발생하는 활동들은 문서화되고, 민주주의를 위한 교육이 주요 구성요소임을 보장하는 관점 속에서 비판적으로 평가되어야 한다.

D.2. 교육은 비판적이고 구성적으로 사회를 재구성하는 기관으로서 재배치되어야 한다

1 자원, 정책 개발 및 학교의 제도문화에 대한 형태와 윤곽을 지배하고 통제하는 헤게모니를 인식하고 저항하라.

2 각 학교 및 교육위원회에서 민주주의를 위한 교육정책의 윤곽을 명확하게 그리는 작업을 포함해서, 교육기관 내 비판적 인식, 교육학 및 언어가 더욱 수용되도록 하라. 민주주의를 위한 교육의 제도문화 정책의 개발에 대한 참여는 고위 관료에 대한 평가 조치와 함께 쟁점, 고려 사항, 프로젝트, 성과 및 기타 독특한 특징에 대한 정보를 포함하는 연간 책무성 보고서를 포함해야 한다.

3 학생들은 자신들이 다니는 학교의 미적, 조직적, 구조적 특징을 형성할 수 있도록 자원을 할당받아야 한다.

4 학교는 모든 학생을 여러 방식으로 학교와 통합하기 위해 학습활동, 생태 및 연대 센터로서 역할을 하는 공동 정원을 개발해야 한다.

5 학부모, 지역사회 구성원 및 시민사회 단체들이 학교-지역사회 관계 향상, 제도문화의 강화 그리고 민주주의를 위한 교육과의 효과적인 연

결을 위한 관점에서 학교와의 정기적인 협의에 참여할 수 있도록 초대되어야 한다.

D.3. 교육의 제도문화는 점점 다양해지기 위해 노력해야 한다

1 모든 출신, 인종, 민족 및 배경을 가진 남성과 여성은 교직과 교육에 참여해야 한다. 일부 초등학교는 남성 교사가 부족하고, 어떤 학교에서는 소수인종이나 여성이 지도적 위치에 있지 않아서, 리더십, 역할 모델 및 학습활동에 대한 잘못된 고정관념으로 더 이어질 수 있다. 사회정의를 위해 노력하는 민주주의를 위한 교육과 책무성 조치에 맞춰, 구체적인 계획, 전략 및 지원 시스템이 개발되어야 한다.

2 교육에서 인종차별화의 영향을 강조하기 위해, (사회적으로 구성된) 인종과 민주주의의 연결이 중요하다는 것이 특히 전면에 내세워져야 한다. 데이터 수집과 분석, 계획 수립 그리고 장벽, 장애물, 고려 지점 및 모든 차별을 식별하고, 사회교육적 통합을 강화하기 위해 다양한 조치가 개발되도록 하는 사전 조치를 만들어 나가면서, 구체적인 계획이 학교, 교육위원회, 주/광역/국가 관할 구역에서 개발되어야 한다.

3 모든 관할 구역은 사회문화적 관계와 접촉을 강조하고, 유럽-원주민/원주민/선주민First Nations의 역사와 유산을 배우고, 가르치고, 이에 대한 진일보를 이뤄 내고, 인정하면서, 이들과 관련된 관여 계획, 전략 및 조치를 개발해야 한다.

D.4. 교육 문화는 청소년 교육에서 지역사회 구성원과 학부모를 점차 포함해 나가기 위해 그 범위를 넓혀야 한다

1 교육정책 수립과 커리큘럼 개발은 다양한 집단과 이해관계자와의 보다 많은 협의와 협업을 포함해야 하고, 의사결정 과정은 반드시 더욱 투명해져야 한다. 교육자, 학부모, 학생 및 보다 넓은 지역사회는 어떻게 의사결정이 이뤄지는지 그리고 궁극적으로 사회의 모든 곳에 영향을 미치는 이 과정에 그들이 왜 포함되어야 하는지를 이해할 수 있어야 한다.

2 여론조사, 당파적 정책의 전략적 위치 선정 및 오직 여당에게만 이익을 주기 위한 정치적 감독 계획에 대해 정부와 교육위원회가 재량으로 사용하는 지출은 중단되어야 하며, 시민사회, 학부모와 교육자 단체들로 구성된 위원회가 구성되어 모든 재량적 지출을 검토할 수 있고, 민주주의를 위한 교육을 강화하는 방식으로 희소 자원이 분배되도록 보장할 수 있어야 한다.

3 특별한 상황을 제외하고, 학부모는 자녀들의 학교에 한 달에 반나절 봉사를 제공할 필요가 있다. 그 목적은 모든 학부모가 학교에서 벌어지는 일에 대해 알 수 있고, 진보적 활동을 위한 지원을 조성하고, 교육과 민주주의에 대한 토론 기회를 제공할 수 있도록 하는 것이다. 정부는 이것이 운영되는 방식을 마련하기 위해 노력해야 한다.

4 정치인, 외교관 및 주류 언론을 포함해서, 공무원들은 학생들과 대화하기 위해 학교에 참여할 수 있어야 하며, 그러한 인사들이 학교를 방문하는 본래 이유와 함께 사회정의, 편견, 애국심, 선전 및 시스템적 쟁점이 존재하는 이유에 대한 비판적 질문에 열려 있어야 한다(예를 들어,

민주주의 덕목을 극찬하고, 특정한 플랫폼, 직업 선택, 좋은 시민이 되는 것에 대한 지지를 얻기 위해 노력하기).

5 학교는 저녁에도 개방되어 지역사회가 학교에 무상으로 접근하면서, 스포츠를 즐기고, 음악과 춤을 연습하고, 학술 활동 및/또는 여러 활동을 할 수 있어야 한다. 분명하고 의미 있는 계획이 수립될 수 있도록 시민사회와 학부모의 지원과 함께, 의사결정자들은 구체적인 계획을 개발해야 한다.

E. 인식론과 관련된 구체적 권고 사항

인식론적 구성요소는 주로 학생, 교육자, 행정가 및 여러 사람들에 의해 지식이 어떻게 구성되는지 그리고 이것이 교육 경험의 개발에 어떻게 영향을 미치는지와 관련되어 있다. 이것은 체계적 틀의 주요 구성요소이다. 왜냐하면 무엇을 가르치고 학습하는지 그리고 어떤 조직이 구성되고 운영되는지를 위한 기초가 어떤 지식이 가장 가치 있는가에 부여된 타당성을 통해서 제공하기 때문이다. 따라서 민주주의를 위한 교육의 인식론적 구성요소를 위한 우리의 제안은 아래 열거된 것을 포함한다.

E.1. 교육은 계속해서 진화하면서 사회와 사회에 속한 개개인의 작용 행위를 통해서 형성되는 정치 구성물로 인식되어야 한다

1 교육이란 중립적이지도 않고, 정치 및/또는 정치적 영향력이 전혀 없는 것도 아니라는 이 근본적인 현실은 문제 제기되어야 하며, 공식 문

서, 정책 및 프로그램에서 형식적으로 다뤄져야 한다. 교육이란 변화를 이끌 수 있어야 하고, 퇴행적인 교육 형태는 시민을 유순하고 순종적으로 만드는, 농밀한 민주주의 안티테제로 이어질 수 있다는 것을 강조하라.

2 교육이 진정으로 평생 학습활동에 대한 것이라면, 교육은 비판적 질문, 산 경험 그리고 표준, 고부담 시험 및 규범적 커리큘럼에 대한 개념을 아주 무색하게 하는 변증법적 질문과 대화의 끝없는 과정을 포함해야 한다. 교사, 행정가, 정책 입안자 및 여러 교육 종사자들은 고위 정책 공문서를 통해 부과되는 비전을 벗어나서, 적어도 1년에 한 번, 무형식적이거나, 준형식적이거나, 비형식적인 맥락과 과정을 통해서 누구를 위해, 어떻게 그리고 왜라는 질문 속에서 교육의 의미를 신중히 심의할 수 있는 기회를 가져야 한다. 이 과정의 결과는 더욱 깊은 대화와 토론을 위해 종합되고 전파되어야 한다. 중요한 것은 이 과정의 주요 주제와 경향은 특히 민주주의를 위한 교육과 연결된 정책 개발 차원에서 고려되어야 한다는 것이다.

3 학생들은 자신들의 학교 경험의 일부 규칙, 지침 그리고 조건을 결정하도록 초대받아야 한다. 형식 교육 경험의 수혜자가 되는 것과 함께, 학생들은 또한 자신들의 지식과 현실을 형성하는 데에 완전한 참여자가 되어야 한다. 학생들은 자신들의 학습활동 경험, 제도문화, 교수 활동과 결과를 형식적으로 평가할 수 있어야 하며, 또한 학교가 민주주의를 위한 교육에 더 포용적이고 이를 더 존중하도록 하는 것과 관련해서 권고와 제안을 할 수 있어야 한다.

4 교육 부문은 학습활동 지원 도구로서의 기술과 교육 목표로서의 기술을 명확히 구분해야 한다. 기술은 그 자체만으로는 정치적 문해력을

만들지도, 미디어 문해력을 높이거나 사회정의를 향상시키지도 못한다. 교육자는 비판적인 민주적 의식화와 민주주의를 위한 교육의 근본적 측면에 집중하면서, 기술이 어떻게 유익할 수 있는지를 분명하게 맥락화해야 한다.

E.2. 민주주의를 위한 교육은 현대 사상의 규범적, 헤게모니적, 정치적 성향에 대항하기 위한 방법으로 그 방향이 재설정되어야 한다

1 규범적 민주주의를 승자 승 독식 세계관으로부터 공평, 참여, 비판적 관여, 정치 문해력과 미디어 문해력 그리고 사회정의를 존중하는 세계관으로 재구성하라. 지역 단체들을 시작으로, 더 넓은 교육 공동체로부터의 방대한 의견과 함께, 민주주의를 위한 교육의 더 광범위한 비전이 개발되고 시행되어야 한다. 그 비전은 숙의 민주주의와 변혁 교육에 집중해야 한다. 여기서 그 결과의 일부는 모든 교육 시스템과 관할 구역 수준에서 민주주의를 위한 교육을 분명하게 발표하고, 구체화하고, 발전시키기 위한 플랫폼을 제공하는 공식적이고 형식적인 정책, 프로그램, 활동, 조직 구성 및 자금 지원이어야 한다. 과정과 결과의 틀을 만들고 구체화하는 과정에서 여러 목소리가 확실하게 들리고 포함되도록 하기 위해 포용적이고 창의적인 지원활동 속에서, 변증법적 사고와 과정이 권장되어야 한다.

2 특히 정체성의 상호 교차성 관점에서, 교육의 반인종주의에 관한 이론적 틀과 소외화, 인종차별화 및 인종차별에 대한 탐구를 통해서 민주주의를 재개념화하라. 여기서 목표는 관여, 시민성 및 사회정의의 강

화이지, 죄책감이나 수치심 또는 정체성의 본질화가 아니다.

3 백인성, 권력 및 교육에 대한 특권과 이것들이 가진 사회정의, 민주주의 및 교육과의 연계성 사이의 연관성을 설명하면서, 민주주의를 위한 교육의 발전과 관련해서 백인성 이론Whiteness theory을 고려하라. 위 요점과 같이, 제도적이고 공적/사적 방식뿐만 아니라, 형식적이고 무형식적인 방식으로 권력이 사회에서 어떻게 기능하고, 개인, 집단, 단체, 공동체, 정치와 경제적 관계에 어떻게 영향을 미치는지를 이해하는 데 방점을 찍어야 한다. 목표는 백인들을 비방하거나 폄하하는 것이 아니라, 오히려 그들이 공식적으로 '색맹'이라고 주장하는 사회에 정교하게 담긴 인종차별화 작업에 맞서는 것이다. 이것이 가능하려면, 비판적인 인식론적 참여가 필요하다.

4 민주주의와 민주주의를 위한 교육이 집중해서 식민화의 조건을 무너뜨리고 해결하라. 학생, 교사, 행정가, 정책 입안자, 의사결정자 및 많은 사람들은 식민화가 우리가 배우는 내용과 방식에 어떻게 영향을 미쳐 왔고, 계속해서 미치고 있는지, 상호문화적 관계, 권력관계, 공동체 관계에 어떻게 영향을 미쳐 왔는지를 비판적으로 분석하는 사고 행위, 비전, 정책 및 과정을 논의하고, 문서화하고, 배양하는 과정에 참여할 수 있어야 한다. 여기서 비판적인 인식론적 관여는 교육 분야의 모든 이해관계자들에 의한 문제, 쟁점, 고려 사항에 대한 인식 및 교육 안에서 그리고 교육을 통한 사회정의와 민주주의를 위한 교육의 강화를 목적으로 하는 연간 보고서, 제안서 및 정책 개발 속에서 육성되는 위 인식을 포함한다. 특히 이 인식은 유럽-원주민/원주민/선주민First Nations들과 전통적으로 식민화의 대상이 되었던 남반구 출신 종족과 관련된 것이다.

E.3. 민주주의를 위한 교육은 아프리카인, 원주민 및 비정착자들의 관점과 함께하면서, 교육에서 지식을 얻는 다른 방법을 개척해야 한다

1 역사의 렌즈, 특히 여러 식민주의와 원주민 역사의 렌즈를 통해 민주주의를 가르쳐라. 교육자들이 학생과 효과적으로 관계를 갖고, 교수 활동과 학습 경험을 확장하고, 풍부하게 하고, 모든 학생들에게 더욱 비판적이고 적합하게 할 것을 보장하기 위해, 지침, 지원, 자원 및 정책 개발이 제공되고 개발되어야 한다.

2 교육 프로그램과 커리큘럼은 토착 지식과 원주민들을 구체적으로 다뤄야 한다. 예를 들어, 유럽 백인들이 수백 년 전 미국/캐나다/호주에 도착한 것을 그 이전부터 수천 년 동안 그 땅에 살아왔던 원주민들과의 관계에 대해 아무런 비판적 문제의식 없이 축하하는 것은 문제가 매우 크다. 이를 위해, 특히 사회학과 연계된 커리큘럼의 모든 측면에 대한 원주민들과의 협의와 이들의 참여가 의무화되어야 하며, 이 과정의 결과는 공개되어야 한다.

3 위 논점의 정신을 반영하면서, 다른 소외된 집단과 유사한 수준에서의 참여 또한 이뤄져야 한다.

E.4. 민주주의의 구조에 대한 방향을 정의롭고 도덕적인 틀 속에서 재설정해야 한다

1 문제를 제기하고, 공간을 창출하며, 사회가 작동하는 방식에 대한 '상식적인' 지혜와 지식에 도전하기 위해, 민주주의를 위한 교육 커리큘

럼의 중심축으로서 비판적 사회정의 교육을 심어 넣어라. 여기에는 커리큘럼, 교육학, 평가, 데이터 수집 등에 담긴 공공연한 '정치적' 강조를 줄여 가면서, 사람들과 집단의 산 경험, 여러 이해관계자, 이해 당사자 및 집단의 목소리를 경청하고, 인정하며, 이들과 조화롭게 행동하는 과정을 행하는 것이 필요하다(본문에 excising(삭제하기)로 되어 있으나, 맥락상 exercising을 잘못 쓴 것으로 보임-옮긴이 주). 구체적으로 정부와 교육기관은 대의제적인 정치적 의사결정 과정이 더 광범위한 사회의 능동적이고, 의미 있고, 비판적인 참여를 통해 통제될 수 있는 틀을 발전시켜야 한다. 이러한 참여는 의사결정이 이뤄지는 방식, 투명성, 참여, 정직성 그리고 사회정의를 목표로 하는 윤리적 차원을 재고하고, 이미지를 다시 만드는 것을 포함한다. 너무도 자주, 의사결정은 사람들이 직면하고 있는 사회문화적이고 경제적인 현실과 단절되어 있으며, 사회정의와 민주주의를 위한 교육에 대한 적절한 고려 없이 사람들에게 부과되고 있다.

2 사회적으로 '자연재해'가 갑자기 발생하고 사회를 흔들지만, 크게 보면 결정은 사람과 사회가 한다는 것을 인정하면서, 기성 환경과 사회정의 사이 근본적인 연결을 통해 민주주의에 대한 사고를 재정립하라. 따라서 학교 내 환경 프로그램 개발, 커리큘럼 적용, 교육기관 내 환경친화적 과정, 고려 사항 및 결과를 위한 의견 제시 과정에 환경생태 조직들과 환경에 관심이 있는 사회정의 차원의 조직들을 포함해야 한다. 실제로 이것은 커리큘럼, 정책 및 모든 행동을 포함해서, 환경에 적대적으로 영향을 끼치지 않는 인간 친화적이고 환경친화적인 실천을 맥락화하고, 문제화하며, 운영화한다는 것을 의미한다. 교육 이정표, 졸업 결과, 개인과 기관 지표 및 사회의 건강과 웰빙과 관련해서, 민주주의

를 위한 교육과 사회정의는 물론 넓은 의미에서 (물리적이고 인간적인) 환경이 고려되는 방법을 설정하기 위해, 기준과 조치가 잘 겸비된 개방적이고, 투명하며, 포용적인 보고 방식reporting이 개발되어야 한다.

3 민주주의를 — 단순히 결과나 결과물이 아닌 — 사회의 모든 부문, 특히 교육 안에서 그리고 교육을 통해서 활기차고 비판적이며 의미 있는 참여를 포함하는 과정으로 재구성하라. 데이터 수집, 분석 및 배포와 더불어, 모든 부문으로부터의 필요한 의견 수렴과 함께, 이것은 또한 민주화와 민주주의를 위한 교육과정을 문서화하고, 그 과정의 개발을 위한 계획을 수립하며, 형식적인 회의/콘퍼런스/보고회를 개최하여, 모든 분야가 민주주의를 위한 교육뿐만 아니라, 교육에 담긴 민주주의가 의미하는 것에 반영될 수 있게 된다. 여기에서 대안적이고, 대항 헤게모니적이며, 혁신적인 관점, 아이디어, 개념, 지식(들), 비전 및 경험이 접합되고, 공유되고, 가치 있게 평가받고, 실현되어야 하는 숙의적 토론으로 통합될 수 있도록 하기 위해, 인식론적 각도가 중요하다.

F. 리더십과 관련된 구체적 권고 사항

리더십 구성요소는 주로 행정, 권한, 감독, 윤리와 도덕적 지침을 위한 비전, 사회의 이익을 위한 협력의 개념화 그리고 이것이 교육 경험에 기여하는 방식에 관한 것이다. 이처럼 민주주의를 위한 교육 리더십의 구성요소에 대한 우리의 제안은 다음을 포함한다.

F.1. 고등교육기관들은 민주주의와 민주주의를 위한 교육의 더욱 농밀한 관점을 교육에 심어 넣어, 교생들이 교육과 민주주의를 연결할 수 있도록 더 잘 준비해야 한다

1 교사-교육 프로그램은 교수 활동과 학습활동의 질적 경험에 집중해야 하며, 지식의 습득보다는 지식의 학습과 구축을 강조하는 혁신, 참여, 협업 및 비판 교육학적 작업을 모니터링하고 지원하는 평가 체계를 개발해야 한다. 이러한 프로그램은 교사-교육 및 인증의 모든 실용적/실천적 구성요소가 교과과정에 연결되어 있고, 나아가 전반적인 교육 경험에 통합되도록 보장해야 한다. 차별, 불평등, 소외화 및 배타적 관행에 대한 쟁점과 우려 지점들은 프로그램 전반에 걸쳐 형식적으로 다뤄져야 한다. 또한 교사-교육 프로그램은 민주주의를 위한 교육 기준, 조치, 내용 및 평가 규준을 개발해야 한다.

2 교사-교육 프로그램은 사회정의와 민주주의를 위한 교육 쟁점과 고려 사항을 문제화하는 지역 교육위원회와 의미 있는 관계를 구축해야 한다. 모든 교직원들은 자신들이 관할하는 지역의 다양한 학교와 어떤 형태로든 형식적인 관계를 맺어야 하며, 교육 부처/부서, 교원 연맹 및 시민사회 단체의 지원과 함께 전문적 개발의 조정을 지원하는 계획을 수립해야 한다. 전문적 개발계획은 포용적이고 민주적인 심의를 따르고, 원주민, 소수자 및 여러 집단과 공동체 등을 포함한 다양한 이해 당사자로부터 광범위한 의견을 수렴하면서 공개되어야 한다.

3 교사-교육 프로그램에 대한 인가는 정량적 측정과 지침만을 전제로 해서는 안 되며, 교직원과 학생 사이 비판적 참여에 관한 규준을 담아야 한다. 인가를 내기 전에, 모든 이해 당사자들은 교육 시스템이 인가

과정으로부터 혜택을 받을지 말지를 집단적으로 결정해야 한다. 즉, 만일 우리가 효과적인 교육 시스템을 구축하게 된다면, 우리는 현행 인가 과정이나 다른 과정에 시간, 에너지와 관심을 집중할 것인가?

4 비판적인 민주적 프로젝트를 수행하기 위해, 교사들은 자신들의 요구에 응대하고, 비판적인 인식론적 성찰을 배양하고, 변증법적 교수 활동과 학습활동 경험을 가능하게 하는 전문적 개발이 필요할 것이다. 이것은 교육적 성취와 결과를 감소시키지 않을 것이다. 분명, 이것은 교육 경험을 더욱 의미 있고, 진정성 있고, 참여적이며, 비판적이고 적절하게 만들 것이다. 따라서 교사가 학습활동 공동체에 대한 자신들의 참여뿐만 아니라, 자신들의 교수 활동과 학습활동에 더욱 효과적으로 참여해야 하고 할 수 있는 방법을 다시 상상하는 데에는 필요, 투입, 결과, 평가 및 참여를 결정하는 보다 민주적인 과정이 필요하다.

5 교육자를 위한 전문적 개발은 비판적 사고와 참여뿐만 아니라, 지식이 구성되는 방식에 집중해야 한다. 교육자는 교육개혁이 취하는 방향을 이해할 수 있어야 하며, 특히 교육자들은 이 개혁을 수행하도록 요구될 것이기 때문에, 이 개혁이 구성되는 방식에 대해 발언권을 가질 수 있어야 한다. 이러한 개혁은 교육자가 개혁의 영향을 만들어 가는 과정을 이해하고, 적절히 하고, 여기에 관여할 때 효과적으로 여겨질 수 있다는 연구 결과처럼, 모든 교사들이 개발/제안된 것과 그 방법에 중요한 의견을 제시할 수 있도록 과정을 개발할 필요가 있다. 이것은 반드시 표면적인 협의 수준을 넘어, 민주주의를 위한 교육과 사회정의를 다루는 논의를 포함해야 한다.

F.2. 학교 행정가는 더 심층적인 민주주의 철학을 적극적으로
채택하고, 이 철학을 자신들의 리더십 실천, 운영 스타일,
학교 정책 및 전반적인 교육 거버넌스에 적용해야 한다

1 교사들이 민주주의와 민주주의를 위한 교육에 대한 대안적 방안을 가
르치도록 유연성을 허용하라.

2 소수자 집단과 소외된 집단으로부터 대안적 관점을 끌어낼 교사를 고
용하라. 공평한 고용 관행과 프로그램이 필요한 이유, 이 관행과 프로
그램이 기능하는 방식(이것들은 할당이 아니다), 이것들이 구성되는 방식
등을 명확히 설명하기 위해 정보 캠페인을 시작해야 한다. 다시 말해
서, 목표는 사회정의이지 일부 사람들이나 집단을 배제하는 것이 아니
다. 책무성, 논의 그리고 목표, 측정, 지표의 재구성을 가능하게 하는 연
간 보고서가 개발되어야 한다.

3 위 핵심과 관련해서, 모든 교육기관은 사람들을 민감하게 하고, 맥락
적 요소의 개선 과정에 대한 참여를 장려하는 관점을 공개적으로 공유
할 수 있는 구체적인 인구통계학적 분석을 개발해야 한다. 데이터 수
집은 많은 논의, 특히 과정에 대한 포용적인 참여를 필요로 하며, 데이
터를 세분화하여 정체성의 복잡성과 사회적 구성을 이해하는 것에 방
점을 찍어야 한다. 사회경제적 수준이 낮은 학생, 부모의 급여, 직업과
학력 배경, 인종과 민족적 출신, 종교, 이민자 지위(1세대, 2세대, 3세대
등)의 비율에 따라 문화 자본이 지표로서 포함되어야 한다.

4 교장뿐만 아니라, 이사와 교육감의 계약서에는 정치 문해력과 사회정
의를 포함해서 그들이 민주주의를 위한 교육을 얼마나 고취시키는지
에 따라 그들이 평가될 것이라는 조항이 포함되어야 한다. 그들의 계

약 갱신은 부분적으로는 그들이 교육기관에서 이러한 문제를 얼마나 잘 다루는지에 달려 있어야 한다. 그들은 민주주의를 위한 교육을 다루는 측정과 지표를 포함하는 포괄적인 연간 계획을 개발해야 하며, 이 계획은 그들 각각의 기관이 정해진 기간에 얼마나 진전시켰는가를 판단하는 데 사용될 것이다.

5 교사들이 형식적인 커리큘럼을 보완할 수 있는 일주일 기간 학교 경험을 두 번 구성하도록 하라. 형식 교육은 하향식일 필요가 없으며, 교사는 통찰력, 전문성, 전략 및 열정을 제공할 수 있어야 형식 교육을 탈중심화할 수 있다. 교사는 학생들에게 협력적 학습활동, 중재, 반인종차별 교육, 사회정의 경험 등을 고취하는 관점 속에서 다학년 또는 다집단 과제를 함께 수행하도록 할 수 있다. 학생들은 사회적 요구에 응대하는 방법에 대한 논의를 찾으면서, 한 주의 마지막 수업에 자신들의 과제를 발표할 수 있을 것이다. 이것은 민주주의를 위한 교육의 틀 안에서 교육될 것이다.

F.3. 민주주의를 위한 교육에 대한 형식적 리더십 정책을 개발하라

1 주요 교육기관(교육 부처/부서, 교육위원회, 대학, 전문대학 등)은 5년 동안 민주주의를 위한 교육을 진전시키고, 연간 기반 위에서 책임위원회에 의해 공개적으로 업데이트되고 검토되기 위한 요소, 쟁점, 지표, 측정 및 기준을 요약하고 제시하는 민주주의를 위한 리더십 정책을 개발해야 한다.

2 가장 상위의 교육기관(교육 부처/부서, 교육위원회, 대학, 전문대학 등)은 가

장 좋으며, 혁신적이고 대안적이며, 비교-국제적인 실천을 탐색하는 이론적, 개념적, 실천적이고 경험에 기반을 둔 연구를 포함해서, 민주주의를 위한 교육에 관한 연구 프로그램을 개발해야 한다.

3 민주주의를 위한 교육 리더십 정책의 일환으로서 정책이 개발되고, 측정되고, 수행되는 방식을 비판하기 위해 사회의 모든 부문이 초대되어야 한다. 이 참여 과정은 교육기관과 정부와 함께 시민사회 단체에 의해 감독되어야지 당파적인 정치적 이해관계에 의해서만 주도되어서는 안 된다.

G. 산 경험과 관련된 구체적 권고 사항

산 경험의 중요성은 교육의 형식적인 구성요소들을 함께 묶어 내는 과정에서 중요한 고려 사항이다. 교실, 학교 및 교육기관 맥락 밖에서 배우고 경험하는 것은 개인, 공동체와 사회에 관련되고, 이것들에 관여하고, 검증하고, 핵심적인 상황과 통합되어야 한다. 형식 교육 경험 안에서 다차원적 경험으로 그려지는 산 경험의 일부 구성요소는 다음을 포함한다. 서비스 학습활동, 자원봉사, 조직화된 스포츠와 조직화되지 않은 스포츠, 음악, 드라마, 사회 행사 및 학생회, 정부와 동아리, 사회정의 참여 그리고 기타 리더십 활동들이다. 형식 교육 경험의 틀을 짜고, 보완하고, 의미 있게 만드는 데 도움이 되는 이러한 형성적 활동은 종종 교육 당국이 확립한 형식적인 커리큘럼, 교육학, 구조 및 성취도에 대한 회계 업무 안에서 간과되거나 과소평가된다.

G.1. 민주적 학습활동을 위한 무형식적 방법과 교육학은 교육적인 교육학으로서 점차 도입되어야 하며, 이러한 교육학, 민주주의 그리고 산 경험의 명시적 연결이 만들어져야 한다

교수 활동과 학습활동이 민주주의를 위한 교육과 학생 및 공동체의 산 경험을 연결하기 위해 필요한 자금 확보, 시간, 정책 레버리지 및 조직적이고 구조적인 노력 등 여러 자원이 제공되어야 한다.

G.2. 시민성 개발이 온전한 자아를 포함할 수 있도록, 학생들은 학교를 통해 커리큘럼 이외에도 폭넓은 활동에 접근할 수 있어야 한다.

1 박물관, 문화 행사 그리고 심지어 해외로의 여행에 대한 접근을 제한하게 되면, 사회에서 교육, 문화, 정치적 간격은 더욱 벌어진다. 정부는 적절한 수준의 재정 지원을 통해서 모든 학교가 일부 가정, 공동체 및 지역사회가 자유롭게 가지고 있는 문화 자원을 다룰 뿐만 아니라, 그러한 필수 활동들로부터 혜택을 받을 수 있도록 해야 한다.
2 모든 학교에는 음악, 미술 및 체육 프로그램이 있어야 한다. 재정 부족이 폭넓은 교양 교육에 접근할 수 있어야 하는 아이들에게 장애가 되어서는 안 된다.
3 학생들을 위한 커리큘럼 이외의 다양한 활동들을 개발하고 수행하는 과정에서 학생, 학부모와 공동체의 관심 활동, 장애물 및 문제점을 기록하기 위해 매년 포괄적인 협의가 이뤄져야 한다.

G.3. 민주주의를 위한 교육은 공동체 경험, 자원봉사 및 서비스 학습활동을 통합하여, 학생들이 자신들이 살고 있는 사회를 통합하고 경험할 수 있도록 해야 한다

1 학생 상담, 학교 간 교류, 서비스 교육, 숙의 민주주의 및 보다 폭넓은 공동체와 쟁점의 통합과 같은 학교 내 의미 있는 민주적 활동, 행동 및 사고를 촉진하라. 구체적으로 이것은 참여한 사람, 영향, 경험 개선 방식 및 자원 필요성에 대한 평가를 포함하는 연간 보고서를 통해 형식화되어야 한다. 이 보고서는 또한 민주주의를 위한 교육이 이러한 활동과 어떻게 통합되었고 통합되고 있는지에 대한 분석을 포함해야 한다.

2 모든 학생들은 비판적 서비스 학습활동을 소개받아야 한다. 그들의 경험은 사회적 문제가 존재하는 이유에 대한 교육과정과 설명회를 동반해야 한다. 사회정치적 맥락화 없이 서비스 학습활동을 배치하는 것은 실제 경험을 통해 추구되는 것과 반대되는 것을 강화하는 데 기여할 수 있다. 서비스 학습활동에 영향을 받는 공동체로부터의 토의는 경험의 가치를 형성하고 평가하는 데 사용되어야 한다.

3 정부와 교육위원회는 예산, 측정 및 교육에서 더 농밀한 민주적 경험과의 연결을 포함해서 비판적 서비스 학습활동을 위한 틀을 명확히 설명해야 한다.

4 모든 학교는 졸업에 필요한 학점을 줄 수 있는 다양한 공동체 프로젝트를 시작해야 한다. 이 프로젝트들은 서비스 학습활동, 연구 수행, 서사 및 민족지학 작성 그리고 사회문제 해결 방법에 대한 프레젠테이션 제작을 포함할 수 있다.

G.4. 민주주의를 위한 교육은 학생들이 민주주의와 살아가기 위한 중심 통로로서 야외, 산 경험 및 생태적 경험을 통해 동원되어야 한다

1 자금 조달, 정책, 프로그램, 활동 및 책임 측정을 통해 대학과 전문대학에서의 경험적, 생태적, 환경적 교육과정 틀 안에 민주주의를 심어야 한다.

2 녹색 공간, 접근이 쉬운 안전한 장비 그리고 환영하는 환경을 갖춘 공원이 모든 학교에 설치되어야 하며, 학교 공동체에 연중 개방되어야 한다. 농구 코트, 야구장, 축구장, 일반 경기장을 포함한 스포츠 경기장이 이러한 공원에 포함되어야 한다. 공원이 레저, 체육인다운 품행 및 긍정적인 상호문화적이고 상호 세대적인 접촉을 위해 사용될 수 있도록 진지한 노력이 있어야 한다. 상대적으로 더 가난한 사회경제적 영역이 부의 집중을 이유로 소외되어서는 안 되며, 모든 사람은 비용 없이 야외활동을 즐길 수 있어야 한다.

3 모든 학교에는 과일과 채소를 생산하는 정원이 있어야 한다. 일주일에 1~2시간 정원에서 일하는 동안, 학생들은 환경, 농업, 영양, 먹거리 경제 및 지구화와 교과과정을 구체적으로 연결할 수 있는 기회를 가질 것이다. 또한 생산된 과일과 채소는 품질, 보안 및 다른 쟁점을 고려하는 정책 틀 안에서 학생들에 의해 소비될 수 있다.

10장

민주주의와 변혁 교육에 관한
몇 가지 생각

마지막 장에서 우리는 거친 부분을 다듬고, 빈칸을 채우고, 이 책에서 충분히 질문하거나 답변하지 못한 몇 가지 질문을 다루려고 한다. 물론, 우리가 아래에서 몇 가지 의견을 제시하는 질문 목록은 편향적이고 불완전하지만, 우리는 특정 쟁점이 제기되고, 강화되고, 다시 측정되어 이 책에서 언급된 일반적인 요지와 주제를 뒷받침할 수 있기를 희망한다. 우리가 이 책 전체에서 제안해 온 것처럼, 숙의적 방식으로 대화, 논쟁, 토론에 비판적으로 참여하는 것은 민주주의를 수립하고, 배양하며 발전시키는 과정에서 핵심적이다. 물론 우리는 이 논평과 분석이 유익하고 민주주의를 위한 교육 분야(그리고 다른 영역에서도)에 기여할 것이라고 희망하면서도, 이 과정에 우리가 참여하는 것이 반드시 실현되어야 할 수많은 대화, 행동 및 참여 중 하나일 뿐이라는 것을 겸허히 인정한다. 비판적 의식화는 경청, 평화로움, 신중한 반성과 자기 성찰, 독서, 새로운 아이디어의 수용, 개념과 이론의 재고, 우리 한계에 대한 겸허한 인정 그리고 너그러운 정신과 마음을 목표로 하는 행동을 위한 동원이라는 연계망 속에서 발생한다. 우리는 독자가 우리가 마지막 장에서 주입하려고 한 이러한 정신을 가져가기를 희망하며, 우리와 함께 또는 자신들의 모임, 네트워크 또는 환경에서 비판적 의식화를 계속해 가는 것에 관심 있는 사람들을 초대하고자 한다.

> 1. 만일 전쟁과 평화라는 중요한 개념이 공적 토론 과정에서
> 이해되지도, 실천되지도, 옹호되지도, 자리 잡지도 못한다면,
> ― 그리고 중요하게도 교육 안에서 그리고 교육을 통해서
> 비판적인 방식으로 다뤄지지 않는다면
> ― 민주주의는 존재할 수 있을까?

우리는 전쟁으로 인해 너무나도 괴로워하고 있으며, 살인의 논리를 이해하는 것을 인정할 수 없다. 규범적 민주주의에 대한 상식적이고, 주류 헤게모니적인 수용은 전쟁, 군사적 충돌, 유일한 목적이 전멸인 무기를 생산하고, 상품화하고, 판매하고, 사용하기 위한 전례 없는 노력에 의문을 제기할 여지가 거의 남아 있지 않다. 몇 년 전, 베트남을 방문하여 가장 큰 두 도시(북부의 하노이, 남부의 호치민)에서 즐거운 시간을 보내면서, 우리는 미국인에게 보여 준 환대, 확실한 배려와 공감에 압도되었다. 이런 일이 어떻게 가능할 수 있었는가? 우리는 거기서 살해된 58,000 미군에 대해 종종 듣곤 하지만, 그들이 '미국 전쟁(the American War, 1955~1975)'으로 말하는 전쟁에서 거의 셀 수 없이 많은 장애인들이 남겨진 것은 말할 것도 없이, 살해된 삼백만 명의 베트남인에 대해서는 훨씬 덜 듣는다. 약 3~4세대가 지난 상황에서 미국이 고엽제와 같은 강력한 화학무기를 사용한 결과를 관찰하고 알게 되는 것은 가슴 아픈 일이다.

2018년으로 빨리 돌려보면, 우리는 시리아가 화학무기를 사용하고 있

다는 의혹 때문에 페르시아만 북쪽 미국 선박들이 시리아를 폭격하는 것을 목격했다. 조금만 되짚어 보면, 우리는 이라크에서 발생한 화학무기와 관련한 다른 여러 공격과 침략과 뒤섞이게 된다. 이 무기들은 어디서 온 것일까? '선한 사람들'(다른 나라를 침략할 수 있고, 침략하는 미국과 연결된 동맹국들) 또한 이 무기를 만들고, 비축하고, 팔고, 사용하는가? 우리는 군비경쟁에 의해 곤란에 처해 있다(요점은 무엇인가?) 어느 누군가의 말 그대로 얼마나 많이 지구를 날려 버리고 싶은 것인가? 하지만 무기는 사고 팔려야 하며, 아마도 '보수가 좋은 일자리'와 군사적 충돌을 창출하는 것은 헤게모니적 우위를 유지하기 위한 가장 매력적인 선택지인 것으로 보인다. 만일 우리가 무기를 제조하지 않는다 해도, 어쨌든 다음 사람이 할 것이라는 생각은 우리가 처음부터 왜 그것을 하는지에 대한 상투적인 변명 중 하나이다. 이 모든 미군 기지들(100여 개 국가에서 대략 800여 개)의 존재가 평화를 육성하는 것을 의미하지 않을 것이다. 문제가 그렇게 정리된다면, 어쩌면 우리는 진짜 위험을 알지 못할 수 있다.

여기서 시작하자. 100년이라는 비교적 짧은 역사적 시간 동안, 우리는 모든 전쟁을 끝낼 전쟁이라 불렸던 1차 세계대전, 믿기 힘들 정도로 피비린내 나고 모든 것을 쇠약하게 만든 2차 세계대전 그리고 어떤 식으로든 제대로 기록되지 않거나, 아예 기록조차 없는 수많은 전쟁과 충돌을 겪어 왔다. 누군가 집단 학살은 한 번뿐인 현상이라 주장할지도 모른다. 하지만 그랬다면, 집단 학살은 오래전에 멈춰졌어야 했다. 우리는 이 모든 군국화의 이점에 대해 숙고할 수밖에 없게 되었다. 다른 선택지가 있는가? 군국화는 사람들, 가장 취약한 자들, 환경, 지구상에서 더욱 지속할 수 있고 기능적이며 의미있는 삶에 대한 추구에 어떻게 영향을 미칠까? 인간은 스스로 멸종해 간다고 말하는 것이 매우 극적인 것처럼 들리지만, 의견 차이로 누군가를 — 혹은 그런 이유로 수백만 명을 — 죽이는 것은 매우 무의미해 보인다.

예를 들어, 왜 다른 사람들이 아니라 사담 후세인과 카다피를 죽였을까? 누가 제거되어야 하는지를 누가 결정하는가? 모든 전쟁은 우리를 더 안전하게 만들었는가? '우리'는 누구인가? 혹은 전쟁은 대량 이주, 빈곤, 테러리즘, 증오, 저개발 그리고 인간 조건의 감소를 만들어 내는가? 우리는 남의 전투에 싸우러 갈 만한 나이의 노동 계급 자녀들이 (문자 그대로) 서로 공통점을 가지고 있는데, 이들 사이 공통점이 이들과 자신을 대신해서 전투에서 살육하기를 원하는 지도자들 사이 공통점보다 더 많다는 것을 확신하고 있다 — 적어도 이들은 분명 자신들의 삶에서 중요한 부분이 서로 닮아 있어야 한다.

평화가 선택지가 될 수 있다; 평화는 구축되고, 연습되고, 격려되고, 가르쳐질 수 있다. 평화는 폭력이 할 수 있는 것보다 더 많은 문제를 해결하기 위한 구실이 될 수 있고, 이것은 미시적인 따돌림과 괴롭힘에서 핵전쟁에 이르기까지 모든 곳에서 발생할 수 있다. 우리의 친애하는 친구 피터 맥라렌이 언급했듯이, 우리에게 '영원한 전쟁'은 사리 분별이 없고, 죽음에 이르게 되는 것에 다름 아닌 것으로 보인다. 이것은 특히 조악하고 끔찍하며, 거의 모든 사람들, 특히 '숭고한 희생'이라 불리는 행위를 하도록 요구받은 자들, 그중에서도 취약한 자들의 이익에 반한다. 2003년에 미 의회 의원들이 이라크에서 전쟁을 하기 위한 일련의 절차를 준비하는 상황에서, 마이클 무어가 의원들에게 그들의 자녀들을 파병시키도록 설득했을 때는 말 그대로 농담이 아니었다. 제정신으로 그런 것을 원할 수 있는 사람이 있을까라는 질문과 함께, 심지어 우리는 이것이 애당초 가능한 것이 아니었다고 말해야만 하지 않았을까? 이라크 대참사는 신속히 들어갔다가 빠지는 것으로 예정되었으나, 물론 베트남처럼, 그것은 결코 끝나지 않고 있다. 그냥 폭탄으로 사람을 죽이고 나서 아무 일도 없던 것처럼 떠나 버릴 수는 없다.

교전이 끝난 지 약 40년이 지난 상황에서, 베트남에서 사람들은 여전히 매달 불발 지뢰를 밟아 죽어 가고 있으며, 이 상황은 베트남이 침략당했다는 것을 뼈저리게 상기시켜 준다. 이 모든 것이 어떻게 민주주의와 연결되어 있는가? 이것은 우리에게는 민주적 참여, 동원, 숙의 및 반향의 핵심으로 보이는 것들이고, 그렇게 보여야 하며, 사람들 대부분이 군국화, 간첩 행위, 고문과 살인이 얼마나 많이 존재하는지에 대해 잘 모른다는 사실이 승리를 외치는 이유가 되어서는 안 된다. 모든 전쟁 기업들은 '민주주의'를 더 많이 필요로 하지만, 이것은 브루스 콕번Bruce Cockburn이 자신의 악명높은 노래 후렴구인 "그들은 그것을 민주주의라 부르지"를 통해서 엘살바도르 폭격과 관련된 1980년대에 대해 웅변하듯 부른 민주주의는 아니다. 우리는 많은 희망을 보지만, 또한 우리는 많은 이들에게 평화란 자연스럽게 오지 않는다는 것을 안다. 그러나 더 계몽된 민주주의를 통해, 우리는 평화에 대한 더욱 희망차고 매력적인 전망을 간직할 수 있으며, 물론 교육은 — 특히 민주주의를 위한 교육은 — 변혁을 위한 초석이 되어야 한다고 믿는다. 만일 우리가 개입하고 있는 것이 평화교육이 아니라면, 우리는 전쟁 교육을 장려하고 있는 것인가?

2. 규범적이고, 헤게모니적인 민주주의가 민주주의의 유일한
실행 가능한 모델로 고려되어야 한다면 (그리고 우리는 이 책에서
그래서는 안 된다고 주장해 왔다), 우리는 많은 부문과 국가에
존재하면서 점차 증가하는 사회적 불평등을 어떻게
이해해야 할까?

　　　　　　　　우리가 생각하기에 그 첫 번째 단계는 사회
적 불평등이 존재한다는 것을 인정하고, 이것을 기록하고 연구하며, 이
불평등이 왜 그리고 어떻게 존재하는지 그리고 중요하게도 우리가 이 불
평등의 존재를 어떻게 감소시키거나 제거할 수 있는지에 대해 공개적으
로 사회를 참여시키는 것이다. 많은 정부, 기관, 조직 등이 사회적 불평등
에 관한 데이터를 수집하지 않는다는 것은 그리 놀랄 만한 일이 아닐 수
있다. 관련 데이터나 연구가 없는 경우에 전체 사회 수준에서 문제를 이
해하고, 법을 만들고, 인권을 발전시키고, 중요하게는 교육에 변혁적 실
천, 커리큘럼, 교육학 그리고 제도문화를 스며들게 하는 것은 매우 어렵
다. 우리에게 민주주의를 위한 교육은 사회정의와 정치적 문해력에 직접
적으로 연결되기 위해 우리가 배우는 것, 우리가 배우는 방식, 우리가 누
구와 함께 그리고 누구에게서 배우는지, 이와 함께 교육과정을 통틀어서
우리가 참여하게 되는 방식을 개방할 필요가 있다. 전 세계적으로 규범
민주적 제도와 과정으로 구체화된 인권 위원회와 법과 같은 것들이 존재
하지만, 몇몇 주목할 만한 기회와 연구 기관들에도 불구하고, 우리는 용
납할 수 없을 정도로 높은 수준의 가난, 인종차별, 성차별, 동성애 혐오,
그 외 각종 차별 등의 잔재를 보고 경험할 수도 있다. 우리는 기술혁신과
함께 현대의 대규모 부의 생산과 동화작용을 기반으로 불평등을 줄이는
것을 목표로 해야 한다. 규범 민주주의는 왜 불평등을 종결시키지 못하

는가? 누군가는 인간 조직과 상호작용의 커다란 복잡성을 인정하면서, 단지 미사여구만은 아닌 이 진술을 혹독하고 순진하다고 비난할지도 모른다.

누군가는 규범적이고 헤게모니적인 모델이 변혁적 변화를 허용하도록 구성되어 왔는지에 대해 질문할 수 있다. 변화의 상징적인 병합 지점과 계기가 존재하고, 버락 오바마가 스스로 (수사적 담론이 진짜 '변화'와 일치하지 않았던) '희망'과 '변화'라고 묘사하는 것의 놀라운 구현체였던 반면, 이 희망과 변화는 높은 수준으로 구조화된 군국화 안에 담겨 있고, 자본주의 시스템에 고착되어 있다. 심지어 충분히 명료하게 밝혀지지 않은 채로 말이다. 변화는 종종 점진적이거나 상징적이지만, 또한 이것은 더욱 강력하고 의미 있을 수 있다. 중요한 사회운동들이 있어 왔으며, 이 운동들은 예를 들어 여성의 권리와 관련된 지형을 변화시켜 왔다. 우리는 이 과정에서 교육의 역할 그리고 사회적 불평등이 제도적이고 시스템적이며, 대단히 견고한 권력 구조와 제도 안에서 어떻게 그리고 왜 구체화되었는가에 대해 여전히 염려하고 있다.

그렇다면 규범적이고 헤게모니적인 민주주의는 사회적 불평등을 효과적으로 해결하려고 노력할 수 있을까? 신자유주의, 선택지가 거의 없도록 매우 통제된 선거 그리고 사회정의보다는 고용 시장을 위해 구조화된 교육 시스템이 장애물로 보인다. 물론 어떤 사람들은 다른 선택지란 없다고 주장할 것이다. 우리는 이에 동의하지 않고, 다른 선택지들이 있다고 믿지만, 이 선택지들은 현행 시스템 안에서 그리고 그 아래, 옆과 밖에서 동시에 탐색되어야 한다. 미리 규정된 결과물, 커리큘럼 및 평가의 양을 줄이는 것이 교육 안에서 도움이 되겠지만, 이것은 교육의 안과 밖에 있는 모든 부문으로부터의 많은 참여가 필요하다. 결국 사회적 불평등을 점차 고착화하는 과정에서는 미래가 없어서 변화는 구축되거나, 환심을 받거나, 부과되어야 할 것이며, 이 변화에 대한 저항은 매우 클 수가 있다.

> 3. 전 세계 많은 역동성과 인간의 다양성을 고려할 때, 우리는 민주주의의 근본적인 축이자 개념에 담긴 규범적이고 헤게모니적인 통제를 어떻게 축출해야 할까? 우리는 규범적이고 헤게모니적인 민주주의에 대한 실행 가능한 대안과 관련해서 무엇을 찾고 무엇을 위해 일해야 할까?

우리 세계에 서식하는 엄청난 수의 다양성은 식물, 경관, 기온, 수생생물, 야생생물, 모든 종 그리고 물론 수많은 문화, 전통, 생활방식, 역사, 표음 활자 등을 가진 인간 안에서 무수한 방식으로 발생한다. 한편으로 세계의 거대하고 특별한 인간 다양성을 무시하고, 생략하고, 또는 감소시키는 것은 분별없고 무모한 것이며, 심각한 고통과 부정적 결과로 반드시 이어질 것이다. 원주민의 지식, 의학적 발전, 환경 혁신, 과학 연구 그리고 음악가, 작가, 시인 및 배우와 예술가 등이 만들어 온 영원히 즐거운 소리, 말, 움직임과 이미지를 무시하는 것은 자책과 다름없는 것이다. 예를 들어, 전 세계 사람들은 미국의 예술가, 배우 그리고 혁신가 등에 대해서는 그렇게 많이 알면서도, 세계 곳곳에 존재하는 미국과 그 수준이 다르지 않은 엄격함, 탁월함, 창의성 및 문화적 삶에 대해서는 그만큼 알지 못하지 않는가? 우리가 과장하고 있는 것인가?

물론 유네스코는 문화유산을 지정하고, 전 세계 대도시 공연장을 방문하는 많은 연극, 뮤지컬 단체 및 기타 국제적인 단체, 행동, 개인 등이 존재한다. 그리고 많은 사람들이 — 예전보다 훨씬 더 많이 — 말하자면 종종 늘 다니던 길을 과감히 벗어난 여행을 하곤 한다. 점점 더 많은 사람들이 다른 사람들, 심지어는 전통적으로는 만나는 것이 금지된 사람들과 관계를 맺고 있으며, 많은 나라에서는 다문화 교실과 함께 복잡한 혼종적이고, 다중적이며 교차적인 정체성이 존재한다. 인터넷 통신은 모든 수준에서 사람들이 더 좋고 더 의미 있는 관계를 연결하고 만들어 갈 수 있는 문을 열어 왔다. 따라서 상호 연결된 세계시민성의 의미를 강조할 수 있는 엄청난 잠재력, 기회 및 동기가 있다.

　그러나 어떤 집단이 사회적 이동, 사회적 장점과 혜택 및 사회적 통합을 덜 경험해 왔는지를 조사하기 위해 사회경제적 문제와 불평등의 글로벌한 총체적 변화라는 허울을 벗어낸다는 것은 매우 인상적이다. 규칙 그리고 수많은 개인의 성공 이야기에는 언제나 예외가 있지만, 아프리카 출신과 사회경제적으로 낮고 소외된 집단에 속한 많은 이들뿐만 아니라, 너무 많은 캐나다 선주민들First Nations에게 용납될 수 없는 조건들을 여전히 알고 있다는 것은 매우 고통스럽고 가슴 아픈 일이다. 간단히 말하자면, 사회 계급은 중요하다(코넬 웨스트Cornel West와 많은 이들이 지적해 왔듯이 인종이 중요한 만큼 말이다). 모든 집단을 더욱 포용적이고, 다양하고, 의미 있게 재현하는 것도 중요하지만, 조직 안에서 권력의 배열을 변화시키는 것도 그만큼 중요하다. 규범적이고 대의제적 민주주의는 적절하고 효과적인 속도로 사회적 불평등을 해결하는 것을 촉진해 왔는가? 과정, 경험 그리고 수행, 성과 및 결과 안에서의 격차와 관련해서 집단 간 두드러지는 격차를 더욱 빠르게 감소시키기 위해서는 어떤 변화가 만들어져야 하고 만들어질 수 있는가? 다시 말해서, 우리는 이렇듯 매우 중요한 문제들을 해결하기 시작하는 가장 좋은 방법이란 보다 농밀한 민주주의를 위한 교육 그리고 보다 더 큰 공감, 겸손 및 의식화를 이끄는 변혁 교육과정을 통해서라는 것을 믿는다.

4. 모든 통신 영역에서 인터넷과 그 거대한 촉수들이 우리에게 정보, 관계, 지식의 보급에 거의 무한한 접근을 제공할 수 있다면, 우리는 일반적으로 새로운 미디어와 통신뿐만 아니라, 전통적인 미디어의 역할을 어떻게 이해해야 할까? 그리고 이것은 민주주의와 어떤 연관이 있을까?

우리는 스펙터클로서의 미디어와 라디오와 신문의 시대에서부터 텔레비전 시대에 이르기까지 존재해 왔고 계속해서 존재하는 의식 안에서의 엄청난 이동에 대한 닐 포스트먼Neil Postman의 훌륭한 연구에 동의하며 경의를 표한다. 패러다임 이동은 뚜렷했고, 이것은 지식, 문화 및 정치의 작동 방식뿐만 아니라, 사고, 존재 및 행위 방식을 바꾸었다. 텔레비전은 그 영역에서는 일차원적이고 보편적이었으며, 특정한 현실들을 포착하고 정의하기 위해 이미지들을 더 빠르고, 더 명확하게 세상으로 가져왔다. 물론, 언론의 접근과 통제뿐만 아니라, 기업적이고 헤게모니적인 것에 대한 우려가 많았다.

소셜 미디어, 애플리케이션, 정보, 데이터베이스 그리고 수많은 관행, 과정 및 참여가 가득한 인터넷에서 구현된 전자적이고, 연결되어 있고, 다차원적이며, 상호 작용하고, 매우 복잡한 세계로의 패러다임 이동은 인간관계를 변혁해 왔다(우리는 상황이 더 좋다고 말하는 것이 아니라, 그 상황이 매우 다양하고 많이 있다는 것을 말하는 것이다). 비판적 참여를 위한 가능성은 중요하며, 이것은 우리가 매우 걱정하는 질문이다. (소셜 미디어를 포함해서) 인터넷은 자연적으로 더 큰 시민 참여와 민주주의를 끌어낼 것인가? 우리는 또한 현재 연구 프로젝트를 통해서 점점 더 많은 비판적 사회 참여를 고려하는 미디어 문해력, 민주주의와 관련된 미디어 문해력을 교육이 어떻게 배양할 수 있고 배양하는가를 더 잘 이해하려고 한다.

우리가 인터넷, 소셜 미디어, 다양한 애플리케이션 그리고 전자 통신에서 진화하고 있는 모든 종류의 서비스와 혁신을 사용하고 이로부터 혜택을 받는 반면, 인쇄된 책을 읽고, 구입하며, 전통적인 대화, 회담, 회의 및 학습활동 형태에 참여하는 사람들이 점차 줄어들고 있다는 것을 이해하고 있다. 우리는 좋았던 옛 시절을 그리워하는 것이 아니고, 심지어 더 민주적인 공간, 참여 및 사회 변화를 위한 가능성에 대해서도 어느 정도 열정적이다. 동시에 우리는 (다른 이들도 그렇지만) 모든 것에 대한 이 끊임 없는 접근이 반드시 예를 들어, 학생들이 더 풍부하고, 비판적인 참고 문헌을 가지고서, 더 좋아지고, 더 강하고, 더 비판적이며, 더 자유롭게 자원을 사용해서 글을 쓰는 것을 의미하는 것은 아님을 목격해 왔다. (아마도 그러한 글쓰기는 더 이상 관련성이 없는 것인가?) 그들은 이전 세계들보다 더 많이 인식하고, 더 동기부여가 되고, 정치적 문해력과 미디어 문해력이 더 풍부하고, 더 많이 참여하는가? 아니면 한때 상당히 노동집약적이었던 많은 일들을 우리가 지금은 쉽게 할 수 있고, 이전과 같은 헤게모니적인 충성/동맹을 지속하는 동안 (가상) 세계에 더욱 쉽게 빠져들 수 있다는 것인가?

많은 사람들이 가능하다고 믿었던 '민주적' 변화에 대한 안티테제로 생각될 수 있는 보기 흉한 사건들 다음에 나온 소셜 미디어와 아랍의 봄은 새로운 미디어의 해방적 힘을 요약해서 보여 주고 있다. #미투 운동, 점령 운동, BLM(Black Lives Matter, 흑인의 삶은 중요하다-옮긴이 주) 운동, INM(Idle No More, 원주민 권리, 환경, 사회경제 정의 운동: 원문에는 More가 아니라 Matter로 잘못 표기됨-옮긴이 주) 운동, 환경 운동, 평화운동, 빈곤 철폐 운동 및 많은 운동들은 모두 가장 넓은 의미에서 온라인에서 활기차고 비판적이며 참여적인 현장 활동을 유지한다. 소셜 미디어는 또한 학습하고, 협력하고, 연결하고, 성장할 수 있는 끊임없는 기회들도 제공한다. 물론, 우리는 이러한 기술들이 중립적이거나, 편견이 없지 않으며, 보안, 개인 정보 보호 및 감시 문제가 없지 않다는 것도 알고 있다. 게다가, 이것들은 긍정적이고 부정적인 의미와 결과를 가진 환경인 디지털 흔적을 지우기 힘들 정도로 남긴다.

우리는 연구를 한다는 것이 더 많고 더 다양한 지식에 접근함으로써 더욱 쉽게 만들어지고, 흥미롭고 풍부한 협업 또한 새로운 미디어의 직접적인 결과라는 것을 이해할 수 있다. 이 책에서 밝힌 것처럼, 우리 자신의 연구는 더욱 새로워진 이러한 인터넷 기반 통신 현실이 없었다면 가능하지 않았을 것이다. 우리는 페이스북, 트위터 그리고 여러 많은 플랫폼들에서 전문적으로 정제된 기사, 정보, 논평, 공유되고 여러 방향에서 진행된 상호작용을 읽고 참여한다. (우리는 마이스페이스Myspace처럼 여기에 있는 몇몇 네트워크에 이름을 붙이면 그 네트워크들의 범위와 영향력이 쉽게 감소될 수 있다는 큰 위험이 따른다는 것을 알고 있다.) 우리가 소통하는 방식은 변화해 왔고, 주류 기업 미디어가 이슈와 의제를 정의하는 데 가진 이전의 강력한 통제력을 깨는 과정에서 민주적 행동주의, 참여 및 변화를 위한 가능성은 주목할 만하다. 교육 안에서 그리고 교육을 통하는 것을 포함해서 형식적인 현실과 경험의 틀을 만들고, 특히 이를 정의하는 과정에는 여전히 기업적이고 헤게모니적인 관리와 감독이 존재한다. 더 농밀한 민주주의를 위한 교육은 새로운/대안적인/소셜/인터넷 미디어에 대한 다른 형태의 참여를 필요로 하며, 우리는 규범적 민주주의의 헤게모니적인 형세와 형성을 바꾸기 위한 노력을 지지한다.

> 5. 교육이 사회 변화와 변혁의 열쇠라면, 왜 민주주의의 중요한
> 특징과 관련해서 교육이 그렇게 논쟁적이고 소외되는 것처럼
> 보일까? 그리고 교육을 통한 출구는 존재할까?

교육은 다
양한 크기, 모양 및 형태로 도입되며, 형식적인 공교육에 제한되지 않는
다. 우리가 이 책 전체에 걸쳐서 주장했듯이, 비록 교육이 사람들과 학생
들의 삶을 프레임화하는 데에 유일한 주요 영향은 아니지만, 개인과 사
회 전반의 수준에서 매우 중요하다. 공교육, 사교육, 종교교육, 대안 교육
또는 기타 교육의 형태와 상관없이, 발전된 가치, 경험, 상호작용, 통찰력
및 학습활동은 학생들이 자신들의 형식적인 학교 경험 밖에서 하는 것에
대단히 중요한 영향을 미칠 수 있다. 우리는 형식 교육 환경 밖에 존재하
는 수많은 그리고 매우 두드러진 영향을 감소시키거나, 부정하거나, 소
극적으로 다루고 있는 것이 아니다. 오히려, 우리는 실제로 형식 교육 경
험이 형식 교육 환경 밖에 존재하는 이러한 매우 두드러진 영향을 감소
시키고, 부정하고, 소극적으로 다루고 있다는 것을 걱정하고 있다.

사람들의 정체성, 경험 및 일상 현실을 형성하고 틀을 만드는 무수히
많은 복잡성이 교육 영역에 담기지 못하는 것처럼 보이는 이유는 무엇일
까? 신자유주의는 더 넓은 시민성 이상과 사회정의 추구를 강력히 해 나
가기 위해 교육에 담긴 수사적으로 보다 폭넓은 의미의 사명에 담긴 핵
심을 그저 제거하려는 것일까? 우리는 그렇게 많은 청년들과 함께 부지
런하고, 건설적이며 효과적으로 일하는 훌륭하고, 적극적이며, 헌신적인
많은 교육자들에 대해 무엇을 말할 것인가? 그리고 점차 많아지고 있는

— 우리에게 수많은 작은 변화, 승리, 수정 등을 다양하게 보여 주는 —
변화를 진보적이라고 여길 수 있을까?

'사회'는 그러한 상황을 왜 받아들일까? 헤게모니, 허위의식, 인지부조
화, 애국적 민족주의는 이 책의 앞부분에서 탐구되었던 현상처럼, 많은
사람이 자신의 이익에 반해서 행동하는 이유를 설명할 수 있을까?

앞 장에서 우리는 이 책 전반에 걸쳐서 우리가 특별히 민주주의 및 민
주주의를 위한 교육에 대해 재고하고 다시 상상하는 방식을 위한 몇 가
지 제안/권고 사항을 제시했다. 비록 우리가 예를 들어 교사 교육을 개념
화하고 구현하는 방식 그리고 다른 영역들의 개선 방식을 나아지고, 향
상시키고, 변경할 것인지를 이해하고 반대하지 않으면서도, 우리는 이
프로젝트를 단순히 교육의 작은 측면을 개혁하는 것 이상의 보편적인 프
로젝트로 보고 있다. 민주적 프로젝트에 대해 철저히 재고하고 다시 상
상하는 것이 필요하며 더 농밀한 민주주의를 위한 교육이 이러한 프로젝
트의 중심이 되어야 한다는 것은 우리의 강한 신념이다.

6. 규범적인 '대의제 민주주의'의 운명은 50년 또는 100년 정도 지나면 어떻게 될 것으로 생각하는가?

우리의 미래를 비추는
수정구슬은 다른 사람의 수정구슬처럼 흐려져 있지만, 우리는 보다 '민주
적인' 방식으로 삶을 살아가고 함께하는 방식을 발견하는 과정에서 학
자, 활동가 그리고 모든 유형의 사람들과 동행하는 것에 흥미를 느낀다.
이런 추세가 계속된다면, 규범적이고, 헤게모니적인 대의제 민주주의의
기운은 서서히 꺾여 가겠지만, 다툼이 없는 것은 아니다. 현재 정부가 통
제하는 승자독식의 과일 바구니가 많은 사람들을 위한 것이라 믿는 사람

들이 점점 줄어들고 있다. 과정과 결과에 대한 참여가 줄고 냉소와 환멸이 늘고, 사람들이 해결되길 바라는 쟁점과 (인종차별, 성차별, 전쟁과 평화, 가난 등의) 원인을 소외시키게 되면, 선거에 대한 선호도는 매우 줄어들게 될 것이다. 엘리트 집단과 이들의 관심사는 여전히 지배적이며, 대표성을 넓히기 위한 노력이 있음에도 불구하고, 이 대표성은 대부분 여전히 백인 남성의 게임이다. 당선되기 위해서는 너무나 많은 돈을 쓰면서도, 이 문제를 푸는 방정식 중 '민주주의' 부분에는 비용을 충분히 지불하지 않으면서 많은 사람의 의욕을 떨어뜨리고 있다.

그렇다면, 그다음은 무엇일까? 아마도 우리가 떠난 후에 혹은 우리 책이 어딘가 중고 판매된 후에, 누군가는 책의 이 부분을 뒤적거리면서 우리가 어디를 향했고, 언제 되돌아왔는지에 대해 큰 웃음을 지을지도 모른다. 우리는 사회적 불평등을 해결해야 한다는 압력이 계속해서 높아질 것으로 생각한다. 점령하라 운동, BLM 운동, INM 운동, 환경 운동, 인종차별 철폐 운동, 반전운동, 미투 및 여러 운동들은 자신들의 시선을 서서히 정당에서 벗어나 사회운동과 대의명분으로 옮길 것이다. 너무 많은 소외된 세대들이 선거 이상의 것을 요구하고 필요로 한다. 쉽게 이뤄질 것인가? 아니, 그렇지 않을 것이며, 인간 생존, 환경 및 인간의 품위에 대한 위험성도 매우 높을 것이다.

우리는 더 많고, 더 크고, 더 분명하고 의미 있는 협의(consultation, 우리는 프랑스어 단어 "concertation"을 더 선호하는데, 이 단어는 우리에게 더 포괄적이고 비판적으로 보이기 때문이다), 참여 및 관여는 또한 정당과 선거 과정이 규범적 민주주의를 옥죄어 온 것을 느슨하게 하는 또 다른 방법일 수 있기를 바란다. 의사결정 과정은 더 광범위한 연구, 투입 및 협업을 기반으로 사람들의 요구에 더 밀접하게 조정되고 연결될 수 있으며, 한쪽이 이

기고 다른 쪽이 지는 것을 줄일 수 있다. 물론, 이것은 쉽게 이뤄지지 않겠지만, 우리가 현재 존재하는 권력 공백보다 훨씬 심한 권력 공백을 피하려 한다면, 이것은 어느 정도는 불가피하다. 이것은 우리가 이 책에서 언급해 온 것처럼 매우 단순화한 것처럼 들릴 수 있지만, 우리는 민주주의란 훨씬 더 '민주적'이어야 한다고 믿는다.

참여 예산 계획, 협동조합, 공동체 은행, 물물교환 및 대안 교육 프로그램과 같은 더 많은 풀뿌리 노력들이 있을 수 있고 있어야 한다. 신자유주의 안에 내재된 물질만능주의와 개인주의 광풍을 희석하는 것도 도전이 되겠지만, 부자와 가난한 자 사이 점점 더 두드러지는 사회적 불평등은 급진적 변화를 필요로 할 것이다. "인종을 불문하자"와 같은 포괄적인 구호 속에서 뒷전으로 밀리지 않으면서, 인종차별과 성차별에 맞서 싸우는 것은 더 우선적으로 해결될 필요가 있다. 전통적이고 규범적이며 선거주의적인 모델을 소진하게 되면, 더 큰 수준의 참여는 말할 것도 없이, 우리가 공유하는 (그리고 멸종위기에 처한) 환경을 다루는 더욱 진정한 연대와 자원의 재분배를 위한 공간이 열릴 것이다. 민족주의와 애국심은 계속해서 진보적 변화에 대한 중요한 반대 세력이 될 것이고, 우리는 변혁 교육이 민주주의의 형식적인 허상을 제공하려는 극우적 속임수에 대해 점차 균형을 잡아 주는 근본적인 균형추가 되기를 희망한다. 그래서 우리가 우리 앞에 놓인 현재의 초상화에 대해 매우 비판적이면서도, 우리는 또한 모든 곳에 퍼져 있는 많은 훌륭한 노력들이 지난 200여 년 동안 만연해 온 고루하고 규범적인 민주주의 모델의 균형을 깨뜨리기 위해 합쳐질 수 있다고 낙관하기도 한다. 궁극적으로, 우리는 똑같은 궤도가 계속 된다는 것은 많은 인구 집단에게 매우 좋지 않은 경험이 될 것이라 생각한다.

7. 만일 우리가 프랑스어로 이 책을 썼다면, 이 책이 상당히 달랐을 거라고 생각하는가?

간단히 답한다면, 그렇다. 언어는 다른 어휘, 전통, 관용적 표현, 경험 및 문화적 관습을 가지고 온다. 예를 들어, 프랑스어에서 인종에 대한 단어와 개념은 상당히 다르며, 우리는 인종차별과 백인에 대해 프랑스어로 발표할 때, 종종 강력한 도전에 부딪히곤 했다. 특히 유럽에서 그랬다. 물론, 프랑스적인 맥락에서 인종차별이 존재하지만, 반드시 같은 방식으로 이해되거나 연구되지는 않는다. 프랑스어로 인종에 특별히 초점을 맞춘 과학 저널, 연구 센터, 대학 프로그램, 책임 연구 프로그램, 보조금, 재단 등은 거의 없다. 따라서 다뤄지는 문제는 그 언어로 별도로 다뤄질 필요가 있다. 분명히 하자면, 우리는 인종차별이 영어권 세계에만 해당되는 문제라고 제안하는 것이 아니다. 반대로, 우리는 언어, 국경 그리고/또는 문화적 맥락과 상관없이 무엇을 어떻게 해야 하는가에 대해 매우 걱정하고 있다. 프랑스어나 스페인어로 쓰여진 책은 그 특정한 언어적 (그리고 덧붙여서 지리적이고, 역사적이며, 정치적이고 사회문화적인) 맥락에 담긴 더 많은 통찰력, 더 많은 자료, 더 많은 문화적 맥락, 더 많은 동시대의 문제를 포함했을 것이며, 이 책의 위상을 일부 바꿨을 것이다.

그러나 우리의 주요 집중점, 논쟁, 목표 및 이론화는 그다지 바뀌지 않았을 것이다. 규범적이고, 대의적이며, 헤게모니적인 민주주의는 지리적/언어적 구분을 넘어 확장되고 있으며, 식민주의, 제국주의, 백인성, 원주민과의 관계를 포함해서 몇 가지 유사한 역사적 현실들을 포함하고 있다. 남북 그리고 동서 관계와 현상들에는 권력, 문화 및 민주주의에 대한 아픈 자국이 많은 개념들이 담겨 있으며, 우리는 언어적 구분을 가로

지르는 많은 문제들이 있다고 생각한다. 우리는 또한 세계의 많은 논쟁과 현실을 형성하는 과정에서 영어와 미 제국에 내재하는 극단적인 힘과 영향력을 인식하고 있다. 이렇게 말을 하면서도, 우리는 프랑스어와 스페인어(그리고 다른 언어들)뿐만 아니라, 다양한 문화, 정치, 사회 및 여러 환경에서 일어나고 있는 일에 대해 고무적이고, 동기를 부여받고, 열광적이다. 우리는 여행할 때마다 이것을 이해하고 경험하며, 이 세계의 놀라울 정도로 풍부한 사회문화적 삶이 영어가 주류인 토착어로 널리 통합되지 않는다는 것에 슬퍼한다. 정말로, 많은 연결고리가 있지만, 우리는 우리가 더 높은 수준의 평화, 연대 그리고 발전을 이루려고 한다면, 다른 이들 그리고 '거대 타자'에 대한 관여는 필수 불가결하다고 생각한다.

8. 우리 책의 제목(원서 제목 - 옮긴이 주)은 "나를 두렵게 하는 것은 교육이 아니라 교육자입니다"이다. 이 책에 대한 마지막 말이나 이 책의 결론을 위해 추가할 내용이 있는가?

우리의 첫 번째 결론은 이것은 단지 시작이며, 비록 부족하지만, 우리가 민주주의를 위한 교육과 변혁 교육 분야를 계속해서 육성하는 일에 새로운, 추가적인, 대안적인, 지원하는 또는 여러 다른 종류의 정보, 분석, 자원, 사고 및 학문을 제공하는 것으로 기여하기를 바란다.

우리의 두 번째 요점은 우리가 환경, 인종과 인간관계, 미디어, 평화와 민주주의를 위한 교육 그리고 물론 교육 사이 엄청난 융합, 상호작용, 관여 및 유동성을 보고 있다는 것이다. 한 영역에 대한 영향은 다른 영역으로 흘러가며, 우리는 여기에 포괄적인 목록을 제공하지는 않았다. 우리에게 정치는 선거에서 이기는 방법과는 그리 관련이 없으며, 사회와 세계를 건설하는 방법과 더 많이 관련되어 있다. 잠재력은 엄청나며, 우리는 여러 국가와 맥락 속 곳곳에서 훌륭한 프로젝트들을 많이 목격하고 경험해 왔다. (우리는 지난 10년 동안 우리의 학문적 연구와 관련해서 약 25개 국가를 방문했으며, 그 결과, 수많은 협력, 관계 및 우정을 맺으며, 엄청난 혜택을 얻어 왔다.) 따라서 모든 장애물에도 불구하고, 우리는 더 좋은 세상이 만들어질 수 있기를 희망한다.

우리의 세 번째 요점은 민주주의가 다시 사고되고, 다시 상상되며, 더 '민주적'인 것으로 만들어져야 한다는 것이다. 우리는 규범적이고, 대의적인 구조, 시스템, 제도 및 과정을 바꾸는 것이 필요하며, 교육이 이 문제를 푸는 방정식의 일부가 되어야 한다고 생각한다.

우리의 네 번째 요점은 우리가 이 책에서 어떤 특별한 의미를 가지고서 현직 미국 대통령의 이름을 언급하지는 않았다는 것이다(우리는 피터 맥라렌이 이 책의 〈나오며〉에서 이 분야를 더 직접적으로 조사해 왔다는 것을 알고 있다). 많은 사람, 집단 그리고 운동이 현직 미국 대통령이 대표하는 것에 반작용하고 반대하고 있기 때문에, 현직 미국 대통령을 언급하기 위해서는 다른 책이 필요할 것이다. 우리는 여기에서 이 세계에 분명한 영향을 끼치는 미국의 형식적이고 거시적인 정치 수준에서 일어나고 있는 일이 규범적이고, 대의적이며 선거주의적인 민주주의가 깊이 뿌리박힌 우려, 쟁점, 도전 그리고 더 나쁜 일에 직면하고 있는 방식을 보여 주는 상징이라는 것을 간단히 말할 것이다. 닭이 먼저인가 달걀이 먼저인가? 대통령이 문제인가 아니면, 그에게 권력을 넘겨주고, 현재 일어나고 있는 일을 뒷받침하는 조건이 존재했고 존재한다는 것이 문제인가? 아니면, 문제가 진짜로 있는 것인가? 우리는 문제가 있다고 생각하며, 또한 피터 맥라렌이 제안했듯이, 규범적 민주주의가 현대 파시즘을 향해 야만적으로 기울어져 가면서 불안정한 채로 이제는 줄에 간신히 매달려 있다고 생각한다.

우리의 다섯 번째 요점은 우리가 일반적으로 교육자들에게 엄청난 애정과 연대 그리고 확신을 가지고 있다는 것이다. 전 세계적으로 매우 몰두하면서, 비판적이고, 배려심이 깊고, 효과적인 교육자들이 많이 있으며, 우리는 그들이 우리의 고려, 존경 그리고 지원을 받을 자격이 있다고 생각한다. 물론, 교육자들은 고립적으로 일하지 않으며, 기관들이 변혁이나 변혁적 노력에 언제나 관심이 있는 것은 아니다. 그럼에도 불구하고, 많은 것들을 할 수 있다. 위험부담이 크고, 어떤 경우에는 논쟁을 위한 논쟁을 하게 될 것이다. 교육은 단지 고용 가능성이라는 목표만이 아니라, 모든 사람들을 위해야 한다. 사회 전체적인 문제들이 다뤄지고 해결되어야 하며, 교육과정은 사람들을 참여시키기 위해 기본적인 것이다. 교육부/교육국, 교육부서, 교육위원회, 학교 그리고 정부는 모든 사회정의, 사회운동가, 공동체 집단 및 여러 조직들과 함께 논의에 참가해야 한다. 교육은 공공선이며, 교육자는 주도적인 역할을 해야 한다. 그렇지 않으면, 우리는 계속해서 끝없는 전쟁, 집단 이주, 행성 파괴, 빈곤화를 급증시키는 부의 집중과 같은 결과를 겪고, 더 나쁜 일들이 이어지면서 고통받게 될 것이다.

우리의 마지막 요점은 우리는 우리에게 영감을 주어 왔고, 우리와 협력하고, 우리를 지지해 온 많은 사람들과 계속해서 함께할 것이라는 것이다. 그러나 민주주의를 위한 교육이라는 이 문제는 우리에 대한 것(만)이 아니다. 모든 사람은 각각 그 안에서 이해관계를 가지고 있고, 우리는 모든 개개인에게 더 좋고, 더 매력적이고, 더 평화롭고, 더 공평한 삶을 위해 새로운 형태의 민주주의가, 민주주의가 발전되고 작동되는 방식에 대한 헤게모니적 통제를 깨부수면서, 육성되기를 희망한다. 우리는 이 세계에 존재하는 엄청난 아름다움에 감동하고, 그 많은 아름다움이 줄어들기보다 육성되기를 바란다. 그리고 우리는 — 모든 장소, 출신, 경험 및 배경을 가진 모든 종류의 — 사람들이 자신들의 삶을 통제하는 엄청난 힘과 능력을 가지고 있다고 믿으며, 또한 보다 광범위한 사회적 쟁점과 씨름하는 것이 공동체/지역 수준에서 그렇게 하는 것만큼이나 중요하다고 믿는다. 세상은 모든 것을 에워싸는 선거 캠페인과는 무관하게 앞으로 나아갈 것이며, 비록 제대로 보고되지 않고, 신빙성이 떨어지는 듯하지만, 많은 대항 헤게모니적 실현물들이 발생할 것이다. 우리가 집단적으로 절벽으로 밀려 떨어지지 않기 위해, 변혁 교육이 더욱 의미 있는 민주주의를 동반할 시간이 온 것이다.

우리의 일상 현실에 비판적으로 관여하는 것이 현시점, 특히 우리가 직면하고 있는 환경 재앙의 관점에서 본질적이라고 주장하는 학자, 사회운동가, 이론가 그리고 곳곳의 많은 사람에게 우리는 동의한다. 우리는 언제나 저평가되지만, 너무나도 강하며, 실체가 없지만 명백한 사랑의 개념, 행위, 정서와 가치가 풀리지 않는 사회적 불평등과 부정의를 풀어내고 더욱 민주적인 민주주의를 위한 조건을 육성하기 위해 필요하다는 말을 겸허히 덧붙인다. 우리는 더 많은 사랑의 필요성에 대해 노래하고 글을 써 온 다른 많은 사람들은 물론, '급진적 사랑'을 호소하는 프레이리와 함께한다. 우리는 지금 이 순간 삶, 문화, 연대 그리고 확실히 민주주의와 강하게 연결되어 있다고 믿는다.

정의가 무너지는 시대,
민주주의 교육은 왜 필요한가

— 피터 맥라렌

만일 우리가 민주주의를 변혁할 수 없다면, 동화 같은 아름다운 이야기가
붕괴되고, 그 결과 갑작스레 퇴락하게 될 것이며, 우리는 어린아이와 같은 무
력감으로 점차 빠르게 빨려 들어가게 될 것이다.

— 피터 맥라렌

보수주의 전문가들과 고위 관료들이 '문화 마르크스주의'라는 용어를
사용할 때, 이들은 미디어 포식자media shark가 좌파라는 자신들의 표적들
을 집어삼키도록 꼬시기 위해 물속에 밑밥을 뿌리고 있을 뿐만 아니라,
그들이 가장 좋아하는 — 한때 미국을 위대한 국가이자 공산주의에 맞서
는 방어자로 만든 문화 가치와 이상을 파괴하는 데 열중한 제5열로서, 유
대인 지식인들이 제2차 세계대전 이전에 독일에서 미국으로 망명했다
는 — 음모론을 일관되게 만들려고 하고 있다. 지난 수십 년 동안, 이것은
정치적 올바름, 다문화주의, 민족학, 페미니즘, 다양한 성 소수자 정체성
을 위한 권리, 반인종주의, 백인 특권에 대한 비판이 확산하는 것을 설명
하기 위해 겁에 질린 보수주의자들이 제멋대로 만든 가장 치명적인 음모

론 중 하나였다. 이 이론은 백인 민족주의자, 자유 지상주의 기독교 재건주의자, 기독교 연합 회원, 자유 의회 재단 그리고 스톰프론트Stormfront와 같은 신나치 집단을 포함한 극단적 티 파티Tea Party와 알트 라이트alt-right 집단(백인 우월 극우 집단)을 끌어냈다. 백인 남성 특권, 미국 예외주의 그리고 사회정의를 위한 정치 운동에 대한 현재의 비판이 프랑크푸르트의 괴테 대학교에 초기에 있었다가 히틀러가 부상하던 1935년에 뉴욕시 컬럼비아대학으로 이전한 사회 연구 연구소Institute for Social Research로 거슬러 올라갈 수 있다는 생각은 미국 파워 엘리트의 지식인 보초병들을 만족시키는 술책이다. 철학자 테오도르 아도르노, 발터 벤야민, 막스 호르크하이머, 레오 뢰벤탈, 에릭 프롬, 헤르베르트 마르쿠제는 프랑크푸르트 학파의 거장들 중 일부였으며, 이들의 연구는 여전히 철학, 정치학, 문학이론, 문화학 수업에서 자주 연구되고 있다. 이러한 사상가들이 행한 역할에 대한 이 허무맹랑한 이론의 전파자들로는 마이클 민니치니오Michael Minnicinio, 폴 웨이리치Paul Weyrich, 팻 뷰캐넌, 로저 킴벨 그리고 여러 저명한 보수주의자들과 함께 조던 패터슨과 같은 최근 미디어 유명 인사가 포함된다. 예를 들자면, 웨이리치는 자유 의회 재단, 헤리티지 재단, 미국 입법 교류 위원회 및 기독교 연합과 보수 기독교인 평의회와 같은 복음주의 단체들을 지지하면서, 미국에서 메타 정치적 변화의 발판을 세우는 데 도움을 주었다.

보수주의 문화 전사들의 선동적인 논란은 이 유대인 지식인 집단이 1960년대 대항문화를 형성했던 모더니즘 형태의 문화적 비관주의를 촉진했다는 ─ 그리고 그 결과로 나타난 '문화 마르크스주의'가 페미니즘, 백인 인종차별 반대운동 그리고 섹슈얼리티에 대한 혁명적 이해를 발전시키는 방식으로 미국 사회의 문화적이고 도덕적인 구조를 파괴한 '정치적 올바름'의 단계를 설정했다는 — 생각을 중심으로 한다. 우리는 이 이론이 이미 공화당에 구축된 권위주의적 포퓰리즘 그리고 티 파티와 알트 라이트에 특히 매력을 느끼는 백인 우월주의자, 반이민주의자, 반재생산권, 반노조주의, 반환경주의와 반게이권으로 어떻게 가득 차게 되었는지를 알 수 있다.

그러나 가장 소름 끼치는 영향을 준 것은 특히 윌리엄 린드의 말초적인 글들이다. 2011년에, 린드의 글은 노르웨이 신나치 집단 살인범 안데르스 베링 브레이빅이 77명의 동료 노르웨이인들을 학살하고, 319명 이상 상해를 입히도록 영감을 주었다. 린드 그리고 그와 같은 부류의 사람들은 미국 도시의 산업 쇠퇴, 신자유주의 자유무역 정책, 사회적 약자 우대정책, 이민, 성적 해방, 동성 결혼, 다문화주의, 정치적 올바름, 복지국가, 아프리카-미국인의 관심에 대한 특혜, 페미니스트, 백인 이성애자 중심 시민에 동성애자를 포함하는 일들을 장황하게 늘어놓으면서, 프랑크푸르트 학파 이론가들을 비난했다. 린드 그리고 그와 같이 구린내 나는 부류들은 자신들을 전쟁이 선포되지 않는 포스트 클라우제비츠 국가 그리고 (미국 대법원에 따르면, 권력을 모아내기 위해 법 인권을 확장하면서, 한때 '국민'을 위해 예비되었던 많은 권리를 부여받아 온) 국제기구와 영리기업들이 점차 독립된 권력과 권위의 장소가 되어 가고 있는 포스트 베스트팔렌 시대의 4세대 전쟁에 참여하고 있는 군인으로 바라보고 있다. 이렇게 치명적으로 위험한 환경에서 비열한 친아리아파 악당들은 물리적인 힘보다는 심리적인 힘을 더 사용하는 전쟁 유형에 참여하여 자유주의적 진보주의에 대한 자신들의 불안감을 키우는 방식에 대해 말한다. 이것은 유색인을 옹호하고, 종교적 에큐메니즘을 받아들이고, 게이와 레즈비언의 권리를 보호하며, 사회정의를 위해 싸우는 정치적으로 올바른 다문화주의

자들과 그 반대편에서 애국 민병대, 트럼프식으로 설교하는 일부 보수주의 대형교회 목사들의 과장된 설파를 중심으로 한 광적인 복음주의 위선자들, 백인 인종 국가를 지지하는 거짓 지식인들 그리고 값비싼 정장 차림의 백인 지상주의자들과 동맹을 맺고 있는 이성애적인 기독교 남성 보수주의자들 사이 목숨을 건 이데올로기 전투의 일부이다. 또한 우리가 알고 있듯이, 이 말초적인 생각들은 트럼프 행정부는 물론 멋진 트위드 조끼를 입고서 나치 돌격대원 머리 모양을 자랑처럼 하고 다니는 알트 라이트 집단의 도움으로 주류가 되었다. 그러나 여기서 요점은 알트 라이트와 KKK단의 옷차장에 지나치게 초점을 맞추거나, 트럼프의 페이크 태닝에 대해 신체적인 특징에 대한 경멸적인 용어로 그를 언급하는 식으로 반응하는 것은 아니다. 우리는 특히 미국식 파시즘의 역사적 계통에 초점을 맞출 필요가 있다.

비판 교육학에 익숙한 사람이라면 프랑크푸르트 학파의 글들이 비판 교육학의 이론적 틀의 기초라는 것을 안다. 린드와 그의 추종자들은 정치적 올바름과 페미니즘을 강하게 비난하고, BLM(Black Lives Matter, 흑인의 생명은 중요하다) 운동과 같은 아프리카계 미국인 집단에 대해 전반적으로 무시하는 것으로 악명 높은 도널드 트럼프의 사고방식에 영향을 미쳤을 가능성이 매우 높다. 그 유명한 버지니아주 샬러츠빌에서 열린 티키 횃불 연합 우파 집회Tiki-torch Unite the Right rally에 참여한 몇몇 신나치주의자들이 '세련된 사람들'이었다는 그의 주장은 말할 것도 없다. 트럼프 곁에는, 트럼프가 미국에 도입한 입국 금지, 자녀 분리, 이민자 감축 정책을 주도해서 설계한 극우 성향의 선임 정책보좌관 스티븐 밀러가 있는 상황에서, 트럼프가 프랑크푸르트 학파와 관련된 음모론 일부를 충분히 알고 있을 가능성이 꽤 크다.

미국 내 문화 전쟁의 현 상황을 고려하면, 대학 환경에서 가르칠 수 있는 것과 없는 것에 대해 트럼프가 강력한 비난을 가할 수 있다는 합당한 두려움이 좌파 성향의 대학 교수들 사이에 존재한다. 대학 캠퍼스와 여러 지역에서 반파시스트 시위대와 친트럼프 시위자들 사이에 격렬한 충돌이 발생했다. 이러한 백인 인종 국가에 대한 인종주의적 옹호자들이 프랑크푸르트 학파 지식인들은 공산주의에 대한 이념적 봉사와 미국 문화 가치의 궁극적 파괴를 교묘히 진행하는 비밀 요원이라고 주장하지만, 많은 사례에서 충분히 알 수 있듯이, 프랑크푸르트 학파 이론가들은 미국 같은 자본주의적 민주주의 국가에 이미 내재된 파시즘의 논리를 폭로해 왔다.

스콧 올리버(2017)는 다음과 같이 서술하고 있다.

2011년 7월 22일 오슬로 시내에서 — 한때 어머니에게 진동기를 선물했던 — 극우주의자 안데르스 베링 브레이빅이 총리 집무실 밖에서 폭탄을 터뜨려 8명을 살해했다. 그런 후, 그는 집권 노동당의 청년 집회가 열리고 있었던 우퇴위아Utøya 섬까지 25마일을 운전해서 가서는 1시간 동안 총격전을 벌였으며, 대부분 10대인 69명을 사살했다. 그날 아침, 그는 1,520쪽 분량의 소책자 2083: 유럽 독립선언을 온라인 전자책 방식으로 뿌렸는데, 여기에서 "서구에서의 문화적 마르크스주의/다문화주의의 부상"을 비난했다. 나중에 그는 학살은 자신의 선언문을 홍보하는 방식이었다고 말했다.

올리버는 다음과 같이 설명한다.

따라서 이론에 따르면, '문화적 마르크스주의'는 1936년 나치 독일을 떠나

뉴욕으로 서둘러 이주한 유대계 독일인 망명 (오늘날 프랑크푸르트 비판 이론 학계로 알려진) 학자 집단의 마스터플랜이었다. 확실히 사실인 것은 유럽 프롤레타리아트의 객관적인 조건이 광범위한 혁명을 촉발하지 못한 이유를 이해하려는 시도에서 그들은 — 인민의 엄청난 아편인 — 종교와 대중문화가 혁명적 열정을 약화시키고 '허위의식'을 확산시키는 데 기여했다는 결론을 내렸다는 것이다. 따라서 테오도르 아도르노, 막스 호르크하이머, 헤르베르트 마르쿠제, 발터 벤야민과 같은 사람들은 혁명적 의식이 심리적 해방과 더욱 계몽화된 문화적 형식 및 태도를 통해 불러일으켜질 수 있다고 믿었으며, 마르크스주의에 프로이트를 약간 추가하여 사회적 억압과 정신적/성적 억압의 미묘한 얽힘을 파악하려고 노력했다.

이러한 것들이 20세기 중반에 저술한 한 줌의 좌익 사상가들이 가진 확고한 견해였으나, 이것이 그들이 서구 문화를 전면적으로 장악한 이데올로기적 설계자들이었다는 것으로 이어지지는 않는다.

정확히 올리버는 '문화 마르크스주의' 음모론이 "더 탁하고, 더 남성 과잉적이고, 리비도적으로 도전받는 웹의 구석구석을 통해서 열광적으로 퍼져나갔으며", 이 음모론의 주창자들은 역사적 과정과 국제 자본의 요구 사항 사이 관계에 대한 기본적인 이해가 부족하다고 보고했다. 앤드류 브라이트바트Andrew Breitbart가 마침내 미국을 파괴하려는 플롯을 세웠을 때, 올리버는 브라이트바트의 열광적인 비밀 파시스트적 '자각'에 대해 논평했다.

그의 자서전《정의로운 분노Righteous Indignation》에서 브라이트바트는 문화 마르크스주의의 발견을 그의 '자각'으로 묘사한다. 이것은 몇 가지 연결된 플롯

이 가진 상상의 질서로 환원되면서, 우주의 거대하고, 불안을 유발하는 복잡성이 편집증적이고 패턴 추구형 마음속에서 안정될 때, 모든 플롯의 괴인들이 느끼는 '빨간 약'을 연상시킨다(물론 '빨간 약'의 아이러니는 그 제작자가 워쇼스키 형제였다가 지금은 워쇼스키 자매가 된 영화 〈매트릭스〉에서 가져온 것이다 — 트랜스 정치trans politics는 문화 마르크스주의의 또 다른 판이다). 2012년 사망하기 직전에 그는 이 효과를 파악하는 것은 "셔벗에 약을 넣는 것과 같습니다… 한 가지 나의 위대한 통찰, 내가 '알았어요. 이 나라에서 정확히 무슨 일이 벌어졌는지 알겠습니다'라고 말하는 깨달음의 순간이요." 브라이트바트의 후속작《문화 투쟁Kulturkampf》에 생기를 불어넣는 독선적인 열정은 거의 모든 인터뷰를 통해서 흘러나오는데(Mead, 2010), 이것은 인터넷이 한 개인의 편견, 무지, 분노가 — 지적 견제와 균형이 없는, 꽉 막힌 반향실에서 울리는 — 문화적 사서를 포착하도록 하는 경향을 보여 주고 있다.

보수적이고 지루한 글모음인 〈내셔널 리뷰National Review〉에 수록된 레이첼 루(Rachel Lu, 2015)의 책 서평에서 추가로 발췌한 아래의 글을 보라. 이 추가 발췌문은 마이클 왈쉬Michael Walsh가 쓴《악마의 쾌락 궁전: 비판 이론 숭배와 서구의 전복The Devil's Pleasure Palace: The Cult of Critical Theory and the Subversion of the West》을 격찬하는 데서 아찔한 기쁨을 얻고 있다.

미국 지식인 계층 사이에 행복하게 자리 잡은 프랑크푸르트 학파는 위가 아래고, 흑인이 백인이라고 우리를 확신시킴으로써 우리의 문화를 텅 비게 만들어 나갔다. 이제 우리는 우리 사회가 분노의 소용돌이에 빨려 들어가서 우리를 대놓고 파괴하려고 하는 이슬람 야만인들의 도전에 아무런 대답조차 할 수 없는 문화적 무기력 상태에 처하고 있다. 왈쉬는 진보주의의 가식적인 모습을 드러내는 모순을 능숙하게 골라내면서, 이 문화적인 질병의 징후를 구체적으로 설명하고 있다. 그는 다양성과 관용에 대한 장려가 어떻게 건전한 반대 의견을 사상 범죄로 돌리는 계략인지를 설명한다. 그는 아름다움에 대한 조직화된 공격이 어떻게 예술적 새로움이라는 형태로 차려입는지를 보여 준다. 그는 성적 욕망에 대한 사이렌과 같은 노래가 어떻게 우리를 성적 쾌락에 적대적인 세계로 유인했는지를 말해 준다. 이러한 지적 폭로를 통해, 왈쉬는 모든 유혹 그리고 공허하고 악마적인 세력을 이기기 위한 영웅적 투쟁에 대한 성서적이고 문학적인 주제를 끊임없이 사용하면서, 고통이 가득 찬 전선을 그려 낸다. 왈쉬는 이러한 관점에서 우리 자신과 우리 사회를 보는 것이 필수적이며, 이를 통해 우리와 맞서는 실존적 위협에 우리가 적절하게 대응할 수 있다고 믿는다. 진보주의자들은 속임수의 달인이며, 이들은 타협을 통해 번창해 간다. 양측 모두 우리가 필사적인 전투에 참여하고 있다는 것을 잘 알고 있기 때문에, 우리는 진보주의자들에게 아무런 자비도 베풀어서는 안 된다. 루카치가 말했듯이, 서구 문명으로부터 누가 우리를 구할 것인가?

미국 민주주의 문화와 사회의 정치적 부패는 프랑크푸르트 학파에서 시작한 것이 아니다. 프랑크푸르트 학파 연구원들은 서구 자본주의 국가의 시장 변영과 어우러져 가는 파시즘의 잠재적 위험, 오히려 (나중에 CIA가 되는) OSS, 영국의 MI6 그리고 바티칸이 만들어 낸 '래틀린(rat line, 전범 탈출 루트)'에 대해 독자들에게 경고한 (마르크스, 프로이트 그리고 여러 대륙 철학자들의 변증법적 사고에 기반하고, 새로운 기술, 문화 산업 및 현대 자본주의를 통해 대중 이데올로기적 통제에 적용되는) 사고의 경로를 탐색하는 시스템을 도입했다. 예를 들어, 나치의 동조자이자, 로마에 있는 산타 마리나 델 라미나 튜턴 교황청 연구소Pontificio Istituto Teutonico Santa Maria dell'Anima의 주임 원장인 알로이 후달 주교는 나치와 파시스트들이 연합국이 해방시킨 나라에서 탈출해서 라틴아메리카, 미국 그리고 캐나다로 탈출하는 것을 돕기 위해 나치 히틀러 친위대 SS와 파시스트 검은 군단의 독일식 '적진에 남기stay behind' 작전 요원과 협력했다. 서서히, 미국은 물론 연합국에서 파시스트에 친화적인 정서는 소련의 서유럽 침공 가능성을 저지하거나, 서유럽에서 공산당이 우세해지는 가능성을 흔드는 계획의 일환이 되면서 정상적인 것으로 받아들여지고, 이를 위한 무기처럼 사용되었다. 분명, OSS/CIA는 서구 공산주의 조직과 노동조합 조직에 맞선 비밀작전 계획수립을 위해 독일 나치 및 북유럽 국가의 나치 세력들과 긴밀하게 협력했다.

딥 스테이트(Deep State, 민주적 제도나 합의가 아닌 음모적이고 조작적인 방식으로 통치하려는 숨은 권력 집단-옮긴이 주)가 미국 민주주의의 꼬리를 흔든다는 것은 더 이상 논란의 여지가 없는 지식이다. 우리의 민주적 거버넌스 제도들이 부패와 폭력에 중독되어 있다는 것을 인식하는 것은 사회과학자의 뛰어난 재능을 요구하지 않는다. 굳이 냉소적으로 상상할 필요도 없이, 국제적인 거대 기업을 지배하는 자들과 CIA가 포함된 군산복합체에 우리 정부도 깊이 들어가 있다는 것을 알 수 있다. CIA는 국제적인 마약 거래는 물론, 전 세계적으로 민주적으로 선출된 정부의 전복과 관련이 있다(Zuesse, 2018). 딥 스테이트는 다음과 같을 때, 국제적으로 공고해졌다.

미국을 중심으로 하는 전복적인 우익 쿠데타는 모든 미국 동맹국 전체에서 발생해서, 점차 이전에 반나치였던 미국 동맹국으로 세력을 확장해 나갔다. 이 느린 쿠데타는 모든 참여 국가의 귀족들(국제기업의 통제자들) 사이에서 국제적으로 조정되었다. 그러나 이것은 프랭클린 루스벨트가 사망한 후부터는 국제적으로 미국의 귀족들에 의해 주도되었다.

우리는 나치 독일의 패배 이후에 시작된 냉전의 일부로서 유럽 전역에 퍼진 공산주의 빨치산들에 대한 테러 공격을 수행하기 위해 OSS가 구상한 글라디오^{Gladio}와 같은 독일식 '적진에 남기'를 포함해서, 같은 목적을 가진 유럽의 비밀 조직들에 대해 생각할 수 있다. 비밀 파시스트 요원(약 3,000명의 히틀러와 무솔리니 충성파)은 OSS의 X-2 작전에 의해 파악되었으며, 여기에는 검은 왕자라고 알려진 악명높은 친파시스트 반공주의자 발레리오 보르게세$^{Prince\ Valerio\ Borghese}$를 포함한다. 보르게세는 열 번째 소함대로 알려진 것을 운영했고, 수천 명의 빨치산와 반파시스트들을 처형해서 이탈리아 전역에 있는 가로등 기둥에 매달았다(Zuesse, 2018).

우리가 미국의 무기 제조와 판매 기업들이 미국 정부를 통제하는 듯하거나, 최소한 나토^{NATO} 동맹국들에게 판매한 핵무기 및 소위 방어 무기 시스템의 배치와 관련된 정책을 포함해서 미국 외교정책에 영향을 끼칠 정도로 충분히 강력한 힘을 가지고 있다는 것을 고려한다면, 비판적 미디어 문해력과 근본적으로 연결된 비판 교육학의 중요성은 더욱 중요해진다. 비판 교육자들은 ― 핵 장치뿐만 아니라 미사일 운반 시스템까지도 생산하는 ― 핵무기 산업에 위협받은 채, 실패하고 있는 우리의 민주주의가 인류의 미래 생존 가능성에 제기하는 참혹한 곤경에 대해 지나칠 정도로 신랄하게 이해하고 있다. 우리는 핵 우위 개념에 대해 상상조차 할 수 없는 경멸과 강렬한 공포를 느낄 수밖에 없다. 주세는 핵 우위 개념이라는 치명적인 비전이 MAD(상호확증파괴, Mutual Assured Destruction)라는 이전 정책을 대체했다고 주장한다(Zuesse, 2017).

따라서 핵 우위 개념은 미국의 정책이 되었고, MAD는 (비록 이것이 러시아 정책으로 남아 있긴 하지만) 더 이상 미국의 정책이 아니다. 미국 정부는 러시아를 차지할 (기본적으로 러시아에 괴뢰 정권을 수립할) 계획을 수립하고 있다. 이것은 실재다. 핵 우위 개념의 중심에는 '탄도 미사일 방어BMD' 또는 '탄도 요격 미사일ABM'시스템이라 불리는 것이 있다. 이 시스템은 미국의 전격적인 핵 공격에 어떠한 핵 반격도 불가능하도록 러시아의 보복용 핵무기를 무력화하거나 파괴하는 시스템이다.

록히드마틴, 제너럴 다이내믹스, 노스럽 그루먼, 레이시온, 보잉 그리고 '그 유일한 주요 수입원이 미국 정부와 그 동맹국인' 여러 국제적인 기업들에 대한 그러한 정책이 방위산업 청부업자의 주식 가치를 어떻게 올릴 것인지를 고려하기 위해, 점괘판이나 일부 연금술적인 비밀의 폭로를 다루지는 않는다(Zuesse, 2018). 주세(Zuesse, 2018)가 지적하듯이, "이 목표는 오로지 미국이 핵무기로 러시아를 전격 공격하고, 이 전격 공격이 (러시아의 보복용 공격으로부터 미국이 감당할 수 있는 피해가 되는 것으로 여겨지는 것에 대한 미국 정부의 최고 기밀 기준에 충분히 부합되기 위해) 러시아의 보복용 무기를 제거할 때 달성될 수 있다." 나아가 그는 다음과 같이 경고한다.

'핵 우위 개념'은 — 핵무기의 목적이 제3차 세계대전에서 이기는 것이 아니라, 제3차 세계대전을 방지하는 것이라는 믿음에 기초한 — '상호확증파괴' 또는 'M.A.D'라 불리는 이전의 메타 전략을 대체한다. 이 새로운 메타 전략은 미국과 동맹국의 러시아에 대한 기습적이고 예고 없는 전격 핵 침공에 대응하기 위해 러시아가 반격할 때, 이 반격으로 미국과 동맹국에서 사망자가 발생한다면, (현재는 비밀인) 사망자의 수가 비용을 들일 만큼 가치가 있다는 가정에서 출발한다.

만일 러시아에 대한 전격 공격의 망령이 독자들에게 너무 황당한 것처럼 보인다면, 특히 트럼프가 푸틴과 함께 크게 나팔을 불었던 (그리고 크게 개탄스러웠던) 브로맨스를 고려하면, 트럼프 대통령의 무기 판매는 중요한 경종을 울려야 한다. 대통령 임기 초기, 도널드 트럼프는 개인적으로 사우디 일가에 4,000억 달러의 무기를 팔았다. 이것은 알 카에다와 ISIS에 여전히 금전적으로 연결된 것으로 보이는 일가에 세계 역사상 가장 커다란 군사 판매가 되었다(Zuesse, 2018).

라틴아메리카의 경우, 미국은 그 제국주의적 염원을 유지하고 공고히 했다. 제임스 패트라스(Petras, 2018)는 다음과 같이 말하고 있다.

트럼프 대통령은 라틴아메리카 전역에서 미 제국주의의 승리를 이룩하고 확장했다. 대통령으로 당선된 지우마 호세프를 축출한 사법-입법 쿠데타 덕택에, 브라질에는 위성 정권이 세워지게 되었다. 미셰유 테메르의 괴뢰 정권은 경제를 사유화했고, 트럼프의 지배를 수용했으며, 베네수엘라 정부를 전복하려는 노력을 협력해 나갔다. 트럼프는 아르헨티나(마우리시오 마크리 대통령), 페루(마르틴 비스카라 대통령), 온두라스(에르난데스 대통령), 파라과이(카르테스 대통령), 칠레(피녜라 대통령), 에콰도르(모레노 대통령)에 있는 현 피후견 정권들과 중앙아메리카와 카리브해 지역의 대다수 지배 엘리트들을 오바마로부터 물려받았다. 트럼프는 니카라과의 다니엘 오르테가 정권을 전복하려는 현재의 노력을 목록에 추가했다. 트럼프 대통령의 통치 아래에서, 워싱턴은 쿠바와의 관계 역전 그리고 게릴라들과 후안 마누엘 산토스 정권 사이 소위 평화협정을 성공시켰다. 2018년 7월, 트럼프는 알바로 우리베가 이끄는 콜롬비아 극우 정당의 동료인 이반 두케의 정권 획득을 지원하는 데 성공했다. 오바마 대통령의 쿠데타를 통한 중도좌파 정권의 전복은 멕시코를 제외하고, 트럼프에 의해 공고화되고 확장되었다. 트럼프는 쿠바와의 관계에 대한 오바마의 개방적 태도를 일부 뒤집었고, 베네수엘라를 군사적으로 침략할 듯이 위협하고 있다. 라틴아메리카에 있는 트럼프의 제국적 왕국은 대부분 당분간은 계승되고 대체로 지속된다.

라틴아메리카에 대한 트럼프의 정책은 이전 정권의 정책을 따랐던 반면, 전통적인 유럽 동맹국과 계속 마찰을 일으키는 트럼프의 태도는, 미국이 조만간 파시스트 정권에 의해 장악될 수 있거나 이미 장악되었다는 두려움에 기름을 부었다. 여기서 우리는《낡은 파시즘과 새로운 파시즘: 기로에 선 미국 정치》에 담긴 이 가능성에 대한 칼 보그스(Carl Boggs, 2018)의 뛰어난 분석을 따를 필요가 있다. 보그스는 미국에서 오늘날 우리가 목격하고 있는 파시즘으로 가는 경향은 2차 세계대전 종전 이후부터 국수주의, 반동적 포퓰리즘 그리고 외국인 혐오와 이슬람 혐오가 동시에 부상하는 상황을 보이는 현재의 트럼프 행정부에 이르기까지 미국의 정책 결정과 역사를 이끌어 온 뚜렷한 국가적 전통과 발전 및 잘 확립된 패러다임의 일부라고 강조하고 있다.

트럼프 대통령을 "선진 국가 자본주의 또는 군사화된 기업 국가와 독특한 미국 파시즘 사이 일종의 인터래그넘(interregnum, 최고 권력의 부재 상태-옮긴이 주)"으로 묘사하면서(2018, p. 202), 보그스는 미국에서 퍼져 나가는 파시즘이 "대규모 전쟁, 급격한 사회 혼란, 심각한 경제 위기 또는 본토에 대한 일련의 테러 공격과 같은 촉발 메커니즘을 필요로 하게 될 것"이라고 경고하고 있다(p. 202). 보그스는 우리가 미국에서 역사적으로 존재해 온 파시즘을 밝혀내야 한다고 주장한다. 이 파시즘은 반민주적 과정, 점점 사라지는 사회적 케인스주의의 흔적, 미국 파워 엘리트의 확장, 미국 예외주의, 미국의 지속적인 글로벌 헤게모니, 영구 전쟁 국가를 더욱 악화시키는 지구적으로 광대하게 전개되어 있는 자본주의적 합리화와 연결되어 있다. 또한 이 목록에는 국수주의적 포퓰리즘과 함께 테러와의 글로벌 전쟁이 불 지핀 메시아적 예외주의, 미국 군사주의와 제국주의의 지속적인 팽창, 기업 주도 세계화 그리고 정부, 기업 및 군사 선전과 결합되어 있는 '독과점 미디어 시스템'과 같이 국수주의적 포퓰리즘의 가장 극단적인 변형들도 담고 있다.

파시즘과 전체주의 그리고 이에 대한 자본주의적 합리주의(기술 관료적 합리성)와 총체적으로 관리되는 사회에 대한 역사적 근거를 가장 잘 갖춘 연구 중 일부는 프랑크푸르트 학파 구성원들에 의해 수행되었다. '일차원적' 존재를 생산하는 자본주의적 합리주의 자체에 내재한 권위주의적 경향에 기반을 둔 새로운 미국 파시즘에 대한 가장 강력한 사례 중 하나를 제시하는 것이 바로 프랑크푸르트 학파의 선견지명적인 연구인 것이다. 미국 파시즘을 2차 세계대전 전후 발생한 파시즘 차원에서 이해하기보다는, 군사화된 국가 자본주의 그리고 국가, 기업, 군사력의 통합과 결합한 미 제국의 지배 역사와 관련해서 파시즘을 이해하는 것이 더 타당하다. 보그스에게 민주주의는 미국 지배 엘리트의 부와 권력에 의해 이미 훼손되었으며, 따라서 "전통적인 제복, 행진, 의식, 민병대 및 국가 선전은 대체로 쓸모없고, 심지어 역효과를 초래하게 될 것이다"(Boggs, 2018, p. 156). 버트럼 그로스Bertram Gross의 연구를 참조하면서, 보그스는 "군사화된 국가 자본주의의 너무도 불완전한 자유주의는 조만간 재구성된 파시즘과 조화를 이룰 수 있을 것"이라고 경고한다(p. 158). 이러한 형태의 파시즘은 다원주의적 국가 그리고 "상대적으로 열린 공적 영역" 안에서 아주 잘 작용할 수 있다(p. 159). 보그스에 따르면, 그로스가 제시한 '통합 과두정치integrated oligarchy'는 강압과 테러에 대한 의존도를 낮추면서, 이전 파시즘에 의해 생성된 어떤 것보다도 "조직적으로나 기술적으로 훨씬 더 정교하다"(p. 159). 다시 말해서, "통일된 리바이어던"(p. 170)으로서 공고화되는 파시즘은 1970년대와 1980년대 라틴아메리카에서 우리가 본 것과 유사한 단일 정당 국가, 전제적 지도자 또는 준군사적 암살단이 없어도 쉽게 작동할 수 있었다.

파시즘으로의 추락이 대다수 미국 유권자들에게 주목받는 것은 아니었지만, 경제적 번영은 가장 확실하다. 국내총생산GDP의 급증이 분명히 보여 주듯, 감세와 연방 지출로 인한 최근 경제 성장의 힘을 빌리면서, 트럼프 행정부는 특히, 미국 철강 산업이 관세전쟁을 위한 상징적인 이미지로 유지된다면 두 번째 임기를 보장받을 수 있었다. 철강 기업들은 연초부터 미국산 철강 기준가를 41% 정도 올려 온 트럼프의 25% 철강 관세에 따른 가격 급등의 덕을 보고 있기 때문이다. 예상대로, 도널드 트럼프 대통령의 경제자문위원회CEA는 최근 보고서에서 빈곤이 더 이상 미국 전역에서 문제가 되지는 않지만, 미국은 여전히 '자급자족의 감소'로 어려움을 겪고 있다고 발표했다(Rosenberg, 2018). 로젠버그는 다음과 같이 기술했다.

보고서는 "1961년과 2016년 사이, 소비 기반 빈곤은 30%의 1/10수준으로 감소된 3%로 떨어졌다"고 주장했다. "물질적인 안녕과 고용 조건에 대한 역사적 표준에 기반해서, 빈곤에 대한 우리의 전쟁은 대체로 끝났고, 그것은 성공적이다."

심지어 비판적인 미디어 리터러시를 조금만 갖췄거나 예리한 관찰자라면 보고서의 허세를 파악하거나, 로젠버그가 다음과 같은 글을 쓸 때처럼, 보고서에 담긴 의도된 정직함에 의문을 제기했을지 모른다.

소위 '소비 기반 빈곤율'은 그 글에 담긴 도표에서 볼 수 있듯이, 심지어 저임금 노동자들에게도 노동시장이 견고했고 임금이 오른 거의 드문 시기였던 10년 전 닷컴 붐 시기보다는 2019년 이후 대침체Great Recession 시기에 오히려 빈곤이 덜 했다는 터무니없는 내용을 보여 준다.

미국 시민들은 긴축 자본주의 시절에도, 정부로부터 사회적 이익을 얻지만, 역설적으로 자신들을 지원하는 ― 식권과 메디케이드Medicaid와 같은 ― 정부 프로그램들에 대해 복지 정책이라 비난하는 가운데, 부정적인 태도를 유지한다. 그리고 그들은 이런 프로그램을 약화시키는 공화당 행정부를 지원하려는 듯하다. 로젠버그는 "보수주의자들이 그들을 마치 도움받을 만한 가치조차 없는 사람들인 것처럼 취급하고, 그들의 정당성을 훼손하면서, 더 많은 정책에 낙인찍으려는 노력을 통해 복지와의 전쟁에 다시 불을 붙이고 확장하려 하고 있다." 그는 계속해서 다음과 같이 말하고 있다.

평균적인 미국인은 자신들의 삶의 어떤 시점에서는 소득에 따른 정책을 사용한다. 우리는 대침체 때처럼 실업이 급증할 때, 안전망에 의존한다. 나아가,

임금이 더디게 오르고, 일자리에 대한 불안감이 점점 늘어나고, 혜택을 제공하는 일자리가 점점 적어지는 가운데, 20세기 중반 이후 경제와 일터에서의 변화는 이 프로그램 모두 더욱 중요한 것으로 만들어 왔다. 그래서 이렇게 되면, 이야기는 복잡해지는 것 같다. 여기 사회적 혜택에 많이 의지하는 지역에 사는 사람들이 있으나, 이들은 이들의 혜택을 축소할 것을 약속하고 있는 사람들을 선출하고 있다. 우리는 이와 같은 일을 최근 몇 년 동안 많이 보았다. 그리고 이것이 바로 문제이다. 무슨 일이 일어나고 있는 것일까? 무엇이 이것을 설명할 수 있을까?

로젠버그는 그 해답이 공적 서사를 통제하는 권력, 즉 사실을 왜곡하고, 설명력으로 이데올로기 전쟁에서 승리하기 위한 선전 기계의 작용에 있다고 보고 있다. 이 기계는 오래된 서부의 검은 모자들의 손에 있는 것이 아니라, 자본주의 국가의 바로 그 합리화에 탑재되어 있다. 예를 들어, 공화당에 의해 훼손되고 있는 정부 프로그램에 사람들이 의존하고 있는 켄터키에서, 이 사람들은 민주당이 석탄 산업을 박살 냈기 때문에, 바로 민주당원과 이들의 환경 정책이 이들의 불행에 대해 책임을 져야 한다는 — 평범한 이야기 작가들의 결과가 아니라, 기업 미디어에 종사하는 능숙한 선전가들의 결과인 — 공화당의 지배적인 이야기에 굴복한다. 일단 서사가 헤게모니적 우위를 얻게 되면, 너무 명백해서 계략으로 보일 위험이 없어서, 문화의 표면 아래로 이동해서 보이지 않는 곳에서 생존한다.

니키 헤일리 유엔 주재 미국 대사가 — 최근에 한 것처럼 — 유엔이 미국의 빈곤을 연구하는 것은 '분명히 우스운' 것이며, '시간과 자원'의 낭비라고 주장했을 때, 미국에서 빈곤이 완전히 사라졌다는 신화란 유행에 뒤떨어진 교섭이나 결탁에 지나지 않는다는 것이 확연하게도 명백해진다.

이 교묘한 속임수는 트럼프 행정부가 건강보험이나 주택 같은 모든 빈곤 퇴치 프로그램에 작업 요구 조건을 부과하는 것을 더 쉽게 만든다(Covert, 2018). 무엇보다, 만일 빈곤이 더는 없다면, 빈곤퇴치 프로그램에 남아 있는 사람들은 단지 미국 납세자들에게 돈을 뜯어내고 있는 것일 뿐이다.

당신이 구매하는 것과 관련해서 (그리고 이 과정에서 아마도 신용카드 빚을 쌓으면서) 빈곤을 측정하는 것은 물질적인 어려움과 좋은 일자리의 부족함 정도를 측정하는 공식 빈곤 수치를 감추기 위한 방법론적인 속임수일 뿐이다. 코버트가 언급하듯이, 그러한 교묘한 속임수는 다음과 같은 사실에 대해 어떠한 언급도 하지 않는다.

미국에서 매일 밤 아무런 보호시설에도 가지 못하는 약 20만 명을 포함해서 홈리스로 살아가는 50만 명 이상의 사람들 그리고 이 숫자는 사실 실제보다 적게 계산된 것이라는 사실…. 만일 트럼프 행정부가 미국에서 정말로 빈곤이 없다고 생각한다면, 트럼프 행정부는 적어도 2016년 한 해에만 먹을 음식을 제대로 구하지 못해서 굶는 1,560만 미국 가정에 다음과 같은 사실을 알려야만 한다. 즉, 이들이 자신들이 필요로 하는 것을 구할 여유가 없기 때문에, 음식에 대한 접근이 제한적이라는 것이다. 이 가구 중 육백만 이상은 충분한 음식을 구할 수 없어서, 가족들이 식사량을 줄여야만 하고, 식습관이 망가져 버린 시기를 겪었다. CEA 보고서에서 보여지듯이, "대다수 미국인이 음식에 접근할 수 있다"는 것은 사실이다. 그러나 약간의 영양 섭취가 줄어드는 것만 으로도 건강에 위협이 될 수 있다. 특히, 아동에게 그 영향은 더 크다. 행정부는 이러한 사실을 간신히 살아가고 있다고 말하는 성인의 7%와 400달러로 살아가는 40%를 포함해서 자신들이 재정 파탄의 위기에 몰려 있는 사람들에게 알려야 한다.

그리고 행정부는 점점 늘어나고 있는 일 인당 하루에 고작 2달러로 버텨 가는 빈곤 가정에게도 이 사실을 알려야 한다. 비단, 여기 미국에서만 벌어지는 심각한 상황이 아니다. 이것이 바로 세계은행이 전 세계 곳곳의 극빈함이라 부르는 것이다. 연구에 따르면, 이 가정들 중 많은 가정들이 지구상에서 가장 부유한 나라들 중 한 나라에서 ─ 일로도 공적 혜택으로도 ─ 아무런 수입이 없이 살고 있다.

끊임없는 물의와 불신투성이로 가득 찬 복지사업의 필요조건들이 과거에는 성공적이었지만, 이것은 단지 가난하게 사는 사람들을 더욱 절망에 빠뜨리고, 이들의 삶을 더욱 병들게 했을 뿐이다. 복지 사업의 필요조건들을 기꺼이 감당하려는 가난한 사람들을 통제할 수 있는 권력은 이 가난한 사람들의 존재를 심리적, 정신적, 물리적 측면에서 축소할 뿐이며, 국민국가의 억압적 권력 구조의 불길을 더욱 키울 뿐이다. 오늘날, 우리는 만병통치약 같은 허풍이나 은밀한 협박이 아니라, 민주주의의 가장 절박한 비전을 거침없이 끌어모을 필요가 있다. 만일 우리가 민주주의를 변혁할 수 없거나, 그 제도적 기구들이 효능을 잃고 우리의 존경이나 칭찬을 받을 수 없게 된다면, 또는 민주주의가 그것이 비판하는 정권보다 더 혐오스러워질 때조차 우리가 민주주의를 마지못해 받아들일 수 있을 뿐이라면, 동화 같은 환상이 무너지면서 온갖 부패가 폭발하게 될 것이고, 이것은 우리를 유지한 무력감에 계속해서 빠뜨릴 것이다.

미국 서부 개척 시절의 어느 서간식 소설이었다면, 트럼프는 수제 비단 띠를 두른 상아 손잡이가 달린 도금 된 리볼버 권총 두 자루를 지니면서, 재빠른 총 뽑기 기술로 현지인들에게 깊은 인상을 주긴 했어도, 포커 게임에서 그에게 져서 복수심에 불탄 다른 떠돌이가 부르자, 착즙 과일

음료 몇 잔에 취한 채 술집 밖으로 비틀거리고 나와서, 결전이 시작되기도 전에 말 여물통에 빠져 죽는 연고 없는 떠돌이가 될 수도 있었다. 이게 아니라면, 자신의 죽음을 가장하고, 무사히 마을을 떠났을 수 있었을까? 그러나 당시 자본주의의 팽창에 불을 붙였던 원칙들이 오늘날에도 여전히 작동하고 있지만, 트럼프는 서부 개척 시절의 인물이 아니다. 자본주의는 노동의 가치를 훔쳐서 자본에 돌려주어야 한다. 트럼프와 같은 자본가는 징후이지, 문제의 근원이 아니다. 우리는 반드시 소외된 노동, 추상적인 노동을 우리에게서 없애야 한다. 그렇지 않으면, 자본주의는 다시 출현하게 될 것이다. 자본주의는 더 짧은 시간 안에 더 많은 가치를 생산하는 방식으로 노동 생산성을 증가시킨다. 기술의 진전은 더 적은 인력으로도 이윤을 낼 수 있도록 한다. 이것이 자본의 논리이다.

도널드 트럼프의 부상과 저스틴 트뤼도 캐나다 총리에 대한 미국 진보주의자들 사이 인기(대체로 트뤼도의 외모와 최신 유행 스타일)로 인해, 캐나다의 정치 상황은 많은 미국인들에게 수수께끼로 남아 있거나, 매우 해로운 미국 정치에 대한 환영할 만한 대안으로 여겨질 것이다. 그러나 이러한 생각은 지나 테세가 저항의 인식론을 개발하는 과정 중, 이 책에서 캐나다인들이 직면한 민주주의에 대한 도전들에 대해 신랄하게 공격함으로써 크게 약화된다.

오늘날 민주주의가 끝없이 격동하면서, 내리막길로 가기 시작했다는 불안한 느낌이 캐나다 국가 공동체 안에 존재하는 이유는 무엇일까? 다양한 이해관계를 단일한 법률 속에 하나로 모으는 전면적인 개혁과 입법화를 제시하기 위해 반민주적 조치가 취해질 때, 우리는 무엇을 결론으로 내려야 하는가? 미디어가 극히 제한적으로만 내각에 접근할 수 있거나, 대법관이 공식 언어 중

하나를 몰라도 지명될 수 있거나, 에터워피스켓Attawapiskat과 같은 원주민 보호구역이 보기 흉하고 추잡한 환경에 빠지게 되었거나, 팔레스타인을 공식적으로 인정했다는 이유로 유네스코 및 인권과 민주주의 관련 국제조직에 대한 재정 지원이 줄어들거나, 시민권을 박탈하겠다고 위협하는 규정에 캐나다 이민자들이 직면하게 될 때, 무분별한 살상을 방지하기 위해 사용되어 온 데이터 파괴 기능이 추가되어 총기 등록 기록이 제거될 수 있을 때, 교토 의정서Kyoto Protocol 탈퇴로 정부가 국제적인 주목을 받게 될 때, 캐나다 국가가 지향하는 형태로서 영국 군주제에 대한 지지를 정부가 다시 재점화할 때, 모든 선거 공약이 모호해졌을 때, 우리는 어떤 결론을 내려야 하는가? 간단히 말하면, 내(지나 테세)가 캐나다에서 형식 권력의 통제력을 장악해 온 보수-개혁 동맹에 분노한 이유는 무엇일까? 원주민, 가난한 사람, 청년, 인종화된 소수집단, 게이와 레즈비언, 이민자, 프랑스어 사용자, 심지어 이 지구라는 행성 등 취약한 소수자들이 보수당 의제로 인해 적절치 않게 피해를 볼 것 같기 때문인가? 아니면 일반적으로 캐나다 동부가 여당이 제시한 협소한 의제에 동의하지 않기 때문인가?

우리는 모두 여러 정체성들이 얽혀 만들어 낸 산물이다. 나는 흑인, 카리브해, 아이티, 크리올, 프랑스어 사용자인 퀘벡에 거주하는 작은 체구의 여성이다. 누군가는 이 각각의 표시들이 정부에 의해 압제적인 방식으로 표적이 되어 왔다고 주장할 수 있다. 이러한 맥락은 민주적 결함을 만들어 내는 힘이 어디에서 오고, 그 이유는 무엇인지에 대해 내가 의문을 제기하도록 한다. 이것은 시민들이 더 이상 투표가 유의미하다고 믿지 않기 때문인가? (이 책 8장 "들어가며"에 실린 테세의 글)

린다 투와이 스미스Linda Tuhwai Smith가 개발한 중요한 명제들에 더해,

테세는 개인과 집단의 변혁을 목표로 하는 구체적인 행동을 통해 민주주의-회복력을 위한 교육학과 민주주의-저항의 인식론적 전략을 제시한다. 그녀는 다음과 같은 결론을 내린다. "우리는 민주주의가 의미하는 바가 무엇인지를 이해하고 분명히 말하는 더 많고, 더 다양하며, 더 좋은 방식이 필요하다. 그것은 그 의미가 더 미묘해지고, 복잡해지고, 관련성이 있어야 하며, 더 포용적일 필요가 있다."

카와 테세가 쓴 이 획기적인 책은 원래 서로 다른 국내외 협력자들의 다양한 대화의 생성, 육성 및 맥락화가 포함되어 있는 **지구적으로 실천하는 민주주의 연구 프로젝트**(GDDRP, 2008~2015)와 **민주주의, 정치적 문해력 및 변혁 교육**DPLTE **연구 프로젝트**(2012~2018)에서 나왔다. 이 협력자들은 이론적이고 개념적인 다양한 맥락에서 작업하고, 다양한 언어와 광범위한 정치적 환경에서 연구를 수행했으며, 민주주의, 세계시민성 그리고 변혁 교육에 대한 비판적 이해를 중심으로 하는 종합적이고 비교적이며 다양한 데이터 세트를 산출했다. 시간이 지나면서 내재적인 구성체와 초월적인 구성체 두 차원 모두에서 민주주의를 이해하는 과정에서, 언어적, 문화적, 정치적, 지리적 경계가 비판적인 시민 참여를 통해 관계를 맺기 때문에, 연구자들은 내가 '접경 연구border research'라고 부르는 것 중 가장 좋은 예를 보여 주는 방식으로 자신들의 연구 주제의 방법론, 분석, 비교, 보급 영역을 발전시킬 수 있었다. 정교하게 개념적이고 이론적인 모델과 방대한 양의 경험적 데이터에 힘입어 카와 테세의 연구는 민주주의가 지정학적이면서도, 구체적인 심급과 현장 차원에서 개념화되고, 이해되고, 실천되는 방식에 강력하고 비판적으로 개입하는 결과를 만들었다. 이것은 연구자들이 '(더욱 농밀한) 민주적 변혁'이라 불리는 것을 실현하기 위해 무엇이 필요할지를 통찰할 수 있게 했다. 저자들이 분명히 말하듯, 민주주의는 세계에 대한 우리의 일상적인 참여를 안내하는 중요한 개념이다. 왜냐하면, 민주주의는 우리가 사회에 대한 보다 광범위한 거시적 초상화를 인정하도록 강요하기 때문이다. 이 초상화는 시민들의 개별적인 행동에 필연적인 영향을 주고, 나아가 사회 내 다양한 집단의 고려 지점과 우선순위에 의해 형성된다.

저자들은 교육자들을 위해 중요한 비전을 발전시키는데, 여기에서, 비판적 민주주의는 변혁적 리더십과 관련해서 중요한 역할을 하고, 저자들은 교육에 더 개입적이고, 비판적이며, 의미 있는 변혁적 변화를 위한 중요한 제안을 한다. 이들은 독자들에게 "사회정의를 대체로 무시하고 소극적으로 다뤄 온 현재 시행되고 있는 신자유주의적이고, 헤게모니적인 개혁 모델에 대한 대안으로서" 카가 초기에 개발한 50가지 제안들을 고려하도록 요구하는 방식으로 변혁적 교육 리더십을 토론하고, 나아가 민주적 교육-계획 모델을 개발함으로써 독자들을 지원한다.

9장은 포용적이고 활기차며 아이디어가 풍부한 민주주의를 위한 교육의 토대를 마련하는 일종의 선언문으로 구성되어 있다. 여기서, 카와 테세는 교육학, 커리큘럼, 교육정책, 제도문화, 인식론 및 리더십과 관련하여 구체적이고 세분화된 권고 사항들을 제시한다. 카와 테세는 민족주의와 안보의 깃발 아래 파시즘의 전망이 점차 축 늘어져 진전하는 상황에서, 우리가 오늘날 직면하고 있는 민주주의의 위기를 직접적으로 말하는 책을 썼다. 이 책의 특별한 장점은 이 책이 연민이라는 관념을 구체화하고, 여기에 용기를 불어넣는다는 것이다. 이 책은 민주주의를 계속 곪게 하고 있는 신자유주의 자본주의를 비판하는 데에는 실패한 채, 그저 민주주의를 찬양할 뿐인 민주주의에 관한 많은 책들처럼 애매모호하지 않다. 이것이 이 책이 가진 가장 강력한 힘 중 하나이다. 이 책은 자본주의 금권정치에 맞선 민주적 대안을 위해 우리가 중단없는 투쟁을 해 나가는 한, 우리가 우리 마음들을 연결하는 조직에 품고 있는 아직 창조되지 않은 자유의 빛, 여전히 폭정에 직면하여 움츠러들어 있지만, 그럼에도 불구하고 결코 뿌리 뽑힐 수 없는 희망의 작은 불꽃들로 빛나는 책이다.

들어가며: 민주주의 교육을 찾아서

Chomsky, N. (2003). *Chomsky on democracy and education*. New York: Routledge/Falmer.

Freire, P. (1970). *Pedagogy of the oppressed*. New York: Seabury.

Freire, P., & Macedo, D. (1987). *Literacy: Reading the word and the world*. New York: Bergin & Garvey.

Giroux, H. (2004). Public pedagogy and the politics of neoliberalism: Making the political more pedagogical. *Policy Futures in Education*, 2(3 & 4), 494-503.

hooks, b. (1994). *Teaching to transgress*. New York: Routledge.

Woodson, C.G. (1990). *The mis-education of the Negro*. Trenton, NJ: Africa World Press.

1장 서문: 누가 교실을 두려운 곳으로 만드는가?

Abdi, A., & Carr, P. (Eds.). (2013). *Educating for democratic consciousness: Counterhegemonic possibilities*. New York: Peter Lang.

Abdi, A.A., & Shultz, L. (2008). *Educating for human rights and global citizenship*. Albany: State University of New York Press.

Apple, M. (2011). Democratic education in neoliberal and neoconservative times. *International Studies in Sociology of Education, 21(1)*, 21–31.

Apple, M. (2012). Rethinking education, rethinking culture, rethinking media: Rethinking popular culture and media. *Educational Policy, 26(2)*, 339–346.

Apple, M.W. (2013). Can education change society? Du Bois, Woodson and the politics of social transformation. *Review of Education, 1(1)*, 32–56. https://doi.org/10.1002/rev3.3000

Apple, M.W. (2015a). Reframing the question of whether education can change society. *Educational Theory, 65(3)*, 299–316.

Apple, M.W. (2015b). Understanding and interrupting hegemonic projects in education: Learning from Stuart Hall. *Discourse, 36(2)*, 171–184. https://doi.org/10.1080/01596306.2015.1013245

Barber, B.R. (1984). *Démocratie forte*. Paris: Desclée de Brouwer.

Barber, B.R. (2000). *A passion for democracy*. Princeton, NJ: Princeton University Press.

Barber, B.R. (2004). *Strong democracy: Participatory politics for a new age*. Berkeley: University of California Press.

Bush, M., & Feagin, J. (2011). *Everyday forms of Whiteness: Understanding race in a "post racial" world*. New York: Rowman & Littlefield.

Carr, P.R. (2011). *Does your vote count? Critical pedagogy and democracy*. New York: Peter Lang.

Carr, P.R., & Thésée, G. (2016). Interracial conscientization through epistemological re-construction: Developing autobiographical accounts of the meaning of being Black and White together. In A. Ibrahim & S. Steinberg (Eds.), *Critically researching youth* (pp. 267–283). New York: Peter Lang.

Carr, P.R., & Thésée, G. (2017). Democracy, political literacy and transformative education: What issues and trends have emerged over the past ten years of this research project? In N. Won, A. Brennan, & D. Schugurensky (Eds.), *By the people: Participatory democracy, civic engagement and citizenship education* (pp. 250–264). Tempe, AZ: Participatory Governance Initiative, Arizona State University.

Carr, P.R., & Thésée, G. (2018). *Final report on the Democracy, Political Literacy and Transformative Education research project*. http://docs.wixstatic.com/ugd/bcff79_3e7b0cf42db04a4886e2e322c951d3c9.pdf

Carr, P.R., Zyngier, D., & Pruyn, M. (Eds.). (2012). *Can teachers make a difference? Experimenting with, and experiencing, democracy in education*. Charlotte, NC: Information Age.

Dale, J., & Hyslop-Margison, E.J. (2010). *Paulo Freire: Teaching for freedom and transformation: The philosophical influences on the work of Paulo Freire*. New York: Springer.

Darder, A. (2002). *Reinventing Paulo Freire: A pedagogy of love*. Boulder, CO: Westview.

Dei, G.J.S. (2009). Speaking race: Silence, salience, and the politics of anti-racist scholarship. In M. Wallis & A. Fleras (Eds.), *The politics of race in Canada* (pp. 230–239). Toronto, ON: Oxford University Press.

Delpit, L.D. (1995). *Other people's children: Cultural conflict in the classroom*. New York: New Press.

Dewey, J. (1938). *Experience and education*. New York: Macmillan.

Dewey, J. (1958). *Philosophy of education: Problems of men*. Totowa, NJ: Littlefield, Adams & Co.

Dewey, J. (1916/1997). *Democracy and education: An introduction to the philosophy of education*. New York: Free Press.

Dewey, J. (2012). *The public and its problems: An essay in public inquiry*. University Park: The Pennsylvania State University Press.

Gandin, L.A., & Apple, M. (2002). Thin versus thick democracy in education: Porto Alegre and the creation of alternatives to neo-liberalism. *International Studies in Sociology of Education, 12(2)*, 99–116.

Gandin, L.A., & Apple, M.W. (2012). Can critical democracy last? Porto Alegre and the struggle over "thick" democracy in education. *Journal of Education Policy, 27(5)*, 621–639. https://doi.org/10.1080/02680939.2012.710017

Ladson-Billings, G. (1998). Just what is critical race theory and what's it doing in a nice field like education? *Qualitative Studies in Education, 11(1)*, 7–24.

Lund, D.E., & Carr, P.R. (Eds.). (2015). *Revisiting the Great White North? Reframing Whiteness, privilege, and identity in education* (2nd ed.). Rotterdam: Sense Publishers.

Portelli, J., & Solomon, P. (Eds). (2001). *The erosion of democracy in education: From critique to possibilities*. Calgary: Detselig Enterprises Ltd.

Race, R., & Lander, V. (Eds.). (2014). *Advancing race and ethnicity in education*. London, UK: Palgrave Macmillan.

Sensoy, O., & DiAngelo, R. (2017). *Is everyone really equal? An introduction to key concepts in social justice education* (2nd ed.). New York: Teachers College Press.

Shields, C.M. (2010). Transformative leadership: Working for equity in diverse contexts. *Educational Administration Quarterly, 46(4)*, 558–589.

Solar, C. (1998). Peindre la pédagogie en toile d'équité sur une toile d'équité. In C. Solar (Ed.), *Pédagogie et équité* (pp. 25–65). Montréal: Les Éditions Logiques.

Taylor, E., Gillborn, D., & Ladson-Billings, G. (Eds.). (2015). *Foundations of critical race theory in education*. New York: Routledge.

Thésée, G., & Carr, P.R. (2012). The 2011 International Year for People of African Descent (IYPAD): The paradox of colonized invisibility within the promise of mainstream visibility. *Journal of Decolonization, Indigeneity, Education and Society, 1(1)*, 158–180.

Thésée, G., & Carr, P.R. (2016a). Triple whammy, and a fragile minority within a fragile majority: School, family and society, and the education of black, francophone youth in Montreal. In A. Ibrahim & A. Abdi (Eds.), *The education of African Canadian children: Critical perspectives* (pp. 131–144). Montreal & Kingston: McGill-Queen's University Press.

Thésée, G., & Carr, P.R. (2016b). Les mots pour le dire: Acculturation ou racialisation? Les théories antiracistes critiques (TARC) dans l'expérience scolaire des jeunes NoirEs du Canada en contextes francophones. *Comparative and International Education/Éducation Comparée et Internationale, 45(1)*, 1–17.

West, C. (1994). *Race matters*. New York: Vintage.

Westheimer, J. (2015). *What kind of citizen? Educating our children for the common good*. New York: Teachers College Press.

White, R.E., & Cooper, K. (2015). *Democracy and its discontents: Critical literacy across global contexts*. Rotterdam: Sense Publishers.

Zyngier, D., Traverso, M.D., & Murriello, A. (2015). "Democracy will not fall from the sky": A comparative study of teacher education students' perceptions of democracy in two neo-liberal societies: Argentina and Australia. *Research in Comparative and International Education, 10(2)*, 275–299.

2장 민주주의에서 무엇이 그토록 훌륭한가? 그리고 어느 지점이 교육과 연결되어 있는가?

Abdi, A., & Carr, P. (Eds.). (2013). *Educating for democratic consciousness: Counter-hegemonic possibilities*. New York: Peter Lang.

Allen, D., & Reich, R. (2013). *Education, justice and democracy*. Chicago: University of Chicago Press.

Apple, M. (2011). Democratic education in neoliberal and neoconservative times. *International Studies in Sociology of Education, 21(1)*, 21–31.

Apple, M. (2012). Rethinking education, rethinking culture, rethinking media: Rethinking popular culture and media. *Educational Policy, 26(2)*, 339–346.

Banks, J.A. (2004). Teaching for social justice, diversity, and citizenship in a global world. *Educational Forum, 68(4)*, 296–305.

Banks, J.A., Banks, C.A.M., Cortés, C.E., Hahn, C.L., Merryfield, M.M., Moodley, K.A., et al. (2005). *Democracy and diversity: Principles and concepts for educating citizens in a global age.* Seattle, WA: Center for Multicultural Education.

Buckingham, D. (2013). *Media education: Literacy, learning and contemporary culture.* San Francisco, CA: John Wiley & Sons.

Butler, A. (2010). Media education goes to school: Young people make meaning of media and urban education. New York: Peter Lang.

Buzescu, R. (2012). *Equitocracy: The alternative to capitalist-ultracapitalist and socialist-communist democracies.* Bloomington, IN: iUniverse.

Byczkiewick, V. (2014). *Democracy and education: Collected perspectives.* Los Angeles: Trebol Press.

Carr, P.R. (2009). Political conscientization and media (il)literacy: Critiquing the mainstream media as a form of democratic engagement. *Multicultural Perspectives, 17(1)*, 1–10.

Carr, P.R. (2011). *Does your vote count? Critical pedagogy and democracy.* New York: Peter Lang.

Carr, P.R., Pluim, G., & Thésée, G. (2016). The dimensions of, and connections between, multicultural social justice education and education for democracy: What are the roles and perspectives of future educators? *Citizenship Education Research Journal, 6(1)*, 3–23.

Carr, P.R., & Thésée, Gina. (2017). Democracy, political literacy and transformative education: What issues and trends have emerged over the past ten years of this research project? In N. Won, A. Brennan, & D. Schugurensky (Eds.), *By the people: Participatory democracy, civic engagement and citizenship education* (pp. 250–264). Tempe: Participatory Governance Initiative, Arizona State University. https://spa.asu.edu/sites/default/files/2017-12/bythepeople_final.pdf

Chomsky, N. (1989). *Necessary illusions: Thought control in democratic societies.* New York: South End Press.

Chomsky, N. (2000). *Chomsky on miseducation.* Oxford, UK: Rowman & Littlefield.

Chomsky, N. (2003). *Chomsky on democracy and education.* New York: Routledge Falmer.

Chomsky, N. (2007). *Failed states: The abuse of power and the assault on democracy.* New York: Holt.

Chomsky, N. (2008). *The essential Chomsky* (A. Arnove, Ed.). New York: The New Press.

Coombs, W.T., Falkheimer, J., Heide, M., & Young, P. (Eds.). (2015). *Strategic communication, social media and democracy: The challenge of the digital naturals.* New York: Routledge.

Culver, S., & Jacobson, T. (2012). Media literacy and its use as a method to encourage civic engagement. *Revista Comunicar, 20(39)*, 73–80.

Dahlgren, P. (2013). *The political web: Media, participation and alternative democracy.* New York: Palgrave Macmillan.

Ercan, S.A., & Dryzekm, J.S. (2015). The reach of deliberative democracy. *Policy Studies, 36(3)*, 241–248.

Freire, P. (1970). *Pedagogy of the oppressed.* New York: Continuum.

Freire, P. (1973). *Education for critical consciousness.* New York: Continuum.

Freire, P. (1985). *The Politics of education.* South Hadley, MA: Bergin & Garvey.

Freire, P. (1998). *Pedagogy of freedom: Ethics, democracy, and civic courage.* Lanham, MD: Rowman & Littlefield.

Freire, P. (2004). *Pedagogy of indignation.* Boulder, CO: Paradigm Publishers.

Freire, P., & Macedo, D. (2013). *Literacy: Reading the word and the world*. New York: Routledge.

Funk, S., Kellner, D., & Share, J. (2016). Critical media literacy as transformative pedagogy. In M.N. Yildiz & J. Keengwe (Eds.), *Handbook of research on media literacy in the digital age* (pp. 1–30). Hershey, PA: IGI Global.

Garrison, J., Neubert, S., & Reich, K. (2016). *Democracy and education reconsidered: Dewey after one hundred years*. New York: Routledge.

Giroux, H. (2009, September 15). The spectacle of illiteracy and the crisis of democracy. Truthout. org. http://www.truthout.org/091509A

Giroux, H. (2011). *Zombie politics and culture in the age of casino capitalism*. New York: Peter Lang.

Giroux, H. (2012). *Education and the crisis of public values: Challenging the assault on teachers, students and public education*. New York: Peter Lang.

Giroux, H. (2014). When schools become dead zones of the imagination: A critical pedagogy manifesto. *Policy Futures in Education*, 12(4), 491–499.

Goodson, I.F., & Schostak, J. (2016). *Democracy, education and research: The conditions of social change*. New York: Routledge.

Hahnel, R., & Olin Wright, E. (2016). *Alternatives to capitalism: Proposals for a democratic economy*. New York: Verso.

Hall, J.A. (2016). When is social media use social interaction? Defining mediated social interaction. *New Media & Society*, http://doi.org/10.1177/1461444816660782

Hall, S. (1974). Media power: The double bind. *Journal of Communication, 24(4)*, 19–26.

Hanson, J.S., & Howe, K. (2011). The potential for deliberative democratic civic education. *Democracy and Education, 19*(2), article 3. https://democracyeducationjournal.org/home/vol19/iss2/3

Henry, F., & Tator, C. (2005). *The color of democracy: Racism in Canadian society*. Toronto, ON: Nelson Thompson.

Herman, E.S., & Chomsky, N. (2002). *Manufacturing consent*. New York: Pantheon.

Hess, D. (2009). *Controversy in the classroom: The democratic power of discussion*. New York: Routledge.

Hess, D., & McAvoy, P. (2014). *The political classroom: Evidence and ethics in democratic education*. New York: Routledge.

Hill, D. (2012). Immiseration capitalism, activism and education: Resistance, revolt and revenge. *Journal for Critical Education Policy Studies, 10(2)*, 1–53.

Hyslop-Margison, E.J., & Thayer, J. (2009). *Teaching democracy: Citizenship education as critical pedagogy*. Rotterdam, NL: Sense Publishers.

Jenkins, H. (2009). *Confronting the challenges of participatory Culture: Media education for the 21st century*. Cambridge, MA: MIT Press.

Jenkins, H., Shresthova, S., Gamber-Thompson, L., Kligler-Vilenchik, L., & Zimmerman, A. (2016). *By any media necessary: The new youth activism*. New York: New York University Press.

Kumashiro, K.K., Ayers, W., Meiners, E., Quinn, T., & Stovall, D. (2010). *Teaching toward democracy: Educators as agents of change*. New York: Paradigm.

Langran, I., & Birk, T. (2016). *Global citizenship: Interdisciplinary approaches*. New York: Routledge.

Lund, D.E., & Carr, P.R. (Eds.). (2008). *"Doing" democracy: Striving for political literacy and social justice*. New York: Peter Lang.

Mizuyama, M., Davies, I., Jho, D., Kodama, S., Parker, W., & Tudball, L. (2014). East and West in citizenship education: Encounters in education for diversity and democracy. *Citizenship Teaching & Learning, 10(1)*, 7–23.

No, W., Brennan, A., & Schugurensky, D. (2017). *By the people: Participatory democracy, civic engagement and citizenship education.* Phoenix: Participatory Governance Initiative, Arizona State University.

Parker, W. (2002). *Education for democracy: Contexts, curricula, assessments.* Greenwich, CT: Information Age.

Parker, W. (2003). *Teaching democracy: Unity and diversity in public life.* New York: Teachers College Press.

Parker, W. (2006). Public discourses in schools: Purposes, problems, possibilities. *Educational Researcher, 35(8)*, 11–18.

Sensoy, O., & DiAngelo, R. (2017). *Is everyone really equal? An introduction to key concepts in social justice education* (J.A. Banks, Ed., 2nd ed.). New York: Teachers College Press.

Sorensen, B. (2016). *Democracy and sense: Alternatives to financial crises and political small-talk.* Gelleleje, Denmark: Secantus Publishing.

Thompson P. (2013). The digital natives as learners: Technology use patterns and approaches to learning. *Computers & Education, 65*, 12–33.

Westheimer, J. (2015). *What kind of citizen? Educating our children for the common good.* New York: Teachers College Press.

3장 우리의 민주주의 연구를 뒷받침하는 이론적 목소리

Asante, M.K. (2003). *Afrocentricity.* Chicago: African American Images.

Bourdieu, P., & Passeron, J.C. (1990). *Reproduction in education, society, and culture.* London: Sage.

Collins, P.H. (1990). *Black feminist thought: Knowledge, consciousness, and the politics of empowerment.* Boston: Unwin Hyman.

Fanon, R. (1952). *Peau noire. Masques blancs.* Paris: Les Éditions du Seuil.

Freire, P. (1970). *Pedagogy of the oppressed.* New York: Continuum.

Giroux, H.A. (2011). *Zombie politics and culture in the age of casino capitalism.* New York: Peter Lang.

Gramsci, A. (1971). *Prison notebooks.* New York: International Publishers.

Heywood, A. (1994). *Political ideas and concepts: An introduction.* London: Macmillan.

Hill Collins, P. (2008). *Black feminist thought: Knowledge, consciousness, and the politics of empowerment.* New York: Routledge.

Navarro, Z. (2006). In search of a cultural interpretation of power. *IDS Bulletin 37(6)*, 11–22.

Postman, N. (1985). *Amusing ourselves to death: Public discourse in the age of show business.* New York: Penguin Group.

Wacquant, L. (2005). Habitus. *International Encyclopedia of Economic Sociology* (J. Becket & Z. Milan, Eds.). London: Routledge.

Bernauer, J., Giger, N., & Rosset, J. (2015). Mind the gap: Do proportional electoral systems foster a more equal representation of women and men, poor and rich? *International Political Science Review, 36(1)*, 78–98.

Connell, R. (2013). The neoliberal cascade and education: An essay on the market agenda and its consequences. *Critical Studies in Education, 54(2)*, 99–112.

DeSilver, D. (2018, May 21). US trails most developed countries in voter turnout. *Pew Research Center*, 15. http://www.pewresearch.org/facttank/2018/05/21/u-s-voter-turnout-trails-most-developed-countries/

Drutman, L. (2017, July 26). This voting reform solves 2 of America's biggest political problems. *Vox.* https://www.vox.com/the-big-idea/2017/4/26/15425492/proportional-voting-polarization-urban-rural-third-parties

Flesher Fominaya, C. (2015). Debunking spontaneity: Spain's 15-M/Indignados as autonomous movement. *Social Movement Studies, 14(2)*, 142-163.

Frey, W.H. (2018). Race, aging, and politics: America's cultural generation gap. *Public Policy & Aging Report, 28(1)*, 9–13.

Giroux, H. (2014). When schools become dead zones of the imagination: A critical pedagogy manifesto. *Policy Futures in Education, 12(4)*, 491–499.

Gylfason, T. (2016). *Chain of Legitimacy: Constitution Making in Iceland.* CESifo Working Paper No. 6018. https://www.cesifo-group.de/DocDL/cesifo1_wp6018.pdf

Hahnel, R., & Olin Wright, E. (2016). *Alternatives to capitalism: Proposals for a democratic economy.* New York: Verso.

Hess, D. (2009). *Controversy in the classroom: The democratic power of discussion.* New York: Routledge.

Hill, D. (2008). Resisting neo-liberal global capitalism and its depredations: Education for a new democracy. In D. Lund & P.R. Carr (Eds.), *Doing democracy: Striving for political literacy and social justice* (pp. 33–49). New York: Peter Lang.

Hill, D. (2012). Immiseration capitalism, activism and education: Resistance, revolt and revenge. *Journal for Critical Education Policy Studies, 10(2)*, 1–53.

Jurjevich, J. R., Keisling, P., Rancik, K., Gorecki, C., & Hawke, S. (2016). *"Who Votes for Mayor?".* Portland State University, Urban Studies and Planning Faculty Publications and Presentations. 166. https://pdxscholar.library. pdx.edu/usp_fac/166

Knoester, M., & Kretz, L. (2017). Why do young adults vote at low rates? Implications for education. *Social Studies Research and Practice, 12(2)*, 139–153.

Lang, M., & Brand, U. (2015) *¿Cómo transformar? Instituciones y cambios social en América Latina y Europa.* Quito: Fundación Rosa Luxemburg.

Lea, V., Lund D., & Carr, P.R. (2018). *Critical multicultural perspectives on Whiteness: Views from the past and present.* New York: Peter Lang.

Lund, D.E., & Carr, P.R. (Eds.). (2015). *Revisiting the Great White North? Reframing Whiteness, privilege, and identity in education* (2nd ed.). Rotterdam: Sense Publishers.

Merkel, W. (2014). Is capitalism compatible with democracy? *Zeitschrift für vergleichende Politikwissenschaft.* DOI: 10.1007/s12286-014-0199-4

Parker, W. (2006). Public discourses in schools: Purposes, problems, possibilities. *Educational Researcher, 35(8)*, 11–18.

Piñeros Nelson, C. (2013). La otra democracia: la autonomía como alternativa política en América Latina. *Utopía y Praxis Latinoamericana, 18(63)*, 33-48.

Reuchamps, M., & Suiter, J. (2016). *Constitutional deliberative democracy in Europe*. Colchester, UK: ECPR Press.

Ross, E.W., & Gibson, R. (Eds.). (2006). *Neoliberalism and education reform*. Cresskill, NJ : Hampton Press.

Rovisco, M. (2017). The indignados social movement and the image of the occupied square: The making of a global icon. *Visual Communication, 16(3)*, 337–359.

Simsa, R. (2015). *The social situation in Spain and the Spanish protest movement: The EU needs dialogue and immediate corrective action*. Vienna: ÖGfE Policy Brief.

Smaligo, N. (2014). *The Occupy Movement explained: From corporate control to democracy*. Chicago: Open Court.

Sola, J., & Rendueles, C. (2017). Podemos, the upheaval of Spanish politics and the challenge of populism. *Journal of Contemporary European Studies, 26(1)*, 99–116.

Street, P. (2014). *They rule: The 1% vs. democracy*. Boulder, CO: Paradigm Publishers.

Van Maanen, G. (2016). *Deliberative Democracy in the Netherlands: The G1000 Groningen put in Perspective* (Master's thesis). Leiden University, Netherlands. https://openaccess.leidenuniv.nl/ bitstream/handle/1887/40416/Thesis%20History%20GvanMaanen%20Final.pdf?sequence=2

5장 교육에 담긴 그리고 교육을 둘러싼 민주주의 표식의 흔적에 대하여: 연구와 개념적 사고의 종합

Andreotti, V.O. (Ed.). (2014). *The political economy of global citizenship education*. New York: Routledge.

Apple, M. (2011). Democratic education in neoliberal and neoconservative times. *International Studies in Sociology of Education, 21(1)*, 21–31.

Baltodano, M. (2012). Neoliberalism and the demise of public education: The corporatization of schools of education. *International Journal of Qualitative Studies in Education, 25(4)*, 487–507.

Banks, J.A. (2008). *An introduction to multicultural education*. Boston: Allyn & Bacon.

Banks, J.A., Banks, C.A.M., Cortés, C.E., Hahn, C.L., Merryfield, M.M., Moodley, K.A., et al. (2005). *Democracy and diversity: Principles and concepts for educating citizens in a global age*. Seattle, WA: Center for Multicultural Education.

Bekerman, Z., & Keller, D.S. (2003). Professing informal education. *Educational Research for Policy and Practice, 2(3)*, 237–256.

Bourdieu, P., & Passeron, J.C. (1990). *Reproduction in education, society, and culture*. London: Sage.

Carr, P.R. (2011). *Does your vote count? Critical pedagogy and democracy*. New York: Peter Lang.

Carr, P.R. (2013). Thinking about the connection between democratizing education and educator experience: Can we teach what we preach? *Scholar-Practitioner Quarterly, 6(3)*, 196–218.

Carr, P.R., & Becker, D. (2013). The language of hegemonic democracy, and the prospects for an education for democracy. *Social Educator, 31*(1), 22–34.

Carr, P.R., & Pluim, G. (2015). Education for democracy, and the specter of neoliberalism jamming the classroom. In M. Abendroth & B.J. Porfilio, (Eds.), *Understanding neoliberal rule in higher education: Educational fronts for local and global justice: A reader* (pp. 289–309). Charlotte, NC: Information Age.

Carr, P.R., Pluim, G., & Howard, L. (2014). Linking global citizenship education and education for democracy through social justice: What can we learn from the perspectives of teacher-education candidates? *Journal of Global Citizenship and Equity Education, 4(1)*, 1–21. http://journals.sfu.ca/jgcee/index.php/jgcee/article/view/119/157

Carr, P.R., Pluim, G., & Howard, L. (2015). Engagement with the mainstream media and the relationship to political literacy: The influence of hegemonic education on democracy. *Critical Education, 6(15)*, 1–16. http://ices.library.ubc.ca/index.php/criticaled/article/view/184942/185324

Carr, P.R., Pluim, G., & Thésée, G. (2016). The dimensions of, and connections between, multicultural social justice education and education for democracy: What are the roles and perspectives of future educators? *Citizenship Education Research Journal, 6(1)*, 3–23.

Carr, P.R., & Thésée, G. (2012). Lo intercultural, el ambiente y la democracia: Buscando la justicia social y la justicia ecológica. *Visao Global, 15(1–2)*, 75–90.

Carr, P.R., & Thésée, G. (2017). Seeking democracy inside, and outside, of education. *Democracy and Education, 25(2)*, 1–12.

Carr, P.R., Zyngier, D., & Pruyn, M. (Eds.). (2012). *Can teachers make a difference? Experimenting with, and experiencing, democracy in education.* Charlotte, NC: Information Age.

Christian, M.I. (1999). Reasserting the philosophy of experiential education as a vehicle for change in the 21st century. *Journal of Experiential Education, 22(2)*, 91–98.

Cochran-Smith, M. (1991). Learning to teach against the grain. *Harvard Educational Review, 61(3)*, 279–311.

Conway, J.M., Amel, E.L., & Gerwien, D.P. (2009). Teaching and learning in the social context: A meta-analysis of service learning's effects on academic, personal, social, and citizenship outcomes. *Teaching of Psychology, 36(4)*, 233–245.

Culver, S., & Jacobson, T. (2012). Media literacy and its use as a method to encourage civic engagement. *Revista Comunicar, 20(39)*, 73–80.

Dale, J., & Hyslop-Margison, E.J. (2010). *Paulo Freire: Teaching for freedom and transformation: The philosophical influences on the work of Paulo Freire.* New York: Springer.

Deeley, S.J. (2010). Service-learning: Thinking outside the box. *Active Learning in Higher Education, 11(1)*, 43–53.

Dei, G.J.S. (2014). A prism of educational research and policy: Anti-racism and multiplex oppressions. In G.J.S. Dei & M. McDermott (Eds.), *Politics of anti-racism education: In search of strategies for transformative learning* (pp. 15–28). Dordrecht, NL: Springer.

DeVitis, J.L. (Ed.). (2011). *Critical civic literacy: A reader.* New York: Peter Lang.

Dewey, J. (1938). *Experience and education.* New York: Macmillan.

Dewey, J. (1958). *Philosophy of education: Problems of men.* Totowa, NJ: Littlefield, Adams & Co.

Dewey, J. (1997). *Democracy and education: An introduction to the philosophy of education.* New York: Free Press. (Original work published 1916)

Freire, P. (1973). *Education for critical consciousness.* New York: Continuum.

Freire, P. (1985). *The politics of education.* South Hadley, MA: Bergin & Garvey.

Freire, P. (1998). *Pedagogy of freedom: Ethics, democracy, and civic courage.* Lanham, MD: Rowman & Littlefield.

Funk, S., Kellner, D., & Share, J. (2016). Critical media literacy as transformative pedagogy. In M.N. Yildiz & J. Keengwe (Eds.), *Handbook of research on media literacy in the digital age* (pp. 1–30). Hershey, PA: IGI Global.

Garrison, J., Neubert, S., & Reich, K. (2016). *Democracy and education reconsidered: Dewey after one hundred years.* New York: Routledge.

Hill, D. (2012). Immiseration capitalism, activism and education: Resistance, revolt and revenge. *Journal for Critical Education Policy Studies, 10(2)*, 1–53.

Juma, A., Pescador, O., Torres, C.A., & Van Heertum, R. (2007). The educational praxis of Paulo Freire: Transnations & interventions. In M. Shaughnessy (Ed.), *Pioneers in education: Essays in honor of Paulo Freire.* Hauppauge, NY: Nova Publishers.

Kellner, D., & Share, J. (2007). Critical media literacy, democracy, and the reconstruction of education. In D. Macedo & S. Steinberg (Eds.), *Media literacy: A reader* (pp. 3–23). New York: Peter Lang.

Kincheloe, J.L. (2008a). *Critical pedagogy primer.* New York: Peter Lang.

Kincheloe, J.L. (2008b). *Knowledge and critical pedagogy: An introduction* (Vol. 1). New York: Springer.

Kolb, A.Y., & Kolb, D.A. (2005). Learning styles and learning spaces: Enhancing experiential learning in higher education. *Academy of Management Learning & Education, 4(2)*, 193–212.

Kolb, D.A. (2014). *Experiential learning: Experience as the source of learning and development.* New York: Pearson FT Press.

Leonardo, Z. (2009). *Race, Whiteness, and education.* New York: Routledge.

Lund, D.E., & Carr, P.R. (Eds.). (2008). *"Doing" democracy: Striving for political literacy and social justice.* New York: Peter Lang.

Marginson, S. (2006). Engaging democratic education in the neoliberal age. *Educational Theory, 56(2)*, 205–219.

Marshall, E., & Sensoy, O. (2011). *Rethinking popular culture and media.* Milwaukee, WI: Rethinking Schools.

Martin, S.E. (2014). *Social media and participatory democracy: Public notice and the world wide web.* New York: Peter Lang.

Mayo, P. (2007). 10th anniversary of Paulo Freire's death. On whose side are we when we teach and act? *Adult Education and Development, 69.* https://www.dvv-international.de/en/adult-education-and-development/editions/aed-692007/10th-anniversary-of-paulo-freirersquos-death/10th-anniversary-of-paulo-freirersquos-death

McLaren, P., & Kincheloe J.L. (Eds.). (2007). *Critical pedagogy: Where are we now?* New York: Peter Lang.

Mooney, L.A., & Edwards, B. (2001). Experiential learning in sociology: Service learning and other community-based learning initiatives. *Teaching Sociology, 29(2)*, 181–194. http://www.jstor.org/stable/1318716?seq=1#page_scan_tab_contents

Noddings, N. (2011). Renewing democracy in schools. In J.L. DeVitis (Ed.), *Critical civic literacy: A reader* (pp. 488–495). New York: Peter Lang.

O'Grady, C.R. (Ed.). (2014). *Integrating service learning and multicultural education in colleges and universities.* New York: Routledge.

Portelli, J.P., & McMahon, B. (2012). *Student engagement in urban schools: Beyond neoliberal discourses.* Charlotte, NC: Information Age.

Pruyn, M., & Malott, C. (2016). *This fist called my heart: The Peter McLaren reader* (Vol. I). Charlotte, NC: Information Age.

Roberts, J.W. (2011). *Beyond learning by doing: Theoretical currents in experiential education.* New York: Routledge.

Schugurensky, D. (2006). "This is our school of citizenship": Informal learning in local democracy. *Counterpoints,* 249, 163–182.

Solhaug, T. (2018). Democratic schools – Analytical perspectives. *Journal of Social Science Education, 17(1),* 2-12.

Taylor, E., Gillborn, D., & Ladson-Billings, G. (Eds.). (2015). *Foundations of critical race theory in education.* New York: Routledge.

UNESCO. (2014). *Global citizenship education: Preparing learners for the challenges of the 21st century.* Paris: UNESCO.

Waterman, A.S. (2014). *Service-learning: Applications from the research.* New York: Routledge.

Westheimer, J. (2015). *What kind of citizen? Educating our children for the common good.* New York: Teachers College Press.

Westheimer, J., & Kahne, J. (2004). What kind of citizen? The politics of educating for democracy. *American Educational Research Journal, 41(2),* 237–269.

6장 교육 민주화의 가능성을 교육자 경험과 연결하기: 결과는 무엇인가?

Agostinone-Wilson, F. (2005). Fair and balanced to death: Confronting the cult of neutrality in the teacher education classroom. *Journal for Critical Education Policy Studies, 3(1),* 57–84.

Andreotti, V.O. (Ed.). (2014). *The political economy of global citizenship education.* New York: Routledge.

Andreotti, V.O., & de Souza, T.M. (2012). *Postcolonial perspectives on global citizenship education.* New York: Routledge.

Apple, M. (2011). Democratic education in neoliberal and neoconservative times. *International Studies in Sociology of Education, 21(1),* 21–31.

Banks, J.A., Banks, C.A.M, Cortés, C.E., Hahn, C.L., Merryfield, M.M., Moodley, K.A., et al. (2005). *Democracy and diversity: Principles and concepts for educating citizens in a global age.* Seattle, WA: Center for Multicultural Education.

Edwards, D.B. (2010). Critical pedagogy and democratic education: Possibilities for cross-pollination, *Urban Review, 42(3),* 221–242.

Carr, P.R. (2007a). Educational policy and the social justice dilemma. In H. Claire & C. Holden (Eds.), *Controversial issues in education* (pp. 1–10). London: Trentham.

Carr, P.R. (2007b). Experiencing democracy through neo-liberalism: The role of social justice in democratic education. *Journal of Critical Education Policy Studies, 5(2).* http://www.jceps.com/index.php?pageID=article&articleID=104

Carr, P.R. (2008a). "But what can I do?": Fifteen things education students can do to transform themselves in/through/with education. *International Journal of Critical Pedagogy, 1(2),* 81–97.

http://freire.mcgill.ca/ojs/index.php/home/article/view/56/31

Carr, P.R. (2008b). Educating for democracy: With or without social justice? *Teacher Education Quarterly, 35(4)*, 117–136.

Carr, P.R. (2008c). Educators and education for democracy: Moving beyond "thin" democracy. *Inter-American Journal of Education and Democracy, 1(2)*, 147–165.

Carr, P.R. (2011). *Does your vote count? Critical pedagogy and democracy*. New York: Peter Lang.

Carr, P.R. (2013). Thinking about the connection between democratizing education and educator experience: Can we teach what we preach? *Scholar-Practitioner Quarterly, 6(3)*, 196–218.

Carr, P.R., & Porfilio, B. (2015). *The phenomenon of Obama and the Agenda for Education: Can hope (still) audaciously trump neoliberalism?* (Second edition). Charlotte, NC: Information Age Publishing.

Carr, P.R., Pluim, G., & Howard, L. (2014). Linking global citizenship education and education for democracy through social justice: What can we learn from the perspectives of teacher-education candidates? *Journal of Global Citizenship and Equity Education, 4(1)*, 1–21. http://journals.sfu.ca/jgcee/index.php/jgcee/article/view/119/157.

Carr, P.R., & Thésée, G. (2009). The critical pedagogy of understanding how educators relate to democracy. In D. Schugurensky, K. Daly, & K. Lopes (Eds.), *Learning democracy by doing: Alternative practices in citizenship learning and participatory democracy* (pp. 274–283). Toronto: University of Toronto Press.

Cook, S., & Westheimer, J. (2006). Introduction: Democracy and education. *Canadian Journal of Education, 29(2)*, 347–358.

Dale, J. & Hyslop-Margison, E. J. (2010). *Paulo Freire: Teaching for freedom and transformation: The philosophical influences on the work of Paulo Freire*. New York: Springer Publishing.

Darder, A. (2002). *Reinventing Paulo Freire: A pedagogy of love*. Boulder, CO: Westview Press.

Darder, A., & Miron, L.F. (2006). Critical pedagogy in a time of uncertainty: A call to action. *Cultural Studies–Critical Methodologies, 6(1)*, 5–20.

Denzin, N.K. (2009). Critical pedagogy and democratic life or a radical democratic pedagogy. *Cultural Studies–Critical Methodologies, 9(3)*, 379–397.

DeVitis, J.L. (Ed.). (2011). *Critical civic literacy: A reader*. New York: Peter Lang.

Dewey, J. (1997). *Democracy and education: An introduction to the philosophy of education*. New York: Free Press. (Original work published 1916)

Dill, J.S. (2013). *The longings and limits of global citizenship education: The moral pedagogy of schooling in a cosmopolitan age*. New York: Routledge.

Edwards, D.B. (2010). Critical pedagogy and democratic education: Possibilities for cross-pollination, *Urban Review, 42(3)*, 221–242.

Evans, M., Broad, K., Rodrigue, A., et al. (2010). *Educating for global citizenship: An ETFO curriculum development inquiry initiative*. Toronto: Institute for Studies in Education, University of Toronto and the Elementary Teachers' Federation of Ontario.

Freire, P. (1973). *Education for critical consciousness*. New York: Continuum.

Freire, P. (1985). *The politics of education*. South Hadley, MA: Bergin & Garvey.

Freire, P. (1998). *Pedagogy of freedom: Ethics, democracy, and civic courage*. Lanham, MD: Rowman & Littlefield.

Freire, P. (2004). *Pedagogy of indignation*. Boulder, CO: Paradigm Publishers.

Giroux, H. (2004). Class casualties: Disappearing youth in the age of George W. Bush. *Workplace: A Journal of Academic Labor, 6(1)*, 20–34.

Giroux, H. (2007). Democracy, education, and the politics of critical pedagogy. In P. McLaren & J. Kincheloe (Eds.), *Critical pedagogy: Where are we now?* (pp. 1–5). New York: Peter Lang.

Giroux, H. (2009, September). The spectacle of illiteracy and the crisis of democracy. https://truthout.org/articles/the-spectacle-of-illiteracy-and-the-crisis-of-democracy-2/

Giroux, H. (2011). *Zombie politics and culture in the age of casino capitalism*. New York: Peter Lang.

Giroux, H. (2014). When schools become dead zones of the imagination: A critical pedagogy manifesto. *Policy Futures in Education, 12(4)*, 491–499.

Giroux, H., & Giroux, S.S. (2006). Challenging neo-liberalism's new world order: The promise of critical pedagogy. *Cultural Studies–Critical Methodologies, 6(1)*, 21–32.

Gorski, C.P. (2009). What we're teaching teachers: An analysis of multicultural teacher education coursework syllabi. *Teacher and Teacher Education, 25(2)*, 309–318.

Hyslop-Margison, E.J., & Thayer, J. (2009). *Teaching democracy: Citizenship education as critical pedagogy*. Rotterdam, NL: Sense Publishers.

Kincheloe, J.L. (2008a). *Critical pedagogy primer*. New York: Peter Lang.

Kincheloe, J.L. (2008b). *Knowledge and critical pedagogy: An introduction* (Vol. 1). New York: Springer.

Langran, I., & Birk, T. (2016). *Global citizenship: Interdisciplinary approaches*. New York: Routledge.

Lund, D.E., & Carr, P.R. (Eds.). (2008). *"Doing" democracy: Striving for political literacy and social justice*. New York: Peter Lang.

Macedo, D., & Steinberg, S.R. (Eds.). (2007). *Media literacy: A reader*. New York: Peter Lang.

Macrine, S. (Ed.). (2009). *Critical pedagogy in uncertain times: Hopes and possibilities*. New York: Palgrave MacMillan.

Malott, C., & Porfilio, B. (2011). *Critical pedagogy in the 21st century: A new generation of scholars*. Charlotte, NC: Information Age Publishing.

McLaren, P. (2007). *Life in schools: An introduction to critical pedagogy in the foundations of education* (5th ed.). Boston: Pearson/Allyn and Bacon.

McLaren, P., & Kincheloe J.L. (Eds). (2007). *Critical pedagogy: Where are we now?* New York: Peter Lang.

No, W., Brennan, A., & Schugurensky, D. (2017). *By the people: Participatory democracy, civic engagement and citizenship education*. Phoenix: Participatory Governance Initiative, Arizona State University.

Noddings, N. (2006). *Critical lessons: What our schools should teach*. Cambridge and New York: Cambridge University Press.

Noddings N. (2011). Renewing democracy in schools. In J.L. DeVitis (Ed.), *Critical civic literacy: A reader* (pp. 488–495). New York: Peter Lang.

Noddings, N. (2013). *Education and democracy in the 21st century*. New York: Teachers College Press.

Pinnington, E., & Schugurensky, D. (Eds.). (2010). *Learning citizenship by practicing democracy: International initiatives and perspectives*. Newcastle upon Tyne: Cambridge Scholar Publishing.

Porfilio, B.J., & Carr, P.R. (Eds.). (2010). *Youth culture, education and resistance: Subverting the commercial ordering of life*. Rotterdam, NL: Sense Publishers.

Portelli, J., & Konecny, C.P. (2013). Neoliberalism, subversion and democracy in education. *Encounters/Encuentros/Rencontres*, 14, 87-97.

Portelli, J., & Solomon, P. (Eds). (2001). *The erosion of democracy in education: From critique to possibilities.* Calgary: Detselig Enterprises Ltd.

Ross, E.W., & Gibson, R. (Eds.). (2006). *Neoliberalism and education reform.* Cresskill, NJ: Hampton Press.

Westheimer, J. (2015). *What kind of citizen? Educating our children for the common good.* New York: Teachers College Press.

Westheimer, J., & Kahne, J. (2004). What kind of citizen? The politics of educating for democracy. *American Educational Research Journal, 41(2),* 237–269.

Zyngier, D., Traverso, M.D., & Murriello, A. (2015). "Democracy will not fall from the sky": A comparative study of teacher education students' perceptions of democracy in two neo-liberal societies: Argentina and Australia. *Research in Comparative and International Education, 10(2),* 275–299.

7장 사회정의 없는 교육 리더십의 변혁은 가능한가?: 비판 교육학과 민주주의

Au, W. (2007) Epistemology of the oppressed: The dialectics of Paulo Freire's theory of knowledge. *Journal for Critical Education Policy Studies, 5(2).* http://www.jceps.com/archives/551.

Brooks, J., Knaus, B.C., & Chong, H. (2015). Educational leadership against racism: Challenging policy, pedagogy and practice. *International Journal of Multicultural Education, 17(1),* 1–5.

Brosio, R. (2003). High-stakes tests: Reasons to strive for better Marx. *Journal for Critical Education Policy Studies, 1(2).* http://www.jceps.com/archives/410

Carr, P.R. (2008a). "But what can I do?": Fifteen things education students can do to transform themselves in/through/with education. *International Journal of Critical Pedagogy, 1(2),* 81–97. http://freire.mcgill.ca/ojs/index.php/home/article/view/56/31

Carr, P.R. (2008b). Educating for democracy: With or without social justice? *Teacher Education Quarterly, 35(4),* 117–136.

Carr, P.R. (2008c). Educators and education for democracy: Moving beyond "thin" democracy. *Inter-American Journal of Education and Democracy, 1(2),* 147–165.

Carr, P.R. (2011a). *Does your vote count? Critical pedagogy and democracy.* New York: Peter Lang.

Carr, P.R. (2011b). Transforming educational leadership without social justice? Looking at critical pedagogy as more than a critique, and a way toward "democracy." In C. Shields (Ed.), *Transformative leadership: A reader* (pp. 37–52). New York: Peter Lang.

Darder, A., & Miron, L.F. (2006). Critical pedagogy in a time of uncertainty: A call to action. *Cultural Studies–Critical Methodologies, 6(1),* 5–20.

Denzin, N.K. (2009). Critical pedagogy and democratic life or a radical democratic pedagogy. *Cultural Studies–Critical Methodologies, 9(3),* 379–397.

Fischman, G.E., & McLaren, P. (2005). Rethinking critical pedagogy and the Gramscian and Freirean legacies: From organic to committed intellectuals or critical pedagogy, commitment, and praxis. *Cultural Studies–Critical Methodologies, 5(4),* 425–446. DOI: 10.1177/1532708605279701

Foster, B., J., Holleman, H., & McChesney, R. (2008). The U.S. imperial triangle and military spending. *Monthly Review, 60(5),* 1–19.

Freire, P. (1985). *The politics of education.* South Hadley, MA: Bergin & Garvey.

Freire, P. (1998). *Pedagogy of freedom: Ethics, democracy, and civic courage.* Lanham, MD: Rowman & Littlefield.

Freire, P. (2004). *Pedagogy of indignation.* Boulder, CO: Paradigm Publishers.

Freire, P. (2005). *Education for critical consciousness.* New York: Continuum. (Original work published 1973)

Gandin, L.A., & Apple, M. (2002). Thin versus thick democracy in education: Porto Alegre and the creation of alternatives to neo-liberalism. *International Studies in Sociology of Education, 12(2),* 99–116.

Giroux, H. (2005). Teacher education and democratic schooling. In A. Darder, M.P. Baltodano, & R.D. Torres (Eds.), *The critical pedagogy reader* (pp. 61–83). New York: Routledge.

Giroux, H., & Giroux, S.S. (2006). Challenging neo-liberalism's new world order: The promise of critical pedagogy. *Cultural Studies–Critical Methodologies, 6(1),* 21–32.

Gordon, S., Smyth, P., & Diehl, J. (2008). The Iraq War, "sound science," and "evidence-based" educational reform: How the Bush Administration uses deception, manipulation, and subterfuge to advance its chosen ideology. *Journal for Critical Education Policy Studies, 6(2),* 173–204.

Hill, D. & Boxley, S. (2007). Critical Teacher Education for Economic, Environmental and Social Justice: an Ecosocialist Manifesto. *Journal for Critical Education Policy Studies, 5(2).* http://www.jceps.com/archives/547

Kellner, D., & Share, J. (2005). Toward critical media literacy: Core concepts, debates, organization and policy. *Discourse: Studies in the Cultural Politics of Education, 26(3),* 369–386.

Kellner, D., & Share, J. (2007). Critical media literacy, democracy, and the reconstruction of education. In D. Macedo and S. Steinberg (Eds.), *Media literacy: A reader* (pp. 3–23). New York: Peter Lang.

Kincheloe, J.L. (2008a). *Critical pedagogy primer.* New York: Peter Lang.

Kincheloe, J.L. (2008b). *Knowledge and critical pedagogy: An introduction* (Vol. 1). New York: Springer.

Lund, D.E., & Carr, P.R. (Eds.). (2008). *"Doing" democracy: Striving for political literacy and social justice.* New York: Peter Lang.

Macedo, D., & Steinberg, S.R. (Eds.). (2007). *Media literacy: A reader.* New York: Peter Lang.

Macrine, S. (Ed.). (2009). *Critical pedagogy in uncertain times: Hopes and possibilities.* New York: Palgrave Macmillan.

McLaren, P., & Kincheloe J.L. (Eds). (2007). *Critical pedagogy: Where are we now?* New York: Peter Lang.

Shields, C. (Ed.). (2011). *Transformative leadership: A reader.* New York: Peter Lang.

Steinberg, S.R., & Kincheloe, J.L. (2009). *Christotainment: Selling Jesus through popular culture.* Boulder, CO: Westview Press.

Westheimer, J. (2015). *What kind of citizen? Educating our children for the common good.* New York: Teachers College Press.

Westheimer, J., & Kahne, J. (2004). What kind of citizen? The politics of educating for democracy. *American Educational Research Journal, 41(2),* 237–269.

Willinsky, J. (1998). *Learning to divide the world: Education at empire's end.* Minneapolis: University of Minnesota Press.

Abdi, A., & Carr, P. (Eds.). (2013). *Educating for democratic consciousness: Counter-hegemonic possibilities*. New York: Peter Lang.

Battiste, M. (2000). *Reclaiming Indigenous voice and vision*. Vancouver: UBC Press.

Carr, P.R. (2011). *Does your vote count? Critical pedagogy and democracy*. New York: Peter Lang.

Carr, P.R., & Lund, D.E. (Eds.). (2007). *The great White north? Exploring Whiteness, privilege and identity in education*. Rotterdam, NL: Sense Publishers.

Chamoiseau, P. (1997). *Écrire en pays dominé*. Paris: Gallimard.

Cornellier, M. (2011). Revue de presse – La vérité toute crue. *Le devoir*. (10 décembre). https://www.ledevoir.com/opinion/chroniques/338098/revue-de-presse-la-verite-toute-crue

Cyrulnik, B. (1999). *Un merveilleux malheur*. Paris: Éditions Odile Jacob.

Darder, A. (2002). *Reinventing Paulo Freire: A pedagogy of love*. Boulder, CO: Westview.

Davis, A. (2006). *Les goulags de la démocratie: Réflexions et entretiens*. Montréal: Écosociété.

Freire, P. (1970). *Pedagogy of the oppressed*. New York: Continuum.

Freire, P. (1973). *Education for critical consciousness*. New York: Continuum.

Freire, P. (2004). *Pedagogy of indignation*. Boulder, CO: Paradigm Publishers.

Gadotti, M,& Torres, C. (2009). Paulo Freire: Education for development. *Development and Change, 40(6)*, https://doi.org/10.1111/j.1467-7660.2009.01606.x

Herman, E.S., & Chomsky, N. (2002). *Manufacturing consent*. New York: Pantheon.

Kincheloe, J. L. (2008). *Knowledge and critical pedagogy: An introduction* (Vol. 1). New York: Springer.

Lempérière, A. (2009). « Moi, Rigoberta Menchú. Témoignage d'une Indienne internationale », *Nuevo Mundo, Mundos Nuevos*. http://journals.openedition.org/nuevomundo/51933

Mayo, P. (2007). 10th Anniversary of Paulo Freire's death: On whose side are we when we teach and act? *Adult Education and Development, 69*. https://www.dvv-international.de/index.php?id=743&L=2

McLaren, P. (2000). *Che Guevara, Paulo Freire, and the Pedagogy of Revolution*. Lanham, Maryland: Rowman & Littlefield.

McLaren, P. (2002). A legacy of hope and struggle: Afterword. In A. Darder (Ed.), *Reinventing Paulo Freire. A pedagogy of love*. Boulder, CO: Westview.

Sauvé, L., & Orellana, I. (2008). Conjuguer rigueur, équité, créativité et amour: L'exigence de la criticité en education relative à l'environnement. *Éducation relative à l'environnement, 7*, 7-20.

Smith, L.T. (2006). *Decolonizing methodologies: Research and Indigenous peoples*. London: Zed.

Solar, C. (1998). Peindre la pédagogie en toile d'équité sur une toile d'équité. In C. Solar (Ed.), *Pédagogie et équité* (pp. 25–65). Montréal: Éditions Logiques.

Thériault, J.Y. (2011, December). Politique et démocratie. Quand le remède pourrait tuer le patient. *Le Devoir* (10 décembre), p. B5. https://www.ledevoir. com/opinion/idees/338070/politique-et-democratie-quand-le-remede-pourrait-tuer-le-patient

Thésée, G. (2006). A tool of massive erosion: Scientific knowledge in the neo-colonial enterprise. In G.J.S Dei & A. Kempf (Eds.), *Anti-colonialism and education: The politics of resistance* (pp. 25–42). Rotterdam, NL: Sense Publishers.

Touraine, A. (1994). *Qu'est-ce que la démocratie?* Paris: Fayard.

Boggs, C. (2018). *Fascism old and new: American politics at the crossroads*. New York: Routledge.

Covert, B. (2018, July 28). The Trump administration says poverty is over. They're lying. *Huffington Post*. https://www.huffingtonpost.com/entry/ opinion-covert-trump-poverty-america_us_5b5b4f23e4b0fd5c73cf1341

Lu, R. (2015, October 5). Straight outta Frankfurt. *National Review*. https://www.nationalreview.com/magazine/2015/10/05/straight-outta-frankfurt/

Mead, R. (2010, May 24). Rage machine: Andrew Breitbart's rage of bluster. *The New Yorker*. https://www.newyorker.com/magazine/2010/05/24/rage-machine

Oliver, S. (2017, February 23). Unwrapping the 'Cultural Marxism' nonsense the alt-right loves. *Vice*. https://www.vice.com/en_us/article/78mnny/ unwrapping-the-conspiracy-theory-that-drives-the-alt-right

Petras, J. (2018, July 18). Trump marches onward and downward. *The Unz Review: An Alternative Media Selection*. http://www.unz.com/jpetras/trump-marches-onward-and-downward/

Rosenberg, P. (2018, July 22). Here is why Americans have come to hate their government—even as it does more for them. *Raw Story*. https://www.rawstory.com/2018/07/americans-come-hate-government-even/

Zuesse, E. (2017, January 2). America's secret planned conquest of Russia. *OffGuardian*. https://off-guardian.org/2017/01/02/americas-secret-planned-conquest-of-russia/

Zuesse, E. (2018, July 27). America's allies against Russia & Iran. *The Unz Review: An Alternative Media Selection*. http://www.unz.com/article/americas-allies-against-russia-iran/

비판적 시민성을 위한 민주주의 교육

초판 1쇄 발행 2023년 10월 30일

지은이 폴 R. 카, 지나 테세 옮긴이 이승원
펴낸이 김명희 편집 이은희 책임편집 김연희 디자인 신병근·선주리

펴낸곳 다봄교육 등록 2011년 6월 15일 제395-2011-000104호
주소 서울시 마포구 토정로 222 한국출판콘텐츠센터 305호
전화 02-446-0120 팩스 0303-0948-0120
전자우편 dabombook@hanmail.net 인스타그램 instagram.com/dabom_books
ISBN 979-11-92148-79-3 93370

• 이 출판물은 2021년 대한민국 교육부와 한국연구재단의 지원을 받아 수행된 연구임(NRF-2021S1A5C2A03088606)